16,= bV

Helmut Reichelt
Zur logischen Struktur des Kapitalbegriffs bei Karl Marx

Politische Ökonomie
Geschichte und Kritik

Helmut Reichelt

Zur logischen Struktur des Kapitalbegriffs bei Karl Marx

Mit einem Vorwort von Iring Fetscher

Europäische Verlagsanstalt Frankfurt
Europa Verlag Wien

3., durchgesehene Auflage 1972

Frankfurt am Main
Druck: Elektra, Niedernhausen
ISBN 3 434 30111 9
Printed in Germany
D 30

Inhalt

Vorwort von Iring Fetscher 7

Einleitung 13

1. Kapitel
Die materialistische Geschichtsauffassung im Marxschen Frühwerk 19

2. Kapitel
Gesellschaft und Erkenntnis im »Kapital« 73

A. Allgemeine Aspekte des Kapitalbegriffs 73

B. Kritik der klassischen politischen Ökonomie 96

1. Die Physiokraten 96
2. Adam Smith 100
3. David Ricardo 112

3. Kapitel
Die kategoriale Darstellung 126

1. Zum Verhältnis von logischer und historischer Methode 126
2. Der Marxsche Wertbegriff 136

A. Die Kategorien der einfachen Zirkulation 151

1. Ideelle Verdopplung 152
2. Wirkliche Verdopplung 159
3. Die erste Bestimmung des Geldes 169
4. Exkurs zum Begriff der gesellschaftlich notwendigen Arbeitszeit 173
5. Die zweite Bestimmung des Geldes 182
6. Exkurs zur Krisentheorie 184
7. Die zweite Bestimmung des Geldes (Fortsetzung) 192
8. Die dritte Bestimmung des Geldes 202

B. Der Übergang zum Kapital 227

1. Zum Verhältnis von einfacher Zirkulation und Kapital 227
2. Die abstrakteste Form des Kapitals 243

Vorwort von Iring Fetscher

> „Eine halbwegs komplette Kenntnis des Marxismus kostet heute, wie mir ein Kollege versichert hat, zwanzigtausend bis fünfundzwanzigtausend Goldmark und das ist dann ohne die Schikanen. Drunter kriegen sie nichts Richtiges, höchstens so einen minderwertigen Marxismus ohne Hegel oder einen, wo der Ricardo fehlt usw. ..."
> (*Brecht,* Flüchtlingsgespräche, S. 83.)
>
> „Me-ti beklagte den Verfall der großen Methode."
> (*Brecht,* Prosa, Bd. 5, S. 143.)

Die Marxsche „Kritik der politischen Ökonomie", in die seine kritische Arbeit einmündete, sollte der revolutionären Praxis der proletarischen Emanzipation dienen. Der historische Verlauf der Entwicklung der marxistischen Arbeiterbewegung auf der einen, die Schwierigkeit und Originalität des Marxschen Denkens auf der anderen Seite, hat zu einer verkürzten Rezeption seiner Kritik geführt. Die Schritte dieses Verfallsprozesses der »großen Methode«, wie sie Bertolt Brecht genannt hat, sind bekannt. Sie gehen über Kautsky und Eduard Bernstein bis zum dogmatischen Sowjetmarxismus der Stalin-Ära. Diese Entwicklung bedarf ihrerseits der historischen Erklärung, sie darf aber vor allem nicht als unvermeidlicher, ideell determinierter Prozeß mißverstanden werden. Die kritische Theorie von Marx hat sich auf diesem Wege nicht zur Kenntlichkeit, sondern zur Unkenntlichkeit entwickelt. Der Verfallsprozeß verlief aber auch nicht gradlinig, er wurde von den praxisnahen Reflexionen eines Lenin und Trotzki ebenso unterbrochen wie durch die Erneuerungsver-

suche Marxschen Denkens bei Lukács, Korsch und anderen. Nach dem Ende des Zweiten Weltkrieges begegneten französische und deutsche, später auch englische und amerikanische Intellektuelle den Marxschen Frühschriften. Die Motive, die dieser Beschäftigung mit Marx zugrunde lagen, mögen unterschiedlich gewesen sein, die Faszination, die von »Nationalökonomie und Philosophie« oder von »Zur Kritik der Hegelschen Rechtsphilosophie, Einleitung« ausging, kann nicht aus taktischen oder bewußt-politischen Erwägungen abgeleitet werden. Die Marxschen Aussagen führten zu unmittelbarer »Betroffenheit«, in ihnen waren Erfahrungen artikuliert, die gerade Intellektuelle und Künstler immer wieder selbst gemacht hatten oder doch nachvollziehen konnten. Da es offenbar keinen Zusammenhang zwischen diesen Frühschriften und dem geltenden Sowjetmarxismus sowie der Praxis des kulturellen und politischen Lebens in kommunistischen Staaten gab, blieb diese Beschäftigung mit dem frühen Marx zumeist apolitisch, nicht selten glitt sie ins kulturpessimistische Feuilleton ab. Die Repräsentanten des »offiziellen« Marxismus ignorierten zunächst dieses neuerwachte Interesse und suchten es dann durch Aufrichtung einer Kluft zwischen dem frühen und dem »reifen« Marx zu diskreditieren. Damit taten sie nur, was antikommunistische Autoren im Westen von ihnen ohnehin erwartet hatten. Erst spät begann man auch in der Sowjetunion die Terminologie des frühen Marx ernst zu nehmen, sprach man auch dort von »Entfremdung« und »Verdinglichung«. Zugleich lehnte man allerdings die Anwendung solcher Kategorien auf die Sowjetgesellschaft kategorisch ab und beschränkte sie auf die *westlichen* Industriegesellschaften. Der frühe Marx sollte dazu helfen, kritische Argumente gegen die kapitalistischen Gesellschaften vorzutragen, durfte aber nicht zum wertenden Maßstab benutzt werden, an dem man den Abstand zwischen der Marxschen Zukunftserwartung und der sowjetischen Realität hätte ablesen können. Genau diesem Zweck aber machten junge Intellektuelle in den sozialistischen Ländern die Schriften des frühen Marx dienstbar. Für den humanistischen Marxismus der jugoslawischen »Praxis-Gruppe« gilt das im wesentlichen noch heute.
Auf höherer Reflexionsstufe und wissenschaftlich anspruchsvollerem Niveau nahm *Louis Althusser* in Frankreich die Kritik an einem zur philosophisch-moralisierenden Anthropologie verkürzten Marxismus auf. Er suchte einen »epistemologischen Bruch« zwischen den Frühschriften auf der einen Seite und dem

reifen ökonomiekritischen Werk von Marx auf der anderen zu konstatieren. Aus Abscheu vor der erbaulichen Folgenlosigkeit des humanistischen Marxismus im *Westen* strömten Althusser zahlreiche französische und italienische Intellektuelle zu. Er versprach einen streng-wissenschaftlichen und entschieden revolutionspraktischen Marx, der durch einen Abgrund von Hegel und dem eignen Frühwerk getrennt war. Althussers These ist angesichts der Folgenlosigkeit der feuilletonistischen Marx-Verehrung verständlich, auch gibt es natürlich ganz entschiedene Entwicklungsschritte, die vom Marxschen Frühwerk zu seinem ökonomiekritischen Hauptwerk führen. Was 1844 in »Nationalökonomie und Philosophie« noch als Programm postuliert wurde, das konnte er erst nach Entfaltung der dialektischen Struktur des »allgemeinen Begriffs des Kapitals« und Ableitung der es konstituierenden Kategorien wirklich durchführen. Dennoch bleibt die Einheit der *Intention* und das zugleich revolutionäre und humanistische Motiv das gleiche. Nicht nur, weil Marx in seinen Intentionen nur angemessen erfaßt werden kann, wenn man seine Frühschriften einbezieht, sondern auch weil diese ihrerseits nur vollständig interpretiert werden können, wenn man vom Spätwerk aus auf sie zurückblickt, ist die Althussersche Trennung von Frühwerk und »Kapital« abzulehnen.

Die vorliegende Untersuchung der Struktur des Kapitalbegriffs gehört zugleich in den Zusammenhang jener neuen Marxaneignung, die zunächst so lange beim frühen Marx verharrte, und in den Kontext einer Aktualisierung der Kritik der politischen Ökonomie, die erst dann wieder sinnvoll auf Marx aufbauen könnte, wenn der Abstraktionsgrad der Marxschen Kritik erkannt, seine Methode (in Einheit mit ihrem »Gegenstand«) verstanden und deren Beziehung zur seinerzeitigen ökonomischen »Realität« begriffen wäre. Die ökonomische Marx-Literatur hat – wie der Verfasser mit einigem Grund annimmt – diese Voraussetzungen bisher kaum je erfüllt. Da es im vorliegenden Buch um die ökonomiekritische »Methode« von Marx geht, steht notwendigerweise das »Kapital« und dessen wichtige Vorarbeit, die »Grundrisse der Kritik der politischen Ökonomie«, im Mittelpunkt. Ausgehend vom Verständnis dieser späteren Arbeiten unternimmt es Reichelt aber auch, die Frühschriften (insbesondere die Pariser Manuskripte) neu zu interpretieren. Damit wendet er auf Marx selbst ein Prinzip an, das dieser für die historische Analyse für unabdingbar hielt, nämlich die spätere Entwicklungsphase (der Tierwelt, der sozioökonomischen Formationen usw.) als Schlüssel für das Verständnis der früheren zu gebrauchen (vgl. *Grundrisse der Kritik der politischen Ökonomie*, Berlin 1953, S. 26).

Zu den wichtigsten Resultaten der vorliegenden Arbeit gehört es, daß 1. die dialektische Darstellungsweise unentbehrlicher Bestandteil der Marxschen Kritik der politischen Ökonomie ist, weil sie allein den inneren Bewegungszusammenhang des »allgemeinen Begriffs des Kapitals« adäquat auszudrücken erlaubt;

daß 2. diese »Methode« so zu ihrem »Gegenstand« gehört, daß sie zugleich mit seiner revolutionären Aufhebung zu verschwinden bestimmt ist. Es handelt sich, wie der Verfasser sagt, um eine »Methode auf Widerruf«. Aus dem gleichen Grunde war es Marx auch nicht möglich, diese Methode unabhängig von ihrem Gegenstand darzustellen, weil sie gerade dadurch von der positivistischen Methode bürgerlicher Wissenschaft von der Ökonomie sich unterscheidet, die außerstande ist, die Kategorien (Wert, Geldform, Kapital usw.), mit denen sie arbeitet, abzuleiten;

daß 3. die bekannte Diskussion zwischen positivistischer und »kritischer« (dialektischer) Soziologie hinter das Reflexionsniveau, das implicite bei Marx bereits erreicht war, zurückfällt, weil der gleichzeitige Konstitutionsprozeß des »Subjekts« durch die herrschende Produktionsweise dabei ignoriert wird. In dem Augenblick, da ein dialektischer Theoretiker sich darauf einläßt, »Methodenfragen« losgelöst von »Gegenstandsbereichen« zu diskutieren, hat er bereits den »Standpunkt« des am zu registrierenden Phänomen orientierten Positivismus akzeptiert. Historisch läßt sich diese Loslösung der kritischen Dialektik von der Kritik der politischen Ökonomie in der sogenannten »Frankfurter Schule« erklären. Sie hängt mit einem doppelten Rückzug vor dem Stalinschen Dogmatismus und gegenüber der fremden Umwelt in der Emigration zusammen. In dem Maße, in dem das mögliche Subjekt künftiger revolutionärer Aufhebung dem Blick entschwand, verringerte sich auch das Bedürfnis nach kritischem Verstehen des ökonomischen Ganzen. Die Kritik schrumpfte – gleichsam die Entwicklung von Karl Marx rückwärts rekapitulierend – von der Kritik der politischen Ökonomie auf die signifikanter kultureller Phänomene wie Kunst, Literatur und philosophischer Sprache – ein. Subtil in der Aufdeckung versteckter Reaktion bei den Repräsentanten der linksbürgerlichen Volksfront, erfindungsreich in der Entdeckung von geheimem Protest

bei den apolitischen Künstlern des L'Art pour L'Art, blieb die kritische Theorie die Aktualisierung der Marxschen Ökonomiekritik schuldig. Einige ihrer Vertreter hielten sie vorschnell schon für obsolet, weil sie die notwendige Distanz von »allgemeinem Kapitalbegriff« und erscheinenden Phänomenen der ökonomischen Sphäre übersahen. Unbewußt mögen feudaloide Rangfragen bei dieser Vernachlässigung mitgespielt haben. »Ökonomie ist schmutzig.«
Noch ehe sich die zur linken Kulturkritik verkürzte »kritische Theorie« der drängenden Forderung der studentischen Linken nach Praxisbezogenheit gegenübersah, wurde jener Mangel von einer Anzahl jüngerer Soziologen in Frankfurt erkannt. Vertrautheit mit den Kategorien der Hegelschen Philosophie half ihnen bei der seither einsetzenden Aneignung der Marxschen Ökonomiekritik. Die vorliegende Schrift stellt den ersten größeren Beitrag jüngerer Frankfurter Soziologen dar, in dem sich diese Entwicklung der ›Kritischen Theorie‹ spiegelt.
Die Tatsache, daß die vorliegende Arbeit als *politikwissenschaftliche Dissertation* eingereicht wurde, zeigt das Dilemma der wissenschaftlichen Klassifikationen. Genauso gut hätte sie als philosophische, soziologische oder wirtschaftstheoretische Arbeit bezeichnet werden können. Die ›Kritik der politischen Ökonomie‹ von Marx ist eben *weder* ökonomische, noch philosophisch-methodologische *Einzel*wissenschaft, sondern in einem Kritik und zugleich Erklärung der Entstehung einzelwissenschaftlicher Standpunkte. Die relativ junge Politikwissenschaft erweist sich gegenüber fachspezifischer Abkapselung und methodologischer Einseitigkeit zwar nicht als immun, aber immerhin noch als minder anfällig. So hoffe ich denn auch, daß diese wichtige Arbeit ohne Rücksicht auf »Fachgrenzen« von allen gelesen werden wird, die an sozialwissenschaftlichen, methodologischen, politischen und ökonomischen Problemen interessiert sind. Die Schrift von Helmut Reichelt schafft eine wesentliche Voraussetzung für eine vertiefte und angemessenere Interpretation der Marxschen »Kritik der politischen Ökonomie«.

Frankfurt, Sommer 1970

Einleitung

Als Roman Rosdolsky im Jahre 1948 zum ersten Male Gelegenheit hatte, den Rohentwurf des *Kapitals* zu studieren, nahm er an, daß mit der Veröffentlichung dieses umfangreichen Textes eine neue Phase in der Auseinandersetzung mit dem Marxschen Werk eingeleitet würde. Zwar glaubte er nicht – wie man der Vorrede zu seinem Kommentar des Rohentwurfs [1] entnehmen kann –, daß dieser Text in einen breiten Leserkreis eindringen würde; das hielt er wegen der »eigentümlichen Form und der teilweise schwer verständlichen Ausdrucksweise« für ausgeschlossen. Gleichwohl war er überzeugt, daß es in Zukunft kaum mehr möglich sein werde, ein Buch über Marx zu schreiben, ohne vorher die Methode im *Kapital* und deren Beziehung zur Hegelschen Philosophie genau studiert zu haben: und das würde über kurz oder lang zu einer allgemeinen Klärung vieler ungelöster Fragen im Marxschen Werk beitragen.

Diese Erwartung war durchaus berechtigt und, wie es schien, nicht schwer zu erfüllen. Das Niveau der Auseinandersetzung mit den methodischen Problemen im Marxschen Spätwerk konnte eigentlich gar nicht mehr unterboten werden; was bislang veröffentlicht worden war, schienen ihm lediglich Gemeinplätze zu sein; eine ernstzunehmende Arbeit über die Dialektik im *Kapital* existierte nicht einmal in Ansätzen. Im Gegenteil, wenn überhaupt von Dialektik die Rede war, so nur in einem abweisenden Sinne; mehr als eine stilistische Zutat wollte man darin nicht sehen, zumal ja Marx selbst auch nur von einem Kokettieren mit der Hegelschen Ausdrucksweise sprach. Soweit sich Marx einer Wertschätzung erfreute, war es jedenfalls nicht wegen der Dialektik. So schreibt beispielsweise Schumpeter: »Marx liebte es, von seinem Hegelianismus Zeugnis abzulegen und die Hegelsche Ausdrucksweise zu gebrauchen. Das ist aber auch alles. Nirgends hat er

1 Vgl. Roman Rosdolsky, Zur Entstehungsgeschichte des Marxschen »Kapital«, Frankfurt/M. 1968, Bd. 1, S. 7 ff.

die positive Wissenschaft an die Metaphysik verraten«[2]. Und einer solchen Oberflächlichkeit, wie Rosdolsky meint, würde der Rohentwurf des *Kapitals* jedenfalls ein Ende setzen.

Zwar hat sich in der Zwischenzeit das Interesse immer mehr dem Marxschen Spätwerk zugewandt, doch der erhofften Klärung der methodischen Probleme scheint man kaum einen Schritt näher gekommen zu sein. Auch der von Rosdolsky verfaßte Kommentar hat daran nicht viel geändert. Obwohl er vom Rohentwurf sagt, daß gerade er uns zeige, wie »durch und durch dialektisch der Aufbau des Marxschen *Kapitals*« ist, bleibt es letztlich Versicherung. Eine der Schwächen seines Buches besteht insbesondere darin, daß er auf den Gebrauch Hegelscher Kategorien lediglich aufmerksam macht und im gleichen Atemzug ganze Passagen, die sich durch höchst spekulativ anmutende Formulierungen auszeichnen und darum im äußersten Maße interpretationsbedürftig sind, nahezu ohne Kommentar wiedergibt. Die Frage stellt sich dann von selbst, ob sich Rosdolsky nicht ebenfalls noch jener von ihm geziehenen Oberflächlichkeit schuldig gemacht hat; ob er überhaupt – trotz gegenteiliger Behauptung – jenen Standpunkt verlassen hat, der in der Dialektik im *Kapital* nur eine stilistische Zutat sieht, die der Sache äußerlich bleibt? Daß sich Rosdolsky der Vorläufigkeit seines Kommentars wohl bewußt war, darf hier jedoch nicht unerwähnt bleiben, war er doch, wie er selbst sagt, »weder ein Ökonom noch ein Philosoph ex professo«. Er verstand seine Schrift lediglich als Beitrag zur Wiederbelebung einer Diskussion, die für Jahrzehnte unterbrochen worden war, und hätte es, wie er weiter ausführt, nicht gewagt, einen Kommentar zu schreiben, wenn es Theoretiker gegeben hätte, die dieser Aufgabe besser gewachsen gewesen wären.

So sehr dieses Eingeständnis bei Rosdolsky als Beweis seiner persönlichen Bescheidenheit zu schätzen ist, vermag der Hinweis auf mehr oder weniger fachliche Qualifikation nicht recht zu überzeugen. Welche Bedeutung kann ökonomisches und philosophisches Fachwissen für die Interpretation einer Theorie haben, die sich explizit als Kritik dieser Disziplinen begriffen hat? Wäre hier nicht vielmehr zu fragen, ob der arbeitsteilig verfahrende Wissenschaftsbetrieb nicht nur nicht quer zum Marxschen Ansatz steht, sondern das Verhältnis von Marxscher Theorie und dieser Wissenschaft insgesamt in der Weise zu denken ist, daß Marx mit dem Inhalt auch die Form der Wissenschaft kritisiert? Die Schwierigkeiten, die der Beschäftigung mit der mate-

2 Zitiert nach Rosdolsky, a. a. O., S. 8

rialistischen Dialektik im Wege stehen, wären dann gerade dort zu suchen, wo sie Rosdolsky wahrscheinlich nicht vermutet hätte: bei den einzelnen Disziplinen selbst.
Eine solche Auffassung legt gerade der Rohentwurf des *Kapitals* nahe. Kann man aus dem *Kapital* selbst zur Not noch einzelne Theoreme herausbrechen und innerhalb des fachwissenschaftlichen Horizonts diskutieren, ohne gleich einer flagranten Verletzung der Gesamtkonzeption überführt zu werden, so ist das bei den *Grundrissen der Kritik der politischen Ökonomie*, dem Rohentwurf des *Kapitals*, nicht mehr möglich. Deutlicher als im *Kapital* tritt hier zutage, daß die »schwer verständliche Hegelsche Ausdrucksweise« integraler Bestandteil der Marxschen Kritik ist. Die Verflechtung von Sachverhalten, die traditionellerweise der ökonomischen Wissenschaft zugerechnet werden, und eine an der Hegelschen Logik orientierte Form der Darstellung dieser Sachverhalte ist hier so eng, daß das eine abgelöst vom andern gar nicht mehr zu erörtern ist. Die Gesamtdarstellung des ökonomischen Systems weist ein Höchstmaß an subtilen methodischen und systematischen Überlegungen auf, doch ist es unmöglich, auch nur einige Gedanken abzutrennen und gesondert vorzutragen, ohne sie in ihrer Substanz zu verletzen oder ihnen die Form von Dogmen zu geben. Wenn es aber gleichsam zum Lehrbestand der dialektischen Theorie gehört, daß Inhalt und Form nicht einander äußerlich sind, so muß umgekehrt gelten, daß die Äußerlichkeit der Form gegenüber dem Inhalt den Inhalt ebenfalls nicht unberührt läßt, daß also auch hier ein wesentliches Verhältnis vorliegt, wenngleich unter negativem Vorzeichen. Dies würde bedeuten, daß es sich bei der von Marx kritisierten politischen Ökonomie je schon um eine Wissenschaft handelt, die – noch ehe explizit methodische Reflexionen durchgeführt werden – in einer ihr selbst unbewußten kategorialen Vorveranstaltung ihren Gegenstand in einer Weise präformiert, daß sich gleichsam bruchlos eine Form methodischer Erwägungen hinzugesellen kann, welche dieser Vorveranstaltung in einem bestimmten Sinne entspricht; mit anderen Worten: die Sache selbst ist je schon so konzipiert, daß methodische Erwägungen immer nur unter der Form einer Methodologie durchgeführt werden können, als solche also, die abgelöst von der Diskussion des begrifflich zu verarbeitenden Materials vorgenommen werden können. Würde dies zutreffen, so wäre allerdings zu fragen, ob die Positivität der positiven Wissenschaft, von der Schumpeter spricht, sich nicht einer gewaltsamen Abtrennung von Momenten verdankt, die durch die Form der Abtrennung nur noch unter der Gestalt schlecht-metaphysischer Veranstaltungen ihr Dasein haben

können oder aber die Form einer Methodenlehre annehmen, die der wirklichen positiven Wissenschaft, der Naturwissenschaft, abgeborgt ist. So käme gerade dem Rohentwurf des *Kapitals* eine einzigartige Schlüsselstellung in der Gesellschaftswissenschaft zu: ihm selbst wäre zu entnehmen, warum nicht nur die ökonomische Theorie fehl gehen muß, sondern warum auch ein großer Teil der Kritik, die an das Marxsche Werk herangetragen wird, vorweg schon als unzulänglich zurückzuweisen ist, als Kritik nämlich, die sich je schon einem Standpunkt verdankt, den die Marxsche Theorie immer schon übersprungen hat.
Daß es sich hierbei nicht lediglich um eine neue Form spekulativer Vermutungen handelt, läßt sich durch einen vorwegnehmenden Hinweis erläutern. Betrachtet man das Marxsche Spätwerk genauer, so zeigt sich, daß sich die Kritik der politischen Ökonomie von aller – auch der gegenwärtigen – ökonomischen Theoriebildung durch eine spezifische Problemstellung unterscheidet: was – so könnte man den Marxschen Ansatz in Form einer Frage zusammenfassen – verbirgt sich in den Kategorien selbst; was ist der eigentümliche Gehalt der ökonomischen Formbestimmtheiten, also der Waren*form*, der Geld*form*, der Kapital*form*, der *Form* des Profits, des Zinses usw.? Während die bürgerliche politische Ökonomie generell dadurch charakterisiert ist, daß sie die Kategorien äußerlich aufgreift, besteht Marx auf einer strengen Ableitung des Genesis dieser Formen – eine Programmatik, die unmittelbar an Hegels Kritik der Kantischen Transzendentalphilosophie erinnert. Die Ableitung der Kategorien ist aber nur auf einem Wege möglich, auf dem des »immanenten Übersichhinausgehens«, wie Hegel sagt – und das ist die dialektische Methode im *Kapital*. So ist – um ein Beispiel herauszugreifen – die Marxsche Preislehre nicht als Preistheorie im traditionellen Sinne aufzufassen, sondern Marx ist nur mit der Ableitung der Preisform selbst befaßt, einer Form, die ihren logischen Abschluß im *Geldnamen* hat. Diese Form stellt sich in der Marxschen Kategorienanalyse ihrerseits wieder als Bedingung der Möglichkeit dessen dar, was gemeinhin mit Preistheorie gemeint ist. Wird aber die Marxsche Theorie nicht unter diesem Gesichtspunkt erfaßt, wird also – um bei unserem Beispiel zu bleiben – nicht gesehen, daß die Marxsche Werttheorie zur Ableitung dieser Form führt, so impliziert dies nicht nur, daß das Spezifikum der Marxschen Theorie übersehen wird, sondern zugleich auch, daß der Marxinterpret selbst noch jenen Standpunkt einnimmt, den Marx bereits hinter sich gelassen hat: der Theoretiker steht nach wie vor der Geld*form* ratlos gegenüber, eine Haltung, die ihrerseits wieder dadurch charakterisiert ist, daß über Sinn und Zweck einer Werttheo-

rie in der ökonomischen Wissenschaft nur unklare Vorstellungen herrschen. Daß Modelltheorie und Methodologie die vorweg vollzogene Ausklammerung dieser Sachverhalte voraussetzen und ebenfalls bei den Kategorien als einem Letzten, nicht mehr Ableitbaren stehenbleiben, soll hier nur erwähnt werden.

Diese Thematik läßt sich noch unter einem andern Aspekt erörtern. Es soll hier nicht verschwiegen werden, daß die Problemstellung dieser Arbeit zum Teil mit jener konvergiert, die Gegenstand der anhaltenden Auseinandersetzung zwischen Vertretern der Kritischen Theorie und der positivistischen Sozialwissenschaft ist: nämlich die selbst noch gesellschaftlich bedingte gegenstandskonstitutive Präformierung der Erkenntnis des auf Gesellschaftliches reflektierenden Subjekts – ein Sachverhalt, der sich in der Forderung ausdrückt, die Hegelsche Kantkritik auf der Ebene der Sozialwissenschaft zu wiederholen. Eine genauere Beschäftigung mit der dialektischen Darstellungsform der Kategorien gibt jedoch begründeten Anlaß zu der Frage, ob diese Programmatik von Marx nicht schon materialiter eingelöst wurde: nämlich als Kritik der Wissenschaft eines Subjekts, dem sich seine eigene, von ihm selbst produzierte Welt nur unter einer Form präsentiert – unter der des Objekts. Das ist aber eine Form des Positivismus, den der junge Marx ebensosehr in der Form des Hegelschen Idealismus aufspürt, wie ihn der reife Marx an der Verfahrensweise der bürgerlichen politischen Ökonomie aufdeckt, welche die Kategorien in äußerlicher Weise aus der Empirie aufnimmt. Die dialektische Darstellung der Kategorien ist darum unter zwei Gesichtspunkten zu betrachten: einerseits Kritik und Ableitung der Form des geschichtslosen Bewußtseins des bürgerlichen Subjekts, andererseits Nachzeichnung der Genesis dieses Subjekts selbst, als Darstellung eines naturähnlich verlaufenen Konstitutionsprozesses unter der Form eines Überhangs an gesellschaftlicher Objektivität, welche dieses Subjekt gleichsam nur noch nachschleift, aber eben zugleich in der Form des Überhangs, der Verselbständigung gegenüber dem Subjekt, von diesem Subjekt selbst noch produziert wird. Angesichts dieses Begriffs von gesellschaftlicher Objektivität, wie ihn die kategoriale Darstellung impliziert, und der Tatsache, daß die kritische Theorie bis heute nichts Wesentliches zur Aufhellung der Dialektik im *Kapital* beigetragen hat, scheint die Frage berechtigt, ob die von der Kritischen Theorie vorgetragenen Gedanken über das Verhältnis von Theorie und Praxis nicht ebenfalls noch der Marxschen Kirtik anheimfallen. Mit anderen Worten: Ist es vielleicht nicht selbst noch das Charakteristikum der Kritischen Theorie, daß sie dialektische Theorie nur als Programm zu formulieren vermag und in der materialen Erforschung der kapitalistischen Gesellschaft (und auch in der Rezeption des Marxschen Spätwerks) zugleich einen Standpunkt einnimmt, den Marx als den des sich selbst undurchsichtigen Positivismus kritisiert hat? Das *Kapital* als Darstellung des »allgemeinen Begriffs des Kapitals« ist dem Marxschen Selbstverständnis zufolge nicht nur die erste wirkliche positive Wissenschaft des Kapitalismus im Sinne einer zum ersten Male unverstellten Erkenntnis desselben, sondern besitzt so lange Gültigkeit, wie der in dieser spezifischen Form dargestellte Gegenstand selbst existiert. Die Theorie – so wäre darum zu folgern – ist dann Theorie eines naturähnlich fortwuchernden Prozesses, in welchem die Menschen wie eh und je von der immanenten Logizität ihrer – von ihnen selbst noch in der Form der Verselbständigung produzierten – gesellschaftlichen Verhältnisse mitgeschleift werden, aber seit Marx immer auch die Möglichkeit haben, sich, wenn schon nicht von dieser Form der Subsumtion unmittelbar zu emanzipieren, so doch in wissenschaftlicher Weise Klarheit über dieselbe zu verschaffen.

Die Marxsche Theorie unter diesem Gesichtspunkt zu untersuchen, wird die Aufgabe zukünftiger Forschung sein, die sich insbesondere an der von Marx getroffenen Unterscheidung zwischen der Darstellung des »allgemeinen Begriffs des Kapitals« und der – von Marx explizit ausgeklammerten – Darstellung der wirklichen Konkurrenz, des existierenden Kapitalismus also, zu orientieren hat. Erst wenn über den Sinn dieser Unterscheidung, der nur auf dem Wege einer detaillierten Nachzeichnung der dialektischen Darstellung der Kategorien und Erörterung der Implikationen dieser Darstellungsform zu erschließen ist, Klarheit besteht, wird es möglich sein, sich abschlußhaft über die Marxsche Methode und ihre Eignung für die Analyse des gegenwärtigen Kapitalismus zu äußern. In der vorliegenden Arbeit handelt es sich lediglich um den Versuch, einen Teil der kategorialen Darstellung nachzuvollziehen; sie versteht sich als vorläufiger Beitrag zu einer neuen Auseinandersetzung mit dem Marxschen Werk, welche durch die Arbeiten von Alfred Schmidt und Hans-Georg Backhaus, insbesondere dessen Untersuchung über die *Dialektik der Wertform* [3], eingeleitet worden ist.

Diese Arbeit, die von der Friedrich-Ebert-Stiftung in dankenswerter Weise gefördert wurde, hat der Wirtschafts- und Sozialwissenschaftlichen Fakultät der Johann-Wolfgang-Goethe-Universität in Frankfurt als Dissertation vorgelegen.

---

3 Hans-Georg Backhaus, Zur Dialektik der Wertform, in: Beiträge zur marxistischen Erkenntnistheorie, herausgegeben von Alfred Schmidt, Frankfurt/M. 1969, S. 128 ff.

1. Kapitel

Die materialistische Geschichtsauffassung im Marxschen Frühwerk

Die Hegelsche Kritik an den modernen Naturrechtssystemen enthält einen spezifischen Vorwurf: den der Verwechslung und Vertauschung von Staat und Gesellschaft. Demgegenüber insistiert er auf einer expliziten Trennung. Im § 182 der *Rechtsphilosophie* heißt es: »Die Schöpfung der bürgerlichen Gesellschaft gehört übrigens der modernen Welt an, welche allen Bestimmungen der Idee erst ihr Recht widerfahren läßt. Wenn der Staat vorgestellt wird als eine Einheit verschiedener Personen, als eine Einheit, die nur Gemeinsamkeit ist, so ist damit nur die Bestimmung der bürgerlichen Gesellschaft gemeint. Viele der neueren Staatsrechtslehrer haben es zu keiner anderen Ansicht vom Staate bringen können.« In der Tat gehört es zu den Eigentümlichkeiten der politischen Philosophie der Neuzeit, daß sie im Hinblick auf das Verhältnis von Staat und Gesellschaft eine merkwürdige Bewußtlosigkeit aufweist. Obwohl sich in ihren antithetischen Konstruktionen, der Entgegensetzung von Naturrecht und Staatswissenschaft, Moral und Politik, diese Trennung reflektiert, wird sie doch nicht explizit konstatiert. Im Gegenteil, nach dem Vorbild von Platons *Politeia* und Aristoteles' *Politik* wird der Staat als Gemeinschaft der Bürger gedacht und diese unmittelbar mit der bürgerlichen Gesellschaft gleichgesetzt. Diese Identifizierung findet sich selbst noch in Kants *Metaphysik der Sitten*: »Die zur Gesetzgebung vereinigten Glieder einer solchen Gesellschaft (societas civilis), d. i. eines Staates, heißen Staatsbürger (cives) ...« [1]. Erst bei Hegel erhält der Ausdruck bürgerliche Gesellschaft einen spezifisch sozialen Sinngehalt, und die Konstruktion der *Rechtsphilosophie* ist maßgeblich durch die explizit durchgeführte begriffliche Verarbeitung des Auseinandertretens von Staat und Gesellschaft bedingt. Die naturrechtliche Trennung von Mensch und Bürger, wie sie den Menschen- und

1 Vgl. § 45

Bürgerrechtserklärungen der nordamerikanischen und französischen Revolution zugrunde liegt, wird in dieser Form nicht mehr aufrechterhalten. Den naturrechtlichen Menschen schlechthin gibt es für Hegel nicht, er ist je schon Bedürfniswesen, und als solches reproduziert er sich in der bürgerlichen Gesellschaft, ist als Privatmensch tätig, als Bürger oder, wie er auf französisch hinzufügt, als bourgeois. Zugleich ist aber dieser Bürger auch Mitglied des politischen Gemeinwesens, wie Hegel schon in der *Jenaer Realphilosophie* bemerkt: »Derselbe sorgt für sich und seine Familie, arbeitet, schließt Verträge usf. und ebenso arbeitet er auch für das Allgemeine, hat dieses zum *Zwecke*. Nach jener Seite heißt er *bourgeois*, nach dieser *citoyen*« [2].

Diese eigentümliche Doppelheit des neuzeitlichen Menschen, die als solche zum ersten Male von Hegel bewußt ausgesprochen wurde, hat der junge Marx, der sich nach seiner Kontroverse mit der »Allgemeinen Augsburger Zeitung« zuerst der Hegelschen Rechtsphilosophie zuwandte, sofort als deren eigentliches Zentrum entschlüsselt und ausdrücklich als Verdopplung bezeichnet. In der Kommentierung des § 304 heißt es: »Als noch die Gliederung der bürgerlichen Gesellschaft politisch und der politische Staat die bürgerliche Gesellschaft war, war diese *Trennung*, die *Verdopplung* der Bedeutung der Stände, nicht vorhanden« [3]. Und in der Abhandlung *Zur Judenfrage*, in der diese Trennung in Staatsidealist und Mitglied der bürgerlichen Gesellschaft im Mittelpunkt steht, finden wir ebenfalls diese Ausdrucksweise: »Wo der politische Staat seine wahre Ausbildung erreicht hat, führt der Mensch nicht nur im Gedanken, im Bewußtsein, sondern in der *Wirklichkeit*, im *Leben*, ein doppeltes, ein himmlisches und ein irdisches, das Leben im *politischen Gemeinwesen*, worin er sich als *Gemeinwesen* gilt, und das Leben in der *bürgerlichen Gesellschaft*, worin er als *Privatmensch* tätig ist« [4]. Wir wollen hier von einer Wiedergabe der Marxschen Hegelkritik und auch der Argumentation in der *Judenfrage* absehen, wesentlich in unserem Zusammenhang ist vielmehr die Feststellung, daß Marx im Hinblick auf die Artikulation des Verhältnisses von Staat und Gesellschaft an das fortgeschrittenste Bewußtsein seiner Zeit anknüpft, aber zugleich in entscheidender

---

2 Herausgegeben von Johannes Hoffmeister, Nachdruck 1967, S. 249. Diese spezifische Verarbeitung des Verhältnisses von Staat und Gesellschaft in der neuzeitlichen politischen Philosophie hat Manfred Riedel in verschiedenen Aufsätzen eindringlich dargestellt. Vgl. Studien zu Hegels Rechtsphilosophie, Frankfurt/M. 1969

3 Karl Marx, Kritik des Hegelschen Staatsrechts, in: Marx-Engels-Werke, Bd. 1, Berlin 1964, S. 286

4 Karl Marx, Zur Judenfrage, in: Marx-Engels-Werke, Bd. 1, S. 354 f.

Weise darüber hinausgeht. In der *Kritik des Hegelschen Staatsrechts* sagt Marx: »Die Trennung der bürgerlichen Gesellschaft und des politischen Staates erscheint notwendig als eine Trennung des politischen Bürgers, des Staatsbürgers, von der bürgerlichen Gesellschaft, von seiner eigenen wirklichen, empirischen Wirklichkeit, denn als Staatsidealist ist er ein *ganz anderes,* von seiner Wirklichkeit *verschiedenes,* unterschiedenes, entgegengesetztes *Wesen.* Die bürgerliche Gesellschaft bewerkstelligt hier innerhalb ihrer selbst das Verhältnis des Staats und der bürgerlichen Gesellschaft ...« [5]. Aus dem letzten Satz geht deutlich hervor, daß die Form der Verdopplung aus der Struktur der bürgerlichen Gesellschaft selbst abzuleiten ist, ebenso aus dem letzten Absatz des ersten Teils der *Judenfrage*: »Erst wenn der wirkliche individuelle Mensch den abstrakten Staatsbürger in sich zurücknimmt und als individueller Mensch in seinem empirischen Leben, in seiner individuellen Arbeit, in seinen individuellen Verhältnissen, *Gattungswesen* geworden ist, erst wenn der Mensch seine »forces propres« als *gesellschaftliche* Kräfte erkannt und organisiert hat und daher die gesellschaftliche Kraft nicht mehr in der Gestalt der *politischen* Kraft von sich trennt, erst dann ist die menschliche Emanzipation vollbracht« [6]. In diesen Formulierungen verbirgt sich der radikale Bruch mit aller bürgerlichen Theorie, wie wir später noch genauer zeigen werden. Mit Hegel stimmt Marx darin überein, daß der Staat erst dann wirklich zum Staat wird, wenn er als Staat der bürgerlichen Gesellschaft erscheint, also die Form des politischen Staates neben und außerhalb der bürgerlichen Gesellschaft annimmt, und auf diese Weise auch die Gesellschaft als Gesellschaft in Erscheinung treten kann. In der historischen Entwicklung erscheint die Genesis beider als gleichzeitige, » ... die Vollendung des Idealismus des Staates war zugleich die Vollendung des Materialismus der bürgerlichen Gesellschaft. Die Abschüttelung des politischen Jochs war zugleich die Abschüttelung der Bande, welche den egoistischen Geist der bürgerlichen Gesellschaft gefesselt hielten« [7]. Im Gegensatz jedoch zu jeder bürgerlichen Theorie, die als bürgerliche gerade dadurch charakterisiert ist, daß sie den nächsten Schritt *nicht* mehr vollzieht, besteht Marx darauf, daß die Ableitung der Form des politischen Staates, des Staates, der als Staat existiert, also die Form der Trennung des politischen Daseins des Bürgers von seinem Dasein als Mitglied der bürgerlichen

5 Kritik des Hegelschen Staatsrechts, S. 281 f.
6 Zur Judenfrage, S. 370
7 A. a. O., S. 369

Gesellschaft, aus der Tätigkeit des Bürgers selbst zu erfolgen hat. Aus der bestimmten Form der Tätigkeit muß die Verdopplung des Menschen in bourgeois und citoyen entwickelt werden.
Soweit es sich um die formale Struktur dieser Problemstellung handelt, werden wir ihr nicht nur bei unserer späteren Betrachtung der Kritik der politischen Ökonomie als zentralem Motiv der Geldtheorie wieder begegnen, als der Forderung, die Geldform aus der Warenform abzuleiten, das Geld zu begreifen als die Verdopplung der Ware in Ware und Geld, sondern deckt sie sich auch mit der von Feuerbach begonnenen und von Marx weitergeführten Kritik der Religion bzw. Kritik der Philosophie, die ja »nichts anderes ist als die in Gedanken gebrachte und denkend ausgeführte Religion« [8]. In der Schrift *Zur Kritik der Hegelschen Rechtsphilosophie, Einleitung* heißt es: »Das Fundament der irreligiösen Kritik ist: *Der Mensch macht die Religion,* die Religion macht nicht den Menschen ... Aber *der Mensch,* das ist kein abstraktes, außer der Welt hockendes Wesen. Der Mensch, das ist *die Welt des Menschen,* Staat, Sozietät. Dieser Staat, diese Sozietät produzieren die Religion, ein *verkehrtes Weltbewußtsein,* weil sie eine *verkehrte Welt* sind ... « [9]. Darin ist die Feuerbachsche Religionskritik und zugleich die Marxsche Kritik an Feuerbach zusammengefaßt. Feuerbach dechiffriert die Form des religiösen Bewußtseins als Produkt der Menschen selbst, geht aber dann nicht dazu über, diese Form selber noch aus der Struktur der Welt des Menschen abzuleiten. »Feuerbach«, so wird Marx einige Zeit später sagen, »geht von dem Faktum der religiösen Selbstentfremdung, der *Verdopplung* der Welt in eine religiöse und eine weltliche aus. Seine Arbeit besteht darin, die religiöse Welt in ihre weltliche Grundlage aufzulösen. Aber daß die weltliche Grundlage sich von sich selbst abhebt und sich ein selbständiges Reich in den Wolken fixiert, ist nur aus der Selbstzerrissenheit und dem Sichselbstwidersprechen dieser weltlichen Grundlage zu erklären« [10]. Auch hier unterscheidet sich Marx vom fortgeschrittensten theoretischen Bewußtsein, als welches sich die Feuerbachsche Religionskritik für Marx darstellt, indem er auf der Ableitung der Form selbst besteht. Mit welchem Inhalt das religiöse Bewußtsein auch immer befaßt sein mag ist in diesem Falle sekundär, wesentlich

---

8 Karl Marx, Kritik der Hegelschen Dialektik und Philosophie überhaupt, in: Marx-Engels-Studienausgabe des Fischer-Verlages, herausgegeben von Iring Fetscher, Bd. 1, S. 62

9 Karl Marx, Zur Kritik der Hegelschen Rechtsphilosophie, Einleitung, in: Marx-Engels-Werke, Bd. 1, S. 378

10 Karl Marx, Thesen über Feuerbach, in: Marx-Engels-Werke, Bd. 3, Berlin 1962, S. 6

allein ist die Form des religiösen Bewußtseins selbst, und diese ist für Marx eine Erscheinungsform der verkehrten Welt. An der Form selbst erscheint die Verkehrung; ebenso wie die Form des politischen Staates aus einer Welt hervorwächst, in welcher die individuellen Verhältnisse der Menschen selbst sich verkehrt haben. In beiden Fällen ist die Form Ausdruck einer zentralen Verkehrung, aus der sie hervorgeht, um diese Verkehrung auf ihrem eigenen Boden zu überwinden: »Der politische Staat verhält sich ebenso spiritualistisch zur bürgerlichen Gesellschaft wie der Himmel zur Erde. Er steht in demselben Gegensatz zu ihr, er überwindet sie in derselben Weise, wie die Religion die Beschränktheit der profanen Welt ... Der Widerspruch, in dem sich der religiöse Mensch mit dem politischen Menschen befindet, ist derselbe Widerspruch, in welchem sich das Mitglied der bürgerlichen Gesellschaft mit seiner politischen Löwenhaut befindet« [11].

Aus diesen ersten Formulierungen des Verhältnisses von Basis, Überbau und Ideologie, des Verhältnisses von Sein und Bewußtsein, läßt sich noch explizit entnehmen, was aus dem berühmten *Vorwort zur Kritik der politischen Ökonomie* nicht mehr unmittelbar hervorgeht: daß aus der Struktur der Basis selbst die anderen Formen als notwendig aus dieser Basis hervorgehend abgeleitet werden müssen. Der junge Marx würde es etwa so formulieren: weil der individuelle Mensch in seinen empirischen Verhältnissen nicht auch Gattungswesen ist, sondern dieses Gattungswesen selbst noch zum Mittel seines individuellen Lebens verkehrt, muß auch das menschliche Gemeinwesen notwendigerweise in verkehrter Form erscheinen. Der frühe und strenge Begriff der Basis meint ausdrücklich diese Verkehrtheit der individuell-sinnlichen Existenz des Menschen, aus der alle anderen Gestalten der Verkehrung zu entwickeln sind.

Was aber heißt Verkehrung der individuell-sinnlichen Existenz des Menschen? Die ersten präziseren Hinweise finden sich in der *Judenfrage*: »Was in der jüdischen Religion abstrakt liegt, die Verachtung der Theorie, der Kunst, der Geschichte, des Menschen als Selbstzweck, das ist der *wirkliche bewußte* Standpunkt, die Tugend des Geldmenschen. Das Gattungsverhältnis selbst, das Verhältnis von Mann und Weib etc. wird zu einem Handelsgegenstand! Das Weib wird verschachert ... « [12]. »Das Geld ist der allgemeine, für sich selbst konstituierte *Wert* aller Dinge. Es hat daher die ganze Welt, die Menschen-

11 Zur Judenfrage, S. 355
12 A. a. O., S. 375

welt wie die Natur, ihres eigentümlichen Wertes beraubt. Das Geld ist das dem Menschen entfremdete Wesen seiner Arbeit und seines Daseins, und dies fremde Wesen beherrscht ihn, und er betet es an« [13]. Die exakte Ausführung dieses Gedankens ist das *Kapital,* wie wir noch sehen werden. Was Marx hier vor Augen hat, wird er später, im Rohentwurf des *Kapitals*, als »für sich seiendes Kapital« bezeichnen, und im *Kapital* selbst als Personifikation ökonomischer Kategorien. In der *Judenfrage* hingegen ist es nicht mehr als eine Andeutung, die aber *als Andeutung* erst vor dem Hintergrund des Spätwerks entschlüsselt werden kann. Aus diesem Grunde wollen wir den methodischen Hinweis von Marx hinsichtlich der begrifflichen Verarbeitung früherer Gesellschaftsformationen – daß die Anatomie des Menschen der Schlüssel ist zur Anatomie des Affen, »daß Andeutungen auf Höheres in den untergeordneten Tierarten ... nur verstanden werden (können), wenn das Höhere selbst schon bekannt ist. Die bürgerliche Ökonomie liefert so den Schlüssel zur antiken etc. .. « [14] – nochmals auf sein eigenes Werk beziehen und die frühen Formulierungen aus der Sicht des Spätwerks interpretieren.

Unter diesem Aspekt wollen wir uns dem ersten Versuch einer systematischen Darstellung der »selbstzerrissenen und sichselbstwidersprechenden weltlichen Grundlage«, der Verkehrung der individuell-sinnlichen Existenz als Grundlage aller Verdopplung, zuwenden: den *Ökonomisch-philosophischen Manuskripten.* Die Gedankenführung dieser Schrift, die allgemein als dunkel und schwierig empfunden wird, läßt sich als durchaus transparente Konstruktion begreifen, wenn man bedenkt, daß Marx zu jener Zeit noch keineswegs den kategorialen Apparat entwickelt hatte, mit dessen Hilfe die Verkehrung *als* Verkehrung angemessen erfaßt werden konnte, er aber zugleich die Kategorien der bürgerlichen Nationalökonomie als untauglich für dieses Unternehmen bestimmt, da sich diese Wissenschaft vorab schon im Kontext der Entfremdung bewegt und aus diesem Grunde der Eigenart der verkehrten Welt nicht gerecht werden kann. »Die Nationalökonomie geht vom Faktum des Privateigentums aus. Sie erklärt uns dasselbe nicht ... Die Nationalökonomie gibt uns keinen Aufschluß über den Grund der Teilung von Arbeit und Kapital,

13 A. a. O., S. 375
14 Karl Marx, Einleitung zur Kritik der politischen Ökonomie, in: Grundrisse der Kritik der politischen Ökonomie, Berlin 1953, S. 26

von Kapital und Erde. Wenn sie z. B. das Verhältnis des Arbeitslohns zum Profit des Kapitals bestimmt, so gilt ihr als letzter Grund das Interesse der Kapitalisten; d. h. sie unterstellt, was sie entwickeln soll. Ebenso kommt überall die Konkurrenz hinein. Sie wird aus äußeren Umständen erklärt. Inwiefern diese äußeren, scheinbar zufälligen Umstände nur der Ausdruck einer notwendigen Entwicklung sind, darüber lehrt uns die Nationalökonomie nichts« [15]. Bei der Beschäftigung mit dem späteren Werk werden wir sehen, daß in diesen Sätzen die zentralen Motive der Kritik der politischen Ökonomie zusammengefaßt sind. Die willkürliche Behandlung der Konkurrenz und die äußerliche Aufnahme vorgegebener Kategorien stellen sich schon dem jungen Marx als notwendige Verfahrensweise einer Wissenschaft dar, zu deren Wesen es gleichsam gehört, daß sie die gesellschaftliche Form der Verkehrung nicht mehr als solche wahrzunehmen vermag. So kommt es, daß der frühe Marx die Verkehrung nicht selber noch unter der Form einer kritischen Darstellung der Kategorien entwickelt, sondern unmittelbar als das zu erfassen sucht, was sie ist: eine verkehrte Form der Aneignung der Natur.

In den *Ökonomisch-philosophischen Manuskripten* begreift Marx zum ersten Male den menschlichen Stoffwechsel mit der Natur als eine Dialektik von Subjekt und Objekt innerhalb des Naturganzen, in der beide Pole – die Menschheit auf der einen Seite, die Natur auf der anderen – durcheinander vermittelt sind, aber nicht in dieser Vermittlung aufgehen. »Die Natur ist der *unorganische Leib* des Menschen, nämlich die Natur, so weit sie nicht selbst menschlicher Körper ist. Der Mensch *lebt* von der Natur, heißt: die Natur ist sein *Leib*, mit dem er in beständigem Progreß bleiben muß, um nicht zu sterben. Daß das physische und geistige Leben des Menschen mit der Natur zusammenhängt, hat keinen anderen Sinn, als daß die Natur mit sich selbst zusammenhängt, denn der Mensch ist ein Teil der Natur« [16]. Die Entgegensetzung beider Momente und zugleich ihre Vermittlung verdankt sich der menschlichen Arbeit, durch die sich diese Einheit des Menschen mit der Natur in jeweils verschiedener Gestalt darstellt. Der Mensch formt durch seine Arbeit die äußere Natur um und bringt sie in eine ihm gemäße Gestalt, ein Akt, durch den sich das Subjekt selbst verändert. Der Vermenschlichung der Natur durch die

15 Karl Marx, Ökonomisch-philosophische Manuskripte, in: Marx-Engels-Studienausgabe des Fischer-Verlags, Bd. 2, S. 75
16 A. a. O., S. 80

tätige Aneignung korrespondiert eine Veränderung des Subjekts, das in diesem Prozeß der Auseinandersetzung mit der Natur erst seine menschlichen Qualitäten entwickelt. Die weltgeschichtliche Tätigkeit vorhergehender Generationen sedimentiert sich zu einem jeweils bestimmten Entwicklungsstand der Produktivkräfte, so daß Marx mit Recht darauf hinweist, daß »gesellschaftliche Tätigkeit und der gesellschaftliche Geist ... keinesfalls *allein* in der Form einer *unmittelbar* gemeinschaftlichen Tätigkeit« existieren, sondern jede Tätigkeit nach Form und Inhalt präformiert ist durch die gesamte Arbeit der geschichtlichen Menschheit. »Nicht nur das Material meiner Tätigkeit ist mir – wie selbst die Sprache, in der der Denker tätig ist – als gesellschaftliches Produkt gegeben, mein *eignes* Dasein *ist* gesellschaftliche Tätigkeit ... «[17]. Was immer daher der einzelne auch tut, es ist je schon eine bestimmte Synthesis innerhalb dieses gigantischen Prozesses, worin die Natur sich gleichsam mit sich selbst vermittelt, zugleich aber – und darin unterscheidet sich die Marxsche Konzeption von jedem Materialismus, der den Absoluten Geist schlicht durch das Wort Materie oder Kosmos ersetzt – ist dieser Prozeß nicht nur Vermittlung der Natur mit sich selbst, sondern Werden der Natur für den Menschen, Selbstproduktion des Menschen. »Indem aber für den sozialistischen Menschen die *ganze sogenannte Weltgeschichte* nichts anderes ist als die Erzeugung des Menschen durch die menschliche Arbeit, als das Werden der Natur für den Menschen, so hat er also den anschaulichen, unwiderstehlichen Beweis von seiner *Geburt* durch sich selbst, von seinem *Entstehungsprozeß*«[18]. Daß Marx in diesem Zusammenhang vom sozialistischen Menschen spricht, ist keineswegs zufällig. Darin reflektiert sich, daß Marx seine eigene Konzeption selbst noch als Resultat dieses Prozesses begreift, eines Prozesses, der erst auf einer bestimmten Entwicklungsstufe den Einblick in seine eigene Struktur freigibt. Denn die tätige Aneignung der Natur durch den Menschen vollzieht sich unter entfremdeter Form, die jeweils wechselnde Einheit von Subjekt und Objekt innerhalb des Naturganzen ist eine zerrissene, verkehrte Identität des Menschen mit der Natur, die als solche erst auf ihrem Kulminationspunkt, einer nicht mehr zu überbietenden Form der Verkehrung, zu erkennen ist. Erst jetzt läßt sich, durch die extremste Form der Entfremdung hindurch,

---

17 A. a. O., S. 101. Das Verhältnis von Mensch und Natur bei Marx ist in dieser Weise zum ersten Male von Alfred Schmidt entwickelt worden. Vgl. Der Begriff der Natur in der Lehre von Marx, Frankfurt/M. 1962

18 A. a. O., S. 108

die Entfremdung *als* Entfremdung erfassen und erkennen, daß die bisherige Geschichte der gleichsam naturähnlich verlaufende Konstitutionsprozeß des Menschen selbst war, der sich unter der Form eines verkehrten Verhaltens zur Natur erst zum Menschen herausgebildet hat. Den Kulminationspunkt dieser Verkehrung entwickelt Marx in den *Ökonomisch-philosophischen Manuskripten* unter dem Begriff der entfremdeten Arbeit und einem Korrelat, das er als Personifikation der verselbständigten Produktionsbedingungen darstellt. Unbeeindruckt von der bürgerlichen Ableitung des Eigentums, die zumeist auf dem Lockeschen Modell fußt, über dessen dem Schein der Zirkulationssphäre entspringenden eigentümlichen Charakter er damals noch keine Klarheit besitzen konnte, versucht Marx unmittelbar das Wesen des kapitalistischen Gesamtprozesses zu erfassen. Er geht von einem »nationalökonomischen, *gegenwärtigen Faktum*« aus, nämlich der Tatsache, daß der Mensch im Akt der Aneignung der Natur zugleich eine Reproduktionsform mitproduziert, in der sich das Subjekt zum Objekt verkehrt, der tätige Mensch, der diese Strukturen hervorbringt, von diesem seinem eigenen Produkt überwältigt wird und sich dessen eigener Logizität unterwirft. Wie aber läßt sich dieser Vorgang, dessen exakte Darstellung einige Jahre später zu einem dickleibigen Werk führen wird, prägnant erfassen, wenn die Sprache der Nationalökonomie den Dienst verweigert? Marx löst dieses Problem, indem er diesen Vorgang mit dem »wahrhaft menschlichen Eigentum« konfrontiert, ihn als das Gegenteil der wesentlichen Beziehung des Menschen zu seiner unorganischen Natur schildert, als Verkehrung des – wie auch immer vermittelten – naturbedingten Verhältnisses des subjektiven Daseins zu seiner objektiven Fortsetzung, also die kapitalistische Wirklichkeit selbst als zwei Strukturen begreift, die in grotesker Weise ineinander reflektieren. »Dies Faktum drückt weiter nichts aus als: Der Gegenstand, den die Arbeit produziert, ihr Produkt, tritt ihr als ein *fremdes Wesen*, als eine von dem Produzenten *unabhängige Macht* gegenüber. Das Produkt der Arbeit ist die Arbeit, die sich in einem Gegenstand fixiert, sachlich gemacht hat, es ist die *Vergegenständlichung* der Arbeit. Die Verwirklichung der Arbeit ist ihre Vergegenständlichung. Diese Verwirklichung der Arbeit erscheint in dem nationalökonomischen Zustand als *Entwirklichung* des Arbeiters, die Vergegenständlichung als *Verlust und Knechtschaft des Gegenstandes*, die Aneignung als *Entfremdung*, als *Entäußerung*« [19]. Damit sind handfeste Mechanismen gemeint: Marx

19 A. a. O., S. 76

hat hier die Tatsache im Auge, daß der Arbeiter – der hier je schon als Arbeiter schlechthin begriffen wird, als der Mensch unter der Form des Lohnarbeiters – keineswegs in dem Maße reicher wird, in dem die Produktivkraft seiner Arbeit wächst, sondern im Gegenteil der Wert seiner Arbeitskraft mit steigender Produktivität fällt; daß die größere Differenziertheit des Produkts einhergeht mit zunehmender Vereinseitigung der Tätigkeit; ja, daß der Arbeiter den Krisenmechanismus mitproduziert und dadurch die Arbeit selbst zu einem Gegenstand objektiviert, dessen er sich »nur mit der größten Anstrengung und den unregelmäßigsten Unterbrechungen ... bemächtigen« kann. Die Welt, in der der Mensch lebt und die doch nur die Welt des Menschen selbst sein kann, erweist sich unmittelbar als das Gegenteil dessen, was im Prozeß der Auseinandersetzung mit der Natur erreicht wird. Selbst Teil der Natur, ist der Mensch im Akt ihrer Aneignung auf sie verwiesen, und sie bietet sich in immer vielfältigerer Weise dar. Doch je mehr sich die Natur dem Menschen durch seine Arbeit erschließt, desto mehr verschließt sie sich. Diese Paradoxie der Wirklichkeit meint Marx im Begriff der Vergegenständlichung, die zugleich Verlust des Gegenstandes ist, die Aneignung, die zugleich Entfremdung ist. »Betrachten wir nun näher die *Vergegenständlichung*, die Produktion des Arbeiters und in ihr die *Entfremdung*, den Verlust des Gegenstandes, seines Produkts.

Der Arbeiter kann nichts schaffen ohne die *Natur*, ohne die *sinnliche Außenwelt*. Sie ist der Stoff, an welchem sich seine Arbeit verwirklicht, in welchem sie tätig ist, aus welchem und mittels welchem sie produziert.

Wie aber die Natur das *Lebensmittel* der Arbeit darbietet, in dem Sinn, daß die Arbeit nicht *leben* kann ohne Gegenstände, an denen sie ausgeübt wird, so bietet sie andrerseits auch die *Lebensmittel* in dem engeren Sinn dar, nämlich die Mittel der physischen Subsistenz des *Arbeiters* selbst.

Je mehr also der Arbeiter sich die Außenwelt, die sinnliche Natur, durch Arbeit *aneignet*, um so mehr entzieht er sich *Lebensmittel* nach der doppelten Seite hin, erstens, daß immer mehr die sinnliche Außenwelt aufhört, ein seiner Arbeit angehöriger Gegenstand, ein *Lebensmittel* seiner Arbeit zu sein; zweitens, daß sie immer mehr aufhört, *Lebensmittel* im unmittelbaren Sinn, Mittel für die physische Subsistenz des Arbeiters zu sein.

Nach dieser doppelten Seite hin wird der Arbeiter also ein Knecht seines Gegenstandes, erstens, daß er einen *Gegenstand der Arbeit*, d. h. daß er *Arbeit* erhält, und zweitens, daß er *Subsistenzmittel* erhält.

Erstens also, daß er als *Arbeiter*, und zweitens, daß er als *physisches Subjekt* existieren kann. Die Spitze dieser Knechtschaft ist, daß er nur mehr als *Arbeiter* sich als *physisches Subjekt* erhalten kann und nur mehr als *physisches Subjekt* Arbeiter ist« [20]. Der naturale Zusammenhang zwischen dem subjektiven Dasein und seiner objektiven Fortsetzung wird gleichsam nur noch mitgeschleift, zum Anhängsel der verselbständigten, dem tätigen Subjekt entfremdeten und doch von ihm in dieser Form der Entfremdung selbst noch hervorgebrachten Welt herabgesetzt.

Doch damit hat es nicht sein Bewenden. »Wir haben bisher die Entfremdung, die Entäußerung des Arbeiters nur nach der einen Seite hin, betrachtet, nämlich sein *Verhältnis zu den Produkten seiner Arbeit.* Aber die Entfremdung zeigt sich nicht nur im Resultat, sondern im *Akt der Produktion,* innerhalb der *produzierenden Tätigkeit selbst.* Wie würde der Arbeiter dem Produkt seiner Tätigkeit fremd gegenüberstehen können, wenn er im Akt der Produktion selbst sich nicht sich selbst entfremdete: Das Produkt ist ja nur das Resumé der Tätigkeit, der Produktion. Wenn also das Produkt der Arbeit die Entäußerung ist, so muß die Produktion selbst die tätige Entäußerung, die Entäußerung der Tätigkeit, die Tätigkeit der Entäußerung sein. In der Entfremdung des Gegenstandes der Arbeit resumiert sich nur die Entfremdung, die Entäußerung in der Tätigkeit der Arbeit selbst« [21]. Die Verkehrung zeigt sich auch darin, daß jene Tätigkeit, wodurch der Mensch erst zum Menschen wird, die Arbeit, durch die er sich vom Tier unterscheidet, sich gerade als Mittel erweist, diesen Unterschied beständig wieder aufzuheben. Der Mensch verhält sich zu seiner wesentlichsten Lebensäußerung als zu einem ihm Äußerlichen, nicht sie selbst, sein eigentliches Wesen, ist ihm Befriedigung eines Bedürfnisses, sondern sie ist nur Mittel, um Bedürfnisse außer ihr zu befriedigen. Die Äußerlichkeit und Fremdheit der Arbeit »tritt darin rein hervor«, daß die Arbeit als eine Pest geflohen wird, sobald kein physischer Zwang existiert. »Der Arbeiter fühlt sich daher erst außer der Arbeit bei sich und in der Arbeit außer sich. Zu Haus ist er, wenn er nicht arbeitet, und wenn er arbeitet, ist er nicht zu Hause ... Es kommt daher zum Resultat, daß der Mensch (der Arbeiter) nur mehr in seinen tierischen Funktionen, Essen, Trinken und Zeugen, höchstens noch Wohnung, Schmuck etc., sich als freitätig fühlt, und in seinen menschlichen Funktionen nur mehr als Tier. Das Tierische wird das

---

20 A. a. O., S. 77 f.
21 A. a. O., S. 78 f.

Menschliche und das Menschliche das Tierische. Essen, Trinken und Zeugen etc. sind zwar auch echt menschliche Funktionen. In der Abstraktion aber, die sie von dem übrigen Umkreis menschlicher Tätigkeit trennt und zu letzten und alleinigen Endzwecken macht, sind sie tierisch« [22]. Nicht nur entzieht sich also dem Menschen in der Bearbeitung der äußeren Natur diese selbst noch, sondern auch die Arbeit, durch welche diese groteske Verkehrung produziert wird, ist in sich gegenläufig: indem sich der Mensch durch die Arbeit hervorbringt, verhält er sich zu ihr als zu einer »wider ihn selbst gewendete(n), von ihm unabhängige(n), ihm nicht gehörige(n) Tätigkeit. Die *Selbstentfremdung*, wie oben die Entfremdung der *Sache*« [23].

Diese Darstellung des verkehrten naturalen Zusammenhangs zwischen dem tätigen subjektiven Dasein und der objektiven Fortsetzung wird ergänzt durch die Ableitung des Privateigentums. »Wir gingen aus von einem nationalökonomischen Faktum, der Entfremdung des Arbeiters und seiner Produktion. Wir haben den Begriff dieses Faktums angesprochen: die *entfremdete, entäußerte* Arbeit. Wir haben diesen Begriff analysiert, also bloß ein nationalökonomisches Faktum analysiert. Sehen wir nun weiter, wie sich dieser Begriff der entfremdeten, entäußerten Arbeit in der Wirklichkeit aussprechen und darstellen muß« [24]. Die beiden Bestimmungen verweisen auf ein Komplement innerhalb des Gesamtzusammenhangs der verkehrten Welt, auf eine Form der Ergänzung, die sich als gleichsam spiegelbildliches Korrelat zur Entfremdung des Produkts und der Selbstentfremdung darstellt. »Wenn das Produkt der Arbeit mir fremd ist, mir als fremde Macht gegenübertritt, wem gehört es dann? Wenn meine eigne Tätigkeit nicht mir gehört, eine fremde, eine erzwungene Tätigkeit ist, wem gehört sie dann? Einem *andern* Wesen als mir. Wer ist dies Wesen?« [25]. Sind es die Götter?, fragt Marx, indem er sich auf ein Motiv bezieht, das sich ihm bei der Betrachtung der Entäußerung aufgedrängt hat: nämlich die Religion als Parallele zur Struktur der verkehrten Aneignung der Natur. »Es ist ebenso in der Religion. Je mehr der Mensch in Gott setzt, je weniger behält er in sich selbst. Der Arbeiter legt sein Leben in den Gegenstand, aber nun gehört es nicht mehr ihm, sondern dem Gegenstand. Je größer also diese Tätigkeit, um so gegenstandsloser ist der Arbeiter« [26]. Aber die Frage ist nur

---

22 A. a. O., S. 79
23 A. a. O., S. 80
24 A. a. O., S. 83
25 A. a. O., S. 83
26 A. a. O., S. 77

rhetorisch gemeint, denn die Götter können nie als Arbeitsherrn auftreten, ebensowenig wie die Natur. »Und welcher Widerspruch wäre es auch, daß, je mehr der Mensch die Natur durch seine Arbeit sich unterwirft, je mehr die Wunder der Götter überflüssig werden durch die Wunder der Industrie, der Mensch diesen Mächten zu lieb auf die Freude an der Produktion und auf den Genuß des Produkts verzichten sollte« [27]. Die richtige Antwort auf die Frage lautet: »Das *fremde* Wesen, dem die Arbeit und das Produkt der Arbeit gehört, in dessen Dienst die Arbeit und zu dessen Genuß das Produkt der Arbeit steht, kann nur der *Mensch* selbst sein. Wenn das Produkt der Arbeit nicht dem Arbeiter gehört, eine fremde Macht ihm gegenüber ist, so ist dies nur dadurch möglich, daß es einem *andern Menschen außer dem Arbeiter* gehört. Wenn seine Tätigkeit ihm Qual ist, so muß sie einem andern *Genuß* und die Lebensfreude eines andern sein. Nicht die Götter, nicht die Natur, nur der Mensch selbst kann diese fremde Macht über den Menschen sein ... Wenn er sich also zu dem Produkt seiner Arbeit, zu seiner vergegenständlichten Arbeit, als einem *fremden*, feindlichen, mächtigen, von ihm unabhängigen Gegenstand verhält, so verhält er sich zu ihm so, daß ein andrer, ihm fremder, feindlicher, mächtiger, von ihm unabhängiger Mensch der Herr dieses Gegenstandes ist. Wenn er sich zu seiner eignen Tätigkeit als einer unfreien verhält, so verhält er sich zu ihr als der Tätigkeit im Dienst, unter der Herrschaft, dem Zwang und dem Joch eines andern Menschen« [28].
Entsprechend dem Verfahren bei der Betrachtung der Entäußerung des Produkts und der Selbstentfremdung will Marx in den *Ökonomisch-philosophischen Manuskripten* auch die Seite des „Arbeitsherrn" darstellen und zwar durchaus im Sinne eines spiegelbildlich-verkehrten Komplements innerhalb des Gesamtzusammenhangs der verkehrten Form der Aneignung der Natur: »Wenn wir nun gesehen haben, daß in bezug auf den Arbeiter, welcher sich durch die Arbeit die Natur *aneignet*, die Aneignung als Entfremdung erscheint, die Selbsttätigkeit als Tätigkeit für einen andern und als Tätigkeit eines andern, die Lebendigkeit als Aufopferung des Lebens, die Produktion des Gegenstandes als Verlust des Gegenstandes an eine fremde Macht, an einen *fremden* Menschen, so betrachten wir nun das Verhältnis dieses der Arbeit und dem Arbeiter *fremden* Menschen zum Arbeiter, zur Arbeit und ihrem Gegenstand. Zunächst ist zu bemerken, daß alles, was bei dem Arbeiter als *Tätigkeit der Entäußerung, der Entfremdung*, bei

---

27 A. a. O., S. 83
28 A. a. O., S. 83

dem Nichtarbeiter als *Zustand der Entäußerung, der Entfremdung*, erscheint. Zweitens, daß das *wirkliche, praktische Verhalten* des Arbeiters in der Produktion und zum Produkt (als Gemütszustand) bei dem gegenüberstehenden Nichtarbeiter als *theoretisches* Verhalten erscheint. *Drittens*. Der Nichtarbeiter tut alles gegen den Arbeiter, was der Arbeiter gegen sich selbst tut, aber er tut nicht gegen sich selbst, was er gegen den Arbeiter tut. Betrachten wir näher diese drei Verhältnisse«[29]. Bedauerlicherweise endet der Abschnitt über die entfremdete Arbeit mit diesem Satz, so daß der Interpret auf Extrapolation angewiesen ist. Wir wollen hier jedoch nicht den Versuch unternehmen, die Marxschen Gedanken weiterzuführen, zumal sich aus dem bisher Entwikkelten die Struktur der Konstruktion deutlich entnehmen läßt: der Begriff des Privateigentums meint je schon die Totalität der verkehrten Form der Naturaneignung, die entfremdete Arbeit einerseits und die damit verbundene Trennung des subjektiven Daseins von seiner objektiven Fortsetzung, die Trennung der Produzenten von den Produktionsmitteln und deren Personifikation andrerseits, die Tatsache also, daß die dem Arbeiter entfremdeten Produktionsbedingungen, seine Lebensmittel, wie der Marx der *Ökonomisch-philosophischen Manuskripte* sagt, in der Person des Arbeitsherrn subjektive Existenz erhalten und als persönliche Macht des Privateigentümers erscheinen. Diese Konstellation faßt Marx mit wenigen Worten zusammen: »Wir haben die eine Seite betrachtet, die *entäußerte* Arbeit in bezug auf den *Arbeiter* selbst, d. h. das *Verhältnis der entäußerten Arbeit zu sich selbst*. Als Produkt, als notwendiges Resultat dieses Verhältnisses haben wir das *Eigentumsverhältnis des Nicht-Arbeiters* zum Arbeiter und der Arbeit gefunden. Das *Privateigentum*, als der materielle, resümierte Ausdruck der entäußerten Arbeit, umfaßt beide Verhältnisse, das *Verhältnis des Arbeiters zur Arbeit und zum Produkt seiner Arbeit und zum Nichtarbeiter* und *das Verhältnis des Nichtarbeiters zum Arbeiter und dem Produkt seiner Arbeit*«[30].

Dieser Begriff des Privateigentums ist in mehrfacher Hinsicht bedeutsam. Als erste Darstellung der »sichselbstwidersprechenden weltlichen Grundlage« will er gleichsam das Wesen des Kapitalismus als der nicht mehr zu überbietenden Form der pervertierten Naturaneignung in abstraktester Form zusammenfassen. »Wie wir aus dem Begriff der *entfremdeten, entäußerten Arbeit* den Begriff des *Privateigentums* durch

---

29 A. a. O., S. 86 f.
30 A. a. O., S. 86

Analyse gefunden haben, so können mit Hilfe dieser beiden Faktoren alle nationalökonomischen *Kategorien* entwickelt werden, und wir werden in jeder Kategorie, wie z. B. dem Schacher, der Konkurrenz, dem Kapital, dem Geld, nur einen *bestimmten* und *entwickelten Ausdruck* dieser ersten Grundlage wiederfinden«[31]. Die erste präzisere Formulierung der verkehrten individuell-sinnlichen Existenz des Menschen in der *Judenfrage* erweist sich jetzt schon als eine Gestalt unter anderen innerhalb des gesamtgesellschaftlichen Reproduktionsprozesses. Der »für sich konstituierte Wert aller Dinge«, das Geld, das die ganze Welt, die Menschenwelt wie die Natur, ihres eigentümlichen Werts beraubt; das »fremde Wesen, das der Mensch anbetet«, ist die frühe Umschreibung der schlecht-unendlichen Bewegung der Maßlosigkeit, die permanente Jagd nach dem Reichtum in der unmittelbar allgemeinen Form, die an ihr selbst auf ihr anderes, die Arbeit als Schöpfer des abstrakten Reichtums hinweist. Es ist dies, wie wir bei der Betrachtung des Spätwerks sehen werden, die abstrakteste Form des Kapitals, die »allgemeine Formel«, die einen zentralen Stellenwert in der dialektischen Darstellung der Kategorien einnimmt.

Zugleich faßt sich in diesem Begriff das Wesen der ganzen menschlichen Vorgeschichte zusammen. »Erst auf dem letzten Kulminationspunkt der Entwicklung des Privateigentums tritt dieses sein Geheimnis wieder hervor ... «[32]. Durch die extremste Gestalt der zerrissenen Identität des Menschen mit der Natur hindurch erschließt sich erst die Geschichte *als* Geschichte der Entwicklung dieser Grundstruktur. So wird jetzt das feudale Grundeigentum als eine Gestalt der Verkehrung interpretiert, die noch *als solche* erscheinen muß – als Kapitalverhältnis; gleichsam nur an sich vorhanden, kann es als das An-sich der extremsten Form der verkehrten Naturaneignung nur durch diese hindurch erkannt werden. Es ist schon »seinem Wesen nach die verschacherte Erde, die dem Menschen entfremdete und daher in der Gestalt einiger weniger großen Herrn ihm gegenübertretende Erde ... Schon im Feudalgrundbesitz liegt die Herrschaft der Erde als einer fremden Macht über die Menschen. Der Leibeigne ist das Akzidenz der Erde. Ebenso gehört der Majoratsherr, der erstgeborene Sohn, der Erde. Sie erbt ihn. Überhaupt fängt mit dem Grundbesitz die Herrschaft des Privateigentums an, es ist seine Basis«[33]. Die Verkehrung ist die gleiche wie im Kapitalismus, auch hier herrschen die Produk-

---

31 A. a. O., S. 85 f.
32 A. a. O., S. 84
33 A. a. O., S. 71

tionsbedingungen über die Produzenten, der entfremdeten Arbeit auf der einen Seite entspricht die Personifikation der entfremdeten Produktionsbedingungen auf der anderen Seite, die als Macht »einiger weniger großen Herrn« subjektive Existenz gewinnen. Nur *erscheint* diese Struktur noch nicht *als solche.* Vielmehr »*scheint* wenigstens der Herr als König des Grundbesitzes ... Ebenso haben die Bearbeiter des Grundbesitzes nicht das Verhältnis von *Taglöhnern,* sondern teils sind sie selbst sein Eigentum, wie die Leibeignen, teils stehen sie in Respekts-, Untertan- und Pflichtverhältnis zu ihm. Seine Stellung zu ihnen ist daher unmittelbar politisch und hat ebenso eine gemütliche Seite ...« [34]. Doch das Wesen muß erscheinen, ist man – mit Hegel – zu sagen geneigt. »Es ist nötig, daß dieser Schein aufgehoben wird, daß das Grundeigentum, die Wurzel des Privateigentums, ganz in die Bewegung des Privateigentums hineingerissen und zur Ware wird, daß die Herrschaft des Eigentümers als die reine Herrschaft des Privateigentums, des Kapitals, abgezogen von aller politischen Tinktur erscheint, daß das Verhältnis zwischen Eigentümer und Arbeiter sich auf das nationalökonomische Verhältnis von Exploiteur und Exploitiertem reduziert, daß alles persönliche Verhältnis des Eigentümers mit seinem Eigentum aufhört und dasselbe zum *sachlichen,* materiellen Reichtum wird, daß an die Stelle der Ehrenehe mit der Erde die Ehe des Interesses tritt und die Erde ebenso zum Schacherwert herabsinkt wie der Mensch. Es ist notwendig, daß, was die Wurzel des Grundeigentums ist, der schmutzige Eigennutz, auch in seiner zynischen Gestalt erscheint« [35].

In welcher Form sich diese Entwicklung vollzieht, bleibt in den *Ökonomisch-philosophischen Manuskripten* im dunkeln. Fest steht lediglich, daß der weltgeschichtliche Prozeß, die Entwicklung und Herausbildung der menschlichen Gattung unter der Form der entfremdeten Aneignung der Natur, zu diesem Kulminationspunkt der nicht mehr zu überbietenden Polarisierung von lebendiger und vergegenständlichter Arbeit – zur Arbeit »als Ausschließung des Eigentums, und (zum) ... Kapital, die objektive Arbeit als Ausschließung der Arbeit« [36] – hintreibt. Nicht nur muß die Menschheit durch diese extreme Form der verkehrten Einheit des Menschen mit der Natur hindurchgegangen sein, um die Entfremdung als Entfremdung zu erfahren und aufzuheben, sondern die Entwicklung selbst ist in

---

34 A. a. O., S. 71
35 A. a. O., S. 72
36 A. a. O., S. 97

der entfremdeten Arbeit angelegt. Gerade dieser letztere Gedanke läßt sich insbesondere dem *Exzerpt über die entfremdete und die unentfremdete Gesellschaft, Geld, Kredit und Menschlichkeit*[37] entnehmen. Entgegen dem Verfahren in den *Ökonomisch-philosophischen Manuskripten*, wo er das »Geheimnis des Privateigentums« unmittelbar am Kapitalismus als der abschlußhaften Gestalt der Polarisierung zu entwickeln versucht, geht er hier von der einfachen Austauschsituation aus und versucht sie als Keimzelle des ganzen Verkehrungsprozesses zu begreifen. Bedeutsam ist hier, daß Marx, noch bevor er die Arbeitswertlehre voll rezipiert und eine eigene Theorie des Mehrwerts formuliert hat, die zentralen Motive der späteren Kritik der politischen Ökonomie entwickelt, durch die sie sich nicht nur vorweg schon der gängigen Einordnung in Grenznutzen- und Arbeitswerttheorie entzieht, sondern diese Unterteilung selbst noch einmal als Vorgang zu kritisieren erlaubt, der innerhalb der Schranken des fachökonomischen Horizonts erfolgt. Indem nämlich zwei Gebrauchsgegenstände ausgetauscht werden, verkehrt sich notwendigerweise das konkret-sinnliche Arbeitsprodukt zum Repräsentanten des anderen Produkts, insofern dieses selbst wieder Repräsentant des gegenüberstehenden ist, und somit beide zum Repräsentanten eines von beiden unterschiedenen Dritten werden. »An seine Stelle ist ein Privateigentum von *andrer* Natur getreten, wie es selbst die Stelle eines Privateigentums von *andrer* Natur vertritt. Auf beiden Seiten erscheint also das Privateigentum als Repräsentant eines Privateigentums von andrer Natur, als das *gleiche* eines anderen Naturprodukts und beide Seiten beziehen sich so auf einander, daß jede das Dasein ihres *andern* vertritt und beide wechselseitig sich auf einander als *Ersatzmänner* ihrer selbst und ihres andern beziehen. Das Dasein des Privateigentums als solchen ist daher zum *Ersatz*, zum *Äquivalent* geworden. An die Stelle seiner unmittelbaren Einheit mit sich selbst ist es nur mehr Beziehung auf ein *andres*. Als Äquivalent ist sein Dasein nicht mehr sein ihm eigentümliches. Es ist daher zum *Wert* und unmittelbar zum *Tauschwert* geworden. Sein Dasein als *Wert* ist eine von seinem unmittelbaren Dasein verschiedene, seinem spezifischen Wesen äußerliche, eine entäußerte Bestimmung *seiner selbst*; ein nur *relatives* Dasein desselben«[38]. Noch bevor sich Marx präziser über die Substanz des Werts und das Maß seiner Größe äußern kann, sieht er im Wert ein dem konkreten Gebrauchsding Äußerliches, auf das die sinn-

37 Vgl. Marx-Engels-Studienausgabe, Bd. 2, S. 247 ff.
38 A. a. O., S. 255

lich-konkreten Arbeitsprodukte im Austausch notwendig reduziert werden, und insofern zugleich eine dem Gebrauchswert wesentliche Gleichgültigkeit, ohne die der Austauschprozeß nicht vollzogen werden kann. Dieses im Austauschprozeß wesentliche Dasein des »Privateigentums« als Äquivalent muß sich verselbständigen und eigene Existenz erhalten – als Geld, als der für sich seiende Wert. »Das Äquivalent erhält seine Existenz als Äquivalent in Geld ...«[39]. Sobald jedoch dieser »Mittler des Austauschprozesses« eigene Existenz erhält, verkehrt er sich zu einem Ersten: »Daß dieser *Mittler* nun zum *wirklichen Gott* wird, ist klar, denn der Mittler ist die *wirkliche Macht* über das, womit er mich vermittelt. Sein Kultus wird zum Selbstzweck. Die Gegenstände, getrennt von diesem Mittler, haben ihren Wert verloren. Also nur, insofern sie ihn *repräsentieren*, haben sie Wert, während es ursprünglich schien, daß er nur Wert hätte, so weit *er sie* repräsentierte. Diese Umkehrung des ursprünglichen Verhältnisses ist notwendig ...«[40]. Da jetzt jeder Gegenstand nur noch Repräsentant des Geldes ist, nur noch »Körper des Geldgeistes«, muß sich auch die Produktion gegenüber der Konsumtion verselbständigen, da das Produkt vorweg schon als »sinnliche Hülle« des Werts produziert wird. »Die Produktion ist zur *Erwerbsquelle*, zur Erwerbsarbeit geworden. Während also in dem ersten Verhältnis das Bedürfnis das Maß der Produktion ist, ist in dem zweiten Verhältnis die Produktion oder vielmehr der *Besitz des Produkts* das Maß, wie weit sich die Bedürfnisse befriedigen können«[41]. Einmal im Gang, muß sich diese Entwicklung fortsetzen und erreicht ihren Höhepunkt im Kapitalismus: »Das Verhältnis des Tausches vorausgesetzt, wird die *Arbeit* zur *unmittelbaren Erwerbsarbeit*. Dieses Verhältnis der entfremdeten Arbeit erreicht seine Höhe erst dadurch, daß 1. von der einen Seite die *Erwerbsarbeit*, das Produkt des Arbeiters in keinem *unmittelbaren Verhältnis* zu seinem Bedürfnis und zu seiner *Arbeitsbestimmung* steht, sondern nach beiden Seiten hin durch dem Arbeiter fremde gesellschaftliche Kombination bestimmt wird; 2. daß der, welcher das Produkt *kauft*, selbst nicht produziert, sondern das von einem anderen Produzierte vertauscht«[42]. In diesem Exzerpt ist jedoch nur angedeutet, was im Spätwerk – unter der Form der dialektischen Darstellung der Kategorien – exakt entwickelt ist: daß nämlich der Kapitalismus in der einfachen Austauschsituation angelegt ist. Aus dem Warenaus-

39 A. a. O., S. 256 f.
40 A. a. O., S. 248
41 A. a. O., S. 258
42 A. a. O., S. 255

tausch entspringt das Geld, und aus dem Geld entwickelt sich schließlich der Kapitalismus. Die groteske Verkehrung, deren abschlußhafte Form Marx in den *Ökonomisch-philosophischen Manuskripten* auf den abstraktesten Begriff zu bringen versucht, liegt schon im einfachen Austausch von Produkten, und die weitere Entwicklung besteht nur noch in einer fortschreitenden Potenzierung dieser Verkehrung. Mit anderen Worten: die Kategorien der politischen Ökonomie sind der abstrakteste Ausdruck des Konstitutionsprozesses der menschlichen Gattung, soweit dieser Prozeß in seiner immanenten Logizität von den Menschen selbst hervorgebracht wird, diese ihm aber zugleich unterworfen sind und gleichsam selber noch in naturähnlicher Form aus der Natur »herausgezogen« werden. Der Mensch ist das Produkt seiner selbst, aber er erzeugt sich unter der Form eines Überhangs an gesellschaftlicher Objektivität. Der Ursprung dieses Überhangs an gesellschaftlicher Objektivität muß demzufolge aus der einfachen Austauschsituation abgeleitet werden, schon hier muß gezeigt werden, wie Subjektivität Objektivität konstituiert, mit Marxschen Worten: wie sich unser Produkt auf die Hinterfüße gegen uns stellt, wie wir zum Eigentum unserer eigenen Produktion werden. »In deinen Augen ist dein Produkt ein *Instrument*, ein *Mittel* zur Bemächtigung meines Produkts und daher zur Befriedigung deines Bedürfnisses. Aber in meinen Augen ist es der *Zweck* unseres Austauschs. Du giltst mir vielmehr als Mittel und Instrument zur Produktion dieses Gegenstandes, der ein Zweck für mich ist, wie du umgekehrt in diesem Verhältnis zu meinem Gegenstand giltst. Aber 1. jeder von uns *tut* wirklich das, als was der andere ihn anschaut. Du hast wirklich dich zum Mittel, zum Instrument, zum Produzenten *deines* eigenen Gegenstandes gemacht, um dich des meinigen zu bemächtigen; 2. dein eigener Gegenstand ist dir nur die *sinnliche Hülle*, die *verborgene Gestalt* meines Gegenstandes; denn seine Produktion *bedeutet*, will *ausdrücken*: den *Erwerb* meines Gegenstandes. Also bist du in der Tat für dich selbst zum *Mittel*, zum *Instrument* deines Gegenstandes geworden, dessen Knecht deine Begierde ist, und du hast Knechtsdienste getan, damit der Gegenstand deiner Begierde nie wieder eine Gnade antue. Wenn diese wechselseitige Knechtschaft des Gegenstandes bei uns im Beginn der Entwicklung nun auch wirklich als das Verhältnis der *Herrschaft* und *Sklaverei* erscheint, so ist das nur der *rohe* und *offenherzige* Ausdruck unseres *wesentlichen* Verhältnisses«[43]. Analog der Interpretation in den *Ökonomisch-philosophischen Manuskripten*, wo er die

43 A. a. O., S. 260 f.

Feudalität als Privateigentum bestimmt, das noch »in seiner zynischen Gestalt« erscheinen muß und erst durch diese Erscheinungsform hindurch sein wirkliches Wesen erkennen läßt, verfährt Marx auch hinsichtlich der Keimzelle aller Verkehrung, dem einfachen Austauschakt: daß im einfachen Produktentausch der Kapitalismus angelegt ist, läßt sich erst erkennen, wenn sich der Kapitalismus entwickelt hat. Das geht aus dem letzten Satz des oben erwähnten Zitats deutlich hervor.

Wie Marx das Verhältnis dieser beiden Strukturen zueinander deutet, der Feudalismus einerseits als die noch nicht in ihrem Wesen erschienene Herrschaft der Produktionsbedingungen über die Produzenten und der Zusammenhang zwischen Warenaustausch und Kapitalismus andererseits, soll uns hier nicht weiter beschäftigen. Festzuhalten ist vor allem, daß Marx die gesamte Geschichte als einen in naturähnlicher Form verlaufenen Entwicklungsgang begreift, als Konstitutionsprozeß der menschlichen Gattung, die sich unter der Form einer verkehrten Einheit des Menschen mit der Natur aus der Natur herausarbeitet. »Wie, fragen wir ..., kommt der *Mensch* dazu, seine Arbeit zu *entäußern*, zu entfremden? Wie ist diese Entfremdung im Wesen der menschlichen Entwicklung begründet? Wir haben schon viel für die Lösung der Aufgabe gewonnen, indem wir die Frage nach dem Verhältnis der *entäußerten Arbeit* zum Entwicklungsgang der Menschheit verwandelt haben. Denn wenn man von *Privateigentum* spricht, so glaubt man es mit einer Sache außer dem Menschen zu tun zu haben. Wenn man von der Arbeit spricht, so hat man es unmittelbar mit dem Menschen selbst zu tun. Diese neue Stellung der Frage ist inklusive schon ihre Lösung« [44]. In dieser neuen Fragestellung ist explizit mitreflektiert, daß dieser welthistorische Prozeß einen Punkt erreicht hat, über den hinaus eine Entwicklung im Sinne der abgelaufenen Geschichte nicht mehr möglich ist. Das entfremdete Verhalten des Menschen zur Natur hat eine Form angenommen, die an ihr selbst über die Form der Entfremdung hinausdrängt. Jetzt erst, an diesem »letzten Kulminationspunkt der Entwicklung des Privateigentums«, emanzipiert sich die Menschheit von der Form der verkehrten Identität mit der Natur, indem sie nicht eine veraltete Gestalt des Privateigentums durch eine neue Gestalt des Privateigentums ersetzt, eine alte Form der zerrissenen Identität durch eine neue, noch pervertiertere Form der Einheit des Menschen mit der Natur, sondern das Privateigentum, die Verkehrung schlechthin abschafft. Daß Marx diesen Prozeß der

44 Ökonomisch-philosophische Manuskripte, S. 86

Emanzipation von der Form der Verkehrung und damit auch von der Form aller bisherigen Emanzipationsschwellen selbst noch nach dem Modell vergangener Emanzipationsprozesse innerhalb der Geschichte der verkehrten Naturaneignung begreift, darf zweifelsohne unterstellt werden. Wesentlich ist jedoch, daß sich dem Marxschen Selbstverständnis zufolge der Einblick in die Struktur der Gesamtgeschichte nur an diesem Kulminationspunkt eröffnet, an dem sich, durch die Form eines – zuerst nur gedanklich vorweggenommenen – unentfremdeten Verhaltens des Menschen zur Natur hindurch, die Geschichte der Menschheit als Entwicklungsprozeß der menschlichen Gattung unter der Gestalt der Entfremdung erschließt. »Um den *Gedanken* des Privateigentums aufzuheben, dazu reicht der *gedachte* Kommunismus vollständig aus. Um das wirkliche Privateigentum aufzuheben, dazu gehört eine *wirkliche* kommunistische Aktion. Die Geschichte wird sie bringen und jene Bewegung, die wir in *Gedanken* schon als sich selbst aufhebende wissen, wird in der Wirklichkeit einen sehr rauhen und weitläufigen Prozeß durchmachen. Als einen wirklichen Fortschritt müssen wir es aber betrachten, daß wir von vornherein sowohl von der Beschränktheit als dem Ziel der geschichtlichen Bewegung, und ein sie überbietendes Bewußtsein erworben haben« [45]. Marx begreift seine eigene Konzeption des Privateigentums als theoretischen Ausdruck des Schnittpunkts zweier Weltepochen, die sich in ihrer Bestimmtheit nur durch ihr eigenes Gegenteil hindurch erfassen lassen. Das zeigt sich an diesem Begriff selbst. Wir haben oben festgestellt, daß Marx, um den Begriff des Privateigentums zu entwickeln, die kapitalistische Wirklichkeit als zwei Strukturen darstellt, die in grotesker Weise ineinander reflektieren. Der Begriff des Privateigentums, der das Verhältnis der gleichsam spiegelbildlichen Ergänzung von entfremdeter Arbeit und Personifikation der entfremdeten Produktionsbedingungen innerhalb der verkehrten Welt umfaßt, ist – als Begriff der Verkehrung schlechthin – nicht ohne sein eigenes Gegenteil zu denken, das Nicht-verkehrte, die wesentliche Beziehung des Menschen zu seiner unorganischen Natur, dem »wahrhaft menschlichen Eigentum«. »Erst hier ist ihm sein *natürliches* Dasein sein *menschliches* Dasein und die Natur für ihn zum Menschen geworden. Also die *Gesellschaft* (die kommunistische, H. R.) ist die vollendete Wesenseinheit des Menschen mit der Natur, der durchgeführte Naturalismus des Menschen und der durchgeführte Humanismus der Natur« [46]. In der

45 A. a. O., S. 116
46 A. a. O., S. 101

Begriffsbildung selbst reflektiert sich, daß die alte Gesellschaft mit der neuen schwanger geht, wie Marx später sagen wird. Ohne die gedanklich antizipierte »*wahrhafte* Auflösung des Widerstreits zwischen dem Menschen mit der Natur und mit dem Menschen« läßt sich die Gegenwart nicht angemessen erfassen, wenngleich sich diese – erst herzustellende – bewußt gestaltete unentfremdete Identität des Menschen mit der Natur nicht positiv ausmalen läßt. Das ist nicht als ein Fortwirken des alttestamentarischen Bilderverbots im Juden Marx zu interpretieren, sondern widerspräche der Gesamtkonzeption. Wenn erst die Individuen zu ihrem Recht kommen und nicht mehr unter ein – von ihnen selbst noch in dieser Form produziertes – Abstrakt-Allgemeines subsumiert sind, werden generelle Aussagen unmöglich. Mit der Aufhebung gesellschaftlicher Objektivität, der abstrakten Negation wirklicher Individualität, verschwindet auch der Gegenstand aller Theorie.

Diese wahrhafte Identität des Menschen mit der Natur in der zukünftigen Gesellschaft, die sich als das aufgelöste »Rätsel der Geschichte« weiß, wird, insofern sie als antizipierte Gesellschaft betrachtet wird, mit welcher die gegenwärtige schwanger geht und adäquat nur als eben diese schwanger-gehende erfaßt werden kann, von Marx unter zwei Aspekten gesehen. Denn der Begriff des Privateigentums als abstrakteste Darstellung der »Selbstzerrissenheit der weltlichen Grundlage« soll uns ja zugleich den Zugang zur Auflösung der Verdopplung des Menschen in bourgeois und citoyen, der Verdopplung der Welt in religiöse und weltliche eröffnen. Beziehen sich die beiden Bestimmungen – Entäußerung des Gegenstandes und Selbstentfremdung bzw. deren Korrelat, also der Begriff des Privateigentums – auf das verkehrte Verhältnis des Menschen zur Natur, so beziehen sich die aus diesen beiden Bestimmungen abgeleiteten weiteren Aspekte der Verkehrung auf die »idealistischen Superstrukturen«, wie er in der *Deutschen Ideologie* sagt, den Überbau also. Oben wurde schon hervorgehoben, daß Marx den Menschen als Produkt seiner eigenen Arbeit begreift, durch welche sich die Natur innerhalb ihrer selbst in ein subjektives Dasein und dessen objektive Fortsetzung auseinanderlegt, eine Subjekt-Objekt-Konstellation innerhalb des Naturganzen, die sich in jeweils verschiedener Gestalt präsentiert. Denn die Arbeit ist immer bestimmte Arbeit, die sich im Horizont eines durch die Tätigkeit vieler Generationen bedingten Stands der Naturbeherrschung verwirklicht, diesen Horizont aber im Akt ihrer Aneignung selbst wieder verändert, und ihn als gleichsam transzendentales Apriori der nächsten

Generation weitergibt. So werden die Formen der Aneignung der Natur immer vielfältiger, und schließlich erscheinen sie auch in der Form der Vielfalt, indem der Mensch das Spezifikum des menschlichen Daseins, die Arbeit, seine ihn als Menschen »definierende« Lebenstätigkeit, selber noch zum Gegenstand seines Wollens macht und jetzt als Mensch eben dies ist, als übergreifendes Subjekt sich zu sich selbst, sich zu seiner eigenen Lebenstätigkeit frei zu verhalten. Das meint der Begriff des Gattungswesens in den *Ökonomisch-philosophischen Manuskripten*, der das Hegelsche Erbe, den emphatischen Begriff des Geistes, unschwer erkennen läßt. »Das Tier ist unmittelbar eins mit seiner Lebenstätigkeit. Es unterscheidet sich nicht von ihr. Es ist *sie*. Der Mensch macht seine Lebenstätigkeit selbst noch zum Gegenstand seines Wollens und Bewußtseins. Er hat bewußte Lebenstätigkeit. Er ist nicht eine Bestimmtheit, mit der er unmittelbar zusammenfließt. Die bewußte Lebenstätigkeit unterscheidet den Menschen unmittelbar von der tierischen Lebenstätigkeit. Eben nur dadurch ist er ein Gattungswesen. Oder er ist nur ein bewußtes Wesen, d. h. sein eigenes Leben ist ihm Gegenstand, eben weil er Gattungswesen ist. Nur darum ist seine Tätigkeit freie Tätigkeit« [47]. Zugleich ist für Marx dieser zentrale Begriff die Wahrheit der existierenden Unvernunft. Das so verstandene menschliche Gattungswesen erscheint im entwikkelten Kapitalismus unter der Form vollkommener Pervertierung, da sich der Mensch – unter der Form des »freien« Arbeiters – keineswegs frei zu seiner eigenen Lebenstätigkeit verhält; im Gegenteil, von außen aufgezwungen, wird ihm sein eigenes Gattungswesen lediglich Mittel für die Erhaltung seines abstrakt-individuellen Daseins, der physischen Existenz. »Indem die entfremdete Arbeit dem Menschen 1. die Natur entfremdet, 2. sich selbst, seine eigene tätige Funktion, seine Lebenstätigkeit, so entfremdet sie dem Menschen die *Gattung*; sie macht ihm das *Gattungsleben* zum Mittel des individuellen Lebens ... Die entfremdete Arbeit kehrt das Verhältnis dahin um, daß der Mensch eben, weil er ein bewußtes Wesen ist, seine Lebenstätigkeit, sein *Wesen* nur zu einem Mittel für seine *Existenz* macht« [48].

Wie sich die Selbstentfremdung als Verkehrung des Gattungswesens zum Mittel der Erhaltung der physischen Existenz erweist, so erweist sich die »Entwirklichung« des Arbeiters, der totale Entzug seiner Lebensmittel, als Verlust der Gattungsgegenständlichkeit. Denn seine

---

47 A. a. O., S. 81
48 A. a. O., S. 81

Lebenstätigkeit, die Arbeit, durch die sich der Mensch als dieses universelle Wesen hervorbringt, das sich in immer vielfältigerer Weise zur Natur verhält, und diese seine Vielfalt, seine Universalität selbst noch als solche weiß und zum Gegenstand seines Wollens macht, verändert zugleich die Natur. Was auf der Seite des Subjekts als Entwicklung zur Universalität erscheint, erscheint auf der Seite der »objektiven Fortsetzung«, der unorganischen Natur des Menschen, als Veränderung der Natur, als praktisches Erzeugen einer gegenständlichen Welt. Diese seine eigene von ihm erzeugte Welt, die Vergegenständlichung der Gattung, entzieht sich dem Menschen im »nationalökonomischen Zustand«, der sich so als Zustand der abhanden gekommenen, verlorenen Gattungsgegenständlichkeit darstellt. »Eben in der Bearbeitung der gegenständlichen Welt bewährt sich der Mensch daher erst wirklich als ein *Gattungswesen.* Diese Produktion ist sein werktätiges Gattungsleben. Durch sie erscheint die Natur als *sein* Werk und seine Wirklichkeit. Der Gegenstand der Arbeit ist daher die *Vergegenständlichung des Gattungslebens der Menschen:* indem er sich nicht nur im Bewußtsein intellektuell, sondern werktätig, wirklich verdoppelt, und sich daher in einer von ihm geschaffenen Welt anschaut. Indem daher die entfremdete Arbeit dem Menschen den Gegenstand seiner Produktion entreißt, entreißt sie ihm sein *Gattungsleben,* seine wirkliche Gattungsgegenständlichkeit . . . « [49].

Die Analyse der Selbstentfremdung und der Entfremdung des Gegenstandes unter dem Gesichtspunkt des menschlichen Gattungswesens ergänzt Marx durch den Hinweis auf die entfremdete Form des Verhältnisses der Menschen zueinander: »Eine unmittelbare Konsequenz davon, daß der Mensch dem Produkt seiner Arbeit, seiner Lebenstätigkeit, seinem Gattungswesen entfremdet ist, ist die *Entfremdung des Menschen* von dem *Menschen.* Wenn der Mensch sich selbst gegenübersteht, so steht ihm der *andre* Mensch gegenüber. Was von dem Verhältnis des Menschen zu seiner Arbeit, zum Produkt seiner Arbeit und zu sich selbst, das gilt von dem Verhältnis des Menschen zum andren Menschen, wie zur Arbeit und dem Gegenstand der Arbeit des andren Menschen« [50].

Dem setzt Marx die »wahre Auflösung des Streits zwischen Existenz und Wesen, zwischen Vergegenständlichung und Selbstbestätigung, zwischen Freiheit und Notwendigkeit, zwischen Individuum und Gattung« entgegen: »Gesetzt, wir hätten als Menschen produziert: Jeder

---

49 A. a. O., S. 82
50 A. a. O., S. 82

von uns hätte in seiner Produktion sich selbst und den andern *doppelt bejaht*. Ich hätte 1. in meiner *Produktion* meine *Individualität*, ihre *Eigentümlichkeit* vergegenständlicht und daher sowohl während der Tätigkeit eine individuelle *Lebensäußerung* genossen, als im Anschauen des Gegenstandes die individuelle Freude, meine Persönlichkeit als *gegenständliche, sinnlich anschaubare* und darum *über allen Zweifel erhabene* Macht zu wissen. 2. In deinem Genuß oder deinem Gebrauch meines Produkts hätte ich *unmittelbar* den Genuß, sowohl des Bewußtseins, in meiner Arbeit ein *menschliches* Bedürfnis befriedigt, als das *menschliche* Wesen vergegenständlicht und daher dem Bedürfnis eines andren *menschlichen* Wesens seinen entsprechenden Gegenstand verschafft zu haben; 3. für dich der *Mittler* zwischen dir und der Gattung gewesen zu sein, also von dir selbst als Ergänzung deines eigenen Wesens und als ein notwendiger Teil deiner selbst gewußt und empfunden zu werden, also sowohl in deinem Denken wie in deiner Liebe mich bestätigt zu wissen; 4. in meiner individuellen Lebensäußerung unmittelbar deine Lebensäußerung geschaffen zu haben, also in meiner individuellen Tätigkeit unmittelbar mein wahres Wesen, mein *menschliches*, mein *Gemeinwesen bestätigt* und *verwirklicht* zu haben« [51]. Mit dieser zukünftigen Gesellschaftsform, in welcher der wirkliche individuelle Mensch in seinem empirischen Leben, in seiner individuellen Arbeit, in seinen individuellen Verhältnissen Gattungswesen geworden ist, wie es in der *Judenfrage* heißt, geht die alte Gesellschaft schwanger, die jetzt in ihrer Totalität nur noch als verkehrte Form erscheint, unter der sich der Mensch als individuiertes Gattungswesen präsentiert. Weil sich hier das Gattungsleben des Menschen zum Mittel des individuellen Lebens verkehrt, muß auch das Gemeinwesen dieses Menschen unter der Form der Entfremdung erscheinen, ist es nur »die Karrikatur seines *wirklichen Gemeinwesens*, seines wahren Gattungslebens« [52].

In diesen Gedanken verbirgt sich eine radikale, wenngleich zuerst nur abstrakt-vorwegnehmende Kritik aller Wissenschaft, welche die Verdopplung nicht wie Marx begreift. Bleibt Theorie bei der bürgerlichen Form der Reproduktion als einem Letzten, nicht mehr Ableitbaren stehen, erstarrt ihr nicht nur die entfremdete Form, unter der sich das menschliche Gemeinwesen präsentiert, zu einem Undurchdringlichen, sondern auch das wirkliche Verhältnis des Menschen zur Natur, die sich

---

51 Die entfremdete und die unentfremdete Gesellschaft, Geld, Kredit und Menschlichkeit, a. a. O., S. 261

52 A. a. O., S. 253

stetig wandelnde Konstellation von Subjekt und Objekt innerhalb des Naturganzen, bleibt ihr unzugänglich. »Man sieht, wie die Geschichte der *Industrie* und das gewordene *gegenständliche* Dasein der Industrie das *aufgeschlagene* Buch der *menschlichen Wesenskräfte*, die sinnlich vorliegende menschliche *Psychologie* ist, die bisher nicht in ihrem Zusammenhang mit dem *Wesen* des Menschen, sondern immer nur in einer äußeren Nützlichkeitsbeziehung gefaßt wurde, weil man – innerhalb der Entfremdung sich bewegend – nur das allgemeine Dasein des Menschen, die Religion, oder die Geschichte in ihrem abstrakt-allgemeinen Wesen, als Politik, Kunst, Literatur etc. als Wirklichkeit der menschlichen Wesenskräfte und als *menschliche Gattungsakte* zu fassen wußte. In der *gewöhnlichen, materiellen Industrie* ... haben wir unter der Form *sinnlicher, fremder, nützlicher Gegenstände*, unter der Form der Entfremdung, die *vergegenständlichten Wesenskräfte* des Menschen vor uns«[53]. Daß sich die menschliche Gattung unter der Form der Verkehrung, die sich in ihrer Totalität als Verdopplung darstellt, aus der Natur herausarbeitet, prägt auch Inhalt und Form aller theoretischen Erzeugnisse. Der – an sich einheitliche – Gegenstand, der Konstitutionsprozeß der menschlichen Gattung, erscheint im Bewußtsein der Menschen in der Form der Gleichgültigkeit einzelner Disziplinen gegeneinander, die jeweils mit einem besonderen Aspekt dieses sich unter entfremdeter Form darstellenden Gegenstandes befaßt sind. Eine nachträgliche Vereinigung der Wissenschaft, der sich durch ihren – präformierten – Gegenstand die Form der Zerreißung aufnötigt, muß der Sache äußerlich bleiben, solange nicht auch der Inhalt selbst verändert wird. »Die *Naturwissenschaften* haben eine enorme Tätigkeit entwickelt und sich ein stets wachsendes Material angeeignet. Die Philosophie ist ihnen indessen ebenso fremd geblieben, wie sie der Philosophie fremd blieben. Die momentane Vereinigung war eine *phantastische Illusion*. Der Wille war da, aber das Vermögen fehlte. Die Geschichtsschreibung selbst nimmt auf die Naturwissenschaft nur beiläufig Rücksicht, als Moment der Aufklärung, Nützlichkeit, einzelner großer Entdekkungen. Aber desto *praktischer* hat die Naturwissenschaft vermittels der Industrie in das menschliche Leben eingegriffen und es umgestaltet und die menschliche Emanzipation vorbereitet, so sehr sie unmittelbar die Entmenschung vervollständigen mußte. Die *Industrie* ist das *wirkliche* geschichtliche Verhältnis der Natur und daher der Naturwissenschaft zum Menschen; wird sie daher als *exoterische* Enthüllung der menschlichen *Wesenskräfte* gefaßt, so wird auch das *menschliche*

53 Ökonomisch-philosophische Manuskripte, a. a. O., S. 105

Wesen der Natur oder das *natürliche* Wesen des Menschen verstanden, daher die Naturwissenschaft ihre abstrakt materielle oder vielmehr idealistische Richtung verlieren und die Basis der *menschlichen* Wissenschaft werden, wie sie jetzt schon – obgleich in entfremdeter Gestalt – zur Basis des wirklichen Lebens geworden ist, und eine *andre* Basis für das Leben, eine andre für die *Wissenschaft* ist von vornherein Lüge«[54]. Erst wenn die Wissenschaft das wirkliche Verhältnis von Mensch und Natur erfaßt, kann sie auch bruchlos in einheitliche Form überführt werden, da sie jetzt den – an sich – einheitlichen Gegenstand auch *als* einheitlichen darstellen kann, nämlich als den unter entfremdeter Form sich vollziehenden Konstitutionsprozeß der Gattung. Das bedeutet aber zugleich, daß sich diese Wissenschaft selbst als aufzuhebende begreift und nur als sich selbst aufhebende in der Lage ist, ihren eigentlichen Gegenstand zu erfassen, einen Gegenstand, der über kurz oder lang ebenfalls verschwinden wird. »Daß in der Bewegung des *Privateigentums*, eben der Ökonomie, die ganze revolutionäre Bewegung sowohl ihre empirische, als theoretische Basis findet, davon ist die Notwendigkeit leicht einzusehen. Dieses *materielle*, unmittelbar *sinnliche Privateigentum* ist der materielle sinnliche Ausdruck des *entfremdeten menschlichen* Lebens. Seine Bewegung – die Produktion und Konsumtion – ist die *sinnliche* Offenbarung von der Bewegung aller bisherigen Produktion, d. h. Verwirklichung oder Wirklichkeit des Menschen. Religion, Familie, Staat, Recht, Moral, Wissenschaft, Kunst etc. sind nur *besondere* Weisen der Produktion und fallen unter ihr allgemeines Gesetz. Die positive Aufhebung des *Privateigentums*, als die Aneignung des *menschlichen* Lebens, *ist daher die positive* Aufhebung aller Entfremdung, also die Rückkehr des Menschen aus Religion, Familie, Staat etc. in sein *menschliches*, d. h. *gesellschaftliches* Dasein. Die religiöse Entfremdung als solche geht nur in dem Gebiet *des Bewußtseins* des menschlichen Innern vor, aber die ökonomische Entfremdung ist die des *wirklichen Lebens* – ihre Aufhebung umfaßt daher beide Seiten«[55]. In der zukünftigen Gesellschaft, der erst herzustellenden unentfremdeten Identität des Menschen mit der Natur, kann es ohnehin nur eine Wissenschaft geben. »Die Naturwissenschaft wird später ebenso wohl die Wissenschaft vom dem Menschen, wie die Wissenschaft von dem Menschen die Naturwissenschaft unter sich subsumieren: es wird *eine* Wissenschaft sein«[56].

---

54 A. a. O., S. 106
55 A. a. O., S. 100
56 A. a. O., S. 106

Diese Gedankengänge werden in der *Deutschen Ideologie,* der wir uns jetzt zuwenden wollen, zum Teil präzisiert, zum Teil aber auch in einer dem wirklichen Sachverhalt unangemessenen Form vorgetragen. Das letztere erklärt sich aus der – dem Marxschen Selbstverständnis zufolge bereits geschichtlich überholten – Frontstellung, der sich diese Schrift verdankt: die Auseinandersetzung mit einem gleichsam nicht mehr satisfaktionsfähigen Gegner tangiert auch die Form, in der sie erfolgt. Wenn daher Marx gegenüber den Junghegelianern betont, daß er von den »wirklichen Voraussetzungen« ausgehe, den wirklichen Individuen, von ihren Aktionen und ihren materiellen Lebensbedingungen, die auf »rein empirischem Wege konstatierbar« sind, handelt es sich selbstverständlich um keinen naiven Empirismus, der sich der Welt der Tatsachen vorbehaltlos-munter überläßt. Die nähere Betrachtung zeigt auch sofort, daß Marx keinen Augenblick vergißt, daß sich diese Wendung ebenfalls noch der weltgeschichtlichen Praxis dieser Individuen verdankt. Selbst wenn er es nicht permanent hervorhebt, ist mitgedacht, daß erst mit der höchsten Stufe der verkehrten Naturaneignung dieser weltgeschichtliche Prozeß den Einblick auf das wahre Verhältnis von Mensch und Natur freigibt, daß es erst jetzt möglich ist, das durch die »enorme Tätigkeit« der Naturwissenschaften kompilierte Material mit der Geschichtsschreibung zu verbinden, die »gewöhnliche materielle Industrie« nicht nur unter dem Gesichtspunkt einer »äußerlichen Nützlichkeitsbeziehung« zu betrachten, sondern als das »*wirkliche* geschichtliche Verhältnis der Natur« zu begreifen. In den *Ökonomisch-philosophischen Manuskripten* wird aber dieses »wirkliche geschichtliche Verhältnis« selbst noch einmal in abstrakter Form vorgetragen: Die sich als gesellschaftliche Arbeit darstellende Subjekt-Objekt-Konstellation innerhalb des Naturganzen wird nicht in ihrem prozessualen Charakter nachvollzogen, sondern gleichsam kategorial gefaßt, und ermöglicht daher nur einige wenige abschlußhafte Feststellungen, da sich diese Konstellation in jeweils verschiedener Gestalt präsentiert. *Weil* die Geschichte nichts anderes sein kann als die Geschichte der Aufeinanderfolge einzelner Generationen, die soziale Geschichte der Menschheit nur die Geschichte der individuellen Entwicklung der Menschen ist; *weil* jede Generation auf den Produktionskräften der vorangegangenen Generation aufbaut, deren Wissen und Fähigkeiten übernimmt, deren Arbeitsmittel und das von jenen Menschen vorgefundene und bearbeitete Natursubstrat, dessen Gebrauch als Rohstoff und Arsenal möglicher neuer Arbeitsmittel und Arbeitsgegenstände ebenfalls noch bestimmt ist durch den Stand der Naturaneignung, wie die äußere Natur ihrerseits durch ihre eigene Struktur auf jeweils verschiedenen Entwicklungsstufen der Naturbeherrschung die weitere Entwicklung der Menschen beeinflußt, ergibt sich von selbst, daß einerseits ein handfest-materieller Zusammenhang in der Geschichte existiert, daß aber andrerseits über diesen Zusammenhang und damit über das wechselnde Verhältnis von Mensch und Natur nur durch Rekurs auf die Empirie etwas auszumachen ist. Das kommt in der *Deutschen Ideologie* zum Ausdruck: »Wir können hier natürlich weder auf die physische Beschaffenheit der Menschen selbst noch auf die von den Menschen vorgefundenen Naturbedingungen, die geologischen, orohydrographischen, klimatischen und anderen Verhältnisse, eingehen. Alle Geschichtsschreibung muß von diesen natürlichen Grundlagen und ihrer Modifikation im Laufe der Geschichte durch die Aktion der Menschen ausgehen« [57]. Solange jedoch der »wirkliche Lebensprozeß» der Menschen nicht in dieser Form in die Theorie aufgenommen ist, schließen sich Materialismus und Geschichtswissenschaft gegenseitig aus. Der Stoff der Geschichtsschreibung ist vorweg schon – wie das oben bei der Betrachtung der *Ökonomisch-philosophischen Manuskripte* angedeutet wurde – durch die (verkehrte) Form der Auffassung des Verhältnisses von Mensch und Natur präformiert, nur das vom »gemeinen Leben Getrennte, Extra-Überweltliche« erscheint als Gegenstand dieser Disziplin, die sich nur noch mit der Geschichte des unter entfremdeter Form erscheinenden Gemeinwesens der Menschen, den »politischen Haupt- und Staatsaktionen«, befaßt. So ist diese Wissenschaft vorab schon dazu verurteilt, zwischen abstraktem Empirismus, der »Sammlung toter Fakta« [58], und schlecht-idealistischer Spekulation einherzutaumeln.

Andererseits wird der Geschichtswissenschaft durch die richtige Auffassung des materiellen Reproduktionsprozesses ebenfalls eine bestimmte Form aufgenötigt: die materialistische Theorie geht potentiell in Geschichtsschreibung über, deren Aufgabe darin besteht, den gesamten Entwicklungsgang der Menschheit nachzuzeichnen. Das wird in der *Deutschen Ideologie* durch die Einführung des aus der Hegelschen Philosophie entlehnten Begriffs der Darstellung und dessen

---

57 Die Deutsche Ideologie, in: Marx-Engels-Werke, Bd. 3, Berlin 1962, S. 21
In welcher Weise diese Konzeption einer wechselnden Subjekt-Objekt-Konstellation innerhalb des Naturganzen zu einem subtilen Instrument sozialwissenschaftlicher Analyse umgesetzt werden kann, hat K. A. Wittfogel gezeigt. Vgl. Geopolitik, Geographischer Materialismus und Marxismus, in: Unter dem Banner des Marxismus, Jg. 3, 1929; und: Die natürlichen Ursachen der Wirtschaftsgeschichte, in: Archiv für Sozialwissenschaft und Sozialpolitik, 67. Band, 1932

58 A. a. O., S. 27

Implikationen ausdrücklich konstatiert. In diesem Zusammenhang spricht Marx auch zum ersten Male von seiner Theorie als einer »positiven Wissenschaft«, eine Formulierung, die sich – angesichts der oben skizzierten Gedankengänge – nur auf das Marxsche Selbstverständnis beziehen kann, die gesellschaftliche Wirklichkeit als erster Theoretiker unverstellt von einer selbst noch gesellschaftlich bedingten gegenstandskonstitutiven Präformierung der Erkenntnis zu erfassen. »Da, wo die Spekulation aufhört, beim wirklichen Leben, beginnt also die wirkliche, positive Wissenschaft, die Darstellung der praktischen Betätigung, des praktischen Entwicklungsprozesses der Menschen« [59]. Die Position und Verfahrensweise der *Ökonomisch-philosophischen Manuskripte* werden beibehalten, aber jetzt wird diese Verfahrensweise selber noch als eine abstrakte begriffen, als Zusammenfassung einiger »Abstraktionen«, mit deren Hilfe Geschichte erst zu schreiben ist. »Die selbständige Philosophie verliert mit der Darstellung der Wirklichkeit ihr Existenzmedium. An ihre Stelle kann höchstens eine Zusammenfassung der allgemeinsten Resultate treten, die sich aus der Betrachtung der historischen Entwicklung der Menschen abstrahieren lassen. Diese Abstraktionen haben für sich, getrennt von der wirklichen Geschichte, durchaus keinen Wert. Sie können nur dazu dienen, die Ordnung des geschichtlichen Materials zu erleichtern, die Reihenfolge der einzelnen Schichten anzudeuten. Sie geben aber keineswegs, wie die Philosophie, ein Rezept oder Schema, wonach die geschichtlichen Epochen zurechtgestutzt werden können. Die Schwierigkeit beginnt im Gegenteil erst da, wo man sich an die Betrachtung und Ordnung des Materials, sei es einer vergangenen Epoche oder der Gegenwart, an die wirkliche Darstellung gibt« [60]. An dieser für die Marxsche Methode äußerst wichtigen Unterscheidung zwischen »Abstraktion« und »wirklicher Darstellung« werden wir uns bei der weiteren Beschäftigung mit dem Werk von Marx orientieren müssen, wenn wir seinem Denken gerecht werden wollen. Es wird sich – das sei hier nur vorwegnehmend gesagt – zeigen, daß von einer »wirklichen Darstellung« nur im *Kapital* die Rede sein kann, von einer Darstellung, die in gewissem Sinne selbst noch einmal als Forschungsanweisung zu betrachten ist, nämlich die »Darstellung des allgemeinen Begriffs des Kapitals«, die Marx von der Darstellung der Konkurrenz abhebt. Hier jedenfalls, in der *Deutschen Ideologie,* in der alle zentralen Motive der materialistischen Theorie zusammenge-

59 A. a. O., S. 27
60 A. a. O., S. 27

faßt sind, haben wir es lediglich mit »Abstraktionen« zu tun: »Wir nehmen hier einige dieser Abstraktionen heraus, die wir gegenüber der Ideologie gebrauchen, und werden sie an historischen Beispielen erläutern«[61].

Als eine dieser »Abstraktionen« muß der Versuch betrachtet werden, das der ganzen Geschichte zugrunde liegende wechselnde Verhältnis von Mensch und Natur mit einer Abfolge verschiedener Gesellschaftsformationen zu verbinden, also die verkehrte Form der Aneignung der Natur, unter der sich die menschliche Gesellschaft erst zur menschlichen herausbildet, in ihrem Ablauf zu beschreiben. Auch darin geht er nicht weit über die Gedanken der *Ökonomisch-philosophischen Manuskripte* und der dort praktizierten Verfahrensweise hinaus, nur werden diese Konstruktionen in einer anderen Form vorgetragen. Um den Junghegelianern nicht wieder Veranlassung zu geben, »die wirkliche Entwicklung zu mißverstehen und zu glauben, es handle sich hier wieder nur um eine neue Wendung ihrer abgetragenen theoretischen Röcke«[62], verwendet Marx eine bewußt unphilosophische Terminologie, die jedoch ihrerseits den Gehalten der in den *Ökonomisch-philosophischen Manuskripten* entwickelten Gedanken nicht immer ganz gerecht wird. Ausdrücke wie Gattungsleben, Gattungswesen tauchen nicht mehr auf, und anstatt von entfremdeter Arbeit zu sprechen, gebraucht er das Wort Arbeitsteilung. Wer mit der Gedankenführung der *Ökonomisch-philosophischen Manuskripte* nicht vertraut ist, kann der *Deutschen Ideologie* daher kaum noch entnehmen, daß er mit diesem Wort einen anderen Sinn verbindet als die bürgerliche Theorie. Hinweise wie etwa der folgende müssen schlechthin rätselhaft bleiben: »Übrigens sind Teilung der Arbeit und Privateigentum identische Ausdrücke – in dem Einen wird in Beziehung auf die Tätigkeit dasselbe ausgesagt, was in dem Andern in bezug auf das Produkt der Tätigkeit ausgesagt wird«[63]. Liest man diese Bemerkung vor dem Hintergrund der *Ökonomisch-philosophischen Manuskripte*, so ist natürlich nicht zu verkennen, daß damit ein spezifischer Sachverhalt gemeint ist: die Personifikation der dem unmittelbaren Produzenten entfremdeten Produktionsbedingungen.
Diese Konstruktion als der abstrakteste Begriff der »Selbstzerrissenheit« und des »Sichselbstwidersprechens« der weltlichen Grundlage,

61 A. a. O., S. 27
62 A. a. O., S. 218
63 A. a. O., S. 32

aus der die Verdopplung in ihren verschiedenen Äußerungen abzuleiten ist, liegt ihrerseits wieder dem Gebrauch des Wortes *bürgerliche Gesellschaft* zugrunde. Marx betont zwar, daß die damit gemeinte Konkurrenzgesellschaft erst in der Neuzeit entstanden ist, verwendet diesen Ausdruck aber zugleich in einem umfassenden Sinne. »Die bürgerliche Gesellschaft als solche entwickelt sich erst mit der Bourgeoisie; die unmittelbar aus der Produktion und dem Verkehr sich entwickelnde gesellschaftliche Organisation, die zu allen Zeiten die Basis des Staates und sonstigen idealistischen Superstrukturen bildet, ist indes fortwährend mit demselben Namen bezeichnet worden«[64]. In diesem changierenden Wortgebrauch reflektiert sich das schon in den *Ökonomisch-philosophischen Manuskripten* geübte Verfahren, wo er den Feudalismus durch die Struktur des entwickelten Kapitalismus hindurch als eine Gesellschaftsformation interpretiert, die sich in ihrem Wesen nicht vom Kapitalismus unterscheidet. Das feudale Grundeigentum – so heißt es dort, wie wir oben gesehen haben – ist »schon seinem Wesen nach die verschacherte Erde, die dem Menschen entfremdete und daher in der Gestalt einiger weniger großen Herrn ihm gegenübertretende Erde«. Nur muß es auch als solches erscheinen, »es ist notwendig, daß, was die Wurzel des Grundeigentums ist, der schmutzige Eigennutz, auch in seiner zynischen Gestalt erscheint«. Analog verfährt Marx in der *Deutschen Ideologie*: da sich in der modernen bürgerlichen Gesellschaft das aller Geschichte zugrunde liegende Allgemeine manifestiert und darum erst als solches zu erkennen ist, kann er die bürgerliche Struktur zugleich zur Grundstruktur der ganzen Geschichte umdeuten: »Diese Geschichtsauffassung beruht also darauf, den wirklichen Produktionsprozeß, und zwar von der materiellen Produktion des unmittelbaren Lebens ausgehend, zu entwikkeln und die mit dieser Produktionsweise zusammenhängende und von ihr erzeugte Verkehrsform, also die bürgerliche Gesellschaft in ihren verschiedenen Stufen, als *Grundlage der ganzen Geschichte aufzufassen* (hervorgehoben von mir, H. R.)«[65]. An dieser Stelle wird zugleich auch deutlich, was sich hinter dem in der *Deutschen Ideologie* zum ersten Male vorgetragenen Gedanken über das Ineinandergreifen von Produktivkräften und Produktionsverhältnissen (die er hier noch mit dem Namen Verkehrsform bezeichnet) verbirgt: nämlich ebenfalls der am entwickelten Kapitalismus gewonnene Begriff des Privateigentums, in welchem – als der abstrakte Begriff der für

64 A. a. O., S. 36
65 A. a. O., S. 37 f.

die Vorgeschichte der Menschheit insgesamt charakteristischen Form der verkehrten Aneignung der Natur – zwei ineinander reflektierende Strukturen verarbeitet sind: Verhalten des Menschen zur Natur und die im Reproduktionsakt mitproduzierte gesellschaftliche Objektivität, unter der sich die Aneignung der Natur vollzieht. Das Ineinandergreifen dieser beiden Strukturen wird in der *Deutschen Ideologie* bis zur Unkenntlichkeit verallgemeinert: »Die Produktion des Lebens, sowohl des eigenen in der Arbeit wie des fremden in der Zeugung, erscheint nun schon sogleich als ein doppeltes Verhältnis – einerseits als natürliches, andrerseits als gesellschaftliches Verhältnis –, gesellschaftlich in dem Sinne, als hierunter das Zusammenwirken mehrerer Individuen, gleichviel unter welchen Bedingungen, auf welche Weise und zu welchem Zweck, verstanden wird. Hieraus geht hervor, daß eine bestimmte Produktionsweise oder industrielle Stufe stets mit einer bestimmten Weise des Zusammenwirkens oder gesellschaftlichen Stufe vereinigt ist, und diese Weise des Zusammenwirkens ist selbst wieder eine »Produktivkraft«, daß die Menge der den Menschen zugänglichen Produktivkräfte den gesellschaftlichen Zustand bedingt ... « [66]. Das Privateigentum selbst wird also nicht mehr geschichtlich abgeleitet, sondern je schon vorausgesetzt, mit anderen Worten: der Produktionsprozeß wird immer schon als Einheit von Produktionsprozeß und Distributionsprozeß gedacht. Daß Marx vor grobschlächtigen Interpretationen nicht zurückscheut, sollte hier nicht unterschlagen werden, zumal sich daran besonders gut illustrieren läßt, daß es sich immer nur um die Variation derselben Grundstruktur handelt. »Mit der Teilung der Arbeit ... ist zu gleicher Zeit auch die *Ver*teilung, und zwar die *ungleiche* sowohl quantitative wie qualitative Verteilung der Arbeit und ihrer Produkte gegeben, also das Eigentum, das in der Familie, wo die Frau und die Kinder die Sklaven des Mannes sind, schon seinen Keim, seine erste Form hat. Die freilich noch sehr rohe, latente Sklaverei in der Familie ist das erste Eigentum, das übrigens hier schon vollkommen der Definition der modernen Ökonomen entspricht, nach der es Verfügung über fremde Arbeitskraft ist« [67].

Wie in den *Ökonomisch-philosophischen Manuskripten* geht Marx auch in der *Deutschen Ideologie* von jenem geschichtlichen Kulminationspunkt aus, über den hinaus eine weitere Entwicklung im Sinne der abgelaufenen Geschichte nicht mehr denkbar ist. »In der gegen-

---

66 A. a. O., S. 29 f.
67 A. a. O., S. 32

wärtigen Epoche hat die Herrschaft der sachlichen Verhältnisse über die Individuen, die Erdrückung der Individualität durch die Zufälligkeit, ihre schärfste und universellste Form erhalten und damit den existierenden Individuen eine ganz bestimmte Aufgabe gestellt. Sie hat ihnen die Aufgabe gestellt, an die Stelle der Herrschaft der Verhältnisse und der Zufälligkeit über die Individuen die Herrschaft der Individuen über die Zufälligkeit und die Verhältnisse zu setzen«[68]. Erst jetzt, im entwickelten Kapitalismus, zeigt sich, daß sich die Menschheit unter der Form gesellschaftlicher Objektivität gleichsam innerhalb des Naturganzen aus der Natur herausgearbeitet hat, sich unter der Gestalt eines – von den Individuen selbst noch in dieser Form der Verselbständigung gegenüber der konstituierenden Subjektivität produzierten – Überhangs ihrer gesellschaftlichen Verhältnisse zu Individuen entwickelt hat. »Im Lauf der historischen Entwicklung und gerade durch die innerhalb der Teilung der Arbeit unvermeidliche Verselbständigung der gesellschaftlichen Verhältnisse tritt ein Unterschied heraus zwischen dem Leben jedes Individuums, soweit es persönlich ist und insofern es unter irgendeinem Zweig der Arbeit und die dazu gehörigen Bedingungen subsumiert ist ... Im Stand (mehr noch im Stamm) ist dies noch verdeckt, z. B. ein Adeliger bleibt stets ein Adeliger, ein Roturier stets ein Roturier, abgesehen von seinen sonstigen Verhältnissen, eine von seiner Individualität unzertrennliche Qualität. Der Unterschied des persönlichen Individuums gegen das Klassenindividuum, die Zufälligkeit der Lebensbedingungen für das Individuum, tritt erst mit dem Auftreten der Klasse ein, die selbst ein Produkt der Bourgeoisie ist. Die Konkurrenz und der Kampf der Individuen untereinander erzeugt und entwickelt erst die Zufälligkeit als solche«[69]. Dieses Auseinandertreten von zufälligem und persönlichem Individuum bei gleichzeitiger Subsumtion des persönlichen Individuums unter das zufällige, die Charaktermaske, ist keine bloße »Begriffsunterscheidung, sondern ein historisches Faktum«[70]. In der bewußten Konstatierung dieser Differenz reflektiert sich eine weltgeschichtliche Paßhöhe, auf der die Verselbständigung *als* Verselbständigung, die Zufälligkeit *als* Zufälligkeit im selben Augenblick hervortritt, in welchem die Individualität *als* Individualität erkennbar wird und sich durch praktische Aktion der Zufälligkeit entledigen kann, ja sich um den Preis des Überlebens von ihr

---

68 A. a. O., S. 423 f.
69 A. a. O., S. 75 f.
70 A. a. O., S. 71

emanzipieren muß. Diesen Kulminationspunkt, den der Marx der *Ökonomisch-philosophischen Manuskripte* im Begriff des Privateigentums, der Personifikation der dem Arbeiter entfremdeten Produktionsbedingungen, zusammenfaßt, beschreibt Marx in der *Deutschen Ideologie* mit folgenden Worten: »Es zeigen sich hier also zwei Fakta. Erstens erscheinen die Produktivkräfte als ganz unabhängig und losgerissen von den Individuen, was darin seinen Grund hat, daß die Individuen, deren Kräfte sie sind, zersplittert und im Gegensatz gegeneinander existieren, während diese Kräfte andrerseits nur im Verkehr und Zusammenhang dieser Individuen wirkliche Kräfte sind. Also auf der einen Seite eine Totalität von Produktivkräften, die gleichsam eine sachliche Gestalt angenommen haben und für die Individuen selbst nicht mehr Kräfte der Individuen, sondern des Privateigentums sind, und daher der Individuen nur, insofern sie Privateigentümer sind. In keiner früheren Periode hatten die Produktivkräfte diese gleichgültige Gestalt für den Verkehr der Individuen *als* Individuen angenommen, weil ihr Verkehr selbst noch ein bornierter war. Auf der anderen Seite steht diesen Produktivkräften die Majorität der Individuen gegenüber, von denen diese Kräfte losgerissen sind und die daher alles wirklichen Lebensinhalts beraubt, abstrakte Individuen geworden sind, die dadurch erst in den Stand gesetzt werden, *als Individuen* miteinander in Verbindung zu treten«[71]. Unter der Voraussetzung dieses Entwicklungsstandes der Produktivkräfte und der Form, in der sie den Produzenten gegenübertreten, wird die Emanzipation der Individuen von der Objektivität ihrer gesellschaftlichen Verhältnisse selber noch zur Bedingung einer weiteren Aufrechterhaltung und Entwicklung des Stoffwechsels zwischen Mensch und Natur. »Mit der großen Industrie und Konkurrenz sind die sämtlichen Existenzbedingungen, Bedingtheiten, Einseitigkeiten der Individuen zusammengeschmolzen in die beiden einfachsten Formen: Privateigentum und Arbeit. Mit dem Gelde ist jede Verkehrsform und der Verkehr selbst für die Individuen als zufällig gesetzt. Also liegt schon im Gelde, daß aller bisheriger Verkehr nur Verkehr der Individuen unter bestimmten Bedingungen, nicht der Individuen als Individuen war. Diese Bedingungen sind auf zwei – akkumulierte Arbeit oder Privateigentum, oder wirkliche Arbeit – reduziert. Hört diese oder eine von ihnen auf, so stockt der Verkehr«[72]. Schon »um ihre Existenz« sicherzustellen, sind die Menschen genötigt, das Hegelsche Wort über die Franzö-

71 A. a. O., S. 67
72 A. a. O., S. 66

sische Revolution erst wirklich wahr werden zu lassen: sich auf den Gedanken zu stellen und die Wirklichkeit nach diesem zu erbauen. Nicht mehr soll das gesellschaftliche Sein ihr Bewußtsein bestimmen, sondern ihr Bewußtsein das gesellschaftliche Sein; kurz: mit der Emanzipation von der letztmöglichen Form der Charaktermaske emanzipieren sich die Menschen von einer Geschichte, die durch einen Überhang an gesellschaftlicher Objektivität charakterisiert war, einer Objektivität, die in dieser Form der Verselbständigung von den Menschen selbst noch hervorgebracht war. »Das Bestehende, was der Kommunismus schafft, ist eben die wirkliche Basis zur Unmöglichmachung alles von den Individuen unabhängig Bestehenden, sofern dies Bestehende dennoch nichts als das Produkt des bisherigen Verkehrs der Individuen selbst ist« [73]. Wie jedoch dieses neue gesellschaftliche Sein aussehen wird, in welchem die Menschen ihre Existenzbedingungen unter ihre gemeinschaftliche Kontrolle gebracht haben, anstatt sich von ihnen beherrschen zu lassen; wie man sich diese Gemeinschaft vorzustellen hat, an der »die Individuen als Individuen Anteil nehmen« und nicht mehr unter der Form zufälliger, sachlicher, Durchschnitts- oder Klassenindividuen miteinander verkehren, darüber verliert Marx auch in der *Deutschen Ideologie* nur wenig Worte. Er kann, wie wir schon bei der Betrachtung der *Ökonomisch-philosophischen Manuskripte* gesehen haben, die Struktur der Verkehrung nicht dechiffrieren, ohne den Aspekt einer vernünftigen Identität von Mensch und Natur ins Auge zu fassen, doch ist über diese selbst nichts auszumachen. Marx sieht sehr wohl, daß die entfremdete Form, unter der sich die Menschen innerhalb der Natur aus der Natur herausarbeiten, die Bedürfnisstrukturen selbst noch prägt und eine Unterscheidung zwischen unmittelbarer und vermittelter Natur schlechterdings unmöglich ist. Da er jedoch sicher ist, daß die Form der Entfremdung eine historische ist und nicht mit dem naturalen Sein, wie immer dieses geschichtlich modifiziert sein mag, identifiziert werden darf, kann er dieses Problem ruhig der Zukunft überlassen. »Die kommunistische Organisation wirkt in doppelter Weise auf die Begierden, welche die heutigen Verhältnisse im Individuum hervorbringen; ein Teil dieser Begierden, diejenigen nämlich, welche unter allen Verhältnissen existieren und nur der Form und Richtung nach von verschiedenen gesellschaftlichen Verhältnissen verändert werden, wird auch unter dieser Gesellschaftsform nur verändert, indem ihnen die Mittel zur normalen Entwicklung gegeben werden; ein anderer Teil dagegen, dieje-

73 A. a. O., S. 70 f.

nigen Begierden nämlich, die ihren Ursprung nur einer bestimmten Gesellschaftsform, bestimmten Produktions- und Verkehrsbedingungen verdanken, wird ganz und gar seiner Lebensbedingungen beraubt. Welche Begierden nun unter der kommunistischen Organisation bloß verändert und welche aufgelöst werden, läßt sich nur auf praktische Weise, durch Verändern der wirklich praktischen »Begierden«, nicht durch Vergleichung mit früheren geschichtlichen Verhältnissen, entscheiden«[74].

Von dieser extremen, abschlußhaften Gestalt der Entfremdung ausgehend, versucht Marx die abgelaufene Geschichte als Geschichte eines »bornierten Verkehrs« zu begreifen, die sich als eine Abfolge verschiedener Formen des Privateigentums darstellt. »Das Privateigentum, soweit es, innerhalb der Arbeit, der Arbeit gegenübertritt, entwickelt sich aus der Notwendigkeit der Akkumulation und hat im Anfang immer noch mehr die Form des Gemeinwesens, nähert sich aber in der weiteren Entwicklung immer mehr der modernen Form des Privateigentums«[75]. Die einander ablösenden Formen des »bornierten Verkehrs« lassen sich als verschiedene – selbst noch durch die Entwicklung der Produktivkräfte bedingte – Stufen der Arbeitsteilung begreifen, die sich, entsprechend dem oben betrachteten Begriff des Privateigentums, als verschiedene Formen der Personifikation der dem unmittelbaren Produzenten entfremdeten Produktionsbedingungen darstellen: »Die verschiedenen Entwicklungsstufen der Teilung der Arbeit sind ebensoviele verschiedene Formen des Eigentums; d. h. die jedesmalige Stufe der Teilung der Arbeit bestimmt auch die Verhältnisse der Individuen zueinander in Beziehung auf das Material, Instrument und Produkt der Arbeit«[76]. Wir wollen hier davon absehen, die Marxsche Konstruktion im einzelnen nachzuzeichnen; da er entscheidende Motive der Ökonomiekritik, insbesondere die Mehrwertlehre und die Struktur des immanenten Zusammenhangs der Kategorien zu dieser Zeit noch nicht entwickelt hat, muß ihm der Begriff der Arbeitsteilung mehr leisten als ihm abverlangt werden kann. Im Grunde meint Marx die zunehmende Integration und Umwandlung aller naturwüchsigen Produktionsorganismen in ein gigantisches System allseitiger Abhängigkeit, das sich schließlich als Weltmarkt ausweist. Der in den *Exzerpten* begangene Weg, aus der Struktur des einfachen Austauschprozesses den Kapitalismus abzuleiten, wird an-

---

74 A. a. O., S. 238 f.
75 A. a. O., S. 66
76 A. a. O., S. 22

deutungsweise eingeschlagen, aber zugleich mit einem Kapitalbegriff verbunden, der wieder unmittelbar an Gedanken der früheren Kritik am Hegelschen Staatsrecht anknüpft, wo Marx an der Unveräußerlichkeit des feudalen Grundeigentums das Prinzip der Verkehrung zum ersten Male herausarbeitet und den feudalen Grundeigentümer als Charaktermaske beschreibt. Gegenüber der Hegelschen Verherrlichung des Majorats hebt Marx dort hervor, daß »das Privateigentum (Grundbesitz)... gegen die *eigne Willkür* des Besitzers dadurch festgestellt (ist), daß die Sphäre seiner Willkür aus einer allgemein menschlichen zur *spezifischen Willkür des Privateigentums* umgeschlagen, das Privateigentum zum *Subjekt* des Willens geworden ist; der Wille bloß mehr das *Prädikat* des Privateigentums ist. Das Privateigentum ist nicht mehr ein *bestimmtes* Objekt der Willkür, sondern die Willkür ist das *bestimmte* Prädikat des Privateigentums...« [77]. Dieses »versteinerte«, »festgestellte«, »exakte« Privateigentum liegt dem Kapitalbegriff der *Deutschen Ideologie* zugrunde: das Kapital ist »ständisches« Kapital, das sich mit zunehmender Arbeitsteilung immer mehr »verflüssigen« läßt. »Das Kapital war ein naturwüchsiges Kapital, das in der Wohnung, den Handwerkszeugen und der naturwüchsigen, erblichen Kundschaft bestand und sich wegen des unentwickelten Verkehrs und der mangelnden Zirkulation als unrealisierbar vom Vater auf den Sohn forterben mußte. Das Kapital war nicht, wie das moderne, ein in Geld abzuschätzendes, bei dem es gleichgültig ist, ob es in dieser oder jener Sache steckt, sondern ein unmittelbar mit der bestimmten Arbeit des Besitzers zusammenhängendes, von ihr gar nicht zu trennendes, und insofern *ständisches* Kapital« [78]. Das Kapital wird als ein Allgemeines beschrieben, das sich im Wechsel der verschiedenen Formen der Vergegenständlichung als Identisches durchhält, jedoch noch nicht – als dieser Prozeß – die entsprechende Existenzweise erlangt hat. Aber mit der Ausdehnung des Handels und der Arbeitsteilung entsteht die Möglichkeit der »Realisierung« und damit die der Akkumulation und Konzentration dieses immer mobiler werdenden Kapitals, das gleichsam in immer »größeren Sachen stekken« kann. Das Kapital verliert immer mehr die »ihm anklebende Naturwüchsigkeit« [79], läßt sich immer weiter »verflüssigen« und zugleich in immer größeren Arbeitsmitteln konzentrieren, bis es schließlich – über Zunft- und Manufakturkapital – in der »großen Indu-

77 Kritik des Hegelschen Staatsrechts, S. 305
78 Die Deutsche Ideologie, S. 52
79 A. a. O., S. 59

strie« seine letzte Entwicklungsstufe erreicht. Dieser Prozeß geht Hand in Hand mit der Loslösung des unmittelbaren Produzenten von seinen Arbeitsmitteln, die Form des unmittelbaren Zusammenhangs des subjektiven Daseins mit seiner objektiven Fortsetzung wird schrittweise aufgelöst und stellt sich schließlich dar als System absoluter Verkehrung, als Macht der verselbständigten, vom Arbeiter losgelösten Produktionsbedingungen, die in der Person des Kapitalisten subjektive Existenz erhalten.

Dieser Kapitalbegriff und die Hinweise in den *Ökonomisch-philosophischen Manuskripten* geben uns zugleich auch einen Schlüssel, wie jene Strukturen als »bürgerliche« zu deuten sind, in denen Arbeitsmittel und Teilung der Arbeit nur wenig entwickelt sind. Stammeigentum, antikes Gemeinde- und Staatseigentum und feudales oder ständisches Eigentum – diese drei Formen nennt Marx in der *Deutschen Ideologie* – sollen ja ebenfalls noch als Ausdruck des »bornierten Verkehrs« begriffen werden. Daß auch hier die Produktionsbedingungen über die Produzenten herrschen, ist außer Zweifel, nur stellt sich diese Verkehrung in anderer Form dar, nämlich der Form der Unmittelbarkeit, die als solche nur durch die entwickelte Gestalt der Verkehrung hindurch zu erfassen ist. Streift man dem Kapitalismus den der Zirkulationssphäre entspringenden verschleiernden Schein ab, demzufolge die Menschen als Freie und Gleiche miteinander verkehren, so stellt auch er sich nur als eine Reproduktionsform dar, in der die Arbeit selbst den Produktionsbedingungen zugeschlagen wird. In dieser Weise interpretiert Marx die vorbürgerlichen Herrschaftsverhältnisse. Die Menschen »finden sich neben dem gegebenen Produktionsinstrument selbst als Produktionsinstrumente vor« [80]. Die alle Gesellschaftsformationen der menschlichen Vorgeschichte charakterisierende Herrschaft der Produktionsbedingungen über die Menschen erscheint hier in der Form unmittelbarer Subsumtion der Menschen unter der Natur: die »Individuen (sind) unter die Natur subsumiert« [81]. Einerseits wird die Arbeit selbst, »sowohl in der Form des Sklaven, wie der des Leibeigenen, ... als unorganische Bedingung der Produktion in die Reihe der andren Naturwesen gestellt, neben das Vieh oder als Anhängsel der Erde« [82], wie Marx später in den *Grundrissen* sagt; andrerseits ist aber auch das funktionelle Korrelat innerhalb der verkehrten Welt, der Nichtarbeiter, »Akzidenz der Erde.

80 A. a. O., S. 65
81 A. a. O., S. 65
82 Grundrisse der Kritik der politischen Ökonomie, S. 389

Ebenso gehört der Majoratsherr, der erstgeborene Sohn, der Erde. Sie erbt ihn» [83]. Die Abhängigkeit der Menschen von den Produktionsbedingungen erscheint hier noch unter der Form eines persönlichen Verhältnisses. Das wird in den *Grundrissen* noch einmal hervorgehoben: »Diese äußeren Verhältnisse (die bürgerlichen, H. R.) sind so wenig eine Beseitigung der »Abhängigkeitsverhältnisse«, daß sie nur die Auflösung derselben in eine allgemeine Form sind; vielmehr das Herausarbeiten des allgemeinen *Grundes* der persönlichen Abhängigkeitsverhältnisse sind. Auch hier kommen die Individuen nur als bestimmte zueinander in Beziehung« [84].

Unter dem Aspekt einer erst herzustellenden Gesellschaftsform, in der die Menschen ihre – unter der Form der »großen Industrie« entwikkelten – Produktionsbedingungen unter gemeinschaftliche Kontrolle gebracht und damit zugleich die Voraussetzungen für eine bewußt praktizierte vernünftige Einheit des Menschen mit der Natur geschaffen haben, stellt sich also dem jungen Marx die gesamte Geschichte der Menschheit dar als eine Abfolge verschiedener Formen der Herrschaft der Produktionsbedingungen über die Produzenten. Wachsende Naturbeherrschung, die sich vorzüglich in der Form der Arbeitsmittel und der dadurch bedingten Form des unmittelbaren Arbeitsprozesses niederschlägt, geht einher mit einer Veränderung der Verkehrsform, die sich durch eine neue Erscheinungsform der Personifikation der dem unmittelbaren Arbeiter entfremdeten Produktionsbedingungen von der alten Verkehrsform, den veralteten Produktionsverhältnissen unterscheidet. Der unmittelbare, wenngleich je schon als entfremdet begriffene Zusammenhang des subjektiven Daseins mit seiner objektiven Fortsetzung weicht immer mehr der gesellschaftlichen Form der Trennung des Produzenten von den Bedingungen seiner Betätigung, eine Form, unter der zugleich die höchste Stufe der Naturaneignung innerhalb der verkehrten Welt des Privateigentums erreicht ist: »Wir gingen bisher von den Produktionsinstrumenten aus, und schon hier zeigte sich die Notwendigkeit des Privateigentums für gewisse industrielle Stufen. In der Industrie extractiv fällt das Privateigentum mit der Arbeit noch ganz zusammen; in der kleinen Industrie und aller bisherigen Agrikultur ist das Eigentum notwendige Konsequenz der vorhandenen Produktionsinstrumente; in der großen Industrie ist der Widerspruch zwischen dem Produktionsinstrument

83 Ökonomisch-philosophische Manuskripte, S. 71
84 Grundrisse, S. 81

und Privateigentum erst ihr Produkt, zu dessen Erzeugung sie bereits sehr entwickelt sein muß. Mit ihr ist also auch die Aufhebung des Privateigentums erst möglich«[85]. Bei der begrifflichen Verarbeitung dieses Vorgangs in Form der Darstellung eines objektiv verlaufenden Prozesses muß jedoch daran erinnert werden, daß bei dieser Darstellungsform je schon die Bedingung ihrer eigenen Möglichkeit mitgedacht ist, nämlich die Tatsache, daß der Konstitutionsprozeß der menschlichen Gattung unter der Form gesellschaftlicher Objektivität verlaufen ist – einer Form, deren Spezifikum gerade darin besteht, daß die sie konstituierende Subjektivität vollständig dahinter verschwindet – und erst am Kulminationspunkt dieser Entwicklung als solcher Prozeß durchsichtig wird. Im *Elend der Philosophie* sagt Marx in diesem Sinne: »Alle diese (von Proudhon aufgeworfenen, H. R.) Fragen ergründen, heißt das nicht, die wirkliche profane Geschichte der Menschen eines jeden Jahrhunderts erforschen, diese Menschen darstellen, wie sie in einem Verfasser und Schausteller ihres eigenen Dramas waren? Aber von dem Augenblick an, wo man die Menschen als die Schausteller und Verfasser ihrer eigenen Geschichte hinstellt, ist man auf einem Umweg zum wirklichen Ausgangspunkt zurückgekehrt ... «[86]. Unter diesem Gesichtspunkt stellt sich die Geschichte des Privateigentums als Stufenfolge verschiedener Emanzipationsschwellen dar, in denen sich die Menschen durch die Form abgelegter Charaktermasken hindurch jeweils neu bestimmen, neue Identität gewinnen, indem ihnen durch die Entwicklung ihrer produktiven Fähigkeiten in der Auseinandersetzung mit der Natur eine Verkehrsform äußerlich und darum *als* eine überholte, veraltete Verkehrsform gegenständlich geworden ist. An dieser Stelle zeigt sich die tiefere Bedeutung des je schon als Einheit von Produktions- und Distributionsprozeß, als Ineinandergreifen von Produktivkräften und Produktionsverhältnissen begriffenen Reproduktionsprozesses. Denn daß die Produktion des Lebens »sogleich« als ein doppeltes Verhältnis erscheint, »einerseits als natürliches, andrerseits als gesellschaftliches Verhältnis, gesellschaftlich in dem Sinne, als hierunter das Zusammenwirken mehrerer Individuen, gleichviel unter welchen Bedingungen, auf welche Weise und zu welchem Zweck, verstanden wird ... (daß also) eine bestimmte Produktionsweise oder industrielle Stufe stets mit einer bestimmten Weise des Zusammenwirkens oder gesellschaftlichen Stufe vereinigt ist, und diese Weise des Zusammenwir-

---

85 Die Deutsche Ideologie, S. 66
86 Karl Marx, Das Elend der Philosophie, Berlin 1960, S. 134

kens ... selbst eine ›Produktivkraft‹ ist« [87], heißt ja nichts anderes, als daß die gesellschaftliche Charaktermaske als notwendige Form der Selbstbetätigung der Menschen begriffen werden muß, als Form, die ihrer Individualität nicht äußerlich ist, sondern geradezu die bestimmte Form der Individualität jeweils historisch definiert. »Die Bedingungen, unter denen die Individuen ... miteinander verkehren, sind zu ihrer Individualität gehörige Bedingungen, nichts Äußerliches für sie, Bedingungen, unter denen diese bestimmten, unter bestimmten Verhältnissen existierenden Individuen allein ihr materielles Leben und was damit zusammenhängt produzieren können, sind also Bedingungen ihrer Selbstbetätigung und werden von dieser Selbstbetätigung produziert ... « [88]. Indem jedoch die Menschen auf die Natur einwirken, sich und die Natur verändern, verändern sie zugleich die Basis der Bedingungen, unter denen sie verkehren, also ihrer Charaktermaske im weitesten Sinne. Der neuen Konstellation von Mensch und Natur ist die Verkehrsform nicht mehr angemessen und vergegenständlicht sich immer mehr als – abzustreifende – Fessel, die sich mehr und mehr als ein den Individuen Äußerliches erweist: »Die entlaufenen Leibeigenen (behandelten) ihre Leibeigenschaft als etwas ihrer Persönlichkeit Zufälliges. Hierin aber taten sie nur dasselbe, was jede sich von einer Fessel befreiende Klasse tut« [89]. Die menschliche Gattung entwickelt sich zur menschlichen, indem sie sich gleichsam wie eine Schlange häutet und verschiedene Formen des Verkehrs nacheinander abwirft. Auf der Grundlage bestimmter Formen der Auseinandersetzung mit der Natur kommen die Individuen nur als bestimmte miteinander in Verbindung, verkehren unter beschränkten Bedingungen, die sich zur Charaktermaske verfestigen, aber ihrerseits wieder durch neue Formen der Naturbeherrschung unterminiert und von anderen Bedingungen des Verkehrs verdrängt werden. »Diese verschiedenen Bedingungen, die zuerst als Bedingungen der Selbstbetätigung, später als Fesseln derselben erscheinen, bilden in der ganzen geschichtlichen Entwicklung eine zusammenhängende Reihe von Verkehrsformen, deren Zusammenhang darin besteht, daß an die Stelle der früheren, zur Fessel gewordenen Verkehrsform eine neue, den entwickelteren Produktivkräften und damit der fortgeschrittenen Art der Selbstbetätigung der Individuen entsprechende gesetzt werden, die à son tour wieder zur Fessel und dann durch eine andere ersetzt wird.

---

87 Die Deutsche Ideologie, S. 29 f.
88 A. a. O., S. 71 f.
89 A. a. O., S. 76

Da diese Bedingungen auf jeder Stufe der gleichzeitigen Entwicklung der Produktivkräfte entsprechen, so ist ihre Geschichte zugleich die Geschichte der sich entwickelnden und von jeder neuen Generation übernommenen Produktivkräfte und damit die Geschichte der Entwicklung der Kräfte der Individuen selbst« [90].

Die Verkehrsform erscheint demnach den Individuen *als* Verkehrsform, als ein ihrer Persönlichkeit Äußerliches und Zufälliges, wenn sie dem Entwicklungsstand dieser Individuen nicht mehr entspricht. Solange das Verhalten des Menschen zur Natur gleichsam substantiell mit der Form übereinstimmt, unter der die Individuen miteinander verkehren, ist es diesen Individuen vorweg schon versagt, ihre Charaktermasken *als* Charaktermasken zu erkennen. Die Selbstreflektion des Subjekts, welches in der Vergegenständlichung einer Verkehrsform und der Emanzipation von ihr seine Identität bestimmt, ist so zugleich als Ausdruck einer neuen Gesellschaftsformation zu begreifen, die sich im Schoße der alten herangebildet hat: »Die bestimmte Bedingung, unter der sie produzieren, entspricht also, solange der Widerspruch (zwischen Produktivkräften und Produktionsverhältnissen, H. R.) noch nicht eingetreten ist, ihrer wirklichen Bedingtheit, ihrem einseitigen Dasein, dessen Einseitigkeit sich erst durch den Eintritt des Widerspruchs zeigt und also für die Späteren existiert. Dann erscheint diese Bedingung als zufällige Fessel ... « [91]. In welcher Form die Zufälligkeit begriffen wird, wie die veraltete Charaktermaske den Individuen erscheint, hängt ihrerseits wieder ab von der bestimmten Form der Auseinandersetzung des Menschen mit der Natur, der neue Bedingungen entsprechen, unter denen die Menschen miteinander verkehren und ihre Produktivkräfte entwickeln. Als selbst wieder bornierte Bedingungen des Verkehrs, die vom Subjekt jedoch noch nicht als solche wahrgenommen werden können, bedingen sie aber zugleich die Form, unter der ihnen die veraltete Charaktermaske erscheint. »Der Unterschied zwischen persönlichem Individuum und zufälligem Individuum ist keine Begriffsunterscheidung, sondern ein historisches Faktum. Diese Unterscheidung hat zu verschiedenen Zeiten einen verschiedenen Sinn, z. B. der Stand als etwas dem Individuum Zufälliges im 18. Jahrhundert, plus ou moins auch die Familie. Es ist eine Unterscheidung, die nicht wir für jede Zeit zu machen haben, sondern die jede Zeit unter den verschiedenen Elementen, die sie vorfindet, selbst macht, und zwar nicht nach dem Begriff, sondern durch die materielle

---

90 A. a. O., S. 72
91 A. a. O., S. 72

Lebensweise gezwungen. Was als zufällig der späteren Zeit im Gegensatz zur früheren erscheint, also auch unter den ihr von der früheren Zeit überkommenen Elementen, ist eine Verkehrsform, die einer bestimmten Entwicklung der Produktivkräfte entsprach ... « [92]. Dieser Prozeß fortschreitender »Häutung«, in welchem sich die Menschen relativ zu ihrer neuen – noch nicht von ihnen als System von Charaktermasken dechiffrierbaren – Verkehrsform als »Schausteller« erkennen, wird am »letzten Kulminationspunkt der Entwicklung des Privateigentums« ebenfalls noch *als* dieser Prozeß relativer Dechiffrierung der abgelegten Charaktermasken und Emanzipation von veralteten Verkehrsformen gegenständlich, indem sich die Menschen – auf der Grundlage einer bestimmten Form der Naturaneignung – von jener Struktur selbst emanzipieren, in der sich die Bedingungen ihres Verkehrs (die Distributionsverhältnisse) nach einer Weile als neue Fessel der weiteren Auseinandersetzung des Menschen mit der Natur erweisen. »Alle früheren revolutionären Aneignungen (des Produktionsinstruments, H. R.) waren borniert; Individuen, deren Selbstbetätigung durch ein beschränktes Produktionsinstrument und einen beschränkten Verkehr borniert war, eigneten sich dies neue beschränkte Produktionsinstrument an und brachten es daher nur zu einer neuen Beschränktheit. Ihr Produktionsinstrument wurde ihr Eigentum, aber sie blieben unter die Teilung der Arbeit und unter ihr eigenes Produktionsinstrument subsumiert. Bei allen bisherigen Aneignungen blieb eine Masse von Individuen unter ein einziges Produktionsinstrument subsumiert; bei der Aneignung der Proletarier müssen eine Masse von Produktionsinstrumenten unter jedes Individuum und das Eigentum unter alle subsumiert werden. Der moderne universelle Verkehr kann nicht anders unter die Individuen subsumiert werden, als dadurch, daß er unter alle subsumiert wird« [93].

Wie wir sehen, verbirgt sich im Marxschen Begriff des Privateigentums der Anspruch abschlußhafter Kritik eines doppelten Positivismus': einerseits Kritik der realen Positivität, der Objektivität der den Subjekten gegenüber in der bestimmten Form der Verselbständigung existierenden gesellschaftlichen Verhältnisse, andererseits Kritik alles vormarxschen Wissens als Positivismus insofern, als sich die Menschen in diesem Wissen der Objektivität in einer ihnen selbst undurchsichtigen Form bewußt werden. Dieser zweite Aspekt ist Thema der Ideologie-

92 A. a. O., S. 71
93 A. a. O., S. 68

konzeption, der wir uns jetzt zuwenden wollen. Zu Beginn unserer Beschäftigung mit dem Marxschen Frühwerk haben wir gesehen, daß die zentralen Theoreme über das Verhältnis von Basis, Überbau und Ideologie in der Auseinandersetzung mit dem Hegelschen Staatsrecht und Bruno Bauers *Judenfrage* einerseits und der Feuerbachschen Religionskritik bzw. Kritik der Hegelschen Philosophie andrerseits formuliert werden. In beiden Fällen konstatiert Marx ein »Sichselbstabheben« einer weltlichen Grundlage, eine Verdopplung, die – und das geht aus den späteren Schriften, wie beispielsweise dem *Vorwort zur Kritik der politischen Ökonomie,* nicht mehr explizit hervor – selbst noch aus der Struktur der Basis, der »Selbstzerrissenheit und dem Sichselbstwidersprechen dieser weltlichen Grundlage zu erklären« ist. Das wird, wie wir gesehen haben, in den *Ökonomisch-philosophischen Manuskripten* in höchst pauschaler Form getan. Außer der abstrakt – vorwegnehmenden Kritik aller Theorie, welche die Verdopplung nicht wie Marx selbst begreift, hat die Erklärung lediglich die Form der Versicherung. »Daß in der Bewegung des *Privateigentums,* eben der Ökonomie, die ganze revolutionäre Bewegung sowohl ihre empirische, als theoretische Basis findet, davon ist die Notwendigkeit leicht einzusehen. Dies *materielle,* unmittelbar *sinnliche* Privateigentum ist der materielle sinnliche Ausdruck des *entfremdeten menschlichen* Lebens. Seine Bewegung – die Produktion und Konsumtion – ist die sinnliche Offenbarung von der Bewegung aller bisherigen Produktion, d. h. Verwirklichung oder Wirklichkeit des Menschen. Religion, Familie, Staat, Recht, Moral, Wissenschaft, Kunst etc. sind nur *besondere* Weisen der Produktion und fallen unter ihr allgemeines Gesetz« [94]. Über diese Form der Erklärung geht Marx im Grunde auch in der *Deutschen Ideologie* nicht hinaus. Gleichwohl finden sich bedeutsame Hinweise, denen – liest man sie vor dem Hintergrund der im Spätwerk entwickelten Geldtheorie – zu entnehmen ist, in welcher Weise diese Ableitung, zumindest im Hinblick auf die Form des politischen und juristischen Überbaus, zu erfolgen hat. Wie die Geldform aus der Ware als unmittelbarer Einheit zweier sich gegenseitig ausschließender Momente hervorgeht, ist auch der bürgerliche Staat auf eine die bürgerliche Existenzweise charakterisierende Dualität zweier Interessenlagen zurückzuführen, die sich gegenseitig ausschließen: einerseits entwickeln sich die Individuen auf der Grundlage von Bedingungen, die vielen gemeinschaftlich sind und von den Individuen als gemeinschaftliche Existenzbedingungen aufrechterhalten

94 Ökonomisch-philosophische Manuskripte, S. 100

und abgesichert werden; andererseits verfolgt jedes dieser Individuen seine besonderen Interessen auf Kosten aller anderen, handelt also ebenso wesentlich gegen seine Interessen, die es mit allen anderen gemein hat. Diese das bürgerliche Subjekt definierende Widersprüchlichkeit umschreibt Marx in folgender Weise: »Der Bourgeois verhält sich zu den Institutionen seines Regimes wie der Jude zum Gesetz; er umgeht sie, sooft es tunlich ist, in jedem einzelnen Fall, aber er will, daß alle Andern sie halten sollen. Wenn sämtliche Bourgeois in Masse und auf Einmal die Institutionen der Bourgeoisie umgingen, so würden sie aufhören, Bourgeois zu sein – ein Verhalten, das ihnen natürlich nicht einfällt und keineswegs von ihrem Wollen oder Laufen abhängt. Der liederliche Bourgeois umgeht die Ehe und begeht heimlichen Ehebruch; der Kaufmann umgeht die Institution des Eigentums, indem er Andre durch Spekulation, Bankerott pp. um ihr Eigentum bringt – der junge Bourgeois macht sich von seiner Familie unabhängig, wenn er kann, löst für sich die Familie praktisch auf; aber die Ehe, das Eigentum, die Familie bleiben theoretisch unangetastet, weil sie praktisch die Grundlagen sind, auf denen die Bourgeoisie ihre Herrschaft errichtet hat, weil sie in ihrer Bourgeoisieform die Bedingungen sind, die den Bourgeois zum Bourgeois machen, gerade wie das stets umgangene Gesetz den religiösen Juden zum religiösen Juden macht« [95]. Aus diesem eigentümlichen Widerspruch zweier sich gegenseitig ausschließenden Interessen, die im bürgerlichen Subjekt unmittelbar nebeneinander stehn, muß die Form des Staates abgeleitet werden, der neben der bürgerlichen Gesellschaft *als* Staat existiert. Aus »diesem Widerspruch des besonderen und gemeinschaftlichen Interesses nimmt das gemeinschaftliche Interesse als *Staat* eine selbständige Gestaltung ... an« [96]. Das dem Einzelnen mit den Vielen gemeinschaftliche Interesse muß in einer Form artikuliert und durchgesetzt werden, in der es, für alle Einzelnen geltend, zugleich als von allen Einzelnen getrennt und unabhängig erscheint – als »Staatswille, als Gesetz«. »Alle Mitglieder der bürgerlichen Gesellschaft (sind) genötigt ..., sich als Wir, als moralische Person, als Staat zu konstituieren, um ihre gemeinschaftlichen Interessen zu sichern ... « [97]. »So wenig es von ihrem idealistischen Willen oder Willkür abhängt, ob ihre Körper schwer sind, so wenig hängt es von ihm ab, ob sie ihren eigenen Willen in der Form des Gesetzes durchsetzen und zugleich von der per-

---

95 Die Deutsche Ideologie, S. 163 f.
96 A. a. O., S. 33
97 A. a. O., S. 340

sönlichen Willkür jedes Einzelnen unter ihnen unabhängig setzen. Ihre persönliche Herrschaft muß sich zugleich als eine Durchschnittsherrschaft konstituieren. Ihre persönliche Macht beruht auf Lebensbedingungen, die sich als Vielen gemeinschaftliche entwickeln, deren Fortbestand sie als Herrschende gegen andere und zugleich als für alle geltende zu behaupten haben. Der Ausdruck dieses durch ihre gemeinschaftlichen Interessen bedingten Willens ist das Gesetz. Gerade das Durchsetzen der von einander unabhängigen Individuen und ihrer eigenen Willen, das auf dieser Basis in ihrem Verhalten gegeneinander notwendig egoistisch ist, macht die Selbstverleugnung im Gesetz und Recht nötig, Selbstverleugnung im Ausnahmefall, Selbstbehauptung ihrer Interessen im Durchschnittsfall ... « [98]. Auf diese Andeutungen beschränkt sich im wesentlichen die Ableitung jener Form, in welcher die Bürger ihre gemeinschaftlichen Interessen geltend machen. Gemessen an der strengen Durchführung dieser Ableitungsform im Spätwerk stellen sich die Gedankengänge der *Deutschen Ideologie* in doppelter Hinsicht als »Abstraktionen« dar: einerseits – und darauf haben wir schon hingewiesen – versteht Marx die materialistische Geschichtsauffassung, so wie sie in der *Deutschen Ideologie* abgefaßt ist, als Methode, mit deren Hilfe Geschichte erst zu studieren und darzustellen ist. Andererseits – und darin deckt sich das Verfahren weitgehend mit dem in den *Ökonomisch-philosophischen Manuskripten* praktizierten – läßt sich nicht übersehen, daß es sich hinsichtlich der Erklärungsform der »bürgerlichen Gesellschaft in ihrer Aktion als Staat« ebenfalls um Gedanken handelt, die noch exakter Einlösung bedürfen.

Gleichwohl geht Marx in der Auseinandersetzung mit der junghegelianischen Philosophie wie in den *Ökonomisch-philosophischen Manuskripten* von der Verdoppelungsstruktur aus und verdeutlicht hier im Grunde nur, was dort schon mit wenigen Sätzen gesagt worden war. Untersucht man die Marxsche Argumentationsweise näher, so zeigt sich, daß diese Verdeutlichung vorwiegend die Form der Illustration hat, ein Sachverhalt, der durch den Charakter seiner eigenen Konzeption bedingt ist. Wie wir wissen, spricht Marx in der *Deutschen Ideologie* von der materialistischen Geschichtsauffassung als einer »positiven Wissenschaft«, positiv im Sinne einer erstmalig ungetrübten – nicht selbst noch durch das zu Erkennende präformierten – Erkenntnis der gesellschaftlichen Wirklichkeit. Dem entspricht eine pauschale Kritik aller vormarxschen Theoriebildung im weitesten Sinne, die, un-

98 A. a. O., S. 311 f.

ter welcher Form sie auch immer auftreten mag und wie differenziert sie sich im einzelnen darstellt, insgesamt dadurch von der Marxschen Auffassung abweicht, daß sie die eigenen materiellen Voraussetzungen nicht mehr in den Reflexionsprozeß aufzunehmen vermag. Hält man sich vor Augen, daß für den jungen Marx die abgelaufene Geschichte die Geschichte der bürgerlichen Gesellschaft in ihren verschiedenen Stufen ist, so läßt sich pauschal von bürgerlicher Theorie sprechen, wobei die Eigentümlichkeit der Marxschen Kritik darin besteht, daß er vorweg über das Konstituens der Bürgerlichkeit der bürgerlichen Theorie Auskunft gibt. Die junghegelianische Philosophie, mit der er in der *Deutschen Ideologie* befaßt ist, stellt sich dann nur noch als Spezialfall eines Theorietypus dar, den Marx generell als falsches Bewußtsein dechiffriert.

In einer Randnote in der *Deutschen Ideologie* finden wir eine Bemerkung, die in kürzester Form zusammenfaßt, was der gesamten bürgerlichen Theorie eigentümlich ist: »Präexistenz der Klasse bei den Philosophen« [99]. Die Philosophie zeichnet sich durch eine spezifische Unbewußtheit aus, die bei den vorgefundenen Formen, in denen sich die verknöcherte Welt reflektiert, als einem Letzten, nicht mehr Ableitbaren stehen bleiben muß. Die Charaktermaske ist der eigentliche Gegenstand ihrer Veranstaltung; daß die Philosophie aber darüber im unklaren ist, gehört gleichsam zu ihrem eigenen Begriff: sie kann nicht mehr innerhalb ihres eigenen Horizonts darüber reflektieren, daß die Philosophie als Philosophie ebenfalls noch der versteinerten Welt angehört. Daraus aber ergeben sich bedeutsame Konsequenzen: Philosophie, oder allgemeiner Theorie, die nicht mehr ihre eigenen materiellen Voraussetzungen mitreflektiert, ist – noch ehe sie bewußt zur Welt Stellung nimmt – schon an ihr selber, ihrer Form nach, die bestehende Affirmation. Ihr Gegenstand ist die unmenschliche, übermenschliche Welt, die sie, weil sie das gerade nicht erkennt, als menschliche hinnimmt, zur menschlichen verkehrt – das meint Marx mit Interpretation in der letzten Feuerbachthese. So ist diese Interpretation zugleich immer schon ein existierender Widerspruch, auf den Marx bei anderer Gelegenheit hinweist: »Die Nationalökonomie, welche die Verhältnisse des Privateigentums für menschliche und vernünftige Verhältnisse hinnimmt, bewegt sich in einem fortwährenden Widerspruch gegen ihre Grundvoraussetzung, das Privateigentum, in einem analogen Widerspruche wie der Theologe, der die religiösen Vorstellungen beständig menschlich interpretiert und eben dadurch

---

99 A. a. O., S. 75

gegen seine Grundvoraussetzung, die Übermenschlichkeit der Religion, beständig verstößt« [100]. Da aber der bürgerlichen Charaktermaske die Form der Zerrissenheit eigentümlich ist, stellt sich auch die mit dieser Charaktermaske befaßte Theorie und damit auch dieser die bürgerliche Theorie insgesamt kennzeichnende Widerspruch in verschiedener Gestalt dar. Bleiben wir zuerst bei jener Form, unter der sich die Theorie als sich selbst unbewußte Darstellung der Basis präsentiert: die politische Ökonomie. Als solche geht sie, wie Marx das schon in den *Ökonomisch-philosophischen Manuskripten* hervorgehoben hat, vom »Faktum des Privateigentums aus . . . (aber) erklärt uns dasselbe nicht«. Unter der Hand verkehrt sich ihr die Form der bürgerlichen Reproduktion zur Naturform der Produktion. Wir werden später, bei der Beschäftigung mit der Kritik der politischen Ökonomie, sehen, wie diese spezifische Form des unhistorischen Bewußtseins selbst noch aus der eigentümlichen Natur der ökonomischen Kategorien abzuleiten ist. Gegenüber dieser substantiell-ursprünglichen Form der Bürgerlichkeit, wie sie in der klassischen »Wissenschaft der Basis« bei den Physiokraten, Adam Smith und David Ricardo vorliegt, nimmt sich die Verkehrung der historischen Form zur Naturform bei den Junghegelianern geradezu grobschlächtig aus. Dieser Sachverhalt, wie auch die Tatsache, daß sich dem Marxschen Selbstverständnis zufolge die bürgerliche Theorie überlebt hat und nur noch unter der Form bewußter Apologie möglich ist, tangieren auch die Form seiner eigenen Kritik: »Stirner widerlegte oben die kommunistische Aufhebung des Privateigentums dadurch, daß er das Privateigentum in das ›Haben‹ verwandelte und dann das Zeitwort ›haben‹ für ein unentbehrliches Wort, für eine ewige Wahrheit erklärte, weil es auch in der kommunistischen Gesellschaft vorkommen könne, daß er Leibschmerzen ›habe‹. Geradeso begründet er hier die Unabschaffbarkeit des Privateigentums darauf, daß er es in den Begriff des Eigentums verwandelt, den etymologischen Zusammenhang zwischen ›Eigentum‹ und ›eigen‹ exploitiert und das Wort ›eigen‹ für eine ewige Wahrheit erklärt, weil es doch auch unter dem kommunistischen Regime vorkommen kann, daß ihm Leibschmerzen ›eigen‹ sind« [101]. An einer anderen Stelle heißt es: »Wenn . . . der Bourgeois den Kommunisten erklärt: Indem ihr meine Existenz als *Bourgeois* aufhebt, hebt Ihr meine Existenz *als Individuum* auf, wenn er so sich als Bourgeois mit sich als Individuum identifiziert, so ist daran wenigstens die Offenher-

100 Karl Marx, Friedrich Engels, Die heilige Familie, Berlin 1953, S. 132
101 Die Deutsche Ideologie, S. 211

zigkeit und Unverschämtheit anzuerkennen. Für den Bourgeois ist dies wirklich der Fall; er glaubt nur insofern Individuum zu sein, als er Bourgeois ist. Sobald aber die Theoretiker der Bourgeoisie hereinkommen und dieser Behauptung einen allgemeinen Ausdruck geben, das Eigentum des Bourgeois mit der Individualität auch theoretisch identifizieren und diese Identifizierung logisch rechtfertigen wollen, fängt der Unsinn erst an, feierlich und heilig zu werden« [102]. Nimmt die Theorie die Form der Apologie an, so erscheint gleichsam, was aller bürgerlichen Theorie zugrunde liegt: die theoretische Rücknahme der wirklichen Verkehrung. An ihr selbst, als Theorie, Ausdruck der verkehrten Welt, nimmt sie eben jene Verkehrung nicht wahr, sondern verkehrt diese wieder zur Naturform. Die gesellschaftliche Form der entfesselten Individualität ist ihr ein Letztes, nicht mehr Ableitbares, das sie mit der – wie auch immer vermittelten – naturalen Individualität identifiziert. Dem hält Marx entgegen: »Das wirkliche Privateigentum ist gerade das Allerallgemeinste, was mit der Individualität gar nichts zu tun hat, ja was sie geradezu umstößt. Soweit ich als Privateigentümer gelte, soweit gelte ich nicht als Individuum – ein Satz, den die Geldheiraten täglich beweisen« [103]. Weil es sich immer nur um den gleichen Vorgang der Identifizierung handelt, kann die Marxsche Kritik nur so gut oder so schlecht sein wie das Kritisierte selbst. Das bürgerliche Naturrecht und die bürgerliche politische Ökonomie ist anders zu kritisieren als derselbe Vorgang bei den Junghegelianern. Wir wollen uns darum auf diese beiden Beispiele beschränken und lediglich daran erinnern, daß wir noch subtileren Formen der Aufdeckung dieser Identifizierung begegnen werden, einer Identifizierung, durch welche zugleich der Blick auf das wirkliche Verhältnis des Menschen zur Natur verstellt wird, denn diese Verkehrung der gesellschaftlichen Formbestimmtheit zur Naturform geht unmittelbar einher mit der Mystifizierung der Natur selbst, wie wir ebenfalls noch sehen werden.

Wenden wir uns der »eigentlichen« Ideologiekritik zu, so begegnen wir auch hier dem zentralen, aller bürgerlichen Theorie eigentümlichen Widerspruch; der ihr selbst unbewußten Verkehrung der übermenschlichen Welt zur menschlichen, oder, mit den Worten der letzten Feuerbachthese, Interpretation der Welt. Da aber die Ideologie speziell mit dem unter entfremdeter Form erscheinenden Gemeinwesen befaßt ist, stellt sich auch dieser Widerspruch in anderer Weise

102 A. a. O., S. 210 f.
103 A. a. O., S. 211

dar: als idealistische Theorie. »Hier, wie überhaupt bei den Ideologen, ist zu bemerken, daß sie die Sache notwendig auf den Kopf stellen und ihre Ideologie sowohl für die erzeugende Kraft wie für den Zweck aller gesellschaftlichen Verhältnisse ansehen, während sie nur ihr Ausdruck oder Symptom ist« [104]. Die oben erwähnte Verkehrung der gesellschaftlichen Form der entfesselten Individualität zur Naturform, welche für die gesamte bürgerliche »Wissenschaft von der Basis« charakteristisch ist, ist hier vorausgesetzt und definiert gleichsam die Ideologie schlechthin als eine Form des Bewußtseins, für welches die Basis nicht *als* Basis gegenwärtig ist. *Weil* sie also ebenfalls von der bürgerlichen Reproduktionsform als Naturform der Reproduktion ausgeht, ist ihr der Zugang zur Eigentümlichkeit all jener Formen, in welchen die Bürger ihr gemeinschaftliches Interesse artikulieren und durchsetzen, vorweg schon versperrt. Der politische Akt wird nicht mehr als spezifische Handlungsform eines Subjekts begriffen, das sich selbst noch unter der Form gesellschaftlicher Objektivität aus der Natur herausarbeitet, sondern kann nur noch als selbstbewußte Tätigkeit eines natürlichen Menschen erfaßt werden. Die Formbestimmtheit als solche, die Tatsache, daß die Individuen in diesen bestimmten Verhältnissen ihren durch diese Verhältnisse bedingten Willen in bestimmter Form, als »Staatswille und Gesetz«, zum Ausdruck bringen müssen, kann nicht mehr wahrgenommen werden; vielmehr herrscht die »Illusion, als ob das Gesetz auf dem Willen, und zwar auf dem von seiner realen Basis losgerissenen, dem *freien* Willen beruhe« [105]. Analog der später noch zu behandelnden Produktionsfaktorentheorie der politischen Ökonomie, die sich als gleichsam natürliche Interpretationsrichtung aus der Oberflächenstruktur des kapitalistischen Gesamtprozesses ableitet, stellt sich dem jungen Marx der Hegelsche Idealismus nur als Weiterführung jener Gedanken dar, mit welchen die »ideologischen Stände« von Berufs wegen befaßt sind: »Die bisherigen Produktionsverhältnisse der Individuen müssen sich ebenfalls als politische und rechtliche Verhältnisse ausdrücken ... Innerhalb der Teilung der Arbeit müssen diese Verhältnisse gegenüber den Individuen sich verselbständigen. Alle Verhältnisse können in der Sprache nur als Begriffe ausgedrückt werden. Daß diese Allgemeinheiten und Begriffe als mysteriöse Mächte gelten, ist eine notwendige Folge der Verselbständigung der realen Verhältnisse, deren Ausdruck sie sind. Außer dieser Geltung im gewöhnlichen Bewußtsein erhalten

---

104 A. a. O., S. 405
105 A. a. O., S. 62

diese Allgemeinheiten noch eine besondere Geltung und Ausbildung von Politikern und Juristen, die durch die Teilung der Arbeit auf den Kultus dieser Begriffe angewiesn sind und in ihnen, nicht in den Produktionsverhältnissen, die wahre Grundlage der realen Eigentumsverhältnisse sehen« [106]. »Hegel idealisierte die Vorstellungen der politischen Ideologen vom Staat, die noch von den einzelnen Individuen, wenn auch bloß vom *Willen* dieser Individuen ausgingen; Hegel verwandelt den gemeinsamen Willen dieser Einzelnen in den absoluten Willen ... « [107]. Der Marxschen Kritik zufolge beruht auch das Hegelsche System, wie die bürgerliche ökonomische Theorie, auf der sich selbst undurchsichtigen Verkehrung jener spezifisch historischen Formbestimmten zur Naturform, also der unmittelbaren Identifizierung der gesellschaftlichen – von den Subjekten selbst noch in dieser bestimmten Form der Verselbständigung produzieren – Objektivität mit eben diesen naturalen Subjekten. Das gigantische System, das die gesamte Welt aus einem Prinzip zu deduzieren vorgibt, ist für den Marx der *Deutschen Ideologie* nur noch der extremste, nicht mehr zu überbietende Ausdruck der theoretischen Rücknahme der wirklichen Verkehrung, also ebenfalls noch Theorie eines Subjekts, das seiner eigenen Welt nur »gegenübersteht«, sie nur unter der Form der Anschauung, des Objekts wahrzunehmen vermag. Vor diesem Hintergrund erscheinen die junghegelianischen Vorstellungen über das Verhältnis von Theorie und Praxis als ebenfalls noch in einer sich selbst undurchsichtigen Weise jener Welt zugehörig, die sie kritisieren, als eine besondere Form bewußter Parteinahme innerhalb der existierenden Verkehrung: »Die Althegelianer hatten Alles *begriffen*, sobald es auf eine Hegelsche logische Kategorie zurückgeführt war. Die Junghegelianer *kritisierten* Alles, indem sie ihm religiöse Vorstellungen unterschoben oder es für theologisch erklärten. Die Junghegelianer stimmen mit den Althegelianern überein in dem Glauben an die Herrschaft der Religion, der Begriffe, des Allgemeinen in der bestehenden Welt. Nur bekämpften die Einen die Herrschaft als Usurpation, welche die Andern als legitim feiern« [108].

Hinzuweisen ist an dieser Stelle noch auf den oben erwähnten Aspekt der relativen Dechiffrierung veralteter Verkehrsformen, relativ insofern, als die neue Verkehrsform selber noch in konstitutiv-verzerrender Weise in die Wahrnehmung der abgelegten Charaktermaske ein-

---

106 A. a. O., S. 347
107 A. a. O., S. 331
108 A. a. O., S. 19

geht. Dem bürgerlichen Subjekt, dem die Gesellschaft der freien Konkurrenz als absolute Daseinsform der freien Individualität erscheint, stellt sich infolgedessen auch jene Gesellschaftsform, von der es sich als einer Fessel emanzipiert hat, anders dar als dem jungen Marx. Darauf geht er später, im *Elend der Philosophie*, explizit ein. »Die Ökonomen verfahren auf eine sonderbare Art. Es gibt für sie nur zwei Arten von Institutionen, künstliche und natürliche. Die Institutionen des Feudalismus sind künstliche Institutionen, die der Bourgeoisie natürliche. Sie gleichen darin den Theologen, die auch zwei Arten der Religion unterscheiden. Jede Religion, die nicht die ihre ist, ist eine Erfindung der Menschen, während ihre eigene Religion eine Offenbarung Gottes ist. Wenn die Ökonomen sagen, daß die gegenwärtigen Verhältnisse – die Verhältnisse der bürgerlichen Produktion – natürliche sind, so geben sie damit zu verstehen, daß es Verhältnisse sind, in denen die Erzeugung des Reichtums und die Entwicklung der Produktivkräfte sich gemäß den Naturgesetzen vollziehen. Somit sind diese Verhältnisse selbst von dem Einfluß der Zeit unabhängige Naturgesetze. Es sind ewige Gesetze, welche stets die Gesellschaft zu regieren haben. Somit hat es eine Geschichte gegeben, aber es gibt keine mehr; es hat eine Geschichte gegeben, weil feudale Einrichtungen bestanden haben und weil man in diesen feudalen Einrichtungen Produktionsverhältnisse findet, vollständig verschieden von denen der bürgerlichen Gesellschaft, welche die Ökonomen als natürliche und demgemäß ewige angesehen wissen wollen« [109]. Bei der Betrachtung des Spätwerks wird sich zeigen, daß diese Form des geschichtslosen Bewußtseins nicht nur in der Weise zu erklären ist, daß die bürgerliche Form der Reproduktion dem Stand der Naturaneignung angemessen ist, sondern darüber hinaus in der eigentümlichen Natur der ökonomischen Kategorien verankert ist.

Wie wir sehen, hat sich die in den *Ökonomisch-philosophischen Manuskripten* entwickelte Position nicht grundsätzlich geändert. Auch für den Marx der *Deutschen Ideologie* gibt es keinen Zweifel daran, daß es immer nur der gleiche Gegenstand ist, mit dem die Wissenschaft befaßt ist. Nur bleibt die eine bei der entfremdeten Form als einem Letzten stehen und ist dadurch selbst noch in ihrer Form bedingt, während die andere den Gegenstand *als* Gegenstand in entfremdeter Form begreift und darum zum ersten Male mit dem Anspruch auftreten kann, *eine* Wissenschaft zu sein. In den *Ökono-*

---

109 Das Elend der Philosophie, S. 140

misch-philosophischen Manuskripten wird dieser Gegenstand als Identität des Menschen mit der Natur bestimmt, und die Wissenschaft ist Wissenschaft von der verkehrten Form dieser wechselnden Subjekt-Objekt-Konstellation innerhalb des Naturganzen, oder, mit anderen Worten: Nachzeichnung des selbst noch in naturähnlicher Form verlaufenen Konstitutionsprozesses der menschlichen Gattung und Kritik aller vormarxschen Wissenschaft als selbst noch in diesem Prozeß befangene. In der *Deutschen Ideologie* wird dieser Anspruch aufrecht erhalten. »Die ganze bisherige Geschichtsauffassung hat diese wirkliche Basis der Geschichte entweder ganz und gar unberücksichtigt gelassen oder sie nur als eine Nebensache betrachtet, die mit dem geschichtlichen Verlauf außer allem Zusammenhang steht. Die Geschichte muß daher immer nach einem außer ihr liegenden Maßstab geschrieben werden; die wirkliche Lebensproduktion erscheint als urgeschichtlich, während das Geschichtliche als das vom gemeinen Leben Getrennte, Extra-Überweltliche erscheint. Das Verhältnis der Menschen zur Natur ist hiermit von der Geschichte ausgeschlossen, wodurch der Gegensatz von Natur und Geschichte erzeugt wird ...« [110]. Wird hingegen das wirkliche Verhältnis von Mensch und Natur erkannt, so streift auch die Wissenschaft die Form der Entfremdung ab, sie wird *eine* Wissenschaft, und der Gegensatz von Natur und Geschichte als Gegensatz innerhalb der entfremdeten Form der Wissenschaft entlarvt: »Wir kennen nur eine einzige Wissenschaft, die Wissenschaft der Geschichte. Die Geschichte kann von zwei Seiten aus betrachtet, in die Geschichte der Natur und die Geschichte der Menschen abgeteilt werden. Beide Seiten sind indes nicht zu trennen; solange Menschen existieren, bedingen sich Geschichte der Natur und Geschichte der Menschen gegenseitig. Die Geschichte der Natur, die sogenannte Naturwissenschaft, geht uns hier nichts an; auf die Geschichte der Menschen werden wir indes einzugehen haben, da fast die ganze Ideologie sich entweder auf eine verdrehte Auffassung dieser Geschichte oder auf eine gänzliche Abstraktion von ihr reduziert. Die Ideologie selbst ist nur eine der Seiten dieser Geschichte« [111].

---

110 Die Deutsche Ideologie, S. 39
111 A. a. O., S. 18

2. Kapitel

Gesellschaft und Erkenntnis im »Kapital«

A. ALLGEMEINE ASPEKTE DES KAPITALBEGRIFFS

Das Marxsche Spätwerk hält den Vergleich mit dem immanenten Anspruch der programmatischen Erklärungen in der *Deutschen Ideologie* nicht aus. Die »bürgerliche Gesellschaft in ihren verschiedenen Stufen als Grundlage der ganzen Geschichte aufzufassen und sie sowohl in ihrer Aktion als Staat darzustellen, wie die sämtlichen verschiedenen theoretischen Erzeugnisse und Formen des Bewußtseins ... aus ihr zu erklären ... «[1] ist – wie das schon angedeutet wurde – ein gigantisches Forschungsprogramm, vor dem jeder Realisierungsversuch immer nur als Ansatz erscheinen kann. Weder findet sich eine systematische Ableitung aller »idealistischen Superstrukturen« aus der Basis, noch wird diese Basis vollständig dargestellt. Marx unterscheidet jetzt sehr exakt zwischen bürgerlicher und vorbürgerlicher Struktur; über Vorbürgerliches ist nur Skizzenhaftes vorhanden, aber auch die Darstellung der Basis der bürgerlichen Gesellschaft, die Anatomie der bürgerlichen Gesellschaft, ist keineswegs in jener umfassenden Weise durchgeführt, wie das selbst noch bei Beginn der Niederschrift des Rohentwurfs konzipiert war. Damals plante er eine breit angelegte Wiedergabe des gesamten kapitalistischen Systems bis hin zu der Analyse der Steuern und Staatsschulden, der Behandlung der Kolonialpolitik, des auswärtigen Handels und der Krisen[2].

Es ist das Verdienst zweier Autoren, Roman Rosdolsky und Witali Solomonowitsch Wygodski[3], den detaillierten Nachweis erbracht zu haben, daß das gesamte *Kapital* von Marx im Grunde nur die Ausführung des ersten Abschnitts dieser ursprünglichen Konzeption aus dem Jahre 1857 darstellt: nämlich die Entwicklung des »allgemeinen Begriffs des Kapitals«. Je mehr Marx sich mit der politischen

---

1 Die Deutsche Ideologie, in: Marx-Engels-Werke, Bd. 3, S. 37 f.

2 Vgl. Grundrisse, S. 175

3 Vgl. Roman Rosdolsky, Zur Entstehungsgeschichte des Marxschen »Kapital«, Frankfurt/M. 1968, Bd. I, S. 24–78, und: Witali Solomonowitsch Wygodski, Die Geschichte einer großen Entdeckung, Berlin 1967, S. 117–130

Ökonomie befaßt, um so mehr strukturiert sich der Stoff in Primäres und Sekundäres; dieser »allgemeine Begriff des Kapitals« wird zum beherrschenden Konzept, welches ihn veranlaßt, die ursprünglich geplanten Bücher über Lohnarbeit, Grundeigentum, Staat und auswärtigen Handel nicht zu schreiben, sondern nur bestimmte Teile dieser dann ungeschrieben gebliebenen Bücher in diese »allgemeine Untersuchung«, wie er sie dann später auch manchmal nennt, aufzunehmen. Daß es sich hier jedoch nicht um eine vordergründige Verkürzung handelt, sondern von Marx als eine durchaus adäquate Bewältigung des gesamten Materials empfunden wurde, geht aus einem Brief an Kugelmann hervor, in welchem er schreibt, daß es die Quintessenz der politischen Ökonomie sei, und daß »die Entwicklung des Folgenden ... auch von anderen auf der Grundlage des Gelieferten leicht auszuführen sein würde« [4]. (Mit Ausnahme des Verhältnisses der verschiedenen Staatsformen zu den verschiedenen ökonomischen Strukturen der Gesellschaft, wie er hinzufügt. Das war eine Aufgabe, die er sich vorbehalten wollte.)

Was aber heißt: Darstellung des »allgemeinen Begriffs des Kapitals«? Dem Fachökonom wird diese »hegelianisierende« Formulierung nur ein weiterer Beweis sein, daß Marx sich nie völlig aus dem Bannkreis der Hegelschen Spekulation gelöst hat. Oder aber man tut es als sprachliche Eigenheit ab, der nur geringe oder gar keine sachliche Bedeutung zukommt. Die Marxinterpretation während der zweiten Internationale verfuhr insgesamt nach diesem Grundsatz. Zu leugnen ist jedoch nicht, daß Marx selbst eine solche Interpretationsweise geradezu provozierte. Im Nachwort zur zweiten Auflage des *Kapitals* schreibt er: »Die mystifizierende Seite der Hegelschen Dialektik habe ich vor beinahe 30 Jahren, zu einer Zeit kritisiert, wo sie noch Tagesmode war. Aber gerade als ich den ersten Band des *Kapitals* ausarbeitete, gefiel sich das verdrießliche, anmaßliche und mittelmäßige Epigonentum, welches jetzt im gebildeten Deutschland das große Wort führt, darin, Hegel zu behandeln, wie der brave Moses Mendelssohn zu Lessings Zeiten den Spinoza behandelt hat, nämlich als ›toten Hund‹. Ich bekannte mich daher offen als Schüler jenes großen Denkers, und kokettierte sogar hier und da im Kapitel über die Werttheorie mit der ihm eigentümlichen Ausdrucksweise« [5]. Ausdrücke wie »kokettieren« tragen sicherlich nicht dazu bei, den Interpreten zu

4 Marx an Kugelmann am 28. Dezember 1862, in: Briefe über »Das Kapital«, Berlin 1954, S. 113
5 Das Kapital, Marx-Engels-Werke, Bd. 23, Berlin 1962, S. 27

ermutigen, über das wirkliche Verhältnis von Marx zu Hegel nachzudenken. Manche Wissenschaftler neigen sogar zu der Ansicht, daß Marx keineswegs ein zureichendes Bewußtsein seiner eigenen Verfahrensweise besaß [6]. Daß sich diese Deutung durch auffallend gemeinplätzliche Äußerungen von Marx abstützen läßt, soll hier nicht unerwähnt bleiben. Doch wollen wir davon absehen, näher auf dieses Argument einzugehen, da die Unangemessenheit vieler Bemerkungen zumindest teilweise ebensosehr auf die Natur des darzustellenden Gegenstandes zurückzuführen ist, dessen Eigentümlichkeit gerade darin besteht, daß abgelöst vom Nachvollzug seiner Darstellung so gut wie nichts über die Methode auszumachen ist.

Bedeutsamer scheint uns vielmehr eine andere Deutung zu sein. Daß in der frühen Auseinandersetzung mit Hegel die materialistische Position und ihr Verhältnis zur Philosophie des absoluten Idealismus nicht ein für alle mal fixiert worden ist, sondern im Gegenteil der reife Marx sich einem zweiten Hegelstudium unterwirft, ist insbesondere von Alfred Schmidt hervorgehoben worden [7]. In diesem Zusammenhang muß auf einen Brief hingewiesen werden, in dem Marx betont, welch »großen Dienst« ihm die Hegelsche Logik in »der Methode des Bearbeitens« geleistet habe [8]. Diese Bemerkung fällt in die Zeit der Niederschrift des Rohentwurfs des *Kapitals*, und jetzt spricht Marx zum ersten Male auch nicht mehr nur von Darstellung schlechthin, sondern explizit von dialektischer Form der Darstellung. Dieses Verhältnis von Ökonomie und Dialektik ist im Rohentwurf, der von Marx ausschließlich zur Selbstverständigung geschrieben wurde, so eng, daß sich ein »ökonomischer Inhalt« gar nicht mehr von der Form der Darstellung absondern läßt, so daß gerade dieses Werk der Lektüre fast unüberwindbare Schwierigkeiten entgegensetzt, zugleich aber durch diese Form erst den Zugang zu den eigentlichen Gehalten der Marxschen Ökonomiekritik und damit auch der logischen Struktur des *Kapitals* eröffnet. Eine mikrologische Lektüre des von Marx selbst noch veröffentlichten ersten Bandes seines Hauptwerkes, bei dessen Abfassung er ganz bewußt eine höchst nüchterne Sprache gebraucht (nicht zuletzt wohl auch deshalb, um seinen Kritikern den Vorwurf einer ungebrochenen Übernahme der Hegelschen Philo-

---

6 Vgl. dazu das Korreferat von Oskar Negt zum Beitrag von Alfred Schmidt am Frankfurter Colloquium im September 1967, in: Kritik der politischen Ökonomie heute — 100 Jahre »Kapital«, Frankfurt/M. 1968, S. 43

7 Vgl. Alfred Schmidt, Zum Erkenntnisbegriff der Kritik der politischen Ökonomie, a. a. O., S. 32

8 Brief an Engels vom 14. Januar 1858, in: Briefe über »Das Kapital«, S. 79

sophie und ihren Implikationen nicht zu leicht zu machen), zeigt, daß er nicht nur im ersten Kapitel mit der Hegelschen Ausdrucksweise »kokettiert«. So beschreibt er im vierten Kapitel den Wert in seiner Bewegung als Kapital als »automatisches Subjekt«, »übergreifendes Subjekt eines Prozesses, worin er unter dem beständigen Wechsel der Formen von Geld und Ware seine Größe selbst verändert«, als sich »selbst bewegende Substanz, für welche Ware und Geld bloße Formen« [9]. Das sind Formulierungen, die einerseits an Motive der Hegelschen Philosophie anknüpfen, andererseits aber kaum noch das Moment des Beliebigen aufweisen, das diese Rede vom Kokettieren impliziert. Vielmehr muß man annehmen, daß Marx auch im *Kapital* auf diese Strukturen zurückgreifen muß, weil sachlicher Zwang ihn nötigt, ja, mehr noch, daß so etwas wie eine strukturelle Identität von Marxschem Kapitalbegriff und Hegelschem Begriff des Geistes existiert. Dieser Zusammenhang könnte durch einen Vergleich mit frühen Formulierungen von Marx gestützt werden, in denen er bei der Charakterisierung des Geldes als »existierendem und sich betätigendem Begriff des Werts aller Dinge« [10] Wendungen gebraucht, die an die *Jenaer Realphilosophie* erinnern, wo Hegel explizit diese Identität der Geiststruktur und der des Geldes konstatiert: »Es ist das formale Prinzip der Vernunft vorhanden. (Aber dies Geld, das die *Bedeutung* aller Bedürfnisse hat, ist selbst nur ein *unmittelbares Ding*) – es ist die Abstraktion von aller Besonderheit, Charakter usf., Geschicklichkeit des Einzelnen« [11]. Dieser Zusammenhang tritt noch deutlicher in einer Äußerung hervor, die sich im dritten Bande des *Kapitals* findet: »In solcher allgemeinen Untersuchung wird überhaupt vorausgesetzt, daß die wirklichen Verhältnisse ihrem Begriff entsprechen ...« [12]. Diese Textstelle müßte Ausgangspunkt jeder ernsthaften Auseinandersetzung mit dem Marxschen Werk sein, und man wird die zukünftige Marxinterpretation danach beurteilen müssen, inwieweit sie die Implikationen dieses Hinweises entfaltet hat. Grundsätzlich ist dasselbe Verfahren gemeint, welches er im Rohentwurf als »Darstellung des allgemeinen Begriffs des Kapitals« bezeichnet, doch hier wird völlig offenkundig, daß die strukturelle Gemeinsamkeit mit der Hegelschen Philosophie bis zu dessen Zentralprinzip reicht: in der Voraus-

---

9 Das Kapital, Bd. 1, S. 169

10 Ökonomisch-philosophische Manuskripte, in: Marx-Engels-Studienausgabe der Fischer-Bücherei, herausgegeben von Iring Fetscher, Frankfurt/M. 1966, Band 2, S. 129

11 G. W. F. Hegel, Jenaer Realphilosophie (ed. Hoffmeister), Hamburg 1967, S. 257

12 Das Kapital, Band 3, Marx-Engels-Werke, Bd. 25, Berlin 1964, S. 152

setzung, daß die wirklichen Verhältnisse »ihrem Begriff entsprechen«, verbirgt sich nichts Geringeres als der Hegelsche Wahrheitsbegriff, der mit der traditionellen Auffassung von Wahrheit als einem einseitigen Repräsentationsverhältnis radikal bricht. »Im philosophischen Sinne heißt Wahrheit, abstrakt ausgedrückt, Übereinstimmung eines Inhalts mit sich selbst«, sagt Hegel im System der Philosophie. Der Frage, ob der Begriff der Sache entspreche, stellt er die andere, ob auch die Sache dem Begriff entspreche, ob auch die Sache eine wahre sei, gleichberechtigt gegenüber. Lassen wir uns hier nicht irritieren, daß dieser Wahrheitsbegriff um einen Preis erkauft ist, welcher der von Hegel kritisierten Reflexionsphilosophie zu hoch wäre: nämlich der ihrer Überwindung, wenn auch auf ihrem eigenen, auf philosophischem Boden. Hegel zerschlägt mit der Aufblähung des Begriffs zum Absoluten den gordischen Knoten der neuzeitlichen Philosophie, die mit begrifflichen Mitteln über den Begriff hinaus möchte, aber im Versuch des Überspringens der Differenz von Subjekt und Objekt diese Differenz zugleich als unüberbrückbare mitsetzt. Das mag in vieler Hinsicht einen Rückfall hinter längst erreichte Positionen mit sich bringen. Was uns aber allein interessiert, ist die Tatsache, daß Hegel auf Grund dieser totalen Verkehrung eine Philosophie konstruiert, die überraschende Parallelitäten mit dem Marxschen System aufweist und teilweise unmittelbar methodisches Vorbild für Marx ist. Hegel nimmt auf philosophischer Ebene vorweg, was Marx als Geheimnis der bürgerlichen Gesellschaft dechiffriert: die Verkehrung eines Entsprungenen zu einem Ersten. Die Aufblähung des Begriffs zum Absoluten ist daher für Marx der adäquate Ausdruck einer Wirklichkeit, in der sich dieser Vorgang in analoger Weise abspielt. Vor allem im Rohentwurf des *Kapitals* tritt zutage, daß das Kapital in der Marxschen Darstellung weit mehr mit Hegels absolutem Begriff gemeinsam hat, als eine Wissenschaft wahrhaben möchte, die sich handfest materialistisch gebärdet. Das ist nicht nur im Sinne einer schlichten Gleichsetzung von Kapital und Weltgeist zu verstehen, obwohl auch dieser Aspekt gemeint ist. So wäre hier vor allem darauf hinzuweisen, daß der Motor der gesellschaftlichen Entwicklung, die Veränderung der Produktivkräfte, im Kapitalismus selber noch der Natur des zentralen Produktionsverhältnisses geschuldet ist. Entwickelten sich in früheren Epochen die Produktivkräfte mehr oder minder zufällig innerhalb bestimmter Produktionsverhältnisse, so wird die Entwicklung neuer Formen der Aneignung der Natur hier zu einem integralen Moment der Selbsterhaltung des Kapitals; die beständige Veränderung der Subjekt-Objekt-Konstellation – die

Menschheit auf der einen Seite, die Natur auf der anderen – wird selbst ein gleichsam Statisches. »In dem einfachen Begriffe des Kapitals müssen *an sich* seine zivilisierenden Tendenzen etc. enthalten sein, nicht wie in den bisherigen Ökonomien, bloß als äußerliche Konsequenzen erscheinen ...« [13]. »Wie also die auf das Kapital gegründete Produktion einerseits die universelle Industrie schafft ... so anderseits ein System der allgemeinen Exploitation der natürlichen und menschlichen Eigenschaften, ein System der allgemeinen Nützlichkeit, als dessen Träger die Wissenschaft selbst so gut erscheint, wie alle physischen und geistigen Eigenschaften, während nichts als *An-sich-Höheres,* Für-sich-selbst-Berechtigtes, außer diesem Zirkel der gesellschaftlichen Produktion und des Austauschs erscheint. So schafft das Kapital erst die bürgerliche Gesellschaft und die universelle Aneignung der Natur wie des gesellschaftlichen Zusammenhangs selbst durch die Glieder der Gesellschaft. Hence the great civilising influence of capital; seine Produktion einer Gesellschaftsstufe, gegen die alle früheren nur als *lokale Entwicklungen* der Menschheit und als *Naturidolatrie* erscheinen. Die Natur wird erst rein Gegenstand für den Menschen, rein Sache der Nützlichkeit; hört auf als Macht für sich anerkannt zu werden; und die theoretische Erkenntnis ihrer selbständigen Gesetze erscheint selbst nur als List, um sie den menschlichen Bedürfnissen, sei es als Gegenstand des Konsums, sei es als Mittel der Produktion zu unterwerfen. Das Kapital treibt dieser seiner Tendenz nach ebensosehr hinaus über die nationalen Schranken und Vorurteile, wie über Naturvergötterung, und überlieferte, in bestimmten Grenzen selbstgenügsam eingepfählte Befriedigung vorhandner Bedürfnisse und Reproduktion alter Lebensweise. Es ist destruktiv gegen alles dies und beständig revolutionierend, alle Schranken niederreißend, die Entwicklung der Produktivkräfte, die Erweiterung der Bedürfnisse, die Mannigfaltigkeit der Produktion und die Exploitation und den Austausch der Natur und Geisteskräfte hemmen« [14].

Darüber hinaus begreift Marx, wie es scheint, seinen Kapitalbegriff auch als eine materialistische Entschlüsselung zentraler Antinomien der bürgerlichen Geschichtsphilosophie. In der *Deutschen Ideologie* findet sich der kurze Hinweis, daß sich die »fremde Macht« unter welche die Individuen subsumiert sind, und die sie sich als »Schikane des sogenannten Weltgeistes vorstellen« in letzter Instanz als Weltmarkt ausweist [15]. Später wird deutlich, daß er das materielle Sub-

13 Grundrisse, S. 317
14 A. a. O., S. 313
15 Deutsche Ideologie, S. 37

strat des einheitlichen Subjekts der bürgerlichen Geschichtsphilosophie im Kapital sieht, das – bevor es auf einer bestimmten Entwicklungsstufe seiner selbst den Einblick in seine eigene innere Natur freigibt – dem reflektierenden Subjekt, das die gesellschaftliche Form der entfesselten Individualität zur Naturform verkehren muß, nur unter dieser – philosophischen – Form erscheinen konnte. Daß die Individuen in der Neuzeit nur in »Gedanken«, in der »Vorstellung« freier sind, in Wirklichkeit aber unfreier als in vorbürgerlicher Zeit, weil mehr unter sachliche Gewalt subsumiert, sagt Marx schon in der *Deutschen Ideologie* [16]. Im Rohentwurf aber zeigt er, wie diese Vorstellung der Freiheit bei gleichzeitig wachsender Unfreiheit zustande kommt, wie das existierende Kapital diese Form der Freiheit selber hervorbringt, durch die hindurch es seine immanente Gesetzmäßigkeit realisiert. »Nicht die Individuen sind frei gesetzt in der freien Konkurrenz; sondern das Kapital ist freigesetzt ... Diese Art individueller Freiheit ist daher zugleich die völligste Aufhebung aller individuellen Freiheit und die völlige Unterjochung der Individualität unter gesellschaftliche Bedingungen, die die Form von sachlichen Mächten, ja von übermächtigen Sachen ... annehmen« [17]. Frei ist darum nur das Individuum unter der Form der Charaktermaske, dessen Handeln vorweg schon präformiert ist, je schon ein allgemeines Handeln ist, wenngleich ein allgemeines in der Form der Einzelheit. Daß die materialistische Theorie ausschließlich mit der gesellschaftlichen Charaktermaske befaßt ist, und daß Privateigentum gleichzusetzen ist mit der realen Abstraktion von aller Individualität, haben wir schon der *Deutschen Ideologie* entnommen: »Das wirkliche Privateigentum ist gerade das Allerallgemeinste, was mit der Individualität gar nichts zu tun hat, ja was sie geradezu umstößt. Soweit ich als Privateigentümer gelte, soweit gelte ich nicht als Individuum – ein Satz, den alle Geldheiraten täglich beweisen« [18]. Im Rohentwurf wird dieser Gedanke systematisch entwickelt unter der Form des »Für-sich-seienden Kapitals«, des Kapitals, das existiert, indem es sich auf sich als anderes Kapital bezieht, und dann im *Kapital* zwar nicht mehr in der unmittelbar an Hegel orientierten Terminologie, aber der Sache nach identisch als Personifikation ökonomischer Kategorien: »Zur Vermeidung möglicher Mißverständnisse ein Wort. Die Gestalten von Kapitalist und Grundeigentümer zeichne ich keineswegs in rosigem Licht. Aber

16 A. a. O., S. 76
17 Grundrisse, S. 544 f.
18 Deutsche Ideologie, S. 211

es handelt sich hier um die Personen nur, soweit sie die Personifikation ökonomischer Kategorien sind, Träger von bestimmten Klassenverhältnissen und Interessen. Weniger als jeder andere kann mein Standpunkt, der die Entwicklung der ökonomischen Gesellschaftsformation als einen naturgeschichtlichen Prozeß auffaßt, den einzelnen verantwortlich machen für Verhältnisse, deren Geschöpf er sozial bleibt, so sehr er sich auch subjektiv über sie erheben mag« [19]. Hegels Idealismus, der behauptet, daß die Menschen einem machthabenden Begriffe gehorchen, ist dieser verkehrten Welt wesentlich angemessener als jede nominalistische Theorie, die das Allgemeine nur als subjektiv-Begriffliches akzeptieren will. Er ist die Bürgerliche Gesellschaft – als Ontologie. Die Verdünnung des Nichtidentischen zur reinen Kategorie hat ihr reales Substrat an dieser faktischen Verkehrung, in welcher die lebendige Individualität von ihrer eigenen Charaktermaske absorbiert wird. Unter diesem Aspekt erscheint der von Hegel übernommene Begriff der Darstellung in einem neuen Licht. Es wurde oben angedeutet, daß Marx zur Zeit der Niederschrift des Rohentwurfs sich einem zweiten Hegelstudium unterwirft, und daß jetzt zum ersten Male explizit vom Begriff der »dialektischen Darstellung« die Rede ist. Im Januar des Jahres 1858 schreibt er an Friedrich Engels: »In der Methode des Bearbeitens hat es mir großen Dienst geleistet, daß ich by mere accident – Freiligrath fand einige, ursprünglich dem Bakunin gehörige Bände Hegels und schickte sie mir als Präsent – Hegels Logik wieder durchgeblättert hatte. Wenn je wieder Zeit für solche Arbeit kommt, hätte ich große Lust, in zwei oder drei Druckbogen das Rationelle an der Methode, die Hegel entdeckt, aber zugleich mystifiziert hat, dem gemeinen Menschenverstand zugänglich zu machen« [20]. Angesichts der großen Mißverständnisse über die materialistische Dialektik, die auch heute noch nicht behoben sind, kann man nur bedauern, daß Marx nie mehr die Zeit fand, um diese Arbeit auszuführen. Weder hat er auch nur andeutungsweise gezeigt, worin dieser große Dienst bestand, den ihm die Hegelsche Logik bei der Methode des Bearbeitens geleistet hat, noch hat er in systematischer Form entwickelt, worin *er* das Rationelle der Hegelschen Methode erblickte. Bedauerlich ist es vor allem, weil die wenigen Äußerungen zur Dialektik dem Anfänger keineswegs den Zugang zur dialektischen Methode eröffnen, sondern eigentlich nur dem verständlich sind, der ohnehin schon weiß, um was es geht.

---

19 Das Kapital, Bd. 1, S. 16
20 Briefe über »Das Kapital«, S. 79

Wenn Marx es auch nie so deutlich expliziert, so darf man doch unterstellen, daß er unter der dialektischen Methode nicht eine Verfahrensweise von überzeitlicher Geltung verstand, sondern weit mehr eine Methode, die so gut oder so schlecht ist, wie die Gesellschaft, der sie entspricht. Geltung hat sie nur dort, wo sich ein Allgemeines auf Kosten des Individuellen durchsetzt. Als idealistische Dialektik ist sie die philosophische Verdopplung der realen Verkehrung; als materialistische Dialektik Methode auf Widerruf, die mit den Bedingungen ihrer Existenz verschwinden wird. Irreführend ist daher vor allem die Rede von der *»Anwendung* der dialektischen Methode«, die den Eindruck vermittelt, als ob es sich um eine erlernbare Verfahrensweise handle, die an verschiedene Inhalte von außen herangetragen werden könne. Allerdings war das von Marx nie so gemeint; diese Irreführung scheint weit mehr auf unsere heutige Sichtweise zurückzuführen sein, die sich mehr denn je am methodischen Ideal der Naturwissenschaften orientiert. Marx insistiert darauf – und darin zeigte er sich als ein echter Schüler von Hegel –, daß über die Methode, abgelöst vom Inhalt, nichts ausgesagt werden kann. Gerade an den ökonomischen Versuchen von Ferdinand Lassalle kritisiert er diese schlichte, unkritische Übertragung der Hegelschen Dialektik auf neue Gegenstände. »Ich sehe aus dieser einen Note«, schreibt Marx im Februar 1858 an Friedrich Engels, also zur Zeit, als er am Rohentwurf des *Kapitals* arbeitete, »daß der Kerl vorhat, die politische Ökonomie hegelsch vorzutragen in seinem zweiten großen Opus. Er wird zu seinem Schaden kennen lernen, daß es ein ganz anderes Ding ist, durch Kritik eine Wissenschaft erst auf den Punkt zu bringen, um sie dialektisch darstellen zu können, als ein abstraktes, fertiges System der Logik auf Ahnungen eben eines solchen Systems anzuwenden«[21]. Vor dem Hintergrund der gesamten materialistischen Theorie versteht es sich von selbst, daß diese Bemerkung nur auf die Wissenschaft der politischen Ökonomie bezogen ist, die als Darstellung der Basis ohnehin der wissenschaftliche Ausgangspunkt für die Entwicklung der Staatstheorie und aller Ideologie ist. Nur die politische Ökonomie ist überhaupt Gegenstand der dialektischen Darstellung, sie selber fordert diese Form; daß Marx gerade zu jener Zeit, in der er mit der Niederschrift des Rohentwurfs befaßt ist, die Hegelsche Logik »durchblättert« und sie als methodisches Vorbild heranziehen kann, ist darum ebensosehr durch die präzisere Erfassung des eigentlichen Gegenstandes dieser Wissenschaft bedingt, die er etwa zur selben Zeit in einem

21 Briefwechsel, Bd. 2, S. 352

Brief an Lassalle als »Kritik der ökonomischen Kategorien« [22] kennzeichnet. Bedeutsam und charakteristisch zugleich ist, daß Marx nicht weiter darauf eingeht, sondern sich mit diesem Hinweis begnügt.

Bei einiger Vertrautheit mit der Natur dieses Gegenstandes und der komplizierten Struktur seiner Darstellung, dem *Kapital*, wird jedoch verständlich, warum jeder Versuch einer generellen Charakterisierung nicht nur des Kategoriensystems und der Methode der Darstellung, sondern auch des wirklichen kapitalistischen Gesamtprozesses fragwürdig ist und vorweg schon den Gegenstand verfehlen muß. In der Tat muß auch hier gelten, was Hegel für seine Philosophie in Anspruch nimmt: der Weg zur Wissenschaft ist diese selber. Die einzig mögliche Form der Definition ist der Nachvollzug des Gesamtsystems, das an einigen »Knotenpunkten« Anlaß zu allgemeineren Bemerkungen gibt, die jedoch niemals abgelöst von der jeweiligen Struktur innerhalb der Gesamtdarstellung diskutiert werden sollten. So sind letztlich auch die wenigen Hinweise auf die Natur der Kategorien, die er als »objektive Gedankenformen« beschreibt, als »Erscheinungsformen wesentlicher Verhältnisse« oder »Ausdrücke von Funktionen«, nur am konkreten Ort voll begreifbar. Um jedoch den allgemeinen Horizont zu umreißen, in welchem die Kritik der ökonomischen Kategorien gesehen werden muß, soll hier trotzdem versucht werden, abgelöst und vor dem Nachvollzug des »allgemeinen Begriffs des Kapitals« anhand der Skizzierung einiger Probleme der politischen Ökonomie etwas über die Struktur des Gesamtsystems auszumachen.
Im Hinblick auf die Darstellung unterscheidet Marx im Rohentwurf radikal zwischen »Kapital im allgemeinen« und Einzelkapital und weist in diesem Zusammenhang immer wieder darauf hin, daß die Untersuchung der Konkurrenz erst sehr viel später erfolgen wird. Die Art der Unterscheidung ist jedoch höchst bedeutsam, da sie nicht nur einen ersten vorläufigen Einblick gewährt in die Methode der Darstellung, sondern prinzipiell die gesamte Kritik an der bürgerlichen politischen Ökonomie einschließt. Zustimmend erwähnt Marx, daß Wakefield in seinem Kommentar zum Werk von Adam Smith »richtig herauswittert«, daß die »freie Konkurrenz ... *noch nie* entwickelt worden (ist) von den Ökonomen, soviel von ihr geschwatzt wird und sosehr sie die Grundlage der ganzen bürgerlichen, auf dem Kapital beruhenden Produktion« [23]. In der Tat läßt sich am Begriff der Kon-

22 Brief an Lassalle vom 2. Februar 1858, in: Briefe über »Das Kapital«, S. 80
23 Grundrisse, S. 317

kurrenz eindringlich demonstrieren, wie die Struktur des bürgerlichen Bewußtseins den Theoretiker notwendig zur Kapitulation zwingt. Die Verkehrung der Charaktermaske zur Naturform, die Hypostasierung des bürgerlichen Subjekts zum Menschen schlechthin, welche die entfesselte Individualität als absolute Daseinsform des freien Subjekts erscheinen läßt, äußert sich als theoretische Unmöglichkeit einer positiven Erklärung der Konkurrenz. Das bürgerliche Bewußtsein ist zu einer ausschließlich negativen Betrachtungsweise angehalten, die es – da es sein eigenes Vorgehen nicht als solches wahrnimmt – verabsolutieren muß. »Die Konkurrenz, weil sie historisch als Auflösung von Zunftzwang, Regierungsmaßregelung, inneren Zöllen und dergleichen innerhalb eines Landes erscheint, auf dem Weltmarkt als Aufhebung von Absperrung, Prohibition oder Protektion – kurz historisch erscheint als Negation der dem Kapital vorhergehenden Produktionsstufen eigentümlichen Grenzen und Schranken; weil sie historisch ganz richtig von den Physiokraten als laissez faire, laissez passer bezeichnet und befürwortet wurde; ist nie auch nach dieser bloß negativen Seiten, nach dieser ihrer bloß historischen Seite betrachtet worden ...«[24]. Diese notwendige Verabsolutierung einer nur historischen Betrachtungsweise schlägt sich in der Theoriebildung als hypothetisches Verfahren nieder, und es ist nach Marx kennzeichnend für die Denkkraft von David Ricardo, daß gerade bei der Reflexion auf die Äußerlichkeit und Willkür dieser Verfahrensweise eine Ahnung von der historischen Natur der bürgerlichen ökonomischen Gesetze in ihm aufsteigt, wie er anerkennend hervorhebt. »Konkurrenz ohne Einschränkung« und »beliebige Vermehrung der Produkte« wird von Ricardo unterstellt, um die Gesetze des Kapitals in ihrer Reinheit hervortreten zu lassen, obwohl die theoretische Berechtigung dieser Unterstellung nicht einsichtig ist. In der methodischen Unklarheit dieser Unterstellung, die auch heute noch in der ökonomischen Literatur undiskutiert vorgenommen wird, verbirgt sich für Marx die gesamte Problematik der bürgerlichen politischen Ökonomie, die zu jener Zeit die einzige Wissenschaft ist, die wirkliche Probleme enthält, an die er anknüpfen kann. Sie ist nämlich die Darstellung der Basis, aber als bürgerliche eine sich selbst unbewußte Form der Darstellung der Basis *als* Basis, so daß sich – wenn man so will – die paradoxe Situation ergibt, daß die Basis in ihre eigene Darstellung selber noch als gleichsam kategoriale Blindheit eingeht. Das Konstituens der bürgerlichen politischen Ökonomie besteht gerade darin, daß sie nicht erkennt, daß es

24 Grundrisse, S. 542 f.

sich bei ihrem eigenen Gegenstand um einen gesamtgesellschaftlichen Reproduktionsprozeß handelt, der sich in die Privatarbeit einzelner Produzenten »auseinanderlegt«, die nicht erst dem allgemeinen Interesse dienen, indem jeder einzelne ungehemmt sein Privatinteresse verfolgt, sondern schon im Akt der Verfolgung des privaten Interesses das Allgemeine verwirklichen: die »innere Natur« des Kapitals. Unmittelbar orientiert an Hegels spekulativ-logischer Konstruktion des Begriffsmoments der Einzelheit, der in sich reflektierten und dadurch zur Allgemeinheit zurückgeführten Besonderheit, begreift Marx das *existierende* Kapital. Wie das »Ich denke« des Selbstbewußtseins – also *das* Beispiel für den Begriff und insbesondere das Moment der Einzelheit – nur existiert, nur *da* ist im Akt des Denkens, als Allgemeines nur existiert, indem es sich in einer Bestimmtheit als identisch durchhaltendes weiß, dem Ich seine Bestimmtheit für sich ist, so kann auch das Kapital nur als für-sich-seiendes existieren: »... das für sich seiende Kapital ist der *Kapitalist*. Es wird wohl von Sozialisten gesagt, wir brauchen Kapital, aber nicht den Kapitalisten. Dann erscheint das Kapital als reine Sache, nicht als Produktionsverhältnis, das in sich reflektiert eben der Kapitalist ist«[25]. Das aber ist nichts anderes als der Marxsche Begriff der Konkurrenz. Das Kapital als existierendes ist die Beziehung des Kapitals auf sich selbst als ein anderes Kapital, »sich von sich Repellierendes; (das) viele gänzlich gegeneinander gleichgültige Kapitalien *ist«*[26]. »Begrifflich ist die *Konkurrenz* nichts als die innere *Natur des Kapitals*, seine wesentliche Bestimmung, erscheinend und realisiert als Wechselwirkung der vielen Kapitalien aufeinander, die innere Tendenz als äußerliche Notwendigkeit ...«[27]. Darauf beschränkt sich die Marxsche Analyse der Konkurrenz im Rohentwurf des *Kapitals*, der nur mit der strengen Darstellung des »allgemeinen Begriffs des Kapitals« befaßt ist. Anders jedoch im *Kapital*. Die radikale Unterscheidung zwischen allgemeinem Begriff und Konkurrenz als existierendem Kapital, dessen Darstellung nicht mehr in die allgemeine Untersuchung aufgenommen werden soll, wird nicht mehr in dieser Weise durchgeführt wie im Rohentwurf: »Worum es sich in diesem dritten Buch handelt, kann nicht sein, allgemeine Reflexionen über diese Einheit (von Produktions- und Zirkulationsprozeß, H. R.) anzustellen. Es geht vielmehr darum, die konkreten Formen aufzufinden und darzustellen, welche

25 Grundrisse, S. 211
26 A. a. O., S. 323
27 A. a. O., S. 317

aus dem *Bewegungsprozeß des Kapitals, als Ganzes betrachtet,* hervorwachsen. In ihrer wirklichen Bewegung treten sich die Kapitale in solchen konkreten Formen gegenüber, für die die Gestalt des Kapitals im unmittelbaren Produktionsprozeß, wie seine Gestalt im Zirkulationsprozeß, nur als besondere Momente erscheinen. Die Gestaltungen des Kapitals, wie wir sie in diesem Buch entwickeln, nähern sich also schrittweise der Form, worin sie auf der Oberfläche der Gesellschaft, in der Aktion der verschiedenen Kapitale aufeinander, der Konkurrenz, und im Bewußtsein der Produktionsagenten selbst auftreten« [28]. Es sei hier nur angemerkt, daß sich dadurch nicht nur der Aufbau der beiden ersten Bände des *Kapitals* verändert hat, die in etwa mit dem Rohentwurf inhaltlich übereinstimmen, sondern diese Umstrukturierung generell einhergeht mit der Einarbeitung von Material, das sich nicht »aus dem Begriff ableiten« läßt. Andererseits hält Marx nach wie vor daran fest – darauf wurde schon hingewiesen, und in den *Theorien über den Mehrwert* wie auch im *Kapital* finden sich genügend Belege –, daß es sich nur um die »allgemeine Untersuchung« handelt, immer nur um die Darstellung der realen Verhältnisse, soweit sie ihrem Begriff entsprechen. Infolgedessen muß man jetzt explizit zwischen zwei Aspekten im Begriff der Konkurrenz unterscheiden: das Kapital als es selbst und seine eigene Oberfläche, als prozessierende Einheit von Wesen und Erscheinung, die selber noch in der begrifflichen Darstellung zum Ausdruck kommt, und dann das Kapital in der historischen Realität. Dieser zweite Aspekt wird grundsätzlich ausgeklammert: »In der Darstellung der Versachlichung der Produktionsverhältnisse und ihrer Verselbständigung gegenüber den Produktionsagenten gehen wir nicht ein auf die Art und Weise, wie die Zusammenhänge durch den Weltmarkt, seine Konjunkturen, die Bewegung der Marktpreise, die Perioden des Kredits, die Zyklen der Industrie und des Handels, die Abwechslung der Prosperität und Krise, ihnen als übermächtige, sie willenlos beherrschende Naturgesetze erscheinen und sich ihnen gegenüber als blinde Notwendigkeit geltend machen. Deswegen nicht, weil die wirkliche Bewegung der Konkurrenz außerhalb unseres Plans liegt, und wir nur die innere Organisation der kapitalistischen Produktionsweise, sozusagen in ihrem idealen Durchschnitt, dazustellen haben« [29]. Im Rahmen unserer Beschäftigung mit dem Marxschen Werk wollen auch wir diesen Komplex ausklammern und uns nur mit dem Kapital befassen, soweit es als existie-

---

28 Das Kapital, Bd. 3, S. 33
29 A. a. O., S. 839

rendes, als für-sich-seiendes Kapital, ebenfalls noch in die Darstellung des allgemeinen Begriffs eingeht. Ein Aspekt, auf den Marx im Rohentwurf nur einmal hinweist, erhält jetzt zentrale Bedeutung: »*Es erscheint ... in der Konkurrenz alles verkehrt.* Die fertige Gestalt der ökonomischen Verhältnisse, wie sie sich auf der Oberfläche zeigt, in ihrer realen Existenz, und daher auch in den Vorstellungen, worin die Träger und Agenten dieser Verhältnisse sich über dieselben klarzuwerden suchen, sind sehr verschieden von, und in der Tat verkehrt, gegensätzlich zu ihrer inneren wesentlichen, aber verhüllten Kerngestalt und dem ihr entsprechenden Begriff« [30]. Es ist dies eine – im *Kapital* wiederholt geäußerte – Bemerkung, die nur als eine andere Formulierung der Grundprobleme der bürgerlichen Ökonomie zu verstehen ist. Der gesamtgesellschaftliche Reproduktionsprozeß, das Kapital als »zusammenhängende Form« der gesellschaftlichen Arbeit, das als gesamtgesellschaftliche Synthesis nur existiert im Akt der Zerlegung seiner selbst in die Einzelkapitalien, zwingt in dieser prozessierenden Einheit von Repulsion und Attraktion dem einzelnen Kapitalisten als »äußerliche Notwendigkeit (auf) ...... was der Natur des Kapitals entspricht« [31]. Vordringlich bei diesem Verhältnis von innerer Natur des Kapitals und seiner Existenzweise bezeichnet Marx die Kategorien als »Erscheinungsformen wesentlicher Verhältnisse«, ebenso wie sich das häufig zitierte Wort über die Wissenschaft, von der er sagt, daß sie überflüssig wäre, wenn »Erscheinungsformen und Wesen der Dinge zusammenfielen« [32], zuerst auf diesen Zusammenhang bezieht.

Daß eine »Essentialismuskritik«, die sich ausschließlich an der Übernahme dieser durch die metaphysische Tradition äußerst belasteten Kategorien orientiert, an der Sache vorbeigeht, braucht hier nicht weiter hervorgehoben zu werden. Diese Übernahme ist ebenfalls noch bedingt vom darzustellenden Gegenstand, der eine Konzeption von Wesen und Erscheinung fordert, in der dieses Verhältnis nicht als unüberbrückbares begriffen wird. Entsprechend dem metatheoretischen Charakter der materialistischen Wissenschaft, dieser Wissenschaft auf Widerruf, ist Marx weit mehr an der Hegelschen Philosophie orientiert, wenn er das Wesen nicht als absolut Jenseitiges begreift, sondern als Wesen, das – wie in der Hegelschen Konzeption – erscheinen *muß*, und zwar voll und ganz erscheinen; würde es nicht erscheinen,

---

30 A. a. O., S. 219
31 Grundrisse, S. 544
32 Das Kapital, Bd. 3, S. 825

so wäre es nicht das Wesen. »Erscheinungsformen wesentlicher Verhältnisse« sind die Kategorien in diesem Falle nur, weil dem Kapitalisten, dem »für-sich-seienden Kapital«, das allgemeine Kapital »erscheint«, aber – und das ist eben der entscheidende Gesichtspunkt – erscheint, indem es im Akt des Erscheinens sich zugleich verbirgt. Nur dadurch entstehen Probleme für die Wissenschaft, die sich ja erst vermöge dieser Differenz von Wesen und Erscheinung konstituiert.
Betrachten wir darum die Form, in der sich der kapitalistische Gesamtprozeß aus der Sicht des Einzelkapitals präsentiert. Dem praktisch handelnden Kapitalisten ist es eine Selbstverständlichkeit, daß Arbeitslohn, Zins und Rente als Elemente der Preisbildung fungieren; daß der Endpreis des Neuprodukts entscheidend bestimmt wird durch die Addition der Preise für die verschiedenen Produktionsfaktoren. Diese Kategorien, wie natürlich die des Profits, den er ja in einem gewissen Umfang antizipieren muß, sind jene zentralen Formen, die seine Existenzweise als Einzelkapitalist »definieren«, sie sind seinen gesamten Erwägungen vorausgesetzt, und seine Tätigkeit realisiert sich innerhalb dieses kategorialen Gefüges: »In der Konkurrenz sowohl der einzelnen Kapitalisten untereinander wie in der Konkurrenz auf dem Weltmarkt sind es die gegebenen und vorausgesetzten Größen von Arbeitslohn, Zins, Rente, die in der Rechnung als konstante und regulierende Größen eingehen; konstant nicht in dem Sinn, daß sie ihre Größen nicht ändern, sondern in dem Sinn, daß sie in jedem einzelnen Fall gegeben sind und die konstante Grenze für die beständig schwankenden Marktpreise bilden. Z. B. bei der Konkurrenz auf dem Weltmarkt handelt es sich ausschließlich darum, ob mit dem gegebenen Arbeitslohn, Zins und Rente die Ware zu oder unter den gegebenen allgemeinen Marktpreisen mit Vorteil, d. h. mit Realisierung eines entsprechenden Unternehmergewinns verkauft werden kann. Ist in einem Land der Arbeitslohn und der Preis des Bodens niedrig, dagegen der Zins des Kapitals hoch, weil die kapitalistische Produktionsweise hier überhaupt noch nicht entwickelt ist, während in einem anderen Lande der Arbeitslohn und der Bodenpreis nominell hoch, dagegen der Zins des Kapitals niedrig steht, so wendet der Kapitalist in dem einen Land mehr Arbeit und Boden, in dem anderen verhältnismäßig mehr Kapital an. In der Berechnung, wieweit hier die Konkurrenz zwischen beiden möglich ist, gehen diese Faktoren als bestimmende Elemente ein. Die Erfahrung zeigt hier also theoretisch, und die interessierte Berechnung des Kapitalisten zeigt praktisch, daß die Preise der Waren durch Arbeitslohn, Zins und Rente, durch den Preis der Arbeit, des Kapitals und des Bodens bestimmt, und daß diese

Preiselemente in der Tat die regulierenden Preisbildner sind« [33]. Mit der Existenz des Kapitals als Einzelkapital und den Kategorien Arbeitslohn, Zins und Rente, die als Preise für die verschiedenen Produktionsfaktoren erscheinen, bzw. vom Gesichtspunkt der Eigentümer dieser Produktionsfaktoren als Einkommen, ist zugleich der »Schein der Konkurrenz« gegeben, der überhaupt erst die Probleme der Nationalökonomie konstituiert. Der wirkliche Sachverhalt – menschliche Arbeit als Substanz des Werts – ist verschleiert: indem Arbeitslohn, Zins und Rente als Voraussetzung der Preisbildung erscheinen, scheinen alle »Produktionsfaktoren« gleichermaßen am Zustandekommen des Wertzuwachses der Neuproduktion beteiligt zu sein. »In der Formel: Kapital – Zins, Erde – Bodenrente, Arbeit – Arbeitslohn, erscheinen Kapital, Erde, Arbeit, respektive als Quellen von Zins (statt Profit), Grundrente und Arbeitslohn als ihren Produkten, Früchten; sie der Grund, jene die Folge, sie die Ursache, jene die Wirkung; und zwar so, daß jede einzelne Quelle auf ihr Produkt als das von ihr Abgestoßene und Produzierte bezogen ist« [34]. Diese »Formel« ist Ausgangspunkt der Wissenschaft der politischen Ökonomie, in ihr konzentrieren sich die zentralen Probleme, und es ist darum keineswegs zufällig, wenn das Marxsche *Kapital* mit der Analyse der Oberflächenstruktur des Kapitals abschließt, mit der Kritik dieser »trinitarischen Formel« – wie er sie mit beißender Ironie bezeichnet –, »die alle Geheimnisse des gesellschaftlichen Produktionsprozesses einbegreift« [35]. Wie Hegel kehrt auch Marx zur Unmittelbarkeit zurück, indem er sie als vermittelte zeigt; das gesamte *Kapital* ist im Grunde die systematische Form, die diese »begrifflosen Formen« auf »den Begriff bringt«.

Die Kategorie Arbeitslohn stellt der Dechiffrierung die meisten Schwierigkeiten entgegen, zugleich bildet ihre Entmystifizierung nach Marx die Voraussetzung für die volle begriffliche Durchdringung des Gesamtprozesses. »Auf dieser Erscheinungsform, die das wirkliche Verhältnis unsichtbar macht und gerade sein Gegenteil zeigt, beruhen alle Rechtsvorstellungen des Arbeiters wie des Kapitalisten, alle Mystifikationen der kapitalistischen Produktionsweise, alle ihre Freiheitsillusionen, alle apologetischen Flausen der Vulgärökonomie« [36]. Die Marxsche Charakterisierung der Arbeit im Kapitalismus als Lohnsklaverei ist keineswegs nur als zynischer Hinweis auf die Ver-

---

33 A. a. O., S. 881 f.
34 A. a. O., S. 824
35 A. a. O., S. 822
36 Das Kapital, Bd. 1, S. 562

hältnisse im unmittelbaren Produktionsprozeß zu betrachten, sondern bezieht sich vielmehr auf jenen Angelpunkt des Systems, auf jene Nahtstelle, wo die Sphäre des Scheins mit der des Wesens vermittelt wird: am Übergang aus der Sphäre der einfachen Zirkulation in das Kapital, den Marx im Rohentwurf in enger Anlehnung an die Hegelsche Konstruktion in der großen Logik begreift. Die einfache Zirkulation als Sphäre des Scheins ist jedoch nicht identisch mit dem Gegenstand des dritten Bandes des *Kapitals*, der »Oberfläche« der bürgerlichen Gesellschaft, obwohl sich Überschneidungen ergeben. Es wurde oben angedeutet, daß Marx Momente dessen in das *Kapital* aufgenommen hat, was ursprünglich der Behandlung der Konkurrenz vorbehalten bleiben sollte, ja daß er im ersten Band des *Kapitals* sehr viel empirisches Material verarbeitet hat, welches im Grunde gar nicht in die Darstellung des allgemeinen Begriffs aufgenommen werden dürfte, da es sich nicht aus dem Begriff ableiten läßt. In der strengen Darstellung im Rohentwurf geht Marx darum auf den Arbeitslohn noch nicht in der Weise ein, daß er an der Irrationalität der Form selbst aufzeigt, wie das Verhältnis von Wesen und Erscheinung zu begreifen ist. Da er hier lediglich vom »Kapital im allgemeinen« handelt, nicht von der Aktion des existierenden Kapitals in der Wechselwirkung der vielen Kapitalien aufeinander und infolgedessen auch den Austausch zwischen Kapital und Arbeit nicht in der Form untersucht, in der es sich dem Einzelkapitalisten und Einzelarbeiter darstellt, tangiert ihn auch dieses Problem noch nicht. Im Rohentwurf geht es ihm wesentlich um die Konstruktion des »dialektischen Umschlags«, durch welchen nachgewiesen wird, daß der Austausch zwischen Kapital und Arbeit, zwischen dem Gesamtkapital und dem Gesamtarbeiter, kein Austausch von Äquivalenten ist, sondern Aneignung fremder Arbeit »ohne Austausch, ohne Äquivalent, aber mit dem Schein des Austauschs« [37], und daß erst dieses »statement« gleichzusetzen ist mit der vollen Einsicht in die Natur des Gesamtprozesses. Gerade aber an diesem Problem scheiterten auch die beiden größten Theoretiker, Adam Smith und David Ricardo, so daß ihnen der Nachweis der universellen Geltung des Wertgesetzes im entfalteten Kapitalismus letztlich nicht möglich war.

An der Oberfläche des Gesamtprozesses, dessen Darstellung Marx mit der Analyse des Arbeitslohns im Grunde schon im ersten Band des *Kapitals* beginnt, manifestiert sich das Verhältnis von Wesen und Erscheinung an der Irrationalität der Form selbst. Unkritisch nimmt die

37 Grundrisse, S. 449

klassische politische Ökonomie die Kategorie »Preis der Arbeit« aus dem Alltagsleben auf, erkennt aber nicht, daß diese Form an ihr selbst »ebenso irrationell wie ein gelber Logarithmus« [38] ist. Im Ausdruck Preis oder Wert der Arbeit ist »der Wertbegriff nicht nur völlig ausgelöscht, sondern in sein Gegenteil verkehrt. Es ist ein imaginärer Ausdruck wie etwa Wert der Erde. Diese imaginären Ausdrücke entspringen jedoch aus den Produktionsverhältnissen selbst. Sie sind Kategorien für Erscheinungsformen wesentlicher Verhältnisse« [39]. Die Form des Arbeitslohnes, der Preis der Arbeit, verhüllt, daß die wertbildende Arbeit, die sich im Wert der Waren darstellt, mit der Verteilung dieses Werts unter verschiedene Kategorien nichts zu tun hat, wie sie umgekehrt verbirgt, daß diese Arbeit, soweit sie diesen spezifisch gesellschaftlichen Charakter hat, nicht wertbildend ist. Das ist der geheime Grund für die Lehre von den Produktionsfaktoren, in welcher die Natur selbst mystifiziert wird. Da in dem Ausdruck »Preis der Arbeit« die Lohnarbeit nicht als eine bestimmte gesellschaftliche Form der Arbeit erscheint, sondern alle Arbeit ihrer Natur nach als Lohnarbeit, so fällt notwendigerweise auch die »bestimmte gesellschaftliche Form, worin die Arbeitsbedingungen der Arbeit gegenübertreten, zusammen mit ihrem stofflichen Dasein. Die Arbeitsmittel sind dann als solche Kapital, und die Erde als solche ist Grundeigentum. Die formale Verselbständigung dieser Arbeitsbedingungen gegenüber der Arbeit, die besondere Form dieser Verselbständigung, die sie gegenüber der Lohnarbeit besitzen, ist dann eine von ihnen als Dingen, als materiellen Produktionsbedingungen untrennbare Eigenschaft, ein ihnen als Produktionselementen notwendig zukommender, immanent eingewachsener Charakter. Ihr durch eine bestimmte Geschichtsepoche bestimmter sozialer Charakter im kapitalistischen Produktionsprozeß ist ein ihnen naturgemäßer, und sozusagen von Ewigkeit her, als Elementen des Produktionsprozesses eingeborener dinglicher Charakter« [40]. Die kapitalistische Form des Produktionsprozesses verkehrt sich zur Naturform schlechthin und wird identisch mit dem einfachen Arbeitsprozeß, wie er allen Gesellschaftsformationen als ewige Voraussetzung menschlichen Lebens zugrunde liegt. Zugleich wachsen den Produktionsmitteln mystische Kräfte zu. Die anderen Einkommen scheinen unmittelbar der Rolle geschuldet, welche die Produktionsmittel im einfachen Produktionsprozeß spielen. Fällt

---

38 Das Kapital, Bd. 3, S. 826
39 Das Kapital, Bd. 1, S. 559
40 Das Kapital, Bd. 3, S. 833

Lohnarbeit mit Arbeit schlechthin zusammen, so fällt auch jener Wertteil, der den Arbeitslohn darstellt, mit dem durch die Arbeit geschaffenen Wert überhaupt zusammen. Infolgedessen müssen auch jene Teile des Wertprodukts, die sich in anderen Formen darstellen, aus eigenen, von der Arbeit verschiedenen Quellen entspringen, also den mitwirkenden Produktionsfaktoren, deren Besitzern sie zufallen. »Die verschiedenen Revenues fließen aus ganz verschiedenen Quellen, die eine aus der Erde, die andre aus dem Kapital, die andre aus der Arbeit. Sie stehen also in keinem feindlichen, weil überhaupt keinem inneren Zusammenhang. Wirken sie nun doch in der Produktion zusammen, so ist das ein harmonisches Wirken ... wie zum Beispiel der Bauer, der Ochse, der Pflug und die Erde in der Agrikultur, dem wirklichen Arbeitsprozesse, trotz ihrer Verschiedenheit, *harmonisch* zusammenarbeiten« [41]. Diese eigentümliche Verkehrung geht gleichsam als notwendig mystifizierende Interpretationsrichtung aus dem kapitalistischen Gesamtprozeß hervor, und wird so lange ihre Bedeutung haben, wie bürgerliches Grundeigentum und eine freie Lohnarbeiterschaft existieren. Solange die Aneignung des Reichtums in seiner allgemeinen Form Zweck der Produktion ist, muß der gesamtgesellschaftliche Reproduktionsprozeß unter dieser Form erscheinen, einer Form, die an ihr selbst die historische Natur des gesellschaftlichen Prozesses in ihr Gegenteil verkehrt, ihn als schlechthin geschichtslos erscheinen läßt. Diese »irrationellen Formen« sind darum als das »Nervenzentrum« der gesamten bürgerlichen Theorie zu betrachten, nur über die Dechiffrierung läßt sich der Zugang zur angemessenen theoretischen Verarbeitung des kapitalistischen Gesamtprozesses gewinnen. Zugleich eröffnet ihre Durchdringung die Möglichkeit, den Konstitutionsprozeß des bürgerlichen Subjekts unter der Form der dialektischen Darstellung der Kategorien nachzuzeichnen. Gelingt es hingegen nicht, diese Mystifikation aufzulösen, so ist der Theoretiker vorweg schon verurteilt, die bürgerliche Welt nur unter einer Form wahrzunehmen, nämlich der des Objekts. So sehr dann auch von Geschichte die Rede sein mag, die Konstruktionen dieser Theorie bleiben letztlich ungeschichtlich. Im *Elend der Philosophie* hat Marx diese merkwürdige Geschichtslosigkeit der bürgerlichen Theorie eindringlich geschildert: »Die Ökonomen verfahren auf eine sonderbare Art. Es gibt für sie nur zwei Arten von Institutionen, künstliche und natürliche. Die Institutionen des Feudalismus sind künstliche Institutionen, die der Bourgeoisie natürliche. Sie gleichen darin den Theologen, die

41 Karl Marx, Theorien über den Mehrwert, Teil 3, Berlin 1962, S. 500

auch zwei Arten von Religionen unterscheiden. Jede Religion, die nicht die ihre ist, ist eine Erfindung der Menschen, während ihre eigene Religion eine Offenbarung Gottes ist. Wenn die Ökonomen sagen, daß die gegenwärtigen Verhältnisse – die Verhältnisse der bürgerlichen Produktion – natürliche sind, so geben sie damit zu verstehen, daß es Verhältnisse sind, in denen die Erzeugung des Reichtums und die Entwicklung der Produktivkräfte sich gemäß den Naturgesetzen vollziehen. Somit sind diese Verhältnisse selbst von dem Einfluß der Zeit unabhängige Naturgesetze. Es sind ewige Gesetze, welche stets die Gesellschaft zu regieren haben. Somit hat es eine Geschichte gegeben, aber es gibt keine mehr; es hat eine Geschichte gegeben, weil feudale Einrichtungen bestanden haben und weil man in diesen feudalen Einrichtungen Produktionsverhältnisse findet, vollständig verschieden von denen der bürgerlichen Gesellschaft, welche die Ökonomen als naturgemäße und demgemäß ewig angesehen wissen wollen« [42]. Daß die bürgerliche Produktionsweise als naturgemäße und ewige angesehen wird, ist – wie der reife Marx zeigt – nicht eine bewußt vollzogene Unterstellung der bürgerlichen Ökonomen (das wäre auf der Ebene der politischen Ökonomie Ideologiekritik im Sinne der Priesterbetrugstheorie der Aufklärung), sondern ist auf diese Erscheinungsformen zurückzuführen. Sie besiegeln zugleich die theoretische Kapitulation vor der Struktur der »Verdoppelung aller Elemente in bürgerliche und Staatswesen«, wie es im Frühwerk heißt, und gestatten es dadurch, daß Geschichte immer noch in einer Weise geschrieben wird, die Marx in seiner Auseinandersetzung mit Feuerbach kritisiert: »Die wirkliche Lebensproduktion erscheint als ungeschichtlich, während das Geschichtliche als das vom gemeinen Leben getrennte, Extra-Überweltliche erscheint. Das Verhältnis der Menschen zur Natur ist hiermit von der Geschichte ausgeschlossen, wodurch der Gegensatz von Natur und Geschichte erzeugt wird« .[43]

Es wurde oben schon darauf hingewiesen, daß der Kapitalismus erst auf einer bestimmten Entwicklungsstufe seiner selbst den Einblick in seine innere Struktur völlig freigibt, so daß diese Restringierung der bürgerlichen Theoretiker auf die Sphäre des Scheins nicht auf subjektive Momente zurückgeführt werden muß. Hinzu kommt – wie Marx bei der Einschätzung des Werkes von Adam Smith notiert –

42 Karl Marx, Das Elend der Philosophie, Berlin 1960, S. 140
43 Deutsche Ideologie, S. 39

daß ein wesentlicher Teil ihrer theoretischen Arbeit darin bestand, überhaupt erst jene »äußerlich erscheinenden Lebensformen (der bürgerlichen Gesellschaft, H. R.) zu beschreiben, ihren äußerlich erscheinenden Zusammenhang darzustellen und zum Teil noch für diese Erscheinungen Nomenklatur zu finden und entsprechende Verstandesbegriffe, sie also zum Teil erst in der Sprache und im Denkprozeß zu reproduzieren« [44]. Der Ausdruck »Verstandesbegriffe« gibt zu erkennen, daß Marx den »allgemeinen Begriff des Kapitals« durchaus im Hegelschen Sinne als ein System von Vernunftbegriffen versteht, und die bürgerlichen Theoretiker in seinem eigenen System etwa eine Position einnehmen, welche das Hegelsche System der modernen Erfahrungswissenschaft zuspricht. »Ohne die Ausbildung der Erfahrungswissenschaft für sich hätte die Philosophie nicht weiterkommen können als bei den Alten«, sagt Hegel von der empirischen Wissenschaft, die wesentlich darauf ausgehe, »Gattungen, Allgemeines, Gesetze zu finden. Und indem sie diese hervorbringt, so trifft sie mit dem Boden des Begriffs zusammen, sie präpariert den empirischen Stoff für denselben, daß dieser ihn dann so zurecht aufnehmen kann«[45]. Doch darauf beschränkt sich diese Analogie nicht, obwohl es von Marx nur in diesem Sinne gemeint sein mag. Die Marxsche Einschätzung der bürgerlichen Theorie erinnert zugleich an die Haltung Hegels gegenüber der naiven Verstandesmetaphysik, der er bescheinigt, dem Gehalte nach »echtes spekulatives Philosophieren« zu sein, aber gleichzeitig zu versäumen, die Natur der Verstandesbegriffe und ihr eigenes Verfahren bei der Bestimmung des Absoluten zu untersuchen. Allerdings betrifft dies nicht die gesamte bürgerliche Ökonomie. Unter dem Gesichtspunkt des Erkenntnisziels unterscheidet Marx sehr genau zwischen klassischer Theorie und Vulgärökonomie.

Marx setzt sich ausschließlich mit der klassischen Theorie auseinander. Im Unterschied zur Vulgärökonomie, die sich durch »eine prinzipiell dem Schein huldigende Flachheit« [46] auszeichnet, sind die Klassiker bestrebt, ebenso wie er in die »innere Physiologie« der bürgerlichen Gesellschaft, zum Wesen des Gesamtprozesses vorzudringen, indem sie alle Formen des gesellschaftlichen Reichtums auf eine gemeinsame Substanz zurückführen: auf Arbeit und Mehrarbeit. »Im Kapital-Profit, oder noch besser Kapital-Zins, Boden-Grundrente, Arbeit – Arbeitslohn, in dieser ökonomischen Trinität als dem Zusammenhang der Bestandteile des Werts und des Reichtums überhaupt

---

44 Karl Marx, Theorien über den Mehrwert, Teil 2, Berlin 1959, S. 156
45 Hegel: Werke (Glockner) XV, S. 282 ff.
46 Das Kapital, Bd. 1, S. 561

mit seinen Quellen ist die Mystifikation der kapitalistischen Produktionsweise, die Verdinglichung der gesellschaftlichen Verhältnisse, das unmittelbare Zusammenwachsen der stofflichen Produktionsverhältnisse mit ihrer geschichtlich-sozialen Bestimmtheit vollendet: die verzauberte, verkehrte und auf den Kopf gestellte Welt, wo Monsieur le Capital und Madame la Terre als soziale Charaktere, und zugleich unmittelbar als bloße Dinge ihren Spuk treiben. Es ist das große Verdienst der klassischen Ökonomie, diesen falschen Schein und Trug, diese Verselbständigung und Verknöcherung der verschiedenen gesellschaftlichen Elemente des Reichtums gegeneinander, diese Personifizierung der Sachen und Versachlichung der Produktionsverhältnisse, diese Religion des Alltagslebens aufgelöst zu haben, indem sie den Zins auf einen Teil des Profits und die Rente auf den Überschuß über den Durchschnittsprofit reduziert, so daß beide im Mehrwert zusammenfallen; indem sie den Zirkulationsprozeß als bloße Metamorphose der Formen darstellt, und endlich im unmittelbaren Produktionsprozeß Wert und Mehrwert der Waren auf Arbeit reduziert«[47]. Die Mehrwerttheorie ist also keineswegs das ausschließliche Unterscheidungskriterium zwischen Marxscher und klassischer Theorie. Wesentlich ist vielmehr, daß bei allen bürgerlichen Theoretikern das Moment des Naturwüchsigen, das die gesamte Vorgeschichte der Menschheit charakterisiert, bis in die subtile theoretische Arbeit hineinreicht. Als bürgerliche Theoretiker sind sie grundsätzlich blind gegen ihr eigenes Konstituens, die allgemeine Form des Reichtums, so daß bei ihnen die Frage nach dem Gehalt der Form nicht mehr in den Horizont der Überlegung eingehen kann. Dadurch gerät sie – wenn auch unbewußt – in eine ähnliche Situation wie die von Hegel kritisierte Verstandesmetaphysik. Da *für sie*, die bürgerliche Theorie, die Kategorien nicht »Erscheinungsformen wesentlicher Verhältnisse« sind, gibt es *für sie* auch nicht die Differenz von Wesen und Erscheinung. Sie ahnen nicht, daß die Kategorien, die sie aus dem Alltagsleben aufgreifen, nicht nur nicht untaugliche Mittel sind, das Wesen des Gesamtprozesses zu erfassen, sondern vorweg schon jeden subtileren Versuch, in die innere Struktur des Kapitals einzudringen, zum Scheitern verurteilen, da das zu begreifende Wesen im Versuch der Erfassung je schon als nicht zu Erfassendes mitgesetzt wird. So »bleiben selbst die besten ihrer Wortführer, wie es vom bürgerlichen Standpunkt nicht anders möglich ist, mehr oder weniger in der von ihnen kritisch aufgelösten Welt des Scheins befangen, und fallen daher alle mehr oder weniger

47 Das Kapital, Bd. 3, S. 838

in Inkonsequenzen, Halbheiten und ungelöste Widersprüche«[48]. Die Marxsche Kritik ist darum sehr umfassend. Marx beschränkt sich nicht darauf, die an vorgegebenen Problemstellungen anzuknüpfen, da diese oft nur ihre eigene »Ungereimtheit« ausdrücken, und er die »Unmöglichkeit der Lösung schon in den von der Aufgabe gestellten Bedingungen« aufspürt. Auch gehört es wesentlich zur Marxschen Kritik, daß er die klassische Ökonomie nie ganz beim Wort nehmen darf. Da es ja gerade das Charakteristikum der klassischen bürgerlichen Ökonomie ist, daß sie mit bürgerlichen Mitteln den bürgerlichen Horizont überspringen will, kann Marx völlig zu Recht ein Motiv geltend machen, welches an Hegels Darstellung der sinnlichen Gewißheit erinnert: was sie meinen, können sie nicht sagen, sagen sie es, so tun sie es mit untauglichen Mitteln. Die zentralen Kategorien werden dadurch zu wahrhaft »äquivoken« Begriffen, da sie zwei Funktionen zu erfüllen haben: Einmal bedeuten sie das, was sie wirklich sind, nämlich eine der bürgerlichen Formen des Reichtums, dann aber hat die bürgerliche Form die Bedeutung der »allgemeinen abstrakten Form«, wobei nur im Gesamtzusammenhang geklärt werden kann, was jeweils gemeint ist. Es sei hier nur ein charakteristisches Beispiel der Marxschen Kritik an Ricardo aus den *Theorien über den Mehrwert* zitiert: »In seinen Betrachtungen über Profit und Salär abstrahiert Ricardo nun auch von dem konstanten Teil des Kapitals, der nicht in Arbeitslohn ausgelegt wird. Er behandelt die Sache so, als würde das ganze Kapital direkt in Arbeitslohn ausgelegt. *Sofern* betrachtet er also den *Mehrwert* und *nicht den Profit* und kann daher von einer Theorie des Mehrwerts bei ihm gesprochen werden. Andrerseits glaubt er aber, vom Profit als solchem zu sprechen, und drängen sich in der Tat überall Gesichtspunkte unter, die von der Voraussetzung des Profits und nicht des Mehrwerts ausgehen. Wo er die Gesetze des Mehrwerts richtig darstellt, verfälscht er sie dadurch, daß er sie unmittelbar als Gesetze des Profits ausspricht. Andrerseits will er die Gesetze des Profits unmittelbar, ohne die Mittelglieder, als Gesetze des Mehrwerts darstellen. Wenn wir von seiner Theorie des Mehrwerts sprechen, so sprechen wir also von seiner Theorie des Profits, soweit er diesen mit dem Mehrwert verwechselt, also den Profit nur betrachtet mit Bezug auf das variable Kapital, den in Arbeitslohn ausgelegten Teil des Kapitals. Was er vom Profit im Unterschied vom Mehrwert sagt, werden wir später abhandeln«[49].

---

48 Das Kapital, Bd. 3, S. 838
49 Theorien, Teil 2, S. 369 f.

B. KRITIK DER KLASSISCHEN POLITISCHEN ÖKONOMIE

Wenngleich Marx sein eigenes System in enger Auseinandersetzung mit der klassischen Theorie entwickelt, so läßt es sich doch nicht auf das reduzieren, was mit »immanenter Kritik« gemeint ist. Vielmehr wiederholt sich, was durch jene Zweiteilung in der *Deutschen Ideologie* – »positive« Darstellung des geschichtlichen Entwicklungsganges, wenn auch nur im Sinne einer Forschungsanweisung, und davon getrennte Kritik des ideologischen Bewußtseins – vorweggenommen wurde. Das ökonomische System mit der abschließenden Untersuchung der Konstitution des empirischen Scheins ist Ideologiekritik in abstrakter Form, insofern es erst die methodischen Mittel einer konkreten Kritik der bürgerlichen Theorie bereitstellt, die dann allerdings – jedoch nur im Hinblick auf die klassische Theorie – die Form »immanenter Kritik« annehmen kann. Wie die Hegelsche Kritik aller vorhegelschen Philosophie je schon von der Position des Absoluten Idealismus erfolgt, so setzt auch die Marxsche Kritik je schon das gesamte System voraus. Marx knüpft also keineswegs unmittelbar an die Aporien der bürgerlichen Theorie an, sondern diese lassen sich nur vor dem Hintergrund einer Theorie entwickeln, die das Wesen des Gesamtprozesses »positiv« erkannt hat. Vor dieser Folie werden die Versuche der Klassik, das Wesen mit Kategorien zu erfassen, die gleichsam stumpf sind und nicht dazu taugen, eben jenes zu erfassen, dessen eigner Ausdruck sie sind, als Unterfangen dechiffriert, das notwendig in Aporien enden muß. An einigen Beispielen sollen Motive der Marxschen Kritik erörtert werden.

1. Die Physiokraten

Die Frage nach dem Ursprung des Mehrwerts ist zwar das Kriterium, nach welchem Marx die Unterscheidung in klassische und vulgäre Theorie vornimmt, aber die »große Theorie« setzt im Grunde erst mit den Entwürfen der Physiokraten ein, die eine eigentümliche Position einnehmen. Wenn die ökonomische Wissenschaft sich an der Differenz von Wesen und Erscheinung entzündet, sich nur konstituiert, wenn der Reichtum eine von ihm selbst unterschiedene Form angenommen hat, so ist damit zugleich auch gesagt, daß Wissenschaft dort nicht auftreten kann, wo diese Differenz nicht existiert, oder aber: wo das Wesen gleichsam unmittelbar erscheint. Ökonomische Theorie kann es also in einem strengen Sinne nur in der bürgerlichen Gesellschaft geben; ökonomische Theorie einer sozialistischen Gesellschaft ist ein Widerspruch in sich, noch ist sie in vorbürgerlichen Produktionsweisen möglich. Wo das Wesen unmittelbar erscheint, muß sie wie ein Fremdkörper wirken; vielmehr ist sie nur Ausdruck der Tatsache, daß diese vorbürgerliche Produktionsweise in ihrer Substanz unterhöhlt ist, ganz wie die rationelle Rechtfertigung der Monarchie nur dort nicht mehr als Majestätsbeleidigung aufgefaßt wird, wo der Untergang dieser Staatsform abzusehen ist. In dieser Weise wird von Marx die physiokratische Theorie interpretiert.

Daß sich die ökonomische Theorie zuerst in Frankreich, in »einem vorherrschend ackerbauenden Land« und nicht in England, »einem vorherrschend industriellen, kommerziellen und seefahrenden Land« [1] entwickelt, in einem Lande also, das gegenüber England noch sehr rückständig war, ist keineswegs zufällig, sondern durch eben jene Rückständigkeit bedingt. Motiviert durch die Problemstellung der Merkantilisten haben die Physiokraten die »Untersuchung über den Ursprung des Mehrwerts aus der Sphäre der Zirkulation in die Sphäre der unmittelbaren Produktion selbst verlegt und damit die Grundlage zur Analyse der kapitalistischen Produktion gelegt« [2]. Ohne klares Verständnis von der Natur des Wertes ist die physiokratische Theorie unmittelbar auf die Differenz zwischen Wert und Verwertung des Arbeitsvermögens als dem zentralen Prinzip der kapitalistischen Produktion gestoßen und konnte dies nur in Frankreich, denn diese Differenz »erscheint am handgreiflichsten, unwidersprechlichsten von allen Produktionszweigen in der Agrikultur, in der Urproduktion« [3]. Was bei der Manufakturarbeit durch den Vermittlungsprozeß von Kauf und Verkauf undurchsichtig wird, kann bei der Betrachtung der Produktion nicht übersehen werden: daß die »Summe der Lebensmittel, die der Arbeiter jahraus, jahrein verzehrt, oder die Masse Stoff, die er konsumiert, ... geringer (ist) als die Summe der Lebensmittel, die er produziert« [4]. Für die Physiokraten ist daher die einzig produktive Arbeit, weil die einzige, die Mehrwert schafft, die Arbeit in der Agrikultur und die »Grundrente die einzige Form des Mehrwerts, die sie kennen« [5]. Als bürgerliche Theorie kann sie aber das, was sie meint, nicht artikulieren, da sie sich jetzt in ihrem eigenen kategorialen Netz-

1 Theorien über den Mehrwert, Teil 1, Berlin 1956, S. 16
2 A. a. O., S. 11
3 A. a. O., S. 12
4 A. a. O., S. 12
5 A. a. O., S. 12

werk verfängt, das sich in restringierender Weise bemerkbar macht. Sie muß den Mehrwert in einer bürgerlichen Gestalt fassen und eine besondere Erscheinungsform des Reichtums zur allgemeinen Form verabsolutieren. Diese Funktion, die bei Adam Smith und David Ricardo der Profit erfüllt, erfüllt bei den Physiokraten die Rente. Wiewohl die Erklärung des Profits der eigentliche Ausgangspunkt ist, erscheint er in der physiokratischen Theorie nur als Teil der Grundrente. Ebenso der Zins, der dem Eigentümer von Geldkapital – Turgot zufolge – mit Recht zufließt, da der Geldkapitalist sonst Land, also Grundrente kaufen würde, und ihm darum das Geldkapital soviel Mehrwert bringen muß, wie er bei der Umwandlung von Geldkapital in Grundbesitz erhalten würde [6]. Weder Profit noch Zins sind für die Physiokraten neugeschaffener Wert, erklärt wird vielmehr, »warum ein Teil des von dem Grundeigentümer erworbenen Mehrwerts dem Geldkapitalisten unter der Form des Zinses zufließt, ganz wie aus andern Gründen erklärt ist, warum dem industriellen Kapitalisten ein Teil dieses Mehrwerts unter der Form des Profits zufließt« [7]. Die verkehrte bürgerliche Welt verkehrt sich bei den Physiokraten ein zweites Mal: die industriellen Sphären, innerhalb deren sich das Kapital selbständig entwickelt, erscheinen als »unproduktive« Arbeitszweige, als »Anhängsel« der Agrikulturarbeit, und die erste Bedingung der Kapitalentwicklung – die Trennung der Produzenten von den Produktionsmitteln, die in der Person des Kapitalisten subjektive Existenz annehmen – erscheint hier als Macht des Grundeigentümers. Er wird zum eigentlichen Kapitalisten; er erscheint in einer Sphäre, die noch vorwiegend durch unmittelbare Formen der Herrschaft gekennzeichnet ist, als bloßer Warenbesitzer, der die »von ihm gegen Arbeit ausgetauschten Waren verwertet, nicht nur ihr Äquivalent, sondern ein Surplus über dieses Äquivalent zurückerhält, weil er das Arbeitsvermögen nur als Ware zahlt« [8].

Doch dieser Aspekt der »inneren Physiologie« der Gesellschaft ist mit einer merkwürdigen Mystifikation der Natur verbunden. Das handgreifliche Faktum der Agrikulturarbeit, daß der Arbeiter mehr Lebensmittel produziert als zur Reproduktion seiner Arbeitskraft benötigt wird, veranlaßt nicht zu der Erwägung, daß dieser Überschuß wegfallen könnte, wenn der Arbeiter weniger arbeiten würde. Die Tagesarbeit selbst geht als Naturkonstante in die Betrachtung ein, so

6 Vgl. a. a. O., S. 13
7 A. a. O., S. 13
8 A. a. O., S. 17

daß sich die Produktivität des Arbeiters notwendig darstellt als Produktivität der Erde, die ihn befähigt, mehr zu produzieren als zur Wiederherstellung seines Arbeitsvermögens notwendig ist. »Dieser Surpluswert erscheint also als *Gabe der Natur*, durch deren Mitwirkung eine bestimmte Masse organischen Stoffs – Samen von Pflanzen, Anzahl Tiere – die Arbeit befähigt, mehr unorganischen Stoff in organischen zu verwandeln« [9]. Wiewohl der bloße Tauschwert der Ausgangspunkt der Analyse ist, und am Gebrauchswert nur die Quantität interessiert – der Überschuß der produzierten Gebrauchswerte über die konsumierten, also das bloß quantitative Verhältnis der Gebrauchswerte zueinander – ist für die Physiokraten der Wert nicht eine Form der gesellschaftlichen Arbeit und der Mehrwert nicht Mehrarbeit, sondern der Wert ist bei ihnen bloßer Gebrauchswert, Naturstoff, und der Mehrwert bloße Gabe der Natur, die an die Stelle eines gegebenen Quantums organischen Stoffes ein größeres Quantum Arbeit zurückgibt: »Einerseits ist die Grundrente – also die wirkliche ökonomische Form des Grundeigentums – von seiner feudalen Hülle abgeschält, auf bloßen Mehrwert, über das Arbeitssalär hinaus, reduziert. Andrerseits ist wieder feudalistisch dieser Wert aus der Natur, nicht aus der Gesellschaft, aus dem Verhältnis zur Erde, nicht aus dem Verkehr abgeleitet« [10].
Nicht zu Unrecht vergleicht Marx daher die Lehren der Physiokraten mit der Philosophie insgesamt, die einen ähnlichen Widerspruch darstellt wie die physiokratische Theorie innerhalb der Entwicklung der bürgerlichen ökonomischen Theorien. »Es sind dies alles Widersprüche der kapitalistischen Produktion, die sich aus der feudalen Gesellschaft herausarbeitet und letztere selbst nur mehr bürgerlich interpretiert, ihre eigentümliche Form aber noch nicht gefunden hat, wie etwa die Philosophie, die sich erst in der religiösen Form des Bewußtseins herauskonstruiert und damit einerseits die Religion als solche vernichtet, andererseits positiv sich selbst nur noch in dieser idealisierten, in Gedanken aufgelösten religiösen Sphäre bewegt« [11]. Wie die Philosophie die Säkularisierung der Religion nur zur Hälfte durchgeführt hat und sie nur vollenden kann um den Preis ihres eignen Verschwindens, so ist auch die ökonomische Theorie im feudalen Faltenwurf ein Widerspruch in sich: »indem so der Feudalismus verbürgerlicht wird, erhält die bürgerliche Gesellschaft einen feudalen Schein« [12]. Daß jedoch

9 A. a. O., S. 17
10 A. a. O., S. 17
11 A. a. O., S. 18
12 A. a. O., S. 18

ökonomische Theorie immer nur bürgerliche Theorie ist, offenbart sich an einer geradezu heimtückischen Dialektik: mit Hilfe dieser Theorie artikuliert das Bürgertum seine Forderungen. Da nur die Agrikulturarbeit die einzig produktive ist und die Industrie nur die von der Agrikultur gelieferten Werte in eine andere Form verwandelt ohne ihnen neuen Wert zuzusetzen, scheint es völlig legitim und zudem im Interesse des Grundeigentums zu sein, wenn dieser Formumwandlungsprozeß so störungsfrei wie möglich verläuft. Freie Konkurrenz und Beseitigung aller Staatseinmischungen fordert darum das Bürgertum, dessen Emanzipation von der auf den Trümmern der Feudalgesellschaft errichteten absoluten Monarchie »nur im Interesse des in einen Kapitalisten verwandelten und auf bloße Bereicherung bedachten feudalen Grundeigentümer« [13] stattfinden soll. Die bürgerliche Interpretation des feudalen Grundeigentums entpuppt sich als die theoretische Vorwegnahme der praktischen Zerschlagung, die in der Französischen Revolution erfolgt. »Turgot selbst, der radikale Bourgeoisieminister (ist es), der die französische Revolution einleitet. Mit all ihrem falschen Schein (arbeiten) die Physiokraten Hand in Hand mit den Enzyklopädisten« [14]. Da nur die Agrikulturarbeit produktiv sein soll, kann die gesamte Steuerlast zu Recht den Grundeigentümern aufgebürdet werden, »und das birgt in sich die virtuelle Konfiskation des Grundeigentums durch den Staat ... Die Französische Revolution ... nahm diese Steuertheorie an« [15].

2. Adam Smith

Einen weiteren Schritt in der Entwicklung der klassischen ökonomischen Theorie stellt das Werk von Adam Smith dar, wenngleich er nach Marx in einzelnen Konstruktionen zum Teil sogar hinter die theoretischen Einsichten der Physiokraten zurückfällt [1]. Allerdings hat die Theorie jetzt mit anderen Problemen zu ringen, da – und das ist der Fortschritt gegenüber der physiokratischen Theorie insgesamt – ausschließlich die Arbeit zur Substanz des Werts gemacht wird, gleichgültig dagegen, in welchen Gebrauchswerten sie sich darstellt. Zugleich reproduzieren sich auch im Werk von Adam Smith die charakteristischen Bewußtlosigkeiten der klassischen Ökonomie, doch

13 A. a. O., S. 19
14 A. a. O., S. 32
15 A. a. O., S. 32
1 Vgl. S. 106 dieser Arbeit

diesmal in der Form exemplarischer Zirkelschlüsse, in denen er den Schein der Konkurrenz gegen seine tiefere Einsicht geltend macht. Marx unterscheidet daher zwischen einem »esoterischen« und »exoterischen« Teil seines Gesamtwerkes (eine Unterscheidung, die hier wesentlich legitimer ist als jene, die Heinrich Heine mit diesen Begriffen am Werk von Hegel vornahm und die Marx nie unterschrieben hat), je nachdem, ob er zum Wesen des Gesamtprozesses vordringt, oder sich auf den Standpunkt des Einzelkapitalisten stellt. »Smith selbst bewegt sich mit großer Naivität in einem fortwährenden Widerspruch. Auf der einen Seite verfolgt er den inneren Zusammenhang der ökonomischen Kategorien oder den verborgenen Bau des bürgerlichen ökonomischen Systems. Auf der andren stellt er daneben den Zusammenhang, wie er scheinbar in den Erscheinungen der Konkurrenz gegeben ist und sich also dem unwissenschaftlichen Beobachter darstellt, ganz ebensogut wie dem in dem Prozeß der bürgerlichen Produktion praktisch Befangenen und Interessierten. Diese beiden Auffassungsweisen – wovon die eine den inneren Zusammenhang, sozusagen in die Physiologie des bürgerlichen Systems eindringt, die andre nur beschreibt, katalogisiert, erzählt und unter schematisierende Begriffsbestimmungen bringt, was sich in dem Lebensprozeß äußerlich zeigt, so wie es sich zeigt und erscheint – laufen bei Smith nicht nur unbefangen nebeneinander, sondern durcheinander und widersprechen sich fortwährend« [2]. Auch hier entstehen die Probleme nur auf der Grundlage einer bewußt konzipierten Theorie des Mehrwerts, den Adam Smith ebenfalls nur in seiner bürgerlichen Form erfaßt. Es seien nur zwei Passagen zitiert, aus denen hervorgeht, daß er den Profit des Kapitalisten und die Rente des Grundeigentümers aus unbezahlter Arbeit ableitet: »Sobald sich das Kapital in den Händen einiger Personen gesammelt hat, werden natürlich einige von ihnen ihr Kapital dazu verwenden, fleißige Leute zu beschäftigen und sie mit Material und Lebensmittel zu versorgen, um aus dem Verkauf ihres Arbeitserzeugnisses, oder aus dem, was ihre Arbeit dem Material an Wert hinzufügt, Profit zu erlangen. Bei dem Austausch des ganzen Gewerbeerzeugnisses gegen Geld, Arbeit oder andere Güter muß über das, was zur Bezahlung der Materialkosten und des Arbeitslohnes erforderlich ist, noch etwas für den Profit des Unternehmers dieses Werks gegeben werden, der sein Kapital bei diesem Wagestück aufs Spiel gesetzt hat. Es zerfällt folglich der Wert, den die Arbeiter dem Material hinzufü-

2 Theorien, Teil 2, S. 156

gen, in diesem Falle in zwei Teile, von denen der eine den Arbeitslohn bestreitet, der andre den Profit, den der Arbeitgeber für das ganze Kapital an Material und Arbeitslohn, das er vorgestreckt hat, erhalten muß« [3]. Und im Hinblick auf die Grundrente: »Sobald aller Grund und Boden eines Landes Privateigentum geworden ist, begehren die Grundherren, gleich allen anderen Menschen, da zu ernten, wo sie nicht gesät haben, und verlangen sogar für sein natürliches Produkt eine Rente. Das Holz des Waldes, das Gras des Feldes und alle natürlichen Früchte der Erde, die, solange der Boden allen gehörte, dem Arbeiter nur die Mühe des Einsammelns kosteten, bekommen jetzt sogar für ihn einen an sie gebundenen Zusatzpreis. Er muß nun für die Erlaubnis zum Einsammeln bezahlen und an den Grundbesitzer einen Teil desjenigen abgeben, was seine Arbeit einheimst oder erzeugt. Dieser Teil oder, was auf dasselbe hinauskommt, der Preis dieses Teils stellt die Grundrente dar und bildet im Preis der meisten Waren einen dritten Bestandteil« [4].

Betrachten wir nun den ersten von zwei zentralen Zirkeln im Werk von Adam Smith. Marx hebt zwar hervor, daß Adam Smith »der Sache nah auf dem Sprung« [5] war, doch betont er andrerseits, daß die Unmöglichkeit der Lösung letztlich in »seiner Fundamentalauffassung« zu suchen sei: »Er unterscheidet nicht den zwiespältigen Charakter der Arbeit selbst« [6], ein Unterschied, der ja erst von Marx entwickelt worden ist, und der gleichbedeutend ist mit der Überschreitung des bürgerlichen Horizonts. Daß es sich hier um einen gleichsam exemplarischen Zirkel handelt, läßt sich schon daraus ersehen, daß Marx der Behandlung dieses Problems in den *Theorien* wie auch im zweiten und dritten Band des *Kapitals* sehr viel Platz einräumt und ausdrücklich hervorhebt, daß es keinem der nachfolgenden Theoretiker gelungen sei, diese Frage auch nur um einen Schritt weiterzubringen. »Die Smithsche Gedankenwirre existiert fort bis zur Stunde, und sein Dogma bildet orthodoxen Glaubensartikel der politischen Ökonomie« [7].

Obwohl ein unmittelbarer Vergleich zwischen einfachem Arbeits- und Reproduktionsprozeß und Kapitalismus als gigantische Entsprechung

---

3 Adam Smith, Eine Untersuchung über Natur und Wesen des Volkswohlstandes, Jena 1923, S. 60 f.

4 A. a. O., S. 63

5 Das Kapital, Bd. 2, Marx-Engels-Werke, Band 24, Berlin 1963, S. 369

6 A. a. O., S. 377

7 A. a. O., S. 390

auf gesamtgesellschaftlicher Ebene fragwürdig ist, da der Kapitalismus ein »verkehrter Reproduktionsprozeß« ist, in welchem die naturale Beziehung der Menschen zu ihrem objektiven Dasein zum Anhängsel herabsinkt, gleichsam nur mitgeschleift wird, so bedeutet dieses Mitschleifen doch immerhin so viel, daß der Kapitalismus nach wie vor Reproduktionsprozeß ist und darum auch auf gesamtgesellschaftlicher Ebene sich Entsprechungen finden müssen zum einfachen Reproduktionsprozeß. Wir wissen, daß das Kapital nur existiert in Gestalt der Einzelkapitalien, und daher kann sein Reproduktionsprozeß nichts anderes sein als die Reproduktion der Einzelkapitalien. Gleichwohl *erscheint* er doch nicht als solcher. »Obgleich das gesellschaftliche Kapital nur gleich der Summe der individuellen Kapitale, und daher auch das jährliche Warenprodukt (oder Warenkapital) der Gesellschaft gleich der Summe der Warenprodukte dieser individuellen Kapitale; obgleich daher die Analyse des Warenwerts in seine Bestandteile, die für jedes individuelle Warenkapital gilt, auch für das der ganzen Gesellschaft gelten muß und im Endresultat wirklich gilt, so ist die Erscheinungsform, worin sie sich im gesamten gesellschaftlichen Reproduktionsprozeß darstellen, eine *verschiedene*« [8]. Da Adam Smith jedoch ausschließlich auf Kategorien des empirischen Scheins verwiesen ist, auf Kategorien der Oberfläche des Gesamtprozesses, wie sie sich dem praktisch handelnden Kapitalisten darbieten, ist er genötigt, den gesellschaftlichen Gesamtprozeß nach dem Muster des Einzelprozesses zu begreifen. Als bürgerlicher Theoretiker kann er gar nicht anders verfahren, da ihm die gesellschaftliche Form mit der Naturform zusammenfällt. Dadurch gerät er in für ihn unlösbare Probleme.

Die einfachste Betrachtung des Produktionsprozesses zeigt, daß – abgesehen von Erweiterung der Reproduktion und Akkumulation – ein Teil des Produkts das im Produktionsprozeß verbrauchte Material ersetzen muß, soll überhaupt Reproduktion auf gleicher Stufenleiter stattfinden. Daß dieser Teil des Produkts nicht die Form der Revenue annehmen kann, also kein Einkommen bilden kann, ist dem Theoretiker geläufig – »diese Einsicht ist natürlich außerordentlich wohlfeil. Die einfachste Wahrnehmung des Produktionsprozesses zeigt dies augenscheinlich. Die Schwierigkeit beginnt erst, sobald der Produktionsprozeß im ganzen und großen betrachtet wird« [9]. Da der Wert einer jeden Ware auf Arbeit zurückgeführt werden muß, die sich in

8 A. a. O., S. 369
9 Das Kapital, Bd. 3, S. 849

Arbeitslohn, Profit und Rente aufspaltet, in Revenuen also, und dies natürlich auch für die Gesamtheit aller Waren gelten muß, so bleibt unerfindlich, aus welchem Fonds auf gesamtgesellschaftlicher Ebene jenes im Produktionsprozeß verbrauchte Material ersetzt werden soll, welches bei der Analyse des Einzelprozesses als Teil des Gesamtprodukts erscheint, das kein Einkommen bilden kann. Unter der Voraussetzung, daß Reproduktion auf derselben Stufe stattfinden soll, würde sich das Problem in dieser zugespitzten Fragestellung konzentrieren: »Wie der Wert des verkauften Produkts gleich allen in ihm enthaltenen Wertelementen, zugesetzte Arbeit und konstantes Kapital, und wie dennoch der Konsument das konstante Kapital nicht zahlt und dennoch das Produkt kauft?« [10]. Marx notiert die verschiedenen Differenzierungen bei Adam Smith, aber es sind Differenzierungen, die sich zum Teil auf der Grundlage dieser Fragestellung herausbilden und damit nur eine weitere Verlagerung des Problems darstellen, das – in dieser Weise formuliert – nur seine eigene Unlösbarkeit ausspricht. Gleichwohl ist es die einzig mögliche Form der Problemstellung innerhalb des bürgerlichen Horizonts, die sich der Denkkraft von Adam Smith verdankt, der mit den Kategorien des empirischen Scheins gleichsam gegen die mit diesen Kategorien selbst gesetzte »Interpretationsrichtung« ankämpft, als ob der Wert aus seinen eigenen Bestandteilen entspringe. Analog jenem Phänomen des Kippbildes, das die Gestaltpsychologie eingehend behandelt, vermag Adam Smith den einen Aspekt nicht dauernd festzuhalten und führt – »trotz großer innerer Skrupel« [11] – den Schein der Empirie gegen seine eigene tiefere Einsicht ins Feld. Da er den – wie Marx es nennt – konstanten Wertteil des Kapitals auf der Ebene der gesamtgesellschaftlichen Reproduktion nicht ausfindig machen kann, versucht er ihn einfach durch einen simplen Rekurs auf die Sichtweise des praktisch handelnden Kapitalisten »wegzuhexen«: »Ein vierter Teil mag notwendig scheinen, um das Kapital des Pächters zu ersetzen oder um den Verschleiß seines Arbeitsviehs und seiner Ackergeräte zu ersetzen. Aber es muß in Betracht gezogen werden, daß der Preis irgendwelches Ackergeräts, z. B. eines Arbeitspferdes, selbst wieder aus obigen drei Teilen sich zusammensetzt: der Rente des Bodens, auf dem es gezüchtet, der Arbeit der Züchtung und dem Profit des Pächters, der beides, die Rente dieses Bodens und den Lohn dieser Arbeit, vorschießt. Obwohl daher der Preis des Korns sowohl den Preis wie die Unterhaltungsko-

10 Theorien, Teil 1, S. 113
11 Theorien, Teil 2, S. 211

sten des Pferdes ersetzen mag, so löst sich doch der ganze Preis immer noch, unmittelbar oder in letzter Instanz, auf in dieselben drei Teile: Bodenrente, Arbeit und Profit« [12]. Er verweist von einem Produktionszweig auf den anderen und von dort auf einen dritten; ein Zirkel der nicht die Lösung des Problems darstellt, sondern nur dieses Problem in andrer Weise reproduziert. Innerhalb des bürgerlichen Horizonts ließe sich diesem unendlichen Regreß nur Einhalt gebieten, wenn sich Produktionszweige finden ließen, wo Waren produziert werden durch bloße Auslage von variablem, d. h. in Arbeitskraft ausgelegtem Kapital, die ihrerseits die im gesamtgesellschaftlichen Reproduktionsprozeß »verzehrten Produktionsmittel« im vollen Umfang ersetzen würden. Zwar – so notiert Marx – glaubt Adam Smith selbst nicht, durch das Beispiel der schottischen Kieselsteinsammler einen solchen Nachweis geliefert zu haben [13], aber es zeigt doch, daß Adam Smith innerhalb seines eigenen kategorialen Gefüges konsequent verfuhr, wenngleich dieser Gedanke, folgerichtig zu Ende gedacht, zu der absurden Vorstellung führen müßte, daß die geschichtliche Menschheit gleichsam jedes Jahr von neuem den Prozeß der Auseinandersetzung mit der Natur aufzunehmen hätte und das unter ausgebildeten Klassenverhältnissen.
Hier wird in eindringlicher Weise deutlich, wie die Marxsche Differenzierung in abstrakt-allgemeine Arbeit und konkret-sinnliche Tätigkeit den bürgerlichen Horizont transzendiert, dessen Eigentümlichkeit gerade in der sich selbst undurchsichtigen Identifikation beider Bestimmungen besteht. Dadurch wird Adam Smith vorweg schon jede Möglichkeit abgeschnitten, einen Unterschied zwischen dem Wert des Produkts der jährlichen Arbeit der Gesamtgesellschaft und dem jährlichen Wertprodukt zu konstatieren. Beides ist nicht das gleiche. Einmal unter kapitalistische Produktion subsumiert, nimmt der gigantische Komplex von Arbeitsmitteln, den der Mensch zwischen sich und den Arbeitsgegenstand schiebt, die Form einer gegenständlichen Daseinsweise des Kapitals an, das sich im Prozeß seiner Selbstbewegung im Produktionsprozeß in verschiedene Momente auseinanderlegt. Sie werden also zu Werten, deren Größe sich jedoch nicht bemißt nach der geschichtlichen Arbeit, die zu ihrer Hervorbringung benötigt wurde (diese entzieht sich grundsätzlich einer quantitativen Bestimmung), sondern nach Maßgabe der gesellschaftlich notwendigen Arbeitszeit, welche die aktuelle Reproduktion erfordert. Der Produk-

12 Das Kapital, Bd. 2, S. 373
13 Vgl. a. a. O., S. 374

tenwert des gesamten bearbeiteten Naturstoffs muß daher wesentlich größer sein als das jährliche Wertprodukt, das nur das Ergebnis der Arbeit des vergangenen Jahres ist. Da Adam Smith alles Einkommen letztlich auf Arbeit – bezahlte und unbezahlte – zurückführt, er aber andererseits die gesellschaftliche Qualität der Arbeit mit ihrer konkret-sinnlichen Erscheinungsform identifiziert, stellt sich ihm das gesamte Produkt – unter der Voraussetzung einfacher Reproduktion – nur in seiner konsumierbaren Form dar. Wiewohl sich bei ihm die ersten Ansätze einer Unterscheidung von Produktionsmittel- und Konsumgüterindustrien finden, die zur Lösung dieses Problems eingeführt werden muß, kann er diesen Gedanken doch nicht weiter präzisieren, da ihm seine methodischen Mittel zugleich den Weg zu der Einsicht versperren, daß im Konsumtionsfonds der Wert der verbrauchten und abgenutzten Produktionsmittel nur wiedererscheint, aber weder durch die während des letzten Jahres für diesen Konsumtionsfonds verausgabte Arbeit produziert noch reproduziert worden ist. Marx hebt hervor, daß Quesnay – »dank der Schranken seines Horizonts« – dem wirklichen Sachverhalt näher kam als Adam Smith. Da für ihn die Agrikulturarbeit die einzig produktive Arbeit ist, und der ökonomische Reproduktionsprozeß, was immer seine spezifisch gesellschaftliche Form sei, sich auf dem Gebiet der Agrikultur mit dem natürlichen Reproduktionsprozeß verschlingt, kam er wesentlich leichter zu der Erkenntnis, daß ein »Teil des Gesamtprodukts – wie jeder andere Teil desselben als Gebrauchsgegenstand neues Resultat der verflossenen Jahresarbeit – ... zugleich nur Träger von altem, in selber Naturalform wiedererscheinendem Kapitalwert«[14] ist, der in seinem Tableau nicht zirkuliert, sondern in den Händen der Pächterklasse bleibt, um dort seinen Kapitaldienst wieder zu beginnen.

Wenden wir uns einem weiteren, von Marx beschriebenen Zirkelschluß im Werk von Adam Smith zu, in welchem sich das Changieren der »esoterischen« und »exoterischen« Betrachtungsweise reflektiert, einer Dualität, die selber wieder Ausdruck der Bürgerlichkeit dieser Wissenschaft ist, soweit sie von Marx als klassische bezeichnet wird. Wäre die Theorie als klassische nicht zugleich bürgerliche Theorie, so müßte sie nach dem Marxschen Selbstverständnis mit seiner eigenen zusammenfallen. Unter der Voraussetzung einer bürgerlichen Mehrwerttheorie steht der Theoretiker vor der Alternative: soll das Wert-

---

14 A. a. O., S. 359

gesetz gelten, so ist der Kapitalismus unmöglich; oder aber der Kapitalismus existiert (was offensichtlich der Fall ist), und dann kann das Wertgesetz *nicht* gelten. Daß die Fragestellung, letztlich motiviert durch die »irrationelle Form« des Ausdrucks »Wert oder Preis der Arbeit«, an sich schon falsch ist und die Unlösbarkeit des Problems vorweg schon enthält, kann der Marxschen Kritik zufolge nicht mehr wahrgenommen werden. Vielmehr muß diese Fragestellung als die höchste Form des theoretischen Bewußtseins innerhalb des bürgerlichen Horizonts betrachtet werden, und darum zollt Marx Adam Smith, der dieses Problem formuliert hat, besonderes Lob. Bei dieser Gelegenheit weist Marx darauf hin, daß der Erkenntnisfortschritt in der ökonomischen Theorie keineswegs in allen Bereichen gleichmäßig ist. Analog der oben skizzierten Problemstellung, die in der physiokratischen Theorie angemessener behandelt worden war als bei Adam Smith, finden sich auch bei Ricardo theoretische Schwächen, die Marx nur als Rückfall hinter bereits erreichtes Niveau interpretieren kann. Im ersten Teil der *Theorien über den Mehrwert* heißt es: »Es ist das große Verdienst Adam Smiths, daß er gerade in den Kapiteln des ersten Buches . . ., wo er vom einfachen Warenaustausch und seinem Gesetz des Werts übergeht zum Austausch zwischen vergegenständlichter und lebendiger Arbeit, zum Austausch zwischen Kapital und Lohnarbeit, zur Betrachtung von Profit und Grundrente im allgemeinen, kurz zum Ursprung des Mehrwerts . . . fühlt, daß hier ein Riß eintritt, daß – wie immer vermittelt, eine Vermittlung, die er nicht begreift – das Gesetz im Resultat faktisch aufgehoben wird, mehr Arbeit gegen weniger Arbeit (vom Standpunkt des Arbeiters), weniger Arbeit gegen mehr Arbeit (vom Standpunkt des Kapitalisten) ausgetauscht wird, und daß er hervorhebt und es ihn förmlich irremacht, daß mit der *Akkumulation des Kapitals* und dem *Grundeigentum* – also mit der Verselbständigung der Arbeitsbedingungen gegenüber der Arbeit selbst – eine neue Wendung, scheinbar (und faktisch als Resultat) ein Umschlag des Gesetzes des Werts in sein Gegenteil stattfindet. Es ist ebenso seine theoretische Stärke, daß er diesen Widerspruch fühlt und betont, wie es seine theoretische Schwäche ist, daß es ihn an dem allgemeinen Gesetz, selbst für den bloßen Warenaustausch, irremacht, daß er nicht einsieht, wie dieser Widerspruch dadurch eintritt, daß das Arbeitsvermögen selbst zur Ware wird und daß bei dieser spezifischen Ware ihr Gebrauchswert, der also mit ihrem Tauschwert nichts zu tun hat, selbst die den Tauschwert schaffende Energie ist. Ricardo hat das vor Adam Smith voraus, daß diese scheinbaren und resultatlich wirklichen Widersprüche ihn nicht beirren. Er steht darin hinter Adam Smith zurück, daß er nicht einmal ahnt, daß hier ein Problem liegt und daher die *spezifische* Entwicklung, die das Gesetz der Werte mit der Kapitalbildung annimmt, ihn keinen Augenblick stutzig macht noch ihn beschäftigt«[15]. Interessant ist ein beigefügter methodologischer Hinweis von Marx, demzufolge die größere Systematik des Ricardoschen Konzepts unmittelbar einhergeht mit der Problemblindheit, die Ricardo an dieser zentralen Stelle aufweist. »Es ist aber natürlich zugleich diese Einsicht Adam Smiths, die ihn schwankend, unsicher macht, ihm den festen Boden unter den Füßen wegzieht und ihn, im Gegensatz zu Ricardo, nicht zur einheitlichen, theoretischen Gesamtanschauung der abstrakten allgemeinen Grundlage des bürgerlichen Systems kommen läßt«[16].

Worauf sich Marx in seiner Kritik bezieht, wird erst am Ende des zweiten Teils der *Theorien über den Mehrwert* deutlich. Bei Ricardo heißt es: »Adam Smith, der die ursprüngliche Quelle des Tauschwerts so genau bestimmte, und der demgemäß verpflichtet war zu behaupten, daß alle Dinge je nach der für sie verwendeten größeren und geringeren Menge Arbeit mehr oder weniger wertvoll sind, hat selbst noch einen anderen Maßstab für den Wert der Dinge aufgestellt und spricht davon, daß Dinge mehr oder weniger wertvoll sind, je nachdem, ob sie sich gegen mehr oder weniger dieses Normalmaßes austauschen. An einigen Stellen spricht er von Getreide, an anderen von Arbeit als diesem Normalmaß, aber nicht von der Menge Arbeit, die zur Produktion irgend eines Gegenstandes aufgewendet wurde, sondern von der Quantität, die sie auf dem Markt kommandieren kann: so, als ob dies zwei gleichwertige Begriffe wären und als ob deswegen, weil jemandes Arbeit doppelt ergiebig geworden ist und er daher die zweifache Quantität einer Ware erzeugen kann, er notwendigerweise das Doppelte der früheren Menge dafür einzutauschen imstande ist. Wenn dies tatsächlich richtig wäre, wenn das Entgelt des Arbeiters immer dem entspräche, was er produziert, würden die auf eine Ware verwendete Arbeit und die Quantität Arbeit, die mit dieser gekauft werden kann, gleich sein, und jede könnte die Veränderungen anderer Dinge zuverlässig messen. Jedoch sie sind nicht gleich ...«[17]. In einer Hinsicht bejaht Marx die Ricardosche Kritik an Adam Smith: wenn sich die Wertgröße der Ware bemißt nach der in ihr enthaltenen Arbeitszeit, so tangiert das nicht die Verteilung dieses Werts, mit

15 Theorien über den Mehrwert, Teil 1, S. 53 f.
16 A. a. O., S. 54
17 David Ricardo, Über die Grundsätze der politischen Ökonomie und Besteuerung, Berlin 1959, S. 12

Marxschen Worten: »... wenn die relative quantity of labour das Maß der Warenwerte war *vor* Hereinkommen des Arbeitslohns (eines vom Wert des Produkts selbst verschiedenen Lohns), (ist) durchaus kein Grund vorhanden ..., warum sie es nicht *nach* dem Hereinkommen des Arbeitslohns bleiben soll« [18]. Diese nach der Marxschen Auffassung durchaus berechtigte Kritik an Adam Smith geht jedoch nicht einher mit der Lösung des Problems selbst; im Gegenteil, die Tatsache, daß Ricardo unterstellt, Adam Smith gebrauche zwei verschiedene Wertmaßstäbe als »gleichwertige Begriffe«, läßt vielmehr erkennen, daß Ricardo das eigentliche Problem gar nicht begriffen hat: »Ricardo antwortet einfach, daß dem nun einmal so in der kapitalistischen Produktion ist. Er löst nicht nur nicht das Problem. Er fühlt es nicht einmal bei Adam Smith heraus. Der ganzen Anlage seiner Forschung entsprechend genügt es ihm, nachzuweisen, daß der wechselnde Wert der Arbeit – kurz der Arbeitslohn – die Wertbestimmung der von der Arbeit selbst verschiedenen Waren durch das relativ in ihnen enthaltene Arbeitsquantum *nicht aufhebt. ›Sie sind nicht gleich‹*, nämlich ›die Menge der Arbeit, die auf die Herstellung einer Ware verwandt wird, und die Menge der Arbeit, die diese Ware kaufen würde‹. Mit der Konstatierung dieser Tatsache begnügt er sich« [19]. Wie jeder bürgerliche Theoretiker geht auch Ricardo von der kapitalistischen Produktion als einem Letzten, nicht mehr Ableitbaren aus, aber im Gegensatz zu jenen Theoretikern, die sich *nur* in der Welt des Scheins »herumtreiben«, wie Marx manchmal sagt, stößt er unmittelbar zum Wesen des Gesamtprozesses vor, wobei ihn die komplizierten Vermittlungen, welche eben das Wesen erst zum Wesen werden lassen, und die zugleich Bedingung der Möglichkeit einer Vulgärökonomie sind, nicht irritieren. Für ihn ist der Wert der Arbeit schlicht kleiner als der Wert des von ihr hervorgebrachten Produkts: »Der Überschuß des Werts des Produkts *über* den Wert der wages ist gleich dem Mehrwert. (Ricardo sagt fälschlich *Profit*, identifiziert aber ... hier den Profit mit Mehrwert und spricht in der Tat von dem Letzteren.) Bei ihm ist es Tatsache, daß der Wert des Produkts größer ist als der Wert der wages. Wie diese Tatsache entsteht, bleibt unklar. Der Gesamtarbeitstag *ist* größer als der Teil des Arbeitstags, der zur Produktion der wages erheischt. Warum? tritt nicht hervor« [20]. Daß der Kapitalismus erst entstehen kann, wenn die menschliche Arbeit ein

18 Theorien über den Mehrwert, Teil 2, S. 393
19 A. a. O., S. 394
20 A. a. O., S. 403

Mehrprodukt erzeugen kann, also mehr Gebrauchsgegenstände hervorbringen kann als zur Reproduktion des unmittelbaren Produzenten benötigt wird, daß erst dann die Produktionsmittel die Form des Kapitals bzw. des Grundeigentums annehmen können und sich auch erst dann der Mensch als objektivloser Arbeiter präsentiert, dessen Fähigkeit, mehr zu produzieren als zu seiner Reproduktion erforderlich ist, als Ware auf dem Markt zu kaufen ist, all das entgeht Ricardo, so daß er diese spezifische Fähigkeit nur als lebendige Arbeit, »immediate labour«, fassen kann, die er der vergegenständlichten Arbeit, »accumulated labour«, dem Kapital, unmittelbar gegenüberstellt. Der Unterschied ist für ihn lediglich formell, das eine ist vergegenständlichte Arbeit, das andere lebendige, also nur zwei verschiedene Formen von Arbeit, und die Frage, warum die Lohnarbeit als Ware zu behandeln ist, für welche ebenfalls noch das Wertgesetz zu gelten hat, stellt sich ihm nicht mehr: »Wenn dieser Unterschied bei der Wertbestimmung der Waren gleichgültig, warum wird er von so entscheidender Wichtigkeit, wenn vergangene Arbeit (Kapital) mit lebendiger Arbeit ausgetauscht wird? Warum soll er hier ein Gesetz des Werts aufheben, da der Unterschied *als solcher*, wie sich bei der Ware zeigt, gleichgültig für die Wertbestimmung ist? Ricardo beantwortet diese Frage nicht, wirft sie selbst nicht auf« [21]. Obwohl es sich auch bei Adam Smith aus den eben erwähnten Gründen nur um eine unmittelbare Gegenüberstellung von lebendiger und vergegenständlichter Arbeit handeln kann, sieht er darin ein Problem, daß die lebendige Arbeit zugleich als Ware angeboten wird und darum den Gesetzen des Äquivalententausches unterliegt. Die beiden Wertmaßstäbe sind infolgedessen keineswegs »gleichwertige Begriffe«, wie Ricardo meint, sondern Ausdruck des höheren Problembewußtseins bei Adam Smith: »Er sagt umgekehrt: Weil in der kapitalistischen Produktion der Lohn des Arbeiters *nicht* mehr gleich seinem Produkt ist, also das Quantum Arbeit, das eine Ware kostet, und das Quantum Ware, das der Arbeiter mit dieser Arbeit kaufen kann, zwei verschiedene Dinge sind, *eben aus diesem Grund* hört die relative Quantität Arbeit, die in den Waren enthalten ist, auf, ihren Wert zu bestimmen, wird dieser vielmehr bestimmt durch die value of labour, durch das Quantum Arbeit, das ich mit einer bestimmten Masse Waren kaufen, kommandieren kann. Darum wird die *value of labour* das Maß der Werte, statt die *relative quantity* of labour« [22].

---

21 A. a. O., S. 396
22 A. a. O., S. 393

So kommt es, daß beide Denker explizit verschiedene Werttheorien formulieren, aber trotzdem die gleiche Mehrwertlehre vertreten. Beide leiten den Mehrwert, den sie nach Marx je schon in seiner bürgerlichen Form als Profit begreifen, aus jener Arbeit her, die über das Maß der notwendigen Arbeit hinausgeht, notwendige Arbeit im Sinne der Arbeitszeit, die aufgewendet werden muß, um die Reproduktion des Arbeiters zu gewährleisten. Besteht das notwendige Quantum Lebensmittel für einen Monat aus 1 Quarter Korn, so mag sich der Wert des Korns verändern mit wechselnder Produktivkraft der Arbeit, aber nach wie vor »kommandiert« 1 Quarter Korn einen Monat Arbeit. Und das ist, wie Marx ausführt, der »*verborgene Grund*, warum Adam Smith sagt, daß, sobald das Kapital dazwischenkommt und folglich die Lohnarbeit, nicht die quantity of labour bestowed upon the produce, but the quantity of labour it can command, seinen Wert reguliert« [23]. Ein identisches Quantum Gebrauchswert macht sich stets dasselbe Quantum Arbeit »dienstbar«, und dieser Sachverhalt schlägt sich in der Theorie von Adam Smith in der Weise nieder, daß er dieses identische Quantum Arbeit zum Maß des Werts macht. Bei Adam Smith heißt es: »Von gleichen Quantitäten Arbeit kann man sagen, daß sie zu allen Zeiten und an allen Orten für den Arbeiter von gleichem Wert seien. Bei dem gewöhnlichen Stande seiner Gesundheit, Kraft und Intelligenz, beim gewöhnlichen Stande seiner Geschicklichkeit und Fertigkeit muß er immer ein und denselben Teil seiner Bequemlichkeit, seiner Freiheit und seines Glücks hingeben. Der Preis den er zahlt, muß immer derselbe sein, wie groß auch die Quantität der Güter sei, welche er dafür als Entgelt erhält« [24]. Die Werte der anderen Waren verhalten sich zur Arbeit, wie sie sich zum Korn verhalten. Tauscht sich eine bestimmte Menge Korn gegen ein gegebenes Quantum Arbeit, und tauscht sich jeder andere Gebrauchswert gegen Korn in einem bestimmten Verhältnis, so bestimmt sich der Wert jeder anderen Ware nach Maßgabe der Arbeit, die sie »in Bewegung setzt«, da jede Ware eine bestimmte Menge Korn »kommandiert«, und der Wert des Korns seinerseits bestimmt ist durch das Arbeitsquantum, das es sich dienstbar machen kann. Diese Argumentation enthält einen Zirkelschluß: »Aber wie ist das Wertverhältnis der anderen Waren zum Korn (necessaries) bestimmt? Durch die quantity of labour they command. Und wie ist die quantity of labour they command bestimmt? Durch die quantity of corn that labour commands.

---

23 A. a. O., S. 399
24 Adam Smith, a. a. O., S. 40

Hier fällt Smith notwendig in den cercle vicieux«[25]. Dieser Zirkel ergibt sich jedoch nur, wenn man die exoterische Betrachtungsweise zu Ende denkt. Marx fügt hinzu, daß Adam Smith, »wo er wirklich entwickelt«, also zur esoterischen Betrachtungsweise übergeht, »*nie* diese measure of value anwendet«[26].

3. David Ricardo

Das Werk von David Ricardo stellt sich in der Marxschen Beurteilung als Abschluß der Entwicklung der großen bürgerlichen Theorie dar. Ricardo ist der konsequenteste Theoretiker; jene Dualität von esoterischer und exoterischer Betrachtungsweise, die noch das Gesamtwerk von Adam Smith durchzieht, findet sich bei Ricardo nicht mehr: »Ricardo aber tritt endlich dazwischen und ruft der Wissenschaft: Halt! zu. Die Grundlage, der Ausgangspunkt der Physiologie des bürgerlichen Systems – des Begreifens seines inneren organischen Zusammenhangs und Lebensprozesses – ist die Bestimmung des *Werts durch die Arbeitszeit.* Davon geht Ricardo aus und zwingt nun die Wissenschaft, ihren bisherigen Schlendrian zu verlassen ...«[1]. Andererseits betont Marx, daß auch Ricardo den bürgerlichen Horizont nicht zu überspringen vermag, und sich aus diesem Grunde – wie bei allen Klassikern – das Gesamtwerk als »Widerspruch in sich« darstellt, als der vorweg zum Scheitern verurteilte Versuch, mit »Verstandesbegriffen« ein System erfassen zu wollen, das sich selbst in diesen Kategorien in verkehrter Weise präsentiert. Es wurde oben schon darauf hingewiesen, daß Marx die größere Systematik, die das Werk von David Ricardo gegenüber dem von Adam Smith auszeichnet, nicht auf einen geradlinigen Erkenntnisfortschritt in allen Bereichen der politischen Ökonomie zurückführt, sondern gerade mangelndes Problembewußtsein bei der Betrachtung der entscheidenden Nahtstelle des kapitalistischen Gesamtsystems – dem Austauschprozeß zwischen Kapital und Arbeit – für die Einheitlichkeit und größere Geschlossenheit des Ricardoschen Werkes verantwortlich macht. Hinzu kommt, daß Ricardo, obwohl er die Ansicht des »exoterischen« Adam Smith, derzufolge der Wert aus seinen eigenen Bestandteilen entspringe, konsequent negiert, in einem wesentlichen Aspekt von Adam Smith »eingefangen wird«[2]

25 Theorien über den Mehrwert, Teil 2, S. 400
26 A. a. O., S. 400
1 Theorien, Teil 2, S. 157
2 Vgl. a. a. O., S. 208

– und zwar vom »exoterischen«, demjenigen, der in den Anschauungen der Sphäre der Konkurrenz befangen bleibt: es ist dies die Lehre vom natürlichen Preis.

Für Adam Smith ist der natürliche Preis identisch mit dem aus der Konkurrenz resultierenden Kostenpreis, aber »dieser Kostenpreis (ist) bei Adam Smith selbst nur sofern identisch mit der »value« der Ware, als Smith seine tiefere Ansicht vergißt und bei der falschen aus dem Schein der Oberfläche geschöpften stehen bleibt, daß die échangeable value der commodities gebildet wird durch die Komposition der selbständig bestimmten values of wages, profit and rent« [3]. Unter der Voraussetzung, daß der Wert der Ware zusammengesetzt ist aus den Werten von Arbeitslohn, Profit und Rente, fragt er sich, wie diese Elementarwerte bestimmt werden, und rekurriert – ebenfalls von der Erscheinung ausgehend, wie sie in der Konkurrenz vorliegt – auf »einen gewöhnlichen oder Durchschnittssatz« für Arbeitslohn, Profit und Rente, den es in »jeder Gesellschaft und Gegend« gibt [4]. »Diese regelmäßigen oder Durchschnittssätze kann man für die Zeit und den Ort, wo sie vielleicht für gewöhnlich vorherrschen, die natürlichen Sätze von Arbeitslohn, Rente und Profit nennen ... Wenn der Preis einer Ware weder höher noch niedriger ist, als er sein muß, um die Grundrente, den Arbeitslohn und den Profit des auf Erzeugung, Bereitung und Transport bis zum Markte verwendeten Kapitals nach ihrem natürlichen Satz zu bezahlen, so wird die Ware für einen Preis, den man ihren natürlichen nennen kann, verkauft« [5]. Dieser natürliche Preis ist der Kostpreis der Waren und fällt mit dem Wert der Waren zusammen, da ja vorausgesetzt wird, daß der Wert durch die Zusammensetzung von Arbeitslohn, Profit und Rente gebildet wird. »Die Ware wird dann genau für das verkauft, was sie wert ist, oder was sie dem, der sie zu Markte bringt, wirklich kostet« [6]. Marx notiert, daß Adam Smith Bedenken kommen wegen des Profits, den man doch nicht zu den Kosten schlagen könne, aber schließlich antwortet er mit dem »denktiefen Kapitalisten, dem diese Frage gestellt wird« [7]: »Obgleich im gewöhnlichen Sprachgebrauche das, was man den Einkaufspreis einer Ware nennt, nicht den Profit des Wiederverkäufers mit einschließt, so ist doch dieser, wenn er sie zu einem Preis

3 A. a. O., S. 209
4 Adam Smith, Eine Untersuchung über Natur und Wesen des Volkswohlstandes, Bd. 1, Jena 1923, S. 69
5 A. a. O., S. 70
6 A. a. O., S. 70
7 Theorien, Teil 2, S. 211

verkauft, der ihm nicht den in seiner Gegend üblichen Profitsatz gewährt, offenbar bei dem Handel im Verluste, da er ja durch irgend eine andere Anlage seines Kapitals diesen Profit vielleicht gemacht hätte. Zudem ist sein Profit sein Einkommen, die eigentliche Quelle seines Unterhalts. So wie er während der Zeit, wo er die Güter bereitet und zu Markte bringt, seinen Arbeitern ihren Lohn oder ihren Unterhalt vorschießt, so schießt er auf dieselbe Art sich selbst seinen eigenen Unterhalt vor, der sich dann gemeiniglich nach dem Profit richtet, den er vernünftigerweise vom Verkauf seiner Güter erwarten kann. Bringen sie ihm diesen Profit nicht ein, so erstatten sie ihm nicht wieder, was sie ihm doch wirklich gekostet haben« [8].

Diese Identifizierung von Kostpreis und Wert oder natürlichem Preis beruht nach Marx also darauf, daß Adam Smith völlig unterschlägt, daß er in seinem »esoterischen Teil« den Wert der Ware auf Arbeit und Mehrarbeit zurückführt, aber – und das kennzeichnet ihn als bürgerlichen Theoretiker – nicht zugleich fragt, warum sich dieser Wert der Ware für den Einzelkapitalisten in Form von Kosten darstellt. Darüber stolpert er bei der Entwicklung des natürlichen Preises. »Hier haben wir die ganze Entstehungsgeschichte des prix naturel und noch dazu in ganz entsprechender Sprache und Logik, da die valeur der Ware gebildet wird durch die Preise von Salär, Profit und Rente, der wahre Wert der letzteren aber wieder gebildet wird, wenn sie auf ihrer *natürlichen Taxe* stehen, so (ist) klar, daß die valeur der *Ware* identisch mit ihrem *Kostpreis* und der letztere mit dem *prix naturel* der Ware. Die Taxe des Profits, das heißt die Profitrate, dito des Salärs wird als *gegeben* vorausgesetzt. So sind sie für *Bildung* des Kostenpreises. Sie sind ihm *vorausgesetzt*. Sie erscheinen also auch dem einzelnen Kapitalisten gegeben. Wie und wo und warum geht ihn nichts an. Smith stellt sich hier auf den Standpunkt des einzelnen Kapitalisten, des Agenten der kapitalistischen Produktion, der den Kostpreis seiner Ware festsetzt. So viel für Arbeitslohn etc., so viel beträgt die allgemeine Profitrate. Ergo: So *erscheint* diesem Kapitalisten die Operation, wodurch der *Kostenpreis* der Ware festgesetzt wird, oder, wie es ihm weiter erscheint, der *Wert* der Ware, denn er weiß ebenfalls, daß der Marktwert bald über, bald unter diesem Kostenpreis steht, der ihm daher als der ideale Preis der Ware, ihr absoluter Preis im Unterschied von ihren Preisschwankungen, kurz als ihr *Wert* erscheint ...« [9]. In der Konkurrenz – in der

---

8 Adam Smith, a. a. O., S. 70

9 Theorien, Teil 2, S. 210 f.

alles »verkehrt, stets auf den Kopf gestellt« erscheint – erscheint also nicht der Wert als das »Regelnde« der Marktpreise, sondern vielmehr der Kostpreis als »sozusagen immanenter Preis – als Wert der Waren« [10].

Wesentlicher Ansatzpunkt der Marxschen Kritik an Ricardo ist, daß diese Identifizierung von Wert und Kostpreis, die der exoterischen Betrachtungsweise von Adam Smith entstammt, und die sonst von Ricardo nicht nur nicht übernommen sondern ausdrücklich zurückgewiesen wird, auch dem Gesamtwerk von Ricardo zugrunde liegt. »Während Ricardo diese Ansicht durchgehend bekämpft, akzeptiert er die *auf dieselbe* gegründete Konfusion oder Identifizierung von *valeur échangeable* und *cost-price* oder *natural price* des Adam Smith. Diese Konfusion ist bei Smith berechtigt, weil seine ganze Untersuchung über den *prix naturel ausgeht* von seiner zweiten falschen Ansicht von der value. Bei Ricardo aber gänzlich unberechtigt, weil er nirgendwo diese falsche Ansicht Smiths akzeptiert, sondern ex professo sie bekämpft als Inkonsequenz. Es gelang aber Smith, ihn durch den *prix naturel* wieder einzufangen« [11]. Marx zeigt nun, daß die unreflektierte Übernahme dieses Bestandteils der Theorie von Adam Smith bestimmend ist für alle Aspekte des Ricardoschen Systems. Daß Ricardo – als bürgerlicher Theoretiker – die Kategorien nicht genetisch entwickelt, sondern sie aus der Empirie aufgreift, ist generelles Charakteristikum und braucht nicht weiter hervorgehoben zu werden. Bedeutsam ist jedoch, daß er durch diese Identifizierung von Wert und Kostpreis die Gesamtheit der Kategorien in einer Weise als gegeben voraussetzt, daß sich der Nachweis der Geltung des Wertgesetzes nur noch in subsumtionslogischer Form durchführen läßt: »Die Methode Ricardos besteht nun darin: Er geht aus von der Bestimmung der Wertgröße der Ware durch die Arbeitszeit und *untersucht* dann, ob die übrigen ökonomischen Verhältnisse, Kategorien, dieser Bestimmung des Werts *widersprechen* oder wie weit sie dieselbe modifizieren« [12]. Da *für ihn* die Erscheinungsformen nicht Erscheinungsformen sind, muß er sie »unmittelbar, direkt als Bewähr oder Darstellung des allgemeinen Gesetzes« [13] auffassen.

Marx hebt hervor, daß Ricardo der erste Theoretiker ist, der »überhaupt nachdenkt über das Verhältnis der *Wertbestimmung*

---

10 A. a. O., S. 228
11 A. a. O., S. 209
12 A. a. O., S. 155
13 A. a. O., S. 97

der Waren zu der Erscheinung, daß gleich große Kapitalien gleiche Profite liefern« [14]. Soll das Wertgesetz gelten, sollen sich Waren austauschen nach Maßgabe der in ihnen enthaltenen Arbeitszeit, so steht dies im Widerspruch zur Existenz einer allgemeinen Profitrate, d. h., daß ein Unterschied besteht zwischen Wert und Kostpreis der Waren. Das wird zwar von Ricardo, der ja von der unmittelbaren Identität ausgeht, nicht in dieser Weise ausgesprochen, wie Marx bemerkt, sondern nur »geahnt«, indem er mit Hilfe der von Adam Smith übernommenen Unterscheidung von fixem und zirkulierendem Kapital darauf aufmerksam macht, daß Kapitalien von gleicher Größe verschiedene Quanta lebendiger Arbeit in Bewegung setzen, aber trotzdem dieselbe Profitrate abwerfen. Da Ricardo aber – wegen der Identifizierung von Wert und Kostpreis – von der Existenz einer allgemeinen Profitrate als einem Faktum ausgeht, kann er die Nichtübereinstimmung von Wert und Kostpreis nur als Ausnahme vom allgemeinen Gesetz konzipieren, worauf, wie Marx hinzufügt, »Malthus richtig bemerkt, daß die Regel die Ausnahme und die Ausnahme die Regel im Progreß of industry wird« [15]. Ricardo – so schreibt Marx – fragt sich: »Wie wird Steigen oder Fallen von Arbeitslohn auf die »relative values« wirken, wenn capital fixe und circulant in verschiedener Proportion eingehen? Und da findet er natürlich, daß je nachdem viel oder wenig capital fixe eingeht etc. das Steigen oder Fallen der Saläre sehr verschieden wirken muß auf Kapitalien, je nachdem ein größerer oder geringerer Teil derselben aus variablem Kapital besteht, das heißt aus Kapital, das direkt in Arbeitslohn ausgelegt wird. Um also die Profite in den verschiedenen Produktionssphären wieder auszugleichen, alias die *allgemeine Profitrate* wieder herzustellen, müssen die Preise der Waren – im Unterschied zu ihren Werten – verschieden reguliert werden. *Also,* schließt er weiter, wirken diese Unterschiede auf die *»relativ values«* beim Steigen oder Fallen der Saläre« [16]. Neben diesem durch Variation im Arbeitslohn bewirkten Fall, in welchem die Warenwerte nicht mehr bestimmt sind durch die zu ihrer Produktion benötigten Arbeitszeit, entwickelt Ricardo noch einen zweiten Fall: »Ebenso verschiedene Umlaufszeiten des Kapitals – ob es länger im Produktionsprozeß (wenn auch nicht im Arbeitsprozeß) oder im Zirkulationsprozeß verharrt, nicht mehr Arbeit, sondern mehr Zeit zu seinem return braucht

14 Theorien, Teil 3, S. 65
15 A. a. O., S. 66
16 Theorien, Teil 2, S. 165 f.

– affizieren ebensowenig die Gleichheit der Profite; und dies widerspricht wieder – ist nach Ricardo wieder *Ausnahme* – dem Gesetz der Werte« [17].

Anstatt eine allgemeine Profitrate vorauszusetzen, hätte Ricardo sich vielmehr fragen müssen, so argumentiert Marx, ob die Existenz einer solchen Profitrate nicht prima facie dem Wertgesetz widerspricht, statt ihm zu entsprechen, und er hätte gefunden, daß »ihre Existenz ... erst durch eine Masse Mittelglieder zu entwickeln ist, eine Entwicklung sehr verschieden von einfacher Subsumtion unter das Gesetz der Werte« [18]. Geht man davon aus, daß der Wert der Ware durch die Arbeitszeit bestimmt ist – und ohne diese Voraussetzung wäre nach Marx die ökonomische Wissenschaft sinnlos – so bestimmt sich der Mehrwert, den ein Kapital abwirft, nicht nach seiner absoluten Größe, sondern hängt ab von der Größe des variablen, also des in Arbeitslohn angelegten Kapitals. Kapitalien von gleicher Größe aber unterschiedlicher Zusammensetzung von konstantem und variablem Kapital (Ricardo nennt es fixes und zirkulierendes) müssen infolgedessen ungleiche Mehrwerte abwerfen. Dasselbe gilt auch für Kapitalien mit ungleicher Zirkulationsgeschwindigkeit. Selbst wenn gleich große Kapitalien gleiche Werte produzieren, so ist »je nach ihrem *Zirkulationsprozeß* der *Zeitraum* verschieden, worin sie *gleiche Quanta unbezahlter Arbeit aneignen* und in *Geld verwandeln können.* Dies gibt also eine zweite Differenz in den Werten, Mehrwerten und Profiten, die Kapitalien von *gleicher Größe* in different trades abwerfen müssen in einem bestimmten Zeitraum« [19]. Unter diesem Gesichtspunkt stellt sich die Konstruktion des zweiten bzw. dritten Bandes des *Kapitals* dar als systematischer Beweis der Tatsache, daß der Wert nur nach Maßgabe der gesellschaftlich notwendigen Arbeitszeit bestimmt ist, als totale Entmystifizierung des Scheins, als ob der Wert aus anderen Quellen entspringen könne als aus der Arbeit. Marx betont wiederholt, daß die Preise der Waren von ihren Werten abweichen müssen, wenn Kapitalien von gleicher Größe in gleichen Zeiträumen gleiche Profite abwerfen sollen. Die Kostenpreise aller Waren zusammen, ihre Summe ist jedoch gleich ihren Werten, wie auch der Gesamtprofit gleich dem Gesamtmehrwert ist, den diese Kapitalien zusammen während eines Jahres abwerfen. »Der *Durchschnittsprofit,* also auch die Kostenpreise, wäre bloß imaginär und haltlos, nähmen

17 Theorien, Teil 3, S. 66
18 Theorien, Teil 2, S. 165
19 A. a. O., S. 181

wir nicht die Wertbestimmung als Grundlage. Die Ausgleichung der Mehrwerte in different trades ändert nichts an der absoluten Größe dieses Gesamtwerts, sondern ändert nur seine *Verteilung* in different trades. Die *Bestimmung dieses Mehrwerts* selbst aber geht nur aus der Bestimmung des Werts durch Arbeitszeit hervor. Ohne diese ist der Durchschnittsprofit Durchschnitt *von nichts*, bloße fancy. Und er könnte dann ebensowohl 1000 wie 10 p. c. sein«[20].

Die Konkurrenz muß infolgedessen unter zwei Gesichtspunkten betrachtet werden, die Ricardo wegen dieser Identifizierung von Wert und Kostpreis nicht exakt auseinanderhält. Entsprechend seiner Werttheorie unterscheidet Marx zwischen den *besonderen* Produktionszweigen und den *verschiedenen* Produktionszweigen. In den besonderen Produktionszweigen, in denen eine bestimmte Warenart hergestellt wird, bemißt sich der Wert der Ware nicht nach der individuell verausgabten Arbeit, sondern es gibt nur einen allgemeinen Wert, der bestimmt ist durch die Gesamtmasse der gesellschaftlichen Arbeitszeit, welche die Gesamtmasse der Waren dieses besonderen Produktionszweiges zu ihrer Herstellung erfordert. Die Konkurrenz gleicht also die individuellen Werte der Waren in diesen besonderen Produktionssphären zu einem allgemeinen Wert aus, dem Marktwert, dessen Preisausdruck der Marktpreis ist. Der wirkliche Marktpreis steht nun über oder unter diesem Marktwert bzw. Marktpreis, er oszilliert um diesen Marktpreis, der sich darum auch als Durchschnitt der wirklichen Marktpreise bestimmen läßt. Die allgemeinen Produktionsbedingungen innerhalb dieser besonderen Sphäre sind die durchschnittlichen Produktionsbedingungen, wie die allgemeine Produktivität der Arbeit als durchschnittliche Produktivität gilt. Entsprechend dem Verhältnis des individuellen Produzenten zu den allgemeinen Produktionsbedingungen und der allgemeinen Produktivität der Arbeit wird daher auch sein Gewinn größer oder kleiner sein als der Durchschnittsprofit innerhalb der besonderen Produktionssphäre. »Es ist also nicht durch *Ausgleichung* der *Profite innerhalb* einer besonderen Produktionssphäre, daß die Konkurrenz den *Marktwert* oder *Marktpreis* herstellt. Umgekehrt Die Konkurrenz gleicht hier die *verschiedenen individuellen Werte* zu dem selbigen *gleichen*, *unterschiedslosen Marktwert* dadurch aus, daß sie die Differenz innerhalb der *individuellen Profite*, der Profite der einzelnen Kapitalisten und *ihre Abweichung* von der *Durchschnittsprofitrate* der Sphäre zuläßt. Sie schafft sie sogar durch die Herstellung *desselben Marktwertes* für Waren, die

20 A. a. O., S. 181 f.

unter ungleich günstigeren Produktionsbedingungen, also mit ungleicher Produktivität der Arbeit hergestellt sind, *also ungleich große Arbeitszeit* darstellen. Die unter den günstigeren Bedingungen produzierte Ware enthält weniger Arbeitszeit als die unter ungünstigeren produzierte, verkauft sich aber zum selben Preis, hat denselben Wert, als ob sie dieselbe Arbeitszeit, die sie nicht enthält, enthielte« [21]. Von dieser Bewegung muß eine zweite unterschieden werden: daß nämlich die Konkurrenz bei Kapitalien in den verschiedenen Produktionszweigen, also den Kapitalien mit verschiedener organischer Zusammensetzung, eine allgemeine Profitrate herstellt durch die Ausgleichung der Marktwerte zu Marktpreisen, welche die Kostpreise darstellen, die von den wirklichen Marktwerten verschieden sind. »Durch diese zweite Aktion schafft die Konkurrenz die *Kostenpreise*, das heißt *dieselbe Profitrate* in den verschiedenen Produktionssphären, obgleich diese *identische* Profitrate nur durch von den Werten *unterschiedene prices* erzwungen werden kann« [22]. Diese beiden entgegengesetzten Bewegungen der Konkurrenz kann Ricardo nicht exakt unterscheiden, so daß er zwar die letztere Bewegung der Konkurrenz vor Augen hat, aber sie »sonderbarer Weise betrachtet ... als Reduktion des market price (vom Wert unterschiedenen Preis) auf den natural price (den in Geld ausgedrückten Wert). Dieser blunder kömmt indes von dem schon in ch I »über den Wert« begangenen Fehler, cost-price und value zu identifizieren ... « [23].

Diese Verwechslung des Prozesses der Bildung des Marktwertes mit dem der Bildung des Kostenpreises wirkt sich ihrerseits wieder auf die Ricardosche Grundrententheorie aus, und zwar in der Weise, daß er um der stringenten Durchführung seiner Werttheorie willen die Existenz einer absoluten Grundrente leugnet, wie Marx wiederholt hervorhebt. Doch bevor hier auf die Eigentümlichkeit dieser Rententheorie eingegangen werden soll, muß erwähnt werden, daß Marx das Spezifikum der Ricardoschen Theorie nicht allein auf die unklare Ausgangsposition zurückführt, sondern zugleich auch den historischen Hintergrund skizziert, ohne den sie unverständlich bleibt. So weist er zuerst darauf hin, daß Ricardo in einer Periode lebte, die durch beständiges Steigen der Weizenpreise charakterisiert war, und er sehr wohl wußte, daß die Einführung von Korngesetzen das Fallen der Preise verhindern

---

21 A. a. O., S. 197 f.
22 A. a. O., S. 198
23 A. a. O., S. 200

sollte. Für Ricardo ist »also hervorzuheben, daß das sich selbst überlassene Gesetz der Grundrente – *innerhalb eines bestimmten Territoriums* – die Zuflucht zu unfruchtbarem Boden, also Verteuerung der Agrikulturprodukte, Wachsen der Rente auf Kosten der Industrie und der Masse der Bevölkerung herbeiführen müsse ... Ricardo hatte hier praktisch und historisch recht« [24]. Hinzu kommt, daß Ricardo (wie auch Anderson, den Marx in diesem Zusammenhang erwähnt) von der auf dem Kontinent so »wunderlich scheinenden Ansicht« ausgeht, daß kein Grundeigentum als Fessel für beliebige Kapitalanlagen auf Grund und Boden existiere. Marx hebt hervor, daß diese Betrachtungsweise auf die englischen »law of enclosures« zurückzuführen sei, zu denen es keine Analogie auf dem Kontinent gibt, und auf die Tatsache, daß die kapitalistische Produktionsweise nirgends so rücksichtslos mit traditionellen Verhältnissen des Ackerbaus geschaltet habe und sich ihre Bedingungen adäquat gemacht habe wie in England. »England ist in dieser Hinsicht das revolutionärste Land der Welt. Alle historisch überlieferten Verhältnisse, nicht nur die Lage der Dorfschaften, sondern die Dorfschaften selbst, nicht nur die Wohnplätze der agricultural population, sondern diese population selbst, nicht nur die ursprünglichen Zentren der Bewirtschaftung, sondern diese Bewirtschaftung selbst, sind rücksichtslos weggefegt worden, wo sie den Bedingungen der kapitalistischen Produktion auf dem Lande widersprachen oder nicht entsprachen. Der Deutsche zum Beispiel findet die wirtschaftlichen Verhältnisse bestimmt durch traditionelle Feldmarken, Lage der Wirtschaftszentren, bestimmte Konglomeration der Bevölkerung. Der Engländer findet die historischen Bedingungen der Agrikultur vom Kapital progressiv *geschaffen* vor seit dem Ende des 15. Jahrhunderts« [25]. Wenn Marx vom Klassischen Kapitalismus spricht, so meint er die englischen Verhältnisse, worin sich das moderne Grundeigentum adäquat entwickelt hat, und das Kapital, dem es nur um Geldeinkommen geht, frei wirtschaften läßt. »So far existiert also *kein Grundeigentum*« [26]. Diese Anpassung aller Produktionsbedingungen an die kapitalistische Produktionsweise ist *Voraussetzung*, daß sich die Vorstellung entwickeln konnte, daß immer nur vom besseren zum schlechteren Boden übergegangen wird. *Bestimmend* für die Entwicklung dieser Vorstellung ist jedoch die aus den Kolonien »geschöpfte Anschauung«. In den Kolonien, insbesondere in

---

24 A. a. O., S. 229
25 A. a. O., S. 230
26 A. a. O., S. 231

jenen, wo ausschließlich Handelswaren wie Tabak, Baumwolle, Zukker etc. angebaut wurden, »entschied natürlich, *die Lage gegeben*, die Fruchtbarkeit, und die Fruchtbarkeit gegeben, *die Lage* des Landes. Sie (die Kolonialisten, H.R.) verfuhren nicht wie die Germanen, die sich in Deutschland niederließen, um dort ihren Wohnsitz aufzuschlagen, sondern wie Leute, die durch die Motive der *bürgerlichen* Produktion bestimmt, *Waren* produzieren wollen von Gesichtspunkten aus, die von vornherein nicht durch das Produkt, sondern durch den Verkauf des Produkts bestimmt waren. Daß Ricardo und andere englische Schriftsteller diese aus den Kolonien – die von Menschen ausgingen, die selbst schon das Produkt der kapitalistischen Produktionsweise waren – übertrugen auf den Gang der Weltgeschichte und daß sie die kapitalistische Produktionsweise als prius für die Agrikultur überhaupt voraussetzen, wie sie es für *ihre* Kolonisten war, erklärt sich daraus, daß sie in diesen Kolonien überhaupt, nur in anschaulicher Weise, *ohne Kampf mit traditionellen Verhältnissen*, also *ungetrübt*, dieselbe Herrschaft der kapitalistischen Produktion in der Agrikultur wiederfanden, die in ihrem eigenen Lande auf allen Seiten ins Auge schlägt«[27].

Auch hier ist hervorzuheben, daß sich nach Marx das Problem nur stellt auf der Basis einer konsequent durchgehaltenen Arbeitswerttheorie, wenngleich sich der Nachweis der Geltung des Wertgesetzes nicht in der Form vollzieht, wie das bei Marx der Fall ist. Wo die »Natur *als solche* Wert« hat, wie etwa bei Roscher, handelt es sich nicht mehr um eine theoretische Konzeption, sondern um Mystizismus. »Das Problem existiert für Ricardo nur, weil der Wert durch die Arbeitszeit bestimmt ist. Bei jenem Burschen ist dies nicht der Fall. Nach Roscher hat die Natur *als solche* Wert ... Das heißt, er weiß absolut nicht, was Wert ist. Was hindert ihn also, den *Landwert* in die Produktionskosten ursprünglich eingehen und die Rente formieren zu lassen, den Landwert, das heißt die Rente, zur Erklärung der Rente, vorauszusetzen?«[28].

Wie ist es möglich, fragt sich Ricardo, unter der Voraussetzung, daß die Waren zu ihren Werten ausgetauscht werden und das Kapital sich frei und ungehindert in allen Anlagesphären bewegen kann, daß neben dem Profit des Pächters noch eine Rente existiert, die dem Eigentümer des Bodens bezahlt wird? Wenn in allen Produktionssphären der Industrie nur Profit existiert, wie ist es dann möglich, daß

---

27 A. a. O., S. 232
28 A. a. O., S. 121

gerade in der Agrikultur neben dem normalen Profit noch eine Form des Reichtums existiert, die Rente, die ja auch nur aus Arbeitszeit bestehen kann. Da gleiche Quanta Arbeit gleichen Wert darstellen, so ist kein Grund vorhanden, warum das in Boden ausgelegte Kapital außer dem Profit noch eine Grundrente abwerfen soll. Es sei denn, daß das in dieser Sphäre ausgelegte gleiche Arbeitsquantum einen höheren Wert produzieren kann als in anderen. Aber das hieße nur, daß man den Wertbegriff aufgibt und damit auch die Grundlage der ganzen Wissenschaft. Aus diesem Grunde darf die Rente auch nicht als Resultat eines Monopolpreises erklärt werden, eines Preises, der mehr abwirft als den Durchschnittsprofit. Wenn Kapital ungehindert in jede Produktionssphäre eindringen kann (und davon geht ja Ricardo aus), unterstellt diese Annahme gerade, was zu erklären ist, nämlich daß in einer besonderen Produktionssphäre der Preis der Waren mehr als die allgemeine Profitrate abwerfen muß und daher über ihrem Wert verkauft werden muß. Unterstellt wird also, daß die Agrikulturproduktion den allgemeinen Gesetzen des Warenwerts entzogen ist, und zwar wird dies nur unterstellt, weil die besondere Form der Rente neben der Form des Profits einen solchen Schein erst hervorbringt.

Wie löst Ricardo dieses Problem? »Ricardo löst die Schwierigkeiten, indem er sie *in principle* als nicht vorhanden unterstellt und dies ist in der Tat *die einzige Art*, eine Schwierigkeit zu lösen. Nur kann es doppelt geschehen. Entweder daß man zeigt, daß der Widerspruch gegen das principle ein *Schein* ist, der aus der Entwicklung der Sache selbst hervorgeht. Oder indem man die Schwierigkeiten, wie Ricardo tut, *an einem Punkt wegleugnet*, dies dann als Ausgangspunkt nimmt, von wo aus man das Dasein, an einem anderen Punkt erklären kann« [29]. Die Leugnung der Schwierigkeit »an einem Punkt« besteht nach Marx darin, daß Ricardo »einen Punkt annimmt, wo das Kapital des Pächters gleich dem jedes anderen nur Profit zahlt« [30]. Das Kapital unterscheidet sich also zuerst grundsätzlich nicht von jedem industriellen Kapital, da es keine Grundrente bezahlt. Die Rente entsteht erst, wenn die Nachfrage nach Korn steigt und darum im Unterschied zu anderen Industriezweigen zu minder fruchtbaren Böden geflüchtet werden muß. Wenngleich der Farmer wegen des Steigens der Lebensmittelpreise wie jeder andere Kapitalist Einbußen erleidet, da er seinen Arbeitern mehr bezahlen muß, so kehrt sich die Sachlage doch zu

29 A. a. O., S. 23 f.
30 A. a. O., S. 24

seinen Gunsten, weil durch das Steigen der Preise der Waren über ihren Wert andere Waren, die in sein konstantes Kapital (bei Ricardo fixes Kapital) eingehen, im relativen Wert gegen seine Ware fallen, er sie also billiger einkauft, und er außerdem den Surpluswert in dem teueren Weizen besitzt. »Also der Profit des Pächters steigt über die Durchschnittsrate des Profits, die aber gefallen ist. Hence geht ein anderer Kapitalist auf den schlechteren Boden Nr. 2, der bei dieser geringeren Profitrate Produkt zu dem Preis von 1 liefern kann oder vielleicht noch etwas billiger. Wie dem auch sei, jetzt haben wir wieder auf 2 das normale Verhältnis, daß der Mehrwert sich bloß in Profit auslöst; aber wir haben die Rente erklärt für 1 und zwar dadurch, daß ein doppelter Produktionspreis besteht, der Produktionspreis von 2, der aber zugleich der Marktpreis von 1 ist« [31]. Die Rententheorie stimmt also mit der Werttheorie überein, der Überschuß des Preises über den Wert widerspricht nicht der allgemeinen Werttheorie, weil innerhalb jeder besonderen Produktionssphäre der Wert sich nicht bestimmt nach Maßgabe der individuellen Werte der Waren, sondern durch den Wert, den sie unter den allgemeinen Produktionsbedingungen einer Sphäre hat. »Auch hier ist der Preis der Rente tragenden Produkte *Monopolpreis* (wenn auch nicht in dem oben erwähnten Sinne, H. R.), aber Monopol, wie es in allen Sphären der Industrie vorkommt und sich nur in dieser fixiert und daher die vom Suplusprofit unterschiedene Form der Rente annimmt. Auch hier ist es der Überschuß der demand über die supply oder was dasselbe, daß die additional demand nicht befriedigt werden kann durch eine additional supply zu den *Preisen*, die die original supply hatte, bevor ihre Preise durch den Überschuß der Nachfrage über die Zufuhr wuchsen. Auch hier *entsteht die Rente* durch Überschuß des Preises über den Wert, durch Steigen der Preise auf dem besseren Boden über seinen Wert, wodurch die additional supply hervorgerufen wird« [32]. Während diese Form des Monopols in anderen Produktionszweigen nur eine vorübergehende Erscheinung ist, da durch die Wanderung des Kapitals sich die Preise wieder dem natürlichen Preis angleichen, handelt es sich hier um ein Monopol, das sich der absoluten Abnahme der Produktivität in der Agrikultur verdankt. Hier sieht man aber zugleich, wie die Identifizierung von Wert und Kostenpreis seine Rententheorie gleichsam vorweg präformiert. Zwar stimmt sie überein mit seiner Werttheorie und den Vorstellungen von der ausgleichenden

31 A. a. O., S. 24
32 A. a. O., S. 154

Funktion der Konkurrenz, aber seine Werttheorie (auf der Basis dieser Identifizierung) nötigt ihn zur Leugnung der absoluten Grundrente. Der schlechteste Boden darf keine Rente tragen, trägt der »bessere Boden Rente, so beweist dies nur, daß die Differenz der *individuell notwendigen* Arbeit von der *sozial notwendigen* sich in der Agrikultur fixiert, weil sie eine Naturbasis hat, während sie in der Industrie beständig verschwindet« [33]. Würde Ricardo die Existenz einer absoluten Grundrente zugeben, so stünde dies im Widerspruch zu seiner Werttheorie; es würde besagen, daß dasselbe Quantum Arbeit verschiedene Werte schafft, je nach dem Material, das sie bearbeitet. »Gibt man aber die *Verschiedenheit des Werts* zu – obgleich sich *dieselbe* Arbeitszeit in jeder der Produktionssphären im Produkt materialisiert, so gibt man zu, daß die *Arbeitszeit nicht den Wert bestimmt*, sondern etwas Heterogenes. Diese Differenz der *Wertgrößen* höbe den Begriff des Werts auf ... « [34]. Ricardo erklärt also die Existenz der Differentialrente, aber das Grundeigentum bleibt bei ihm ohne ökonomischen Effekt, obwohl er andererseits das Grundeigentum als Produkt eines Aneignungsprozesses beschreibt. »Das Ricardosche Gesetz herrschte ebensosehr, als wenn *kein Grundeigentum* existierte. Mit der Abschaffung des Grundeigentums und der Beibehaltung der kapitalistischen Produktion würde dieser aus der Differenz der Fruchtbarkeit hervorgehende Surplusprofit bleiben. Eignete sich der Staat das Grundeigentum an und bliebe die kapitalistische Produktion, so würde Rente von 2, 3, 4 an den Staat gezahlt, aber die Rente selbst bliebe« [35].

Mit dem Wegfallen der Identifizierung von Wert und Kostpreis, also mit der präzisen Dechiffrierung der gegensätzlichen Bewegung der Konkurrenz, fällt »auch weg das *theoretische Interesse*, das ihn (Ricardo, H. R.) zur Leugnung der absoluten Grundrente zwingt« [36]. Es handelt sich dann nicht mehr darum zu erklären, wie der Preis der Ware neben Profit auch noch Rente abwirft, also scheinbar das Wertgesetz verletzt und durch »Erheben ihres Preises über ihren *immanenten Mehrwert mehr als die allgemeine Profitrate* für ein Kapital von gegebener Größe abwirft« [37], sondern nur noch um die Erklärung, warum eine Ware in der Ausgleichung der Waren zu Durchschnittspreisen nicht soviel von ihrem immanenten Mehrwert an andere

33 A. a. O., S. 119
34 A. a. O., S. 119
35 A. a. O., S. 94
36 A. a. O., S. 236
37 A. a. O., S. 28

Waren abzugeben hat, daß sie nur noch den Durchschnittsprofit abwirft. Für Marx ist die Existenz des Grundeigentums selbst die Antwort. Das Kapital kann nur unter der Voraussetzung des Grundeigentums existieren, das aber zugleich ein Mittel darstellt, dem Kapital einen Teil des Agrikulturprodukts zu entziehen, welches dieses sich nur unter der Voraussetzung der Nichtexistenz des Grundeigentums aneignen könnte. Das Kapital muß dem Grundeigentümer den Überschuß des Wertes über den Kostpreis überlassen. Marx erklärt also die Existenz der absoluten Grundrente aus dem Unterschied in der organischen Zusammensetzung des Kapitals, den Ricardo in dieser Form nicht zu fassen vermag, so daß er zur Leugnung der absoluten Grundrente gezwungen ist. Sie verdankt sich der Tatsache, daß die Produktivkräfte in der Agrikultur weniger entwickelt sind und infolgedessen mehr lebendige Arbeit absorbiert wird. »Dieser Unterschied (in der organischen Zusammensetzung, H. R.) ist ein *historischer*, kann also verschwinden. Dieselbe Schlußfolge, die die Existenz der *absoluten Grundrente* als möglich zeigt, zeigt ihre Wirklichkeit, ihre Existenz als bloßes historisches fact, das einem *gewissen* Entwicklungsgrad der Agrikultur eigen, auf einem höheren verschwinden kann« [38].

---

38 A. a. O., S. 236 f.

3. Kapitel

Die kategoriale Darstellung

1. Zum Verhältnis von logischer und historischer Methode

Unsere Beschäftigung mit dem Begriff der Konkurrenz, dem existierenden Kapital, soweit es als existierendes ebenfalls noch in die »allgemeine Untersuchung« eingeht, hat gezeigt, daß nach Marx ein zentrales Mißverständnis zum Wesen der bürgerlichen Theorie gehört: Sie übersieht völlig, daß sie den kapitalistischen Gesamtprozeß immer nur aus der Sicht des Einzelkapitalisten betrachtet, dem sich dieser Prozeß in verkehrter Gestalt präsentiert. Das *Kapital* endet, wie wir wissen, mit der Kritik der »trinitarischen Formel«, jener mystifizierenden Lehre von den verschiedenen Produktionsfaktoren, die alle am Wertzuwachs des Endprodukts beteiligt sind, wobei festgestellt wurde, daß sich diese Anschauung gleichsam als »natürliche Interpretationsrichtung« aus der Tatsache ergibt, daß für den Einzelkapitalisten Arbeitslohn, Zins und Rente als Elemente der Preisbildung fungieren, als Kosten in seine Kalkulation eingehen. Diesen Kosten rechnet der »exoterische« Adam Smith auch den Profit zu, den der Unternehmer in einem gewissen Umfang antizipiert, indem er sich an der durchschnittlichen Profitrate orientiert, die jedes Kapital abwirft. In dieser Konstellation spielt die Kategorie Arbeitslohn eine zentrale Rolle, weil sie verdeckt, daß die Verteilung des Wertes auf verschiedene Kategorien nicht identisch ist mit der Form der wertproduzierenden Arbeit, wie sie umgekehrt verhüllt, daß diese Arbeit, soweit sie diesen spezifisch gesellschaftlichen Charakter der Lohnarbeit hat, nicht wertbildend ist. Alle Arbeit erscheint daher ihrer Natur nach als Lohnarbeit, und das ist, wie oben entwickelt wurde, der geheime Grund für die Lehre von der mystischen Kraft der Produktionsfaktoren. Fällt nämlich Arbeit mit Lohnarbeit zusammen, so fällt auch die gesellschaftliche Form, worin dem entblößten Produzenten die entfremdeten Arbeitsbedingungen gegenübertreten, mit ihrem stofflichen Dasein zusammen. Arbeitsmittel sind dann als solche Kapital, und die Erde als solche Grundeigentum; die gesellschaftliche Form des Produktionsprozesses verkehrt sich zur Naturform und wird identisch mit dem einfachen Arbeitsprozeß, wie er allen Gesellschaftsformationen als Voraussetzung menschlichen Lebens zugrunde liegt. Die verschiedenen Einkommen scheinen der Rolle geschuldet zu sein, welche die verschiedenen Produktionsmittel bzw. die Arbeit im einfachen Produktionsprozeß spielen.

Aufgabe der ökonomischen Theorie ist es, diesen falschen Schein zu zerschlagen, und wir haben an einigen Beispielen der Marxschen Kritik an der klassischen bürgerlichen Theorie demonstriert, inwieweit ihr das gelungen ist. Daß sie aber letztlich doch kapitulieren mußte, liegt an der undurchschauten Natur der Kategorien. Darauf führt Marx auch zurück, daß die Methode der bürgerlichen Theorie ihrem Gegenstand immer äußerlich bleibt, und das tangiert seinerseits wieder die Darstellungsform des Gesamtprozesses. Marx geht auf diesen Sachverhalt nur am Rande ein, im Grunde eigentlich nur bei Ricardo. Ihn lobt er, wie wir schon erörtert haben, wegen der strengen Konsequenz seines Verfahrens, zugleich aber weist Marx darauf hin, daß er die Kategorien aus der Empirie aufnimmt, sie als gegeben voraussetzt (anstatt sie erst zu entwickeln), um ihr »Adäquatsein mit dem Wertgesetz« nachzuweisen. »Die Methode Ricardos besteht nun darin: Er geht aus von der Bestimmung der Wertgröße der Ware durch die Arbeitszeit und *untersucht* dann, ob die übrigen ökonomischen Verhältnisse, Kategorien, dieser Bestimmung des Wertes *widersprechen* oder wie weit sie dieselbe modifizieren. Man sieht auf den ersten Blick sowohl die historische Berechtigung dieser Verfahrensart, ihre wissenschaftliche Notwendigkeit in der Geschichte der Ökonomie, aber zugleich auch ihre wissenschaftliche Unzulänglichkeit, eine Unzulänglichkeit, die sich nicht nur in der Darstellungsart (formell) zeigt, sondern zu irrigen Resultaten führt, weil sie notwendige Mittelglieder überspringt und in *unmittelbarer* Weise die Kongruenz der ökonomischen Kategorien untereinander nachzuweisen sucht« [1]. Was in diesem Zusammenhang unter »notwendigen Mittelgliedern« zu verstehen ist, soll hier noch nicht behandelt werden; wesentlich ist vielmehr der Hinweis, daß eine Methode, welche die Kategorien äußerlich aufnimmt, zu einer notwendig falschen Darstellungsart des Gesamtprozesses führen muß. Das wird einige Seiten später deutlich hervorgehoben: »Daher auch die außerordentlich sonderbare und notwendig verkehrte Architektonik seines Werkes ... Die Ricardosche Theorie ist ... ausschließlich enthalten in den ersten sechs Kapiteln seines Werkes. Wenn ich von dessen fehlerhafter Architektonik spreche, so

1 Theorien, Teil 2, S. 155 f.

geschieht es mit Bezug auf diesen Teil. Der andere Teil besteht aus Anwendungen, Erläuterungen und Zusätzen (den Abschnitt über das Geld ausgenommen), die der Natur der Sache nach durcheinandergewürfelt sind und keinen Anspruch auf Architektonik machen. Die fehlerhafte Architektonik in dem theoretischen Teil (den sechs ersten Kapiteln) ist aber nicht zufällig, sondern gegeben durch die Untersuchungsweise Ricardos selbst und die bestimmte Aufgabe, die er seiner Forschung gestellt hat. Sie drückt das wissenschaftlich Ungenügende dieser Untersuchungsweise selbst aus« [2]. Da Marx die klassische Theorie je schon vom Standpunkt seiner eigenen Verarbeitung der ökonomischen Probleme kritisiert, ist daraus zugleich zu entnehmen, daß sich die Methode, mit deren Hilfe die universelle Geltung des Wertgesetzes im Kapitalismus nachgewiesen werden muß, aus der Natur der Kategorien selbst zu ergeben hat und auch die gesamte Darstellung des Prozesses aus dem richtigen Verständnis der Formprobleme zu erfolgen hat. Solange jedoch Lohnarbeit mit Arbeit schlechthin identifiziert wird und die gesellschaftlichen Formbestimmtheiten, unter denen die Produktionsbedingungen dem Arbeiter entgegentreten, zu Natureigenschaften dieser Produktionsbedingungen verkehrt werden, kann die bürgerliche Ökonomie den methodischen Horizont von Ricardo nicht überspringen. Seine Methode wie Form der Darstellung markieren zugleich seine eigene Schranke. Die Verkehrung der gesellschaftlichen Form zur Naturform bedeutet ja in diesem Fall nichts anderes, als daß völlig übersehen werden muß, daß die Differenzierung der Gesellschaft in Klassen, die bürgerliche Form des Klassenantagonismus, sich in dem kategorialen Gefüge selbst ausdrückt, daß also die Genesis der freien Lohnarbeit und die Verselbständigung der Arbeitsbedingungen gegenüber den unmittelbaren Produzenten ein und derselbe Vorgang ist: die Produktionsmittel nehmen nur die Form des Kapitals an, wenn das subjektive Dasein von seiner objektiven Grundlage getrennt ist und jetzt erst als Arbeiter schlechthin erscheint. Einmal entstanden, verbirgt der Kapitalismus seine eigene Herkunft, insofern alle Mitglieder der Gesellschaft in der Zirkulationssphäre aufeinandertreffen, Äquivalente tauschen und dadurch zugleich dem oben skizzierten Vorgang der Verkehrung unterliegen, der den bürgerlichen Menschen als geschichtsloses Wesen schlechthin erscheinen läßt. Da die bürgerliche Theorie diesen Sachverhalt nicht in dieser Weise durchschaut, muß sie – analog zur klassischen Staatstheorie – die Form der vereinzelten Individuen als ganze Wahrheit

2 A. a. O., S. 158

hinnehmen und kann die Genesis des kapitalistischen Reproduktionsprozesses wie auch sein Funktionieren nur unter dieser (ihr selbst undurchsichtigen) Voraussetzung entwickeln. Daß aber unter dieser Voraussetzung der Nachweis der universellen Geltung des Wertgesetzes gerade nicht gelingen kann, haben wir bei der Betrachtung der Marxschen Kritik an Adam Smith und David Ricardo gesehen. Marx geht auf diesen Gesamtzusammenhang noch einmal anläßlich seiner Auseinandersetzung mit Cherbuliez ein, der auf der Grundlage der bürgerlichen Interpretation des Wertgesetzes das »ausschließliche Recht« des Arbeiters auf den aus seiner Arbeit resultierenden Wert als »Fundamentalprinzip« ableitet: »Wie das Gesetz der Waren, daß sie Äquivalente bilden und sich austauschen im Verhältnis zu ihrem Wert, i. e. der in ihnen enthaltenen Arbeitszeit, darin umschlägt, daß die kapitalistische Produktion – und nur auf ihrer Basis ist es wesentlich das Produkt, als Ware produziert zu werden – umgekehrt darauf beruht, daß ein Teil der Arbeit ohne Austausch angeeignet wird, versteht und entwickelt Cherbuliez nicht. Er fühlt nur, daß hier ein *Umschlag* stattfindet ... Dies Fundamentalprinzip ist eine reine Fiktion. Es entspringt aus einem Schein der *Warenzirkulation.* Die Waren tauschen sich aus im Verhältnis ihres Werts, das heißt der in ihnen enthaltenen Arbeit. Die Individuen treten sich nur als Warenbesitzer gegenüber und können sich daher der Ware der andren nur bemächtigen durch Entäußerung ihrer eignen Ware. Es *scheint* daher, als hätten sie nur ihre eigne Ware auszutauschen, da der Austausch von Waren, die *fremde* Arbeit enthalten, soweit sie selbst nicht wieder durch Austausch der eignen Ware erhalten (wurden), andre Verhältnisse unter den Menschen, als die von einfachen Warenbesitzern, von Käufern und Verkäufern, voraussetzt. In der kapitalistischen Produktion verschwindet dieser Schein, den ihre eigne Oberfläche zeigt. Was aber nicht verschwindet, ist die Illusion, daß ursprünglich die Menschen nur als Warenbesitzer einander gegenübertreten und daher jeder nur Eigentümer ist, soweit er Arbeiter ist. Dies »ursprünglich« ist, wie gesagt, eine aus dem Schein der kapitalistischen Produktion entspringende Delusion, die historisch nie existiert hat«[3]. Diesem Schein der Warenzirkulation sind nach Marx alle bürgerlichen Theoretiker erlegen. Zwar wird erkannt, daß Mehrwert produziert und von den Eigentümern der Arbeitsmittel angeeignet wird, worauf ja Marx auch hier wieder aufmerksam macht, doch nicht gesehen, daß erst mit der vollständigen Trennung der Produzenten von ihren Pro-

3 Theorien, Teil 3, S. 372 f.

duktionsmitteln die gesamte Produktion unter die bürgerliche Form der Arbeitsteilung subsumiert ist, und infolgedessen auch dann erst das Wertgesetz vollkommen zur Geltung gelangen kann. »Eine Analyse der spezifischen Form der Teilung der Arbeit, der Produktionsbedingungen, worauf sie beruht, der ökonomischen Verhältnisse der Gesellschaftsmitglieder, worein sich diese Bedingungen auflösen, würde zeigen, daß das ganze System der bürgerlichen Produktion vorausgesetzt ist, damit der Tauschwert als einfacher Ausgangspunkt an der Oberfläche erscheine und der Austauschprozeß, wie er sich in der einfachen Zirkulation auseinanderlegt, als der einfache, aber die *ganze Produktion wie Konsumtion umfassende gesellschaftliche Stoffwechsel*. Es würde sich also ergeben, daß *andre*, verwickeltere, und mehr oder minder mit der Freiheit und Unabhängigkeit der Individuen kollidierende Produktionsbeziehungen, ökonomische Verhältnisse derselben vorausgesetzt sind, damit sie als die freien *Privatproduzenten in den einfachen Beziehungen von Käufen und Verkäufen* sich in dem Zirkulationsprozeß gegenübertreten, als seine unabhängigen Subjekte figurieren. *Vom Standpunkt der einfachen Zirkulation aber sind diese Verhältnisse ausgelöscht*« [4]. Alle Mitglieder der Gesellschaft können nur dann in der Zirkulationssphäre unter bestimmten Charaktermasken miteinander verkehren, wenn die bürgerliche Form der Klassenspaltung vollständig entwickelt ist. Erst jetzt sind auch dem Einzelkapitalisten die verschiedenen, sein Handeln bestimmenden wie zugleich seine Existenzweise definierenden Elemente in der Form eines kategorialen Gefüges vorgegeben, das in dieser Form, in der sich der kapitalistische Gesamtprozeß dem Einzelkapitalisten präsentiert, zugleich die *Oberfläche* dieses Prozesses darstellt. Hier finden wir die Kategorie Arbeitslohn, die vortäuscht, daß es sich beim Austausch zwischen Kapital und Arbeit um dieselbe Art von Kauf und Verkauf handelt wie bei allen anderen Waren. Mit anderen Worten: das Wertgesetz gilt erst dann, wenn die gesamte Gesellschaft unter die bürgerliche Form der Arbeitsteilung subsumiert ist, aber der Nachweis seiner Geltung ist nach Marx nur dann möglich, wenn gezeigt werden kann, daß an einer entscheidenden Nahtstelle nur zum Schein ausgetauscht wird, daß das Verhältnis des Austausches zwischen Kapital und Arbeit nur ein dem Zirkulationsprozeß angehöriger Schein ist, »bloße Form, die dem Inhalt selbst fremd ist und ihn mystifiziert«, also eine Form, unter welcher der Kapitalist sich ohne Äquivalent ein größeres Quantum lebendiger Arbeit aneignen kann, als er an vergegenständ-

4 Grundrisse, S. 907

lichter hergibt. Für Marx stellt sich daher der Gesamtprozeß in einer Form dar, in der die bürgerliche Anschauung wahrhaft im Hegelschen Sinne aufgehoben ist: gehen die bürgerlichen Theoretiker von der Form der vereinzelten Individuen als einem nicht mehr Ableitbaren aus, so zeigt Marx, daß diese Form selbst noch vermittelt, selber noch das Resultat des Kapitals ist. »Die Zirkulation in sich selbst betrachtet ist die *Vermittlung vorausgesetzter Extreme*. Aber sie setzt diese Extreme nicht. Als Ganzes der Vermittlung, als totaler Prozeß selbst muß sie daher vermittelt sein. *Ihr unmittelbares Sein ist daher reiner Schein. Sie ist das Phänomen eines hinter ihrem Rücken vorgehenden Prozesses*« [5]. »Die einfache Zirkulation ist vielmehr eine abstrakte Sphäre des bürgerlichen Gesamtproduktionsprozesses, die durch ihre eigenen Bestimmungen sich als Moment, bloße Erscheinungsform eines hinter ihr liegenden, ebenso aus ihr resultierenden, wie sie produzierenden tieferen Prozesses – des industriellen Kapitals – ausweist« [6].

Dieser Sachverhalt reflektiert sich in der dialektischen Darstellung der Kategorien. Bei sorgfältiger Lektüre des ersten Bandes des *Kapitals* wird man spätestens bei Anmerkung 15 auf die Problematik der Konstruktion stoßen: »Der Leser muß aufmerken, daß hier nicht vom Lohn oder Wert die Rede ist, den der Arbeiter für etwa einen Arbeitstag erhält, sondern vom Warenwert, worin sich sein Arbeitstag vergegenständlicht. Die Kategorie Arbeitslohn existiert überhaupt noch nicht auf dieser Stufe unserer Darstellung« [7]. Eine weitere für die Konstruktion wesentliche Passage findet sich im 4. Kapitel über die Verwandlung von Geld in Kapital. Hier schreibt Marx: »Die Frage, warum dieser freie Arbeiter ihm (dem Geldkapitalisten, H. R.) in der Zirkulationssphäre gegenübertritt, interessiert den Geldbesitzer nicht, der den Arbeitsmarkt als eine besondre Abteilung des Warenmarktes vorfindet. Und einstweilen interessiert sie uns ebensowenig. Wir halten theoretisch an der Tatsache fest, wie der Geldbesitzer praktisch. Eins ist jedoch klar, die Natur produziert nicht auf der einen Seite Geld- und Warenbesitzer und auf der andren bloße Besitzer der eigenen Arbeitskräfte. Dies Verhältnis ist kein naturgeschichtliches und ebensowenig ein gesellschaftliches, das allen Geschichtsepochen gemein wäre. Es ist offenbar selbst das Resultat einer vorhergegangenen historischen Entwicklung, das Produkt vieler ökonomischer Umwälzun-

---

5 Grundrisse, S. 920
6 A. a. O., S. 922 f.
7 Das Kapital, Bd. 1, S. 59

gen, des Untergangs einer ganzen Reihe älterer Formationen der gesellschaftlichen Produktion« [8]. In ähnlicher Weise argumentiert Marx schon im Rohentwurf des *Kapitals*, wobei er explizit auf die Bedeutung dieses Sachverhalts für die dialektische Form der Darstellung der Kategorien aufmerksam macht. »Daß der Geldbesitzer . . . das Arbeitsvermögen auf dem Markt, in den Grenzen der Zirkulation als Ware *vorfindet*, diese Voraussetzung, von der wir hier ausgehn, und von der die bürgerliche Gesellschaft in ihrem Produktionsprozeß ausgeht, ist offenbar das Resultat einer langen historischen Entwicklung, das Resumé vieler ökonomischer Umwälzungen, und setzt den Untergang andrer Produktionsweisen (gesellschaftlichen Produktionsverhältnisse) und bestimmter Entwicklung der Produktivkräfte der gesellschaftlichen Arbeit voraus. Der bestimmte vergangene historische Prozeß, der in dieser Voraussetzung gegeben ist, wird sich noch bestimmter formulieren bei weiterer Betrachtung des Verhältnisses. Diese historische Entwicklungsstufe aber der ökonomischen Produktion – deren Produkt selbst schon *der freie Arbeiter* – ist aber Voraussetzung für das Werden und noch mehr das Dasein des Kapitals als solchen. Seine Existenz ist das Resultat eines langwierigen historischen Prozesses in der ökonomischen Gestaltung der Gesellschaft. Es zeigt sich an diesem Punkt bestimmt, wie die dialektische Form der Darstellung nur richtig ist, wenn sie ihre Grenzen kennt« [9].

Aus den zitierten Stellen geht hervor, daß die Existenz einer freien Lohnarbeiterschaft die Voraussetzung bildet für die begriffliche Verarbeitung des kapitalistischen Gesamtsystems in Form der dialektischen Darstellung der Kategorien, diese Form der Darstellung aber andererseits nicht unmittelbar identisch ist mit der Nachzeichnung der historischen Genesis des Kapitals und der freien Lohnarbeit. Diese Unterscheidung zwischen logischer Abfolge der Kategorien und historischer Genesis des Kapitalismus findet sich im Frühwerk nicht, wie wir gesehen haben. Zwar wird auch dort deutlich hervorgehoben, daß erst mit der vollkommenen Trennung des subjektiven Daseins von den objektiven Bedingungen seiner Verwirklichung der Einblick in die Struktur der Geschichte möglich ist, aber die theoretische Konstruktion des wirklichen geschichtlichen Verlaufs gelingt ihm damals nicht. Ebensowenig ist er in der Lage, aus dem einfachen Austauschakt das Klassenverhältnis abzuleiten, was zumindest in den *Ökonomisch-philosophischen Manuskripten* ansatzweise intendiert ist. Mit der Ein-

8 A. a. O., S. 183
9 Grundrisse, S. 945

führung dieser Unterscheidung sind diese Unstimmigkeiten überwunden.

Annäherungsweise hat Engels das Verhältnis von logischer und historischer Methode in einer Besprechung der *Kritik der politischen Ökonomie* bestimmt. Die logische Methode sei die von »historischer Form« und »störenden Zufälligkeiten« gereinigte, heißt es hier [10], der Gedankengang in der *Kritik* ist Engels zufolge nichts anderes als »das Spiegelbild, in abstrakter und theoretisch konsequenter Form, des historischen Verlaufs«. Die Beschreibung dieses Verhältnisses beider Methoden zueinander betrifft vor allem die *Kritik der politischen Ökonomie* und das Gesamtsystem nur in höchst vermittelter Weise. Hier ist jedoch daran zu erinnern, daß Marx seine Darstellungsmethode hinsichtlich der Aufeinanderfolge der Kategorien und ihr Verhältnis zur historischen Entwicklung ganz anders beschrieben hat: »Es wäre untubar und falsch, die ökonomischen Kategorien in der Folge aufeinanderfolgen zu lassen, in der sie historisch die bestimmenden waren. Vielmehr ist ihre Reihenfolge bestimmt durch die Beziehung, die sie in der modernen bürgerlichen Gesellschaft aufeinander haben, und die genau die umgekehrte von dem ist, was als ihre naturgemäße erscheint oder der Reihe der historischen Entwicklung entspricht« [11].

Die dialektische Darstellung als in sich stimmiges System des Gesamtgefüges der Kategorien hat sehr viel Ähnlichkeit mit dem Hegelschen Systemgedanken, insofern sich das Ganze nur durch die Teile hindurch erschließt, wie umgekehrt die einzelnen Momente der Gesamtkonstruktion in ihrer bestimmten Stellung innerhalb des Ganzen bis ins konkrete Detail durch das Ganze bestimmt sind. Nur ist eben Historisches und Logisches nicht identisch wie im absoluten Idealismus; das Verhältnis beider zueinander ist komplizierter. »Andrerseits, was viel wichtiger für uns ist, zeigt unsere Methode Punkte, wo die historische Betrachtung hereintreten muß, oder wo die bürgerliche Ökonomie als bloß historische Gestalt des Produktionsprozesses über sich hinausweist auf frühere historische Weisen der Produktion. Es ist daher nicht nötig, um die Gesetze der bürgerlichen Ökonomie zu entwickeln, die *wirkliche Geschichte der Produktionsverhältnisse* zu schreiben. Aber die richtige Anschauung und Deduktion derselben als selbst historisch gewordener Verhältnisse führt immer auf erste Gleichungen – wie die empirischen Zahlen z. B. in der Naturwissen-

10 Friedrich Engels, »Karl Marx – Zur Kritik der politischen Ökonomie«, veröffentlicht in: »Das Volk«, Nr. 16, vom 20. August 1859, zitiert in: *Zur Kritik der politischen Ökonomie*, Berlin 1963, S. 209

11 Karl Marx, Einleitung zur Kritik der politischen Ökonomie, in: Grundrisse, S. 28

schaft –, die auf eine hinter diesem System liegende Vergangenheit hinweisen. Diese Andeutungen, zugleich mit der richtigen Fassung des Gegenwärtigen, bieten dann auch den Schlüssel für das Verständnis der Vergangenheit – eine Arbeit für sich, an die wir hoffentlich auch noch kommen werden» [12]. Marx bezieht sich hier auf den Prozeß der ursprünglichen Akkumulation, durch den die freie Lohnarbeiterschaft allererst produziert wird, wobei der systematische Ort der Behandlung dieses Prozesses durch die immanente Logizität der kategorialen Darstellung festgelegt ist. Um jedoch diese »wirkliche Geschichte der Produktionsverhältnisse« als spezifisch von der kategorialen Darstellung abheben zu können, muß nicht nur Klarheit herrschen über die Struktur des kategorialen Gefüges, in welches diese »wirkliche Geschichte« an bestimmten Knotenpunkten hineinragt, sondern die exakte begriffliche Erfassung dieser »Geschichte der Produktionsverhältnisse« kann ebenfalls nur erfolgen auf der Grundlage der Kenntnis der inneren Logizität der Wertbewegung. Der Kapitalbegriff wird also vorausgesetzt, um jene historische Entwicklung des Kapitals nachzuzeichnen, die zum Kapitalismus führte, und damit auch zu jenen Verhältnissen, auf deren Grundlage überhaupt die Formulierung dieses Begriffs möglich ist. »Wenn im vollendeten bürgerlichen System jedes ökonomische Verhältnis das andere in der bürgerlich-ökonomischen Form voraussetzt und so jedes Gesetzte zugleich Voraussetzung ist, so ist dies mit jedem organischen System der Fall. Dies organische System selbst als Totalität hat seine Voraussetzungen, und seine Entwicklung zur Totalität besteht eben darin, alle Elemente der Gesellschaft sich unterzuordnen, oder die ihm noch fehlenden Organe aus ihr heraus zu schaffen. Es wird so historisch zur Totalität. Das Werden zu dieser Totalität bildet ein Moment seines Prozesses, seiner Entwicklung« [13]. Daß hier keine Theoreme organizistischer Gesellschaftslehren vorweggenommen werden, braucht nicht weiter ausgeführt zu werden. Eher wäre an den Hegelschen Geistbegriff zu erinnern, der den Sachverhalt, den Marx im Auge hat, wesentlich genauer trifft: daß es nur das Kapital selbst sein kann, das den Kapitalismus hervorbringt. Wenn Marx die wirklichen Verhältnisse im *Kapital* nur darstellt, soweit sie »ihrem Begriff entsprechen«, so ist damit zugleich ausgedrückt, daß der existierende Kapitalismus seinem Begriff nicht unmittelbar entsprechen muß, nicht »sich selbst adäquat« sein muß, aber die Form, in der er existiert, dennoch als Existenzweise begriffen

12 Grundrisse, S. 364 f.
13 Grundrisse, S. 189

werden muß, auf welche die Wertbewegung hintreibt; die gleichsam in ihr angelegt ist. »Im Begriff des Kapitals ist gesetzt, daß die objektiven Bedingungen der Arbeit – und diese sind ihr eigenes Produkt – ihr gegenüber *Persönlichkeit* annehmen, oder was dasselbe ist, daß sie als Eigentum einer dem Arbeiter fremden Persönlichkeit gesetzt sind« [14]. Verselbständigung der Arbeitsbedingungen gegenüber den Produzenten als Eigentümlichkeit des Kapitalismus ist aber nicht zu denken ohne die Existenz des modernen bürgerlichen Grundeigentums. Beides, freie Lohnarbeit und bürgerliches Grundeigentum, sind zwei Seiten einer Sache; beides muß selber noch als vom Kapital produziert begriffen werden: »Innerhalb des Systems der bürgerlichen Gesellschaft ... folgt auf den Wert unmittelbar das Kapital. *In der Geschichte gehen andre Systeme vor*, die die materielle Grundlage der unvollkommnern Wertentwicklung bilden. Wie der Tauschwert hier nur nebenherspielt neben dem Gebrauchswert, erscheint nicht das Kapital, sondern das Grundeigentumsverhältnis als seine reale Basis. Das moderne Grundeigentum kann dagegen gar nicht begriffen werden, weil es nicht existieren kann, ohne die Voraussetzung des Kapitals, und es erscheint historisch in der Tat als eine durch das Kapital bewirkte, sich adäquat gesetzte Form der vorhergehenden historischen Gestalt des Grundeigentums. Es ist gerade in der Entwicklung des Grundeigentums, worin daher der allmähliche Sieg und Herausbildung des Kapitals studiert werden kann ... Die Geschichte des Grundeigentums, die die allmähliche Verwandlung des feudalen Landlords in den Grundrentner, des erbsässigen halbtributären und oft unfreien Leibpächters in den modernen Farmer, und der dem Grunde angehörigen angesessenen Leibeignen und Fronbauern in Ackerbautagelöhner nachwiese, wäre in der Tat die Geschichte der Bildung des modernen Kapitals ...« [15]. An einer anderen Stelle heißt es: »Historisch ist der Übergang unstreitig. Er liegt schon darin, daß das Grundeigentum Produkt des Kapitals ist. Wir finden daher überall, daß da, wo durch Reaktion des Kapitals auf die älteren Formen des Grundeigentums das letztere sich in Geldrente verwandelt (dasselbe findet in anderer Weise statt, wo der moderne Bauer geschaffen wird) und daher gleichzeitig die Agrikultur als durch das Kapital betrieben sich in industrielle Agronomie verwandelt, notwendig aus den cottiers, Leibeignen, Fronbauern, Erbpächtern, Häuslern, etc. Taglöhner werden, Lohnarbeiter, also die *Lohnarbeit* in ihrer Totalität erst geschaffen wird durch die Aktion

14 A. a. O., S. 412
15 A. a. O., S. 163 f.

des Kapitals auf das Grundeigentum und dann, sobald dies einmal als Form herausgearbeitet ist, durch den Grundeigentümer selbst. Dieser selbst clears dann, wie Steuart sagt, das Land von seinen überflüssigen Mäulern, reißt die Kinder der Erde los von der Brust, worauf sie gewachsen, und verwandelt so selbst die Erdarbeit, die ihrer Natur nach als unmittelbare Subsistenzquelle erscheint, in vermittelte Subsistenzquelle, von gesellschaftlichen Beziehungen rein abhängige« [16]. Die Darstellung der Kategorien in der Reihenfolge, die bestimmt ist »durch die Beziehung, die sie in der modernen bürgerlichen Gesellschaft aufeinander haben, und die genau die umgekehrte von dem ist, was als ihre naturgemäße erscheint, oder der Reihe der historischen Entwicklung entspricht«, ist daher in dieser Form zugleich als abstrakte Darstellungsform jenes Prozesses zu begreifen, der historisch zum Kapitalismus führt. Es ist – wenn man so will – der Konstitutionsprozeß des bürgerlichen Subjekts in seiner abstraktesten Gestalt. »Wir wohnen seinem Entstehungsprozeß bei. Dieser dialektische Entstehungsprozeß ist nur der ideale Ausdruck der wirklichen Bewegung, worin das Kapital wird. Die späteren Beziehungen sind als Entwicklung aus diesem Keim heraus zu betrachten« [17]. Aus diesem Grunde müssen wir den oben zitierten Gedanken, daß innerhalb des bürgerlichen Systems auf den Wert unmittelbar das industrielle Kapital folge, etwas präzisieren. Eine genaue Betrachtung dieses Übergangs zeigt, daß Schatzbildung, Handels-, Zins- und Wucherkapital eine wesentliche Position in der dialektischen Konstruktion dieses Übergangs einnehmen, aber insbesondere die letzteren nur kurz gestreift werden und die ausführliche Behandlung erst sehr viel später erfolgt. Darin reflektiert sich, daß die dialektische Darstellungsform der Kategorien zugleich die angemessene Darstellungsform jener Bewegung ist, die den Kapitalismus historisch hervorbringt. Bei unserem Versuch, die dialektische Entfaltung der Kategorien nachzuvollziehen, müssen wir diesen Zusammenhang im Auge behalten.

2. *Der Marxsche Wertbegriff*

Bevor wir uns der Form der dialektischen Darstellung der Kategorien zuwenden, sollen kurz die Grundprobleme der Marxschen Wert- und Geldtheorie umrissen werden. Bei genauerer Betrachtung der zentra-

---

16 A. a. O., S. 187
17 A. a. O., S. 217

len Fragestellungen fällt auf, daß sie dieselbe Struktur aufweisen, wie jene, die schon beim jungen Marx im Mittelpunkt der Auseinandersetzung standen. Wir erinnern uns, daß er das Verhältnis von Basis und Überbau schon sehr früh aus der Struktur der Basis selbst abzuleiten versuchte. Von ersten Hinweisen in der *Kritik des Hegelschen Staatsrechts,* wo er notiert, daß die »bürgerliche Gesellschaft ... innerhalb ihrer selbst das Verhältnis des Staates und der bürgerlichen Gesellschaft« bewerkstelligt; der explizit durchgeführten Gleichsetzung von Religionskritik und Kritik des politischen Staates in der Abhandlung *Zur Judenfrage*; den *Ökonomisch-philosophischen Manuskripten* mit der ersten genaueren Bestimmung der Basis und der *Deutschen Ideologie* als dem Versuch, die Verdopplung der Welt in bürgerliche Gesellschaft und idealistische Superstrukturen als Produkt der Selbstzerrissenheit und Sichselbstwidersprechens der weltlichen Grundlage, der bürgerlichen Gesellschaft in ihren verschiedenen Stufen, zu begreifen, führt eine gerade Linie zur Marxschen Wert- und Geldtheorie. *Wie* sehr sich die Problemstellungen des Spätwerks mit denen des Frühwerks decken, wird deutlich im Rohentwurf des *Kapitals,* wo er seine frühe Kritik am Linkshegelianismus und die spätere am Anarchismus auf der Ebene der politischen Ökonomie wiederholt. In der Auseinandersetzung mit Darimon und Proudhon wirft er die Frage auf: »Wir sind hier bei der Grundfrage angelangt, die mit dem Ausgangspunkt nicht mehr zusammenhängt: Die Frage wäre allgemein: Können durch Änderung im Zirkulationsinstrument – in der Organisation der Zirkulation – die bestehenden Produktionsverhältnisse und die ihnen entsprechenden Distributionsverhältnisse revolutioniert werden? Fragt sich weiter: Kann eine solche Transformation der Zirkulation vorgenommen werden, ohne die bestehenden Produktionsverhältnisse und die auf ihnen beruhenden gesellschaftlichen Verhältnisse anzutasten? ... Es wäre zu untersuchen oder schlüge vielmehr in die allgemeine Frage um, ob die verschiedenen Formen des Geldes – Metallgeld, Papiergeld, Kreditgeld, Arbeitsgeld (letzteres als sozialistische Form) – erreichen können, was von ihnen verlangt wird, ohne das in der Kategorie Geld ausgedrückte Produktionsverhältnis selbst aufzuheben, und ob es dann andererseits nicht wieder eine sich selbst auflösende Forderung ist, durch die formelle Umwandlung eines Verhältnisses sich über wesentliche Bestimmungen desselben wegsetzen zu wollen? Die verschiedenen Formen des Geldes mögen der gesellschaftlichen Produktion auf verschiedenen Stufen besser entsprechen, die eine Übelstände beseitigen, denen die andere nicht gewachsen ist; keine aber, solange sie Formen des Geldes bleiben, und solange das

Geld ein wesentliches Produktionsverhältnis bleibt, kann die dem Verhältnis des Geldes inhärenten Widersprüche aufheben, sondern sie nur in einer oder der anderen Form repräsentieren« [18]. Der Versuch, durch Manipulation des Währungs- und Zirkulationssystems die Mängel der bürgerlichen Gesellschaft beseitigen zu wollen, erscheint Marx ebenso inkonsequent wie die Gedankenlosigkeit der Anarchisten, die den Staat »abschaffen« wollen, oder der Linkshegelianer, deren Forderung nach einer Veränderung des Bewußtseins nur auf die andere Forderung hinauslaufe, »das Bestehende anders zu interpretieren d. h. es vermittelst einer anderen Interpretation anzuerkennen« [19]. Wie die Form des politischen Staates bzw. Philosophie und Religion als Vorstellung von der Herrschaft eines Allgemeinen in der bestehenden Welt nur der sich selbst verborgene Mangel der verkehrten Welt sind, und darum diese »selbstzerrissene weltliche Grundlage« praktisch vernichtet werden muß, damit jene Formen verschwinden, so kann auch eine Abschaffung des Goldgeldes und dessen Ersetzung durch Stundenzettel nicht das wirkliche Übel treffen, da das Geld als solches selbst nur ein notwendiges Moment der bürgerlichen Form des Reproduktionsprozesses darstellt, im selben Gegensatz zu ihm steht und ihn in derselben Weise überwindet, wie die Religion und der Staat die Beschränktheit der profanen Welt: »Ihr schafft alle Übel ab. Oder vielmehr erhebt alle Waren zu dem nun exklusiv von Gold und Silber besessenen Monopol. Laßt den Papst bestehen, aber macht jeden zum Papst. Schafft das Geld ab, indem ihr jede Ware zu Geld macht und mit den spezifischen Eigenschaften des Geldes verseht. Es fragt sich hier eben, ob nicht das Problem seine eigene Ungereimtheit ausspricht, und daher die Unmöglichkeit der Lösung schon in den von der Aufgabe gestellten Bedingungen liegt. Die Antwort kann oft nur in der Kritik der Frage bestehen und oft nur gelöst werden, indem die Frage selbst verneint wird. Die wirkliche Frage ist: Macht das bürgerliche Austauschsystem selbst nicht ein spezifisches Austauschinstrument nötig? Schafft es nicht notwendig ein besonderes Äquivalent für alle Werte? Eine Form dieses Austauschinstruments oder dieses Äquivalent mag handlicher, passender sein, weniger Inkonvenienzen mit sich führen als die andere. Aber die Inkonvenienzen, die von der Existenz eines besonderen Austauschinstruments hervorgehen, eines besonderen und doch allgemeinen Äquivalents, müßten sich in jeder Form, wenn auch verschieden, wiedererzeugen. Über diese Frage selbst geht Dari-

18 A. a. O., S. 42 f.
19 Deutsche Ideologie, S. 20

mon natürlich mit Enthusiasmus fort. Schafft das Geld ab und schafft es nicht ab! Schafft das exklusive Privilegium, das Gold und Silber durch ihre Exklusivität als Geld besitzen, ab, aber macht alle Waren zu Geld, d. h. gebt allen gemeinschaftlich eine Eigenschaft, die von der Exklusivität getrennt nicht mehr existiert« [20].

Es soll hier auf eine Wiedergabe der Vorstellungen der von Marx kritisierten »Stundenzetteltheoretiker« verzichtet werden, zumal sie für ihn nur Anlaß zur Entwicklung seiner eigenen Wert- und Geldtheorie waren. Die Tatsache jedoch, daß jene Vorstellungen, wie wirksam sie auch immer gewesen sein mögen, für Marx nur die Funktion eines »Aufhängers« hatten, wirft Licht auf die Struktur seiner eigenen Theorie. So wie er in der *Deutschen Ideologie* herausstellt, daß die Junghegelianer mit den Althegelianern in dem »Glauben an die Herrschaft der Religion, der Begriffe, des Allgemeinen in der bestehenden Welt« übereinstimmen, und nur die einen die Herrschaft als Usurpation bekämpfen, welche die andern als legitim feiern, aber beide über die Genesis des Allgemeinen im unklaren sind, so handelt es sich auch bei der Vorstellung von Proudhon nur um eine Spielart der bürgerlichen Ökonomie, die sich gerade dadurch als bürgerliche auszeichnet, daß sie über den inneren, notwendigen Zusammenhang zwischen Arbeitszeit, warenproduzierender Arbeit und Geldform keine Auskunft geben kann. »Herrn Proudhon und seiner Schule blieb es vorbehalten, die Degradation des *Geldes* und die Himmelfahrt der *Ware* ernsthaft als Kern des Sozialismus zu predigen und damit den Sozialismus in ein elementares Mißverständnis über den notwendigen Zusammenhang zwischen Ware und Geld aufzulösen« [21]. An der Marxschen Kritik an Proudhon läßt sich nicht nur ablesen, wie eng seine eigene Vorstellung von sozialistischer Gesellschaft mit den materialen Problemen der bürgerlichen politischen Ökonomie verzahnt ist; implizit ist zugleich ausgedrückt, daß nur der Nachvollzug der theoretischen Ableitung der Geldform aus der Warenform als Kriterium einer adäquaten Rezeption der Marxschen Theorie gelten kann. Es gibt in dieser materialen Frage kein »Recht der Nachgeborenen«. Soweit es sich um strukturelle Probleme der bürgerlichen Gesellschaft handelt, ist daher Marx nicht nur seinen bürgerlichen Kritikern überlegen, sondern auch denjenigen, die sich als Marxisten verstehen, aber den Zusammenhang zwischen Arbeitswertlehre und Geldtheorie *nicht* als Zentralproblem der ersten Kapitel des Spätwerks erkannt haben. In

---

20 Grundrisse, S. 46
21 Zur Kritik der politischen Ökonomie, S. 86

der Werttheorie stellt Marx gleichsam den Prüfstein bereit, um die Kritik an seinem Werk und die verschiedenen Formen der Rezeption als unzulänglich zu dechiffrieren, als Kritik und Rezeption, die sich einem Standpunkt verdankt, den er je schon überwunden hat: dem des bürgerlichen Subjekts.

Wenn wir von derselben Struktur ausgehen, die wir als grundlegendes Problem des Frühwerks kennengelernt haben, der Struktur der Verdopplung, und uns an die spezifischen Merkmale der bürgerlichen Theorie erinnern, so können wir auch in diesem Falle, bei der Verdopplung der Ware in Ware und Geld, bestimmte Motive der Kritik vorwegnehmend formulieren. Was für die Verkehrung der gesellschaftlichen Form der entfesselten Individualität zur Naturform und den daraus entspringenden Konsequenzen hinsichtlich der begrifflichen Verarbeitung der Form des politischen Staates und der verschiedenen Formen des ideologischen Bewußtseins gilt, gilt auch im Falle der Verdopplung der Ware in Ware und Geld. Das darf jedoch nicht nur im Sinne einer Analogie aufgefaßt werden. Rekurs auf die Basis heißt ja zugleich, daß die Wurzel der Verkehrung im bürgerlichen Denken in der Verkehrung der Warenform zur Naturform des Produkts zu suchen ist, daß es sich also bei der Dechiffrierung *dieser* Verdopplung für Marx um die Eröffnung des einzig möglichen Einstiegs in die theoretische Verarbeitung der gesamten bürgerlichen Gesellschaft handelt. Die Arbeitswertlehre hat daher einen zentralen Stellenwert innerhalb der Gesamttheorie, jedoch nicht in der Gestalt, wie sie bei den Klassikern vorliegt. Wenn Marx die Arbeitswertlehre von den Klassikern übernimmt, so handelt es sich keineswegs um die Reproduktion eines Dogmas, wie das von der subjektivistischen Wirtschaftstheorie behauptet wird, sondern vielmehr um die Kritik der dogmatischen Form, in welcher diese Theorie von den Klassikern vorgetragen wird. Diese dogmatische Form aber resultiert aus dieser vorweg vollzogenen Verkehrung der Warenform zur Naturform, welche ursächlich ist für die Unmöglichkeit einer wirklichen Vermittlung von Arbeit und Wert bzw. Arbeitszeit und Wertgröße. »Die politische Ökonomie hat nun zwar, wenn auch unvollkommen, Wert und Wertgröße analysiert und den in diesen Formen versteckten Inhalt entdeckt. Sie hat niemals auch nur die Frage gestellt, warum dieser Inhalt jene Form annimmt, warum sich also die Arbeit im Wert und das Maß der Arbeit durch die Zeitdauer in der Wertgröße des Arbeitsprodukts darstellt?«[22] Als klassische zeichnet sie sich gerade dadurch

22 Das Kapital, Bd. 1, S. 94 f.

aus, daß sie die Arbeit als Substanz des Werts und die Arbeitszeit als Maß der Wertgröße entdeckt und daran festgehalten hat; bürgerliche Theorie ist sie, weil sie dem Moment der Naturwüchsigkeit, das sich in den Kategorien der politischen Ökonomie ausdrückt, nicht gerecht wird, und darum den Inhalt dieser Kategorien immer schon in einer Weise entwickelt, die den Kategorien prinzipiell äußerlich bleibt. So erwähnt Marx, daß beispielsweise Boisguillebert den Beweis liefert, »daß die Arbeitszeit als Maß der Wertgröße der Waren behandelt werden kann, obgleich die im Tauschwert der Waren vergegenständlichte und durch die Zeit gemessene Arbeit mit der unmittelbaren natürlichen Tätigkeit der Individuen verwechselt wird« [23]. Das gleiche gilt für Adam Smith, der die »objektive Gleichung, die der Gesellschaftsprozeß gewaltsam zwischen den ungleichen Arbeiten vollzieht, für die subjektive Gleichberechtigung der individuellen Arbeiten« [24] versieht. In ähnlicher Weise verfährt auch Benjamin Franklin, bei dem sich die »erste bewußte, beinahe trivial klare Analyse des Tauschwertes auf Arbeitszeit findet« [25]. Die »Arbeitszeit stellt sich sofort bei Franklin ökonomisch einseitig als Maß der Werte dar. Die Verwandlung der wirklichen Produkte in Tauschwerte versteht sich von selbst, und es handelt sich daher nur um Auffindung eines Maßes für ihre Wertgröße« [26]. Daß diese ungenügende Form der Vermittlung von Inhalt und Form bei der Analyse einfacherer Strukturen zureichend war, wird von Marx durchaus hervorgehoben, zugleich wird jedoch betont, daß die bürgerliche Theorie bei der Analyse komplizierterer Strukturen Schiffbruch erleiden mußte. »Man findet ... bei Ökonomen, welche über das Maß der Wertgröße durch Arbeitszeit durchaus übereinstimmen, die kunterbuntesten und widersprechendsten Vorstellungen von Geld, d. h. der fertigen Gestalt des allgemeinen Äquivalents. Dies tritt schlagend hervor z. B. bei der Behandlung des Bankwesens, wo mit den gemeinplätzlichen Definitionen des Geldes nicht mehr ausgereicht wird« [27]. Daß die Schwierigkeiten gerade bei der Entwicklung der Geldform beginnen (deren Analyse, wie noch gezeigt werden soll, die Voraussetzung bildet für die Entwicklung der anderen Kategorien, also der Kapital*form*, der Zins*form* usw.), ist keineswegs zufällig, sondern entspricht weitgehend jenem Sachverhalt, den wir bei der Vergegenwärtigung der frühen Schriften ken-

23 Zur Kritik der politischen Ökonomie, S. 53
24 A. a. O., S. 58
25 A. a. O., S. 53
26 A. a. O., S. 54
27 Das Kapital, Bd. 1, Fußnote S. 95

nengelernt haben. Verkehrt sich die Warenform zur Naturform des Arbeitsprodukts, wird also die warenproduzierende Arbeit mit der »unmittelbar natürlichen Tätigkeit der Individuen verwechselt«, so muß dem Theoretiker die Geldform rätselhaft bleiben, er muß sie aus der Empirie aufnehmen, die *für ihn* gerade dadurch diese Form der Undurchdringlichkeit gewinnt, weil er sich durch die vorweg vollzogene Verkehrung die Möglichkeit einer Nachzeichnung der Genesis der Geldform abgeschnitten hat. Über Benjamin Franklin schreibt Marx in der *Kritik der politischen Ökonomie*: »Da er aber die im Tauschwert enthaltene Arbeit nicht als die abstrakt allgemeine, aus der allseitigen Entäußerung der individuellen Arbeiten entspringende gesellschaftliche Arbeit entwickelt, verkennt er notwendig Geld als die unmittelbare Existenzform dieser entäußerten Arbeit. Geld und Tauschwert setzende Arbeit stehen ihm daher in keinem inneren Zusammenhang, sondern Geld ist vielmehr zur technischen Bequemlichkeit in den Austausch äußerlich hereingebrachtes Instrument«[28]. Geld wird zu einem »pfiffig ausgedachten Auskunftsmittel«[29], was einen »geistreichen englischen Ökonomen« zu der Bemerkung veranlaßt, daß es »daher nur mißbräuchlich in der politischen Ökonomie, die in der Tat nichts mit Technologie gemein hat, abgehandelt«[30] werde. Demgegenüber insistiert Marx darauf, daß es sich beim Geld ausschließlich um eine ökonomische Kategorie handelt. »Das Geld entsteht nicht durch Konvention sowenig wie der Staat«[31], schreibt Marx im Rohentwurf, und aus diesem Grunde muß der Theoretiker der Form der Notwendigkeit in seiner Konstruktion gerecht werden, er muß stringent ableiten, daß das Geld aus der Form des bürgerlichen Produktionssystems hervorgehen muß. Der Nachweis der materialen Notwendigkeit der Geldform bedeutet in methodischer Hinsicht daher zugleich, daß das äußerlich aufgreifende Verfahren des bürgerlichen Subjekts überwunden wird und keine Kategorie eingeführt wird, die sich nicht vollständig legitimiert hat. »Jedermann weiß, wenn er auch sonst nichts weiß, daß die Waren eine mit den bunten Naturalformen ihrer Gebrauchswerte höchst frappant kontrastierende, gemeinsame Wertform besitzen – die Geldform. Hier gilt jedoch zu leisten, was von der bürgerlichen Ökonomie nicht einmal versucht ward, nämlich die Genesis dieser Geldform nachzuweisen, also die Entwicklung des im Wertverhältnis der Waren enthaltenen

28 Zur Kritik der politischen Ökonomie, S. 54
29 A. a. O., S. 48
30 A. a. O., S. 48
31 Grundrisse, S. 83

Wertausdrucks von seiner einfachsten unscheinbarsten Gestalt bis zur blendenden Geldform zu verfolgen. Damit verschwindet zugleich das Geldrätsel«[32].

Im Rahmen der oben skizzierten Problemstellung ergeben sich zwei Fragen: Wie muß der Inhalt der Kategorien der politischen Ökonomie gedacht werden, daß er bei der Betrachtung der Formen notwendig als Inhalt jener Formen begriffen werden kann? Was heißt auf der Ebene der politischen Ökonomie Selbstzerrissenheit und Sichselbstwidersprechen der weltlichen Grundlage? Bleiben wir bei der ersten Frage. Es wurde oben schon angedeutet, daß die klassische Theorie den Inhalt in einer der Form äußerlichen Weise entwickelt, daß sie den notwendigen Zusammenhang zwischen Arbeit und Wert bzw. Arbeitszeit und Wertgröße nicht entfaltet, und daß dieser Bruch in der Theorie zum Wesen ihres bürgerlichen Charakters gehört. Das bürgerliche Subjekt muß beim Aufweis des Inhalts der Kategorien je schon zu kurz greifen, da es sich nicht auf die Ebene der den Erfahrungshorizont konstituierenden Kategorien zu begeben vermag. Der Inhalt aber kann als Inhalt dieser Formen nur entwickelt werden, wenn er ebenfalls noch in einer Weise begriffen wird, die den Charakter des Naturwüchsigen des Gesamtprozesses mitreflektiert. Marx kritisiert an der bürgerlichen Theorie, daß sie jenes Moment der Naturwüchsigkeit im arbeitsteiligen Reproduktionsprozeß nie richtig verstanden habe. So weist er in den *Grundrissen* darauf hin, daß Adam Smith und vor ihm »andere Ökonomen, Petty, Boisguillebert, Italiener ... « den Zusammenhang zwischen Arbeitsteilung und Tauschwertproduktion erkannt haben, aber das spezifisch historische an dieser Reproduktionsform übersahen. Das zeigt sich darin, daß verschiedene Formen der Arbeitsteilung nicht exakt voneinander unterschieden werden und insbesondere bei der Betrachtung der bürgerlichen Form völlig fremdartige Gesichtspunkte geltend gemacht werden. Im *Kapital* schreibt Marx: »Die politische Ökonomie, die als eigene Wissenschaft erst in der Manufakturperiode aufkommt, betrachtet die gesellschaftliche Teilung der Arbeit überhaupt nur vom Standpunkt der manufakturmäßigen Teilung der Arbeit, als Mittel, mit demselben Quantum Arbeit mehr Waren zu produzieren ... «[33]. Das Spezifikum der bürgerlichen Form fällt unter den Tisch: »Die Teilung der Arbeit, womit wir es hier zu tun haben, ist die naturwüchsige und freie Teilung innerhalb des Ganzen der Gesellschaft, die sich als Produktion

32 Das Kapital, Bd. 1, S. 62
33 Das Kapital, Bd. 1, S. 386

von Tauschwerten zeigt, nicht die Teilung der Arbeit innerhalb einer Fabrik (ihre Analyse und Kombination in einem einzelnen Produktionszweig, vielmehr die gesellschaftliche gleichsam ohne Zutun der Individuen entstehende Teilung dieser Produktionszweige selbst). Teilung der Arbeit innerhalb der Gesellschaft würde dem Prinzip der Teilung der Arbeit innerhalb einer Fabrik mehr entsprechen im ägyptischen, als im modernen System. Das Abstoßen voneinander der gesellschaftlichen Arbeit in freie, voneinander unabhängige und nur durch innere Notwendigkeit (nicht wie in jener Teilung durch bewußte Analyse und Kombination des Analysierten), zur Totalität und Einheit verknüpfte, sind ganz verschiedene Dinge ... « [34]. Diesem Mißverständnis über die spezifisch historische Daseinsform der gesellschaftlichen Gesamtarbeit entspricht das Übersehen des Wertes als eine Art transzendentale Synthesis; als in bewußtloser Weise einheitstiftendes Prinzip auf der Ebene der gesellschaftlichen Arbeit. An zwei Beispielen, die Marx im *Kapital* anführt, läßt sich demonstrieren, welche Funktion der Wert in einer Gesellschaft zu übernehmen hat, die in ihrer Produktionsstruktur auf selbstbewußte Einheit hinweist, sie jedoch nicht besitzt.

Im ersten Beispiel parodiert Marx die Robinsonaden der bürgerlichen Theorie, indem er an der rationalen Tätigkeit des Robinson das regelnde Prinzip aufzeigt, das sich im System der bewußtlos auseinanderlegenden gesellschaftlichen Arbeit durch die Form des zweckrational handelnden, nur seinen privaten Interessen folgenden Subjekts realisiert. Obwohl Robinson, »bescheiden wie er von Haus aus ist«, nur wenige Bedürfnisse zu befriedigen hat, muß er doch einige »nützliche Arbeiten verschiedener Art« verrichten. »Trotz der Verschiedenheit seiner produktiven Funktionen weiß er, daß sie nur verschiedene Betätigungsformen desselben Robinson, also nur verschiedene Weisen menschlicher Arbeit sind« [35]. Hinzu kommt die Not, die ihn zwingt, mit seiner Zeit hauszuhalten und sie so auf die verschiedenen Tätigkeiten zu verteilen, wie es die Herstellung bestimmter Nutzeffekte erfordert. »Die Erfahrung lehrt ihn das, und unser Robinson, der Uhr, Hauptbuch, Tinte und Feder aus dem Schiffbruch gerettet, beginnt als guter Engländer bald Buch über sich zu führen. Sein Inventarium enthält ein Verzeichnis der Gebrauchsgegenstände, die er besitzt, die verschiedenen Verrichtungen, die zu ihrer Produktion erheischt sind, endlich die Arbeitszeit, die ihm bestimmte Quanta dieser verschiede-

34 Grundrisse, S. 910
35 Das Kapital, Bd. 1, S. 90 f.

nen Produkte im Durchschnitt kosten«[36]. Alle Beziehungen zwischen Robinson und den Dingen sind einfach und durchsichtig, setzt Marx hinzu, und dennoch »sind alle wesentlichen Bestimmungen des Werts enthalten«[37].

Das andere Beispiel ist bedeutsam, weil es zeigt, wie die Vorstellung einer mündigen Gesellschaft in die begriffliche Verarbeitung der kapitalistischen Struktur eingeht. Das ist nicht in dem Sinne zu verstehen (um einem eventuellen Mißverständnis vorzubeugen), daß er den Kapitalismus unter dem Gesichtspunkt analysiert, wie man sich die rationelle Organisation einer Gesellschaft vorzustellen hat. Das wäre eine verkürzt-technizistische Interpretation, die das Spezifikum der historischen Formbestimmtheit, die hier im Mittelpunkt steht, nicht nur völlig unterschlägt, sondern selber noch Moment einer Verfahrensweise ist, die von der Marxschen Kritik getroffen wird. Wie eine geplante Ökonomie funktioniert, hat Marx bekanntlich nirgends untersucht; eine Zurückhaltung, in der sich der ganze Charakter seiner Theorie reflektiert, die nur Theorie einer Gesellschaft ist, in der sich bestimmte Prinzipien hinter dem Rücken und durch die Köpfe der Menschen hindurch Geltung verschaffen. Wo jedoch der *Inhalt* des Werts bzw. der Wertgröße bewußt zum Prinzip der Ökonomie erhoben wird, hat die Marxsche Theorie ihren Gegenstand verloren, der *als historischer* Gegenstand nur begriffen und dargestellt werden kann, wenn jener Inhalt auch als Inhalt anderer Formen begreifbar und darum abgelöst von seiner historischen Erscheinungsform beschreibbar geworden ist. Nur das ist gemeint, wenn hier davon gesprochen wird, daß die vorweggenommene zukünftige Gesellschaft in die theoretische Durchdringung der gegenwärtigen Gesellschaft eingeht, und darin wiederholt sich lediglich, was wir bei der Betrachtung der *Ökonomisch-philosophischen Manuskripte* als fragmentarische Schilderung eines nicht-entfremdeten Verhaltens des Menschen zur Natur kennengelernt haben, die notwendig einhergeht mit der Darstellung der Form absoluter Verkehrung. In diesem Sinne sagt Marx: »Setzen wir an die Stelle Robinsons einen Verein freier Menschen, die mit gemeinschaftlichen Produktionsmitteln arbeiten und ihre vielen individuellen Arbeitskräfte selbstbewußt als eine gesellschaftliche Arbeitskraft verausgaben. Alle Bestimmungen von Robinsons Arbeit wiederholen sich, nur gesellschaftlich, statt individuell«[38]. Komplizierter als der Fall von Robinson stellt sich dieser nur dar, weil das Produkt gesellschaftlich ist und unter die Mitglieder der Gesellschaft

36 A. a. O., S. 91
37 A. a. O., S. 91
38 A. a. O., S. 92

verteilt werden muß. Um jedoch auch hier die wesentlichen Bestimmungen des Werts zu entwickeln, nimmt er an (wie er das später auch, bei der Skizzierung der mit den Muttermalen der alten Gesellschaft behafteten ersten Stufe der neuen Gesellschaft, in der »Kritik des Gothaer Programms« getan hat), daß der Anteil jedes Produzenten an den Lebensmitteln bestimmt sei durch seine Arbeitszeit. Die Arbeitszeit würde dann eine doppelte Rolle spielen: »Ihre gesellschaftlich planmäßige Verteilung regelt die richtige Proportion der verschiedenen Arbeitsfunktionen zu den verschiedenen Bedürfnissen. Andrerseits dient die Arbeitszeit zugleich als Maß des individuellen Anteils des Produzenten an der Gemeinarbeit und daher auch an dem individuell verzehrbaren Teil des Gemeinprodukts« [39]. Auch hier sind die entscheidenden Aspekte des Wertbegriffs enthalten, und doch sind die Beziehungen der Menschen zu den Dingen durchsichtig einfach, »in der Produktion sowohl als in der Distribution« [40].

Beiden Beispielen ist gemeinsam, daß die Arbeit als Arbeitskraft eines selbstbewußten Subjekts geschildert wird, das sie – auf der Basis bewußt konzipierter Korrelation zwischen Bedürfnissen, Gegenständen zur Befriedigung dieser Bedürfnisse und notwendiger Arbeitszeit zur Herstellung dieser Gegenstände – planvoll auf die verschiedenen Produktionszweige verteilt [41]. Prinzipiell handelt es sich bei der bürgerlichen Gesellschaft um dasselbe Problem, nur muß es in anderer Form gelöst werden. Das wird von Marx in einem Brief an Kugelmann deutlich ausgesprochen: »Der Unglückliche (ein Rezensent des *Kapitals*, H. R.) sieht nicht, daß, wenn in meinem Buch gar kein Kapitel über den Wert stünde, die Analyse der realen Verhältnisse, die ich gebe, den Beweis und den Nachweis des wirklichen Wertverhältnisses enthalten würde. Das Geschwätz über die Notwendigkeit, den Wertbegriff zu beweisen, beruht nur auf vollständigster Unwissenheit, sowohl über die Sache um die es sich handelt, als die Methode der Wissenschaft. Daß jede Nation verrecken würde, die, ich will nicht sagen für ein Jahr, sondern für ein paar Wochen die Arbeit einstellte, weiß jedes Kind. Ebenso weiß es, daß die den verschiedenen Bedürfnissen entsprechenden Massen von Produkten verschiedene und quantitativ bestimmte Massen der gesellschaftlichen Gesamtarbeit erheischen. Daß diese *Notwendigkeit* der *Verteilung* der

39 A. a. O., S. 93
40 A. a. O., S. 93
41 Daß damit noch nicht alle Aspekte der beiden Beispiele erschöpft sind, sei hier nur erwähnt. Vergleiche den Exkurs über den Begriff der gesellschaftlich notwendigen Arbeitszeit, S. 173 ff dieser Arbeit.

gesellschaftlichen Arbeit in bestimmten Proportionen durchaus nicht durch die *bestimmte Form* der gesellschaftlichen Produktion aufgehoben, sondern nur ihre *Erscheinungsweise* ändern kann, ist self-evident. Naturgesetze können überhaupt nicht aufgehoben werden. Was sich in historisch verschiedenen Zuständen ändern kann, ist nur die *Form*, worin jene Gesetze sich durchsetzen. Und die Form, worin sich diese proportionelle Verteilung der gesellschaftlichen Arbeit durchsetzt in einem Gesellschaftszustand, worin der Zusammenhang der gesellschaftlichen Arbeit sich als *Privataustausch* der individuellen Arbeitsprodukte geltend macht, ist eben der *Tauschwert* dieser Produkte« [42].
Damit sind wir bei der zweiten oben formulierten Frage: Was heißt Selbstzerrissenheit und Sichselbstwidersprechen der weltlichen Grundlage auf der Ebene der politischen Ökonomie? Daß es sich bei der bürgerlichen Form der gesellschaftlichen Arbeit um ein arbeitsteiliges Ganzes handelt, wird auch in der bürgerlichen Wissenschaft konstatiert; *nicht* jedoch wird bewußt konstatiert, daß diese gesellschaftliche Einheit, diese gesellschaftliche Ganzheit nur *an sich* gegeben ist, nur stofflich existiert, soweit die einzelnen Produzenten »Glieder einer *naturwüchsigen, gesellschaftlichen Teilung der Arbeit sind* und daher durch ihre Produkte die *verschiedenartigen* Bedürfnisse befriedigen, aus deren *Gesamtheit* das ebenfalls *naturwüchsige System der gesellschaftlichen Bedürfnisse besteht*« [43]. *An sich* sind die mannigfaltigen Gegenstände Produkte der gesellschaftlichen Gesamtarbeit, die sich in eine Totalität von besonderen Arbeitszweigen auseinanderlegt. Aber – und das ist wesentlich – als solche *erscheinen* sie nicht. Unmittelbar sind die Produkte lediglich konkrete Gebrauchsdinge, Produkte individueller Arbeit, denen man nicht ansieht, daß sie Teil einer Einheit sind; daß ein Teil der gesellschaftlichen Gesamtarbeit zu ihrer Herstellung aufgewendet wurde. Wenn aber die der Gesamtgesellschaft zur Verfügung stehende Arbeitszeit nach Maßgabe bestimmter Bedürfnisstrukturen auf die verschiedenen Produktionszweige verteilt werden soll, so ist das nur möglich, wenn die verschiedenen Produkte als quantitativ verschiedene Ausdrücke derselben Einheit in Erscheinung treten. Das ist der Schlüsselgedanke der Marxschen Wert- und Geldtheorie.
Daß die konkret sinnlichen Produkte als Momente der gesellschaftlichen Gesamtarbeit erscheinen müssen, heißt für Marx nicht, daß die Form, in der den Produzenten ihr eigener Anteil an der gesellschaft-

---

42 Brief an Kugelmann vom 11. Juli 1868, in: Briefe über »Das Kapital«, S. 185
43 Karl Marx, Die Wertform, Anhang zur Erstauflage des *Kapitals*, in: Kleine ökonomische Schriften, Berlin 1955, S. 271 f.

lichen Gesamtarbeit gegenwärtig ist, auch zugleich die Tatsache als solche ins Bewußtsein treten läßt, daß es sich bei ihrer Arbeit um einen Teil dieser Gesamtarbeit handelt. Das würde der ganzen Grundkonzeption des historischen Materialismus widersprechen. Wenn hier wiederholt darauf hingewiesen wurde, daß die Formulierung der Werttheorie als Ausgangspunkt der theoretischen Nachzeichnung jener Bewegung zu begreifen ist, die sich – als materialistische Dechiffrierung dessen, was die bürgerliche Geschichtsphilosophie nur als »List der Vernunft« unter idealistischem Vorzeichen zu entwickeln vermag – hinter dem Rücken der Menschen und zugleich durch ihre Köpfe hindurch vollzieht; und wenn oben betont wurde, daß der grundsätzliche Mangel der bürgerlichen Arbeitswertlehre nach Marx gerade in der unzureichenden Vermittlung von Arbeitszeit und Wertgröße bestand, so versteht es sich von selbst, daß die Form objektiven, allgemeinen Charakter hat und es irrelevant sein muß, mit welchen subjektiven Vorstellungen die Menschen diese gleichfalls mit Bewußtsein durchgeführten Operationen begleiten, denen sich diese Form verdankt: »Ihr ›mind‹, ihr Bewußtsein (der Produzenten, H. R.), mag durchaus nicht wissen, für es mag nicht existieren, wodurch in fact der Wert ihrer Waren oder ihrer Produkte als Werte bestimmt sind. Sie sind in Verhältnisse gesetzt, die ihren mind bestimmen, ohne daß sie es zu wissen brauchen. Jeder kann Geld als Geld gebrauchen, ohne zu wissen, was Geld ist. Die ökonomischen Kategorien spiegeln sich im Bewußtsein sehr verkehrt ab« [44].

Derselbe Sachverhalt läßt sich auch von einer anderen Seite darstellen. Sollte die oben skizzierte Problemstellung als zu kompliziert empfunden werden angesichts der handfest-praktischen Tatsache, daß der stofflich existierende gesellschaftliche Zusammenhang der voneinander unabhängig betriebenen Privatarbeiten durch Austausch der Produkte vermittelt wird, so hält Marx dem entgegen, daß dieser Einwand auf derselben kategorialen Unbewußtheit beruht, mit der auch andere Kategorien ohne innere Legimitation in diese Wissenschaft eingebracht werden. In der Tat wird getauscht, aber eine genauere Betrachtung des Austauschprozesses zeigt, daß konkrete Produkte, Gebrauchswerte – kategorial verstanden – gar nicht getauscht werden *können*. Marx lobt Aristoteles, der dieses Problem gesehen hat. »Der Austausch«, zitiert Marx, »kann nicht sein ohne die Gleichheit, die Gleichheit aber nicht ohne die Kommensurabilität.« Zugleich sieht Aristoteles jedoch, daß diese Gleichheit mit der wahren Natur dieser

44 Theorien, Teil 3, S. 164

verschiedenen Dinge nichts zu tun hat: »Es ist aber in Wahrheit unmöglich ... daß so verschiedene Dinge kommensurabel« sind und die Gleichsetzung ist ihm lediglich »Notbehelf für das praktische Bedürfnis«. Daß Aristoteles nicht den wirklichen Sachverhalt zu erkennen vermochte, führt Marx auf die Struktur der Gesellschaft zurück: »Das Genie des Aristoteles glänzt gerade darin, daß er im Wertausdruck der Waren ein Gleichheitsverhältnis entdeckt. Nur die historische Schranke der Gesellschaft, worin er lebte, verhindert ihn herauszufinden, worin denn ›in Wahrheit‹ dies Gleichheitsverhältnis besteht«[45]. Bemerkenswert ist, daß der junge Marx bei der ersten Analyse der Basis, zu der ihn die Auseinandersetzung mit dem Hegelschen Staatsrecht und der Feuerbachschen Religionskritik führte, diese Struktur in ähnlicher Weise beschrieben hat wie Aristoteles, ohne gleichfalls exakt sagen zu können, was der Wert ist. Sobald Produkte ausgetauscht werden, erscheint »das Privateigentum als Repräsentant eines Privateigentums von anderer Natur, als das *Gleiche* eines anderen Naturprodukts, und beide Seiten beziehen sich so aufeinander, daß jede das Dasein ihres Andern vertritt und beide wechselseitig sich aufeinander als *Ersatzmänner* ihrer selbst und ihres Andern beziehen. Das Dasein des Privateigentums als solchen ist daher zum *Ersatz*, zum *Äquivalent* geworden. An die Stelle seiner unmittelbaren Einheit mit sich selbst ist es nur mehr als Beziehung auf ein *Andres*. Als *Äquivalent* ist sein Dasein nicht mehr sein ihm eigentümliches. Es ist daher zum *Wert* und unmittelbar zum *Tauschwert* geworden. Sein Dasein als *Wert* ist eine von seinem unmittelbaren Dasein verschiedne, seinem spezifischen Wesen äußerliche, eine *entäußerte* Bestimmung *seiner selbst*; ein nur *relatives* Dasein desselben«[46]. Marx sieht also schon sehr früh, daß konkrete Produkte nicht einfach ausgetauscht werden können, sondern beim Austausch notwendigerweise eine Verkehrung eintritt. Ausgetauscht wird prinzipiell immer nur Gleiches, wobei die konkreten Gegenstände wechselseitig zur »sinnlichen Hülle, zur verborgenen Gestalt« des anderen Gegenstandes herabsinken, also beide zum Repräsentanten eines von ihnen selbst unterschiedenen Dritten werden. Wesentlich in diesem Zusammenhang ist, daß Marx, noch bevor er die Arbeitswerttheorie sich völlig zu eigen gemacht hat, diesen Akt der Gleichsetzung der Produkte als einen Vorgang durchschaut hat, der ohne das entsprechende Bewußtsein der Beteiligten durchgeführt wird. Indem die Menschen Produkte austauschen, tun sie zugleich ein anderes als das, was sie mit

---

45 Das Kapital, Bd. 1, S. 73 f.

46 Karl Marx, Aus den Exzerptheften: die entfremdete und die unentfremdete Gesellschaft, Geld, Kredit u. Menschlichkeit, in: Marx-Engels-Studienausg., Bd. 2, S. 255

Bewußtsein vollziehen bzw. das, was sie wirklich tun, schlägt sich in ihrem Bewußtsein in anderer Form nieder.

Fassen wir noch einmal kurz die Grundproblematik der Marxschen Werttheorie zusammen. Die Individuen sind integriert in ein System allseitiger Abhängigkeit, in ein »System der Bedürfnisse«, indem sie in ihrer konkret sinnlichen Produktion auf die Produktion aller anderen verwiesen sind. Am Inhalt ihrer Arbeiten zeigt sich der gesellschaftliche Charakter ihrer Tätigkeit, sie ist je schon gesellschaftliche Produktion, aber – und das eben ist das Entscheidende – keine bewußt gemeinschaftliche. Daß die Individuen gesellschaftlich aber zugleich als voneinander Unabhängige produzieren, ist nur möglich, wenn der gemeinschaftliche Charakter der Produktion ebenfalls in Erscheinung tritt, wenn auch in einer Gestalt, die in ihrer bestimmten Form der entfremdeten Form der gesellschaftlichen Produktion entspricht. Wir befinden uns hier gleichsam im Nervenzentrum jener Struktur, die wir als Gegenstand des gesamten Frühwerks kennengelernt haben: Das menschliche Gemeinwesen erscheint unter der Form der Entfremdung, weil in der verkehrten Form der Aneignung der Natur das menschliche Gattungsleben selber zum Mittel des individuellen Lebens wird. Dieser Zusammenhang zwischen Früh- und Spätwerk wird insbesondere im Rohentwurf deutlich. Die Produzenten »existieren nur sachlich füreinander, was in der Geldbeziehung, wo ihr Gemeinwesen selbst als ein äußerliches und darum zufälliges Ding allen gegenüber erscheint, nur weiterentwickelt ist. Daß der gesellschaftliche Zusammenhang, der durch den Zusammenstoß der unabhängigen Individuen entsteht, zugleich als sachliche Notwendigkeit, und zugleich als ein äußerliches Band gegenüber ihnen erscheint, stellt eben ihre Unabhängigkeit dar, für die das gesellschaftliche Dasein zwar Notwendigkeit, aber nur Mittel ist, also den Individuen selbst als ein Äußerliches erscheint, im Geld sogar als ein handgreifliches Ding. Sie produzieren in und für die Gesellschaft, als gesellschaftliche, aber zugleich erscheint dies als bloßes Mittel, ihre Individualität zu vergegenständlichen. Da sie weder subsumiert sind unter ein naturwüchsiges Gemeinwesen, noch andererseits als bewußt Gemeinschaftliche das Gemeinwesen unter sich subsumieren, muß es ihnen als den unabhängigen Subjekten gegenüber als ein ebenfalls unabhängiges, äußerliches, zufälliges Sachliches ihnen gegenüber existieren. Es ist dies eben die Bedingung dafür, daß sie als unabhängige Privatpersonen zugleich in einem gesellschaftlichen Zusammenhang stehen« [47].

---

47 Grundrisse, S. 909

A. DIE KATEGORIEN DER EINFACHEN ZIRKULATION

Daß selbst bei klarem Bewußtsein der zu leistenden Aufgabe die theoretische Nachzeichnung der Genesis der Geldform aus der Struktur der privaten Arbeit – die Einlösung des Programms der vierten Feuerbachthese auf der Ebene der politischen Ökonomie – kein einfaches Problem war, davon zeugen die verschiedenen Fassungen des Anfangs der Gesamtkonstruktion. Gleichwohl läßt sich die Grundstruktur, die allen Fassungen gemeinsam ist, mit wenigen Sätzen nachvollziehen. Bevor wir dazu übergehen, muß jedoch kurz auf den Zusammenhang des ersten Kapitels der *Kritik* bzw. der ersten beiden Kapitel des *Kapitals* mit den nachfolgenden hingewiesen werden. Der erste Teil des ersten Kapitels der *Kritik* ist dadurch charakterisiert, daß Marx die Ware einmal unter dem Gesichtspunkt des Gebrauchswerts und dann unter dem des Werts bzw. dessen Erscheinungsform untersucht. Im zweiten Teil dieses Kapitels geht er dazu über, die Ware als Einheit von Gebrauchswert und Tauschwert darzustellen. Dieser Struktur entspricht im *Kapital* das erste bzw. das zweite Kapitel. Am Ende des ersten Kapitels der Erstauflage des *Kapitals* heißt es: »Die Ware ist unmittelbar Einheit von Gebrauchswert und Tauschwert, also zweier Entgegengesetzten. Sie ist daher ein unmittelbarer *Widerspruch*. Dieser Widerspruch muß sich entwickeln, sobald sie nicht wie bisher analytisch bald unter dem Gesichtspunkt des Gebrauchswerts, bald unter dem Gesichtspunkt des Tauschwerts betrachtet, sondern als ein Ganzes wirklich auf andere Waren bezogen wird. Die *wirkliche* Beziehung der Waren aufeinander ist aber ihr *Austauschprozeß*« [1].

Diese Einteilung ist keineswegs zufällig. Wenn Marx der bürgerlichen Ökonomie zum Vorwurf macht, daß sie die Geldform nicht mehr aus der Struktur der privaten Arbeit ableitet, so meint er damit konkret, daß sie der *Preisform*, der *Form* des *Zirkulationsmittels*, dem Geld in der *Form* des *Zahlungsmittels* usw. hilflos gegenübersteht und sie äußerlich aufgreifen muß. Ableitung der Geldform kann demnach nur heißen, daß diese spezifischen Formbestimmtheiten oder das Geld in seinen verschiedenen Funktionen als vermittelnde Formen des gesellschaftlichen Stoffwechsels zu entwickeln sind. Die erste dieser Formen ist die *Preisform*, also die Tatsache, daß ein Produkt überhaupt einen Preis hat. Der Ausdruck: »Der Quarter Weizen kostet 2 Pfd. St.« ist die *Preisform* eines Produktes, und zwar in der entwickelten Gestalt

---

1 Studienausgabe, Bd. 2, S. 246

des *Geldnamens*. Erst in diesem Geldnamen erscheinen die Waren innerhalb der Zirkulationssphäre als dinglicher, nur quantitativen Unterschied gegenüber anderen Waren aufweisender Ausdruck derselben gesellschaftlichen Substanz; im Geldnamen erscheinen die Waren füreinander als Tauschwerte. Erst nachdem die Waren die Preisform angenommen haben, kann sich der gesellschaftliche Stoffwechsel vollziehen. Die Vermittlung dieses Stoffwechsels erfolgt durch das Geld in der bestimmten Funktion als *Zirkulationsmittel*, indem sich die Ware gegen eine außerhalb ihrer selbst liegende Wertform austauscht, auf die sie durch ihre *Preisform* bezogen ist – allerdings nur austauscht, um diese Form sofort wieder abzustreifen. Die Substanz des Geldes in dieser Funktion besteht darin, daß es fortwährend als Verschwindendes erscheint. Auf die Entwicklung dieser ersten und zweiten Bestimmung des Geldes folgt die dritte Bestimmung als Einheit der beiden ersten Bestimmungen: Geld in der Funktion als *Nicht-Zirkulationsmittel, suspendierte Münze* und *Schatzbildung*, Geld als *Zahlungsmittel* und schließlich in seiner Funktion als *Weltgeld*. Aus der Entfaltung der dritten Bestimmung ergibt sich der Übergang zum Kapital. Die Struktur des ersten Kapitels der *Kritik* bzw. der ersten beiden des *Kapitals* entspricht dem Verhältnis der ersten beiden Geldfunktionen zueinander und ihrer Positionen innerhalb des gesellschaftlichen Stoffwechsels. Die analytische Betrachtung der Ware entspricht der Entwicklung der Preisform, die dann innerhalb des Geldkapitels als »sozusagen theoretischer, vorbereitender Prozeß für die wirkliche Zirkulation« beschrieben wird, als Entwicklung jener Form, worin die Waren, bevor sie wirklich zirkulieren können, »einander ideell als Tauschwerte *erscheinen*, als bestimmte Quanta vergegenständlichter *allgemeiner* Arbeitszeit« [2]. Die Darstellung der Ware als Einheit von Gebrauchswert und Tauschwert entspricht der zweiten Geldfunktion, der wirklichen Verdopplung der Ware in Ware und Geld im Gegensatz zur ersten Geldfunktion, der nur ideellen Verdopplung. Unsere Aufgabe ist es zunächst, diese beiden Gedankengänge, die Darstellung der ideellen und wirklichen Verdopplung der Ware, nachzuzeichnen.

1. *Ideelle Verdopplung*

Wird die Marxsche Werttheorie im Horizont der im letzten Abschnitt skizzierten Probleme diskutiert, so werden viele der paradox anmu-

2 Zur Kritik der politischen Ökonomie, S. 63

tenden Formulierungen im *Kapital* verständlich. An Benjamin Franklin kritisiert Marx, daß er der Natur des Abstraktionsvorganges, der beim Austauschprozeß real vollzogen wird, nicht gerecht wird. »Franklin ist sich nicht bewußt, daß, indem er den Wert aller Dinge ›in Arbeit‹ schätzt, er von der Verschiedenheit der ausgetauschten Arbeit abstrahiert – und sie auf gleiche menschliche Arbeit reduziert. Was er nicht weiß, sagt er jedoch. Er spricht erst von ›der einen Arbeit‹, dann ›von der andren Arbeit‹, schließlich von ›Arbeit‹ ohne weitere Bezeichnung als Substanz des Werts aller Dinge« [1]. Mit versteckten Hinweisen auf Motive der Hegelschen Phänomenologie will Marx auch hier zeigen, wie sich in der unzureichenden Selbstreflexion der bürgerlichen Theorie das Moment der Naturwüchsigkeit dieses in der bürgerlichen Wirklichkeit real vollzogenen Vorgangs wiederholt. »Sie beziehen ihre verschiedenen Arbeiten aufeinander als menschliche Arbeit, indem sie ihre *Produkte auf einander als Werte* beziehen. Die persönliche Beziehung ist versteckt durch die *sachliche* Form. Es steht daher dem Wert nicht auf der Stirn geschrieben, *was* er ist. Um ihre Produkte aufeinander als Waren zu beziehen, sind die Menschen gezwungen, ihre verschiedenen Arbeiten abstrakt menschlicher Arbeit gleichzusetzen. Sie wissen das nicht, aber sie *tun* es, indem sie das materielle Ding auf die Abstraktion *Wert* reduzieren. Es ist dies eine naturwüchsige und daher bewußtlos instinktive Operation ihres Hirns, die aus der besonderen Weise ihrer materiellen Produktion und den Verhältnissen, worin diese Produktion sie versetzt, notwendig herauswächst ...« [2]. Im Unterschied zu Benjamin Franklin will Marx zeigen, daß es sich bei seinen eigenen wissenschaftlichen Veranstaltungen um eine Nachzeichnung des wirklichen Reduktionsprozesses handelt und seine Bestimmungen dasjenige zu treffen haben, was im Austauschprozeß in der Form des Tauschwerts erscheint: »Diese Reduktion erscheint als Abstraktion, aber es ist eine Abstraktion, die in dem gesellschaftlichen Produktionsprozeß täglich vollzogen wird. Die Auflösung aller Waren in Arbeitszeit ist keine größere Abstraktion, aber zugleich keine minder reelle, als die aller organischen Körper in Luft« [3]. Wenn Marx daher das Erscheinende erfassen will, und zwar abgelöst von der Form, in welcher es erscheint, muß er zu eigenartigen Konstruktionen flüchten. Marx löst das Problem einer gleichsam positiven Erfassung dieses *Dings-an-sich* mit Hilfe einer verfremdeten

1 Das Kapital, Bd. I, S. 65, Anmerkung

2 Erstausgabe des *Kapitals*, 1. Kapitel, zitiert nach der Marx-Engels-Studienausgabe, Bd. 2, S. 242

3 Zur Kritik der politischen Ökonomie, S. 25

bildhaften Sprache. Wenngleich die Begriffe der Welt handfest-sinnlicher Gegenständlichkeit entstammen, wäre es daher ein Fehler, würde man sich unter diesem Sachverhalt etwas vorstellen wollen. Er kann schlechterdings nur gedacht, aber nicht mehr vorgestellt werden. Als Waren sind alle Produkte von derselben »gespenstige(n) Gegenständlichkeit, eine bloße Gallerte unterschiedsloser menschlicher Arbeit, d. h. der Verausgabung menschlicher Arbeit ohne Rücksicht auf die Form ihrer Verausgabung. Diese Dinge stellen nur noch dar, daß in ihrer Produktion menschliche Arbeitskraft verausgabt, menschliche Arbeit aufgehäuft ist. Als Kristalle dieser ihnen gemeinschaftlichen gesellschaftlichen Substanz sind sie Werte – Warenwerte« [4]. »Als Materiatur der gesellschaftlichen Arbeit sind alle Waren Kristallisationen derselben Einheit« [5]. Die beiden wesentlichen Bestimmungen sind darin enthalten. Menschliche Arbeit ohne Rücksicht auf die Form ihrer Verausgabung, gleichgültig gegen den besonderen Stoff des Gebrauchswertes kann nur »gleiche, unterschiedslose Arbeit« sein, »d. h. Arbeit, worin die Individualität der Arbeitenden ausgelöscht ist, Tauschwert setzende Arbeit ist daher *abstrakt-allgemeine* Arbeit« [6]. Und hinsichtlich der Arbeitszeit als Maß der Wertgröße: »Als Tauschwerte von verschiedener Größe stellen sie ein Mehr oder Minder, größere oder kleinere Quanta jener einfachen, gleichförmigen, abstrakt allgemeinen Arbeit dar, die die Substanz des Tauschwerts bildet. Es fragt sich, wie diese Quanta messen? Oder es fragt sich vielmehr, welches das quantitative Dasein jener Arbeit selbst ist, da die Größenunterschiede der Waren als Tauschwerte nur Größenunterschiede der in ihnen vergegenständlichten Arbeit sind. Wie das quantitative Dasein der Bewegung die Zeit ist, so ist das quantitative der Arbeit die *Arbeitszeit*. Die Verschiedenheit ihrer eignen Dauer ist der einzige Unterschied, dessen sie fähig ist, ihre Qualität als gegeben vorausgesetzt. Als Arbeitszeit erhält sie ihren Maßstab an den natürlichen Zeitmaßen, Stunde, Tage, Woche usw. Arbeitszeit ist das lebendige Dasein der Arbeit, gleichgültig gegen ihre Form, ihren Inhalt, ihre Individualität; es ist ihr lebendiges Dasein als quantitatives, zugleich mit seinem immanenten Maße. Die in den Gebrauchswerten der Waren vergegenständlichte Arbeitszeit ist ebensowohl die Substanz, die sie zu Tauschwerten macht und daher zu Waren, wie sie ihre bestimmte Wertgröße mißt. Die korrelativen Quantitäten verschiedener Gebrauchswerte, in welchen dieselbe Arbeitszeit sich vergegenständ-

4 Das Kapital, Bd. 1, S. 52
5 Zur Kritik der politischen Ökonomie, S. 23
6 A. a. O., S. 23 f.

licht, sind Äquivalente, oder alle Gebrauchswerte sind Äquivalente in den Proportionen, worin sie dieselbe Arbeitszeit aufgearbeitet, vergegenständlicht enthalten. Als Tauschwerte sind alle Waren nur bestimmte Maße *festgeronnener Arbeitszeit«* [7].

Interessant ist in diesem Zusammenhang die Reaktion von Marx auf die Kritik an der Form der Einführung des Wertbegriffs. In dem oben zitierten Brief an Kugelmann lobt er den Rezensenten des Kapitals, weil er darauf hingewiesen habe, daß sich aus diesen zentralen Bestimmungen das gesamte System von Marx entwickeln lasse. Akzeptiert man also diesen Wertbegriff, so muß man auch alle anderen Ausführungen anerkennen. »Was das Zentralblatt angeht«, schreibt Marx, »so macht der Mann die größtmöglichste Konzession, indem er zugibt, daß, wenn man unter Wert sich überhaupt etwas denkt, man meine Schlußfolgerungen zugeben muß« [8]. Zugleich schiebt er Einwände gegen die Form der Einführung des Wertbegriffs in einer Weise zur Seite, welche die Frage nicht unberechtigt erscheinen läßt, ob Marx sich nicht gleichsam »ertappt« fühlte. Es kann bei unserem Versuch einer Nachzeichnung der kategorialen Darstellung nicht entschieden werden, ob Einwände gegen die Form des Anfangs zu Recht bestehen, ob hier ein Moment der Gewaltsamkeit vorliegt, oder ob sich die Systemkonstruktion gegenüber den materialen Problemen verselbständigt hat. Der Charakter des Illustrativen und die Form der Versicherung ist im ersten Kapitel nicht zu übersehen. Doch müßte in diesem Zusammenhang untersucht werden, ob eine Methode, die sich durch ein wesentliches Verhältnis von Darstellung und Dargestelltem auszeichnet, überhaupt in einer anderen Weise »eröffnet« werden kann; ob nicht dieses Moment abstrakter Setzung dem Hegelschen Entschluß entspricht, je schon unter identitätsphilosophischen Prämissen zu philosophieren. Marx' Wertbegriff ist jedenfalls die Voraussetzung einer Darstellungsform der Kategorien der politischen Ökonomie, welche zum ersten Male versucht, ein äußerlich aufgreifendes Verfahren zu überwinden und – analog zu Hegels Vorhaben, das er in der Auseinandersetzung mit der Transzendentalphilosophie formuliert – über die Bestimmtheit der Kategorien gegeneinander und ihr Verhältnis zueinander Auskunft zu geben.

Nach der Einführung dieses Wertbegriffs geht Marx über zur Erscheinungsform des Werts. Das Programm, das dieser Schritt impliziert, formuliert Marx in der Erstauflage des *Kapitals*: »Das entscheidend

---

7 A. a. O., S. 24

8 Briefe über »Das Kapital«, S. 184 f.

Wichtige aber (ist) ..., den inneren Zusammenhang zwischen Wert*form*, Wert*substanz* und Wert*größe* zu entdecken, d. h. *ideell* ausgedrückt, zu beweisen, daß die Wert*form* aus dem Wert*begriff* entspringt« [9]. Mit anderen Worten: Als konkrete Gebrauchsdinge sind die Produkte immer nur Gegenstände, die auf menschliche Bedürfnisse bezogen sind, gleichgültig ob auf die des Produzenten oder auf Bedürfnisse anderer Menschen. Nie jedoch gelten sie in dieser Form als Ausdrücke derselben Einheit, die sie als Werte sind. Sollen sie daher als Werte erscheinen, so müssen sie eine Form annehmen, in der sie »einander als nur quantitativ verschiedene aber qualitativ gleiche und daher durch einander ersetzbare und mit einander vertauschbare Ausdrücke ... ihrer gesellschaftlichen Substanz gelten« [10]. Verfolgen wir deshalb, wie Marx zu dieser Form gelangt; wie er die Frage beantwortet: Wie können die Werte *als* Werte erscheinen?

In diesem Zusammenhang gewinnt die Präzisierung eines zentralen Motivs der frühen Schriften von Marx Bedeutung. Sagt er dort, daß das Privateigentum auf beiden Seiten als Repräsentant eines Privateigentums von anderer Natur *erscheint*, als das *Gleiche* eines anderen Naturprodukts, und daß das Dasein des Privateigentums zum *Ersatz*, zum *Äquivalent* geworden ist, so nimmt er, noch bevor er die abstrakt-menschliche Arbeit als Substanz des Werts bestimmt hat; noch ehe er erkannt hat, daß die Produkte als vertauschbare Ausdrücke derselben Einheit erscheinen müssen, die Form vorweg, in der das geschieht. Das sinnliche Produkt wird zur Erscheinungsform des anderen Gegenstandes, insofern dieser auch nur »Ersatzmann« seiner selbst und des anderen Gegenstandes, also eines – ihrer unmittelbar sinnlichen Natur fremden – gemeinsamen Dritten ist. Glauben daher die am Austausch Beteiligten, ihre Operation sei der Austausch von Naturaldingen in bestimmten Proportionen, so ist das reiner Schein. Wenn die Produzenten ihre Produkte, die in privater Arbeit für andere hergestellt worden sind, gegeneinander »austauschen«, so können sie das nicht, ohne ihre Produkte auf einander *als Werte zu beziehen*, als gleichgeltende Ausdrücke derselben Substanz. Indem sie ihre Gebrauchswerte »austauschen«, so »liegt darin ..., daß ihre verschiedenen Arbeiten nur als gleichartige menschliche Arbeit gelten in *sachlicher Hülle* ... Um ihre Produkte aufeinander als Waren zu beziehen, sind die Menschen gezwungen, ihre verschiedenen Arbeiten abstrakt menschlicher Arbeit gleichzusetzen. Sie wissen das nicht, aber

9 Studienausgabe, Bd. 2, S. 240
10 A. a. O., S. 235

sie *tun* es, indem sie das materielle Ding auf die Abstraktion *Wert* reduzieren« [11]. Dieser Reduktionsakt oder Akt objektiver Gleichsetzung heißt nach Marx nichts anderes, als daß in der Gegenüberstellung zweier Waren der Gebrauchswert der einen Ware der anderen Ware als »Wesensgleiches« gilt. Bleiben wir beim Beispiel, das Marx im *Kapital* erläutert: »Die Basis des Ausdrucks 20 Ellen Leinwand = Rock ist in der Tat: Leinwand = Rock, was in Worten nur heißt: *Die Warenart Rock ist gleicher Natur, gleicher Substanz mit der von ihr verschiedenen Warenart Leinwand.* Man übersieht das meist, weil die Aufmerksamkeit durch *das quantitative Verhältnis* absorbiert ist, d. h. durch die *bestimmte Proportion,* worin die eine Warenart der anderen gleichgesetzt ist. Man vergißt, daß *die Größen verschiedener Dinge* erst *quantitativ vergleichbar* sind *nach ihrer Reduktion auf dieselbe Einheit.* Nur als *Ausdrücke derselben Einheit* sind sie *gleichnamige, daher kommensurable* Größen« [12]. Innerhalb dieses Aktes objektiver Gleichsetzung, der ohne das adäquate Bewußtsein der Austauschenden vorgenommen wird, wird der eine Gebrauchswert infolgedessen zur unmittelbaren Materiatur abstrakt-menschlicher Arbeit, er wird zum Wert in Naturalform, zur Erscheinungsform des Wertes der anderen Ware. Marx drückt das im *Kapital* so aus: »Als *Wert* besteht die Leinwand *nur* aus Arbeit, bildet eine durchsichtig kristallisierte Arbeitsgallerte. In der Wirklichkeit ist dieser Kristall jedoch sehr trüb. Soweit Arbeit in ihm zu entdecken, und nicht jeder Warenkörper zeigt die Spur der Arbeit, ist es nicht unterschiedslose menschliche Arbeit, sondern Weberei, Spinnerei usw., die auch keineswegs seine einzige Substanz bilden, vielmehr mit Naturstoffen verquickt sind. Um Leinwand als bloß dinglichen Ausdruck menschlicher Arbeit festzuhalten, muß man von allem absehen, was sie wirklich zum Ding macht. Gegenständlichkeit der menschlichen Arbeit, die selbst abstrakt ist, ohne weitere Qualität und Inhalt, ist notwendig abstrakte Gegenständlichkeit, ein *Gedankending.* So wird das Flachsgewebe zum Hirngespinst. Aber *Waren* sind *Sachen.* Was sie sind, müssen sie sachlich sein oder in ihren eigenen sachlichen Beziehungen zeigen. In der Produktion der Leinwand *ist* ein bestimmtes Quantum menschlicher Arbeit verausgabt worden. Ihr Wert ist der bloß *gegenständliche Reflex* der so verausgabten Arbeit, aber er reflektiert sich nicht in ihrem Körper. Er *offenbart* sich, erhält sinnlichen Ausdruck durch ihr *Wertverhältnis* zum Rock. Indem sie ihn als *Wert* sich *gleichsetzt,*

11 A. a. O., S. 242
12 Die Wertform, in: Kleine ökonomische Schriften, S. 265

während sie sich zugleich als *Gebrauchsgegenstand* von ihm *unterscheidet*, wird der Rock zur Erscheinungsform des Leinwand-*Werts* im Gegensatz zum Leinwand-*Körper*, ihre *Wertform* im Unterschied von ihrer *Naturalform*« [13]. Damit ist das Problem im Prinzip schon gelöst. Die Ware erhält durch den Akt der Gleichsetzung eine von ihrer Naturalform unterschiedene Wertform, eine andere Ware gilt in ihrer unmittelbaren Naturalgestalt als Erscheinungsform von »Gallerte unterschiedsloser menschlicher Arbeit«. Das Problem reduziert sich jetzt nur noch auf die Frage, ob die Wertform der Allgemeinheit des Wertbegriffs entspricht, d. h. ob es eine Form ist, worin sich alle Waren als dingliche Ausdrücke derselben Substanz füreinander darstellen? Das ist hier noch nicht der Fall. In der Gegenüberstellung zweier Waren – im einfachen Wertausdruck, wie Marx es nennt – ist die Wertform noch beschränkt; die Ware, die sich in Äquivalentform befindet, ist einzelne Äquivalentform einer anderen Ware, die ebensoviel andere Äquivalentformen neben sich haben kann, als es besondere Waren gibt. Zwar würde dann jede andere Ware zum »Spiegel des Leinwandwerts« – um beim Marxschen Beispiel zu bleiben – und dieser Wert selbst erst wahrhaft als »Gallerte unterschiedsloser menschlicher Arbeit« erscheinen. »Denn die den Leinwand*wert* bildende Arbeit ist nun *ausdrücklich* als Arbeit dargestellt, der *jede andere menschliche Arbeit*, welche Naturalform sie immer besitze, gleichgilt. Durch ihre (totale oder entfaltete, H. R.) *Wertform* steht die Leinwand daher jetzt auch *in gesellschaftlichem Verhältnis* nicht mehr zu nur einer *einzelnen* anderen Warenart, sondern zur *Warenwelt*« [14]. Aber wie die verschiedenen Naturalformen jeder dieser Waren nur besondere Äquivalentformen neben den anderen sind, gelten die vielen konkret-sinnlichen Arbeiten als ebenso viele besondere Erscheinungsformen menschlicher Arbeit. Es existieren also nur besondere Äquivalentformen, von denen jede die andere ausschließt, jede ist beschränkte Äquivalentform. So besitzt der Wert der einen Ware totale Erscheinungsform in der Totalität aller besonderen Erscheinungsformen, aber diese Erscheinungsform ist keine einheitliche Form. Indem jedoch die eine Ware ihren Wert in der Totalität aller anderen Waren zum Ausdruck bringt, wird sie selbst zur Erscheinungsform des Werts aller dieser Waren. Damit ist gleichzeitig das Problem gelöst. Da alle Waren ihren Wert einfach (in einem einzigen Warenkörper) und einheitlich (in demselben anderen Warenkörper)

13 Studienausgabe, Bd. 2, S. 227
14 Kleine ökonomische Schriften, S. 279

ausdrücken, stellen sie sich auch füreinander als besondere Ausdrücke derselben Substanz dar. Durch ihre Gleichheit mit der Naturalform einer bestimmten Ware drückt jede einzelne Ware ihren Wert nicht nur in einer von ihrem Gebrauchswert unterschiedenen einheitlichen Form aus, sondern zugleich auch als das, was ihr mit allen Waren gemeinsam ist. Jetzt erst erhält der Wert eine von seiner Naturalform unterschiedene Form, die in ihrer Allgemeinheit derjenigen des Wertbegriffs entspricht. Die Waren sind alle qualitativ gleichgesetzt, alle sind ausgedrückt als Materiatur derselben Arbeit und können jetzt auch quantitativ verglichen werden. Soll also die Arbeitszeit überhaupt als regelndes Gesetz der Produktion wirksam werden können, so muß die abstrakt menschliche Arbeit neben und außerhalb aller besonderen Waren selbst in Naturalform existieren, eine besondere Naturalform, also Gold zum Beispiel, muß als »sichtbare Inkarnation« aller menschlichen Arbeit fungieren. Eine besondere Ware wird zum »Begriff des Werts aller Dinge«, wie Marx in den Frühschriften sagt, das Allgemeine der besonderen Produkte der gesellschaftlichen Arbeit existiert selber noch in besonderer Form. In der Erstauflage des *Kapitals* heißt es: »Es ist als ob neben und außer Löwen, Tigern, Hasen und allen andern wirklichen Tieren, die gruppiert die verschiedenen Geschlechter, Arten, Unterarten, Familien usw. des Tierreichs bilden, auch noch *das Tier* existierte, die individuelle Inkarnation des ganzen Tierreichs. Ein solches Einzelne, das in sich selbst alle wirklich vorhandenen Arten derselben Sache einbegreift, ist ein *Allgemeines*, wie *Tier*, *Gott* usw.«[15]

2. *Wirkliche Verdopplung*

Bisher erhielt die Ware »erst im Kopf eine doppelte Existenz. Diese ideelle Verdopplung geht (und muß dazu fortgehn), daß die Ware im wirklichen Austausch doppelt erscheint: als natürliches Produkt auf der einen Seite, als Tauschwert auf der andren. D. h. ihr Tauschwert erhält eine materiell von ihr getrennte Existenz«[1]. War der Widerspruch, der innerhalb der analytischen Betrachtung der Ware zur selbständigen Darstellung der abstrakt menschlichen Arbeit führte, der zwischen Allgemeinheit des Wertes und der unzureichenden Form seiner Erscheinung, so ist es jetzt der Widerspruch zwischen Gebrauchs-

---

15 Studienausgabe, Bd. 2, S. 234
1 Grundrisse, S. 63

wert und Tauschwert, der uns zu beschäftigen hat. »Die Ware«, so schließt Marx, wie wir oben gesehen haben, das erste Kapitel der Erstauflage des *Kapitals* ab, »ist *unmittelbare Einheit von Gebrauchswert und Tauschwert*, also zweier Entgegengesetzten. Sie ist daher ein unmittelbarer *Widerspruch*. Dieser Widerspruch muß sich entwickeln, sobald sie nicht wie bisher analytisch bald unter dem Gesichtspunkt des Gebrauchswerts, bald unter dem Gesichtspunkt des Tauschwerts betrachtet, sondern als ein Ganzes wirklich auf andere Waren bezogen wird. Die *wirkliche* Beziehung der Waren aufeinander ist aber ihr *Austauschprozeß*«.

Wir wissen, daß Gebrauchswerte nur Waren sind, weil sie die Produkte von einander unabhängigen Privatarbeiten sind, »Privatarbeiten, die jedoch als besondere, wenn auch als verselbständigte, Glieder des naturwüchsigen Systems der *Teilung der Arbeit* stofflich von einander abhängen. Sie hängen so gesellschaftlich zusammen gerade durch ihre *Verschiedenheit*, ihre *besondere Nützlichkeit*. Eben deswegen produzieren sie qualitativ verschiedene Gebrauchswerte« [2]. So *ist* die Ware Gebrauchswert. Zugleich aber ist sie ebenso *nicht* Gebrauchswert. Wäre sie *nur* Gebrauchswert, so wäre sie keine Ware. Für den unmittelbaren Produzenten, der sie privat produziert, ist sie darum wesentlich *Nicht*-Gebrauchswert. Als Gebrauchswert muß sie daher erst *werden*, und zwar in doppelter Hinsicht: sie *wird* Gebrauchswert nur, wenn sie von anderen Produzenten in ihrer Besonderheit akzeptiert wird. Dann aber muß sie auch Gebrauchswert für den Produzenten selbst werden, denn seine Lebensmittel, die besonderen, auf seine eigenen besonderen Bedürfnisse bezogenen Gebrauchswerte, existieren in den Gebrauchswerten der anderen Waren. »Die Gebrauchswerte der Waren *werden* also als Gebrauchswerte, indem sie allseitig die Stellen wechseln, aus der Hand, worin sie Tauschmittel, übergehen in die Hand, worin sie Gebrauchsgegenstände. Nur durch diese allseitige *Entäußerung* der Waren wird die in ihnen enthaltene Arbeit nützliche Arbeit« [3]. Betrachtet man den Gebrauchswert innerhalb des Austauschprozesses, so zeigt sich, daß hier nur von einer einzigen Formbestimmtheit die Rede ist: dem Produkt in seinem formellen Dasein als Nicht-Gebrauchswert. Demzufolge darf der Austauschprozeß nur als Aufhebung dieses formellen Daseins interpretiert werden. Auf diese Distinktion, die keineswegs unproblematisch ist [4],

2 Studienausgabe, Bd. 2, S. 238
3 Zur Kritik der politischen Ökonomie, S. 38
4 Vgl. den Exkurs über den Begriff der gesellschaftlich notwendigen Arbeitszeit

muß insbesondere heutzutage hingewiesen werden, wo man aus der Natur des Gebrauchswerts und seines Nutzens für den Menschen die ökonomische Theorie ableiten möchte. Obwohl solche Theoreme schon früher vorgetragen wurden und sie Marx nicht unbekannt geblieben sind, ist er nur am Rande auf sie eingegangen. Nach seiner eigenen Theorie können diese Versuche nur als Ausdruck der Hilflosigkeit interpretiert werden, in der das bürgerliche Subjekt seiner Welt gegenübersteht. Die Formen selbst werden ebenfalls nicht abgeleitet, sondern äußerlich aufgenommen. Demgegenüber insistiert Marx darauf, daß der Gebrauchswert nur dann in der Wissenschaft der politischen Ökonomie abgehandelt wird, wenn er in seiner Naturalform selbst ökonomische Formbestimmtheit erhält. Wann das der Fall ist, wird sich in der weiteren Entwicklung der Kategorien zeigen. Hier jedenfalls ist von der Ware die Rede, soweit sie als Ware Gebrauchswert ist, also zugleich Nicht-Gebrauchswert ist, und darum in den »Prozeß allseitiger Entäußerung« eingehen muß, durch den sie *als* Gebrauchswert erst *wird*.

Andererseits wissen wir, daß dieser »Prozeß allseitiger Entäußerung« der Austauschprozeß der Waren ist, in welchem sie nur als Werte aufeinander bezogen werden, als »Kristallisationen derselben Einheit«. »Austauschbar aber sind sie nur als Äquivalente, und Äquivalente sind sie nur als gleiche Quanta vergegenständlichter Arbeitszeit, so daß alle Rücksicht auf ihre natürlichen Eigenschaften als Gebrauchswerte und daher auf das Verhältnis der Waren zu besonderen Bedürfnissen ausgelöscht ist« [5]. Austauschen heißt somit zugleich die Ware als Wert realisieren, indem sie »beliebiges Quantum jeder anderen Ware ersetzt, gleichgültig, ob sie für den Besitzer der andern Ware Gebrauchswert ist oder nicht« [6]. Da aber die Ware Wert und Gebrauchswert ist, kann sie sich als Wert nur *realisieren*, indem sie als Gebrauchswert *wird*; andererseits kann sie aber auch als Gebrauchswert nur *werden*, wenn sie sich als Wert *realisiert*. Das eine setzt jeweils das andere voraus und schließt es ebenso sehr aus. »Dieselbe Beziehung also soll Beziehung der Waren als wesentlich gleicher, nur quantitativ verschiedener Größen, soll ihre Gleichsetzung als Materiatur der allgemeinen Arbeitszeit und soll gleichzeitig ihre Beziehung als qualitativ verschiedne Dinge, als besondere Gebrauchswerte für besondere Bedürfnisse, kurz, sie als wirkliche Gebrauchswerte unterscheidende Beziehung sein. Aber diese Gleichsetzung und Ungleichset-

5 Zur Kritik der politischen Ökonomie, S. 39 f.
6 A. a. O., S. 40

zung schließen sich wechselseitig aus. So stellt sich nicht nur ein fehlerhafter Zirkel von Problemen dar, indem die Lösung des einen die Lösung des andren voraussetzt, sondern ein Ganzes widersprechender Forderungen, indem die Erfüllung einer Bedingung unmittelbar gebunden ist an die Erfüllung ihres Gegenteils« [7]. Im *Kapital* wird der letzte Gedanke in anderer Form vorgetragen: »Jeder Warenbesitzer will seine Ware nur veräußern gegen andre Ware, deren Gebrauchswert sein Bedürfnis befriedigt. Sofern ist der Austausch für ihn nur individueller Prozeß. Andrerseits will er seine Ware als Wert realisieren, also in jeder ihm beliebigen andren Ware von demselben Wert, ob seine eigne Ware nur für den Besitzer der andren Ware Gebrauchswert habe oder nicht. Sofern ist der Austausch für ihn allgemein gesellschaftlicher Prozeß. Aber derselbe Prozeß kann nicht gleichzeitig für alle Warenbesitzer nur individuell und zugleich nur allgemein gesellschaftlich sein« [8].

Der Austauschprozeß, so führt Marx weiter aus, muß sowohl die Entfaltung wie die Lösung dieser Widersprüche sein. Im entsprechenden Teil des Geldkapitels formuliert er diesen Gedanken so: »Man sah, daß der Austauschprozeß der Waren widersprechende und einander ausschließende Beziehungen einschließt. Die Entwicklung der Ware hebt diese Widersprüche nicht auf, schafft aber die Form, worin sie sich bewegen können« [9]. Die oben skizzierte Ableitung der allgemeinen Äquivalentform hat gezeigt, daß in der Gegenüberstellung zweier Waren die Naturalform der einen Ware zur Erscheinungsform abstrakt allgemeiner Arbeit wird, daß aber diese Äquivalentform beschränkt ist. Die Beschränktheit der Erscheinungsform des Warenwerts wird auch dann nicht prinzipiell überwunden, wenn die Totalität aller besonderen Waren als Äquivalentformen betrachtet werden, obwohl erst dann »die den Leinwand*wert* bildende Arbeit ... ausdrücklich als Arbeit dargestellt (ist), der jede andere menschliche Arbeit, welche Naturalform sie immer besitze, gleichgilt«. Die besondere Ware, deren Wert in der Totalität aller anderen Waren zum Ausdruck kommt, wäre zwar allgemeine Äquivalentform – aber eben nur für den Besitzer dieser Ware. Da aber jeder Warenbesitzer nur Besitzer einer besonderen Ware ist, gilt dies für jeden, und die Waren erscheinen infolgedessen nicht *als* Waren. In dieser Weise schildert Marx die Austauschsituation: »Sehn wir näher zu, so gilt jedem

7 A. a. O., S. 40
8 Das Kapital, Bd. 1, S. 101
9 A. a. O., S. 118

Warenbesitzer jede fremde Ware als besonderes Äquivalent seiner Ware, seine Ware daher als allgemeines Äquivalent aller andren Waren. Da aber alle Warenbesitzer dasselbe tun, ist keine Ware allgemeines Äquivalent und besitzen die Waren daher auch keine allgemeine relative Wertform, worin sie sich als Werte gleichsetzen und als Wertgrößen vergleichen. Sie stehn sich daher überhaupt nicht gegenüber als Waren, sondern nur als Produkte oder Gebrauchswerte« [10].
Der nächste Schritt ist uns bekannt. Indem alle Waren die in ihnen enthaltene Arbeitszeit in einer besonderen Ware ausdrücken, entfaltet sich der Wert dieser besonderen Ware in allen anderen Waren als ihren Äquivalenten, die in ihr selbst vergegenständlichte Arbeitszeit wird unmittelbar die allgemeine Arbeitszeit, die sich gleichmäßig in verschiedenen Volumen der anderen Waren darstellt. In dem Verhältnis, worin die verschiedenen Waren daher der allgemeinen Ware gleich sind, sind sie auch untereinander gleich. »In ihrer Verlegenheit denken unsere Warenbesitzer wie Faust. Im Anfang war die Tat. Sie haben daher schon gehandelt, bevor sie gedacht haben. Die Gesetze der Warennatur betätigen sich im Naturinstinkt der Warenbesitzer. Sie können ihre Waren nur als Werte und darum nur als Waren aufeinander beziehen, indem sie dieselben gegensätzlich auf irgendeine andere Ware als allgemeines Äquivalent beziehen. Das ergab die Analyse der Ware. Aber nur die gesellschaftliche Tat kann eine bestimmte Ware zum allgemeinen Äquivalent machen. Die gesellschaftliche Aktion aller andren Waren schließt daher eine bestimmte Ware aus, worin sie allseitig ihre Werte darstellen. Dadurch wird die Naturalform dieser Ware gesellschaftlich gültige Äquivalentform. Allgemeines Äquivalent zu sein wird durch den gesellschaftlichen Prozeß zur spezifisch gesellschaftlichen Funktion der ausgeschlossenen Ware. So wird sie – Geld« [11].
Wie stellt sich nun die Lösung des oben skizzierten Widerspruchs dar: die Ware verwirklicht sich nur als Gebrauchswert, wenn sie sich als Tauschwert verwirklicht – sie verwirklicht sich nur als Tauschwert, wenn sie sich als Gebrauchswert bewährt; derselbe Prozeß als die Beziehung der Waren als gleicher, die nur in quantitativer Hinsicht verschieden sind, und zugleich als Beziehung der Waren als qualitativ verschiedener Dinge, als besonderer Gebrauchswerte für besondere Bedürfnisse? Betrachtet man diesen Prozeß objektiver Ausschließung näher, so zeigt sich, daß mit der Existenz der allgemeinen Äquivalent-

10 A. a. O., S. 101
11 A. a. O., S. 101

form eine Form entstanden ist, in der dieser Widerspruch gleichsam zerlegt wird und dadurch einer Lösung zugeführt werden kann. Daß alle Waren durch den Akt der Gleichsetzung ihren Wert in der Naturalform einer besonderen Ware ausdrücken und dadurch füreinander als Werte erscheinen, heißt ja zugleich, daß diese ausgeschlossene Ware sich in der Form unmittelbarer Austauschbarkeit mit allen anderen Waren befindet, sich also gegen alle anderen Waren austauschen kann. »Während also alle anderen Waren jetzt zunächst ihren Tauschwert als ideelle, erst zu realisierende Gleichung mit der ausschließlichen Ware darstellen, erscheint bei dieser ausschließlichen Ware ihr Gebrauchswert, obgleich reell, in dem Prozeß selbst als bloßes Formdasein, das erst durch Verwandlung in wirkliche Gebrauchswerte zu realisieren ist« [12]. Der Besitzer der zur allgemeinen Ware herausgestoßenen besonderen Naturalform tauscht seine Ware gegen wirkliche Gebrauchswerte, die sich in diesem Akt als Gebrauchswerte bewähren, zu Gebrauchswerten *werden*, indem sie aus der Hand, worin sie Nicht-Gebrauchswerte, übergehen, in die Hand, worin sie Gebrauchswerte. Noch ist die Ware aber nicht Gebrauchswert für den Besitzer selbst geworden. Seine Lebensmittel existieren in den Gebrauchswerten der anderen Waren. Seine Ware befindet sich jetzt erst in allgemeiner Form, durch die sie mit allen anderen Waren austauschbar geworden ist. Erst im Austausch gegen einen wirklichen Gebrauchswert verwirklicht sich jetzt seine Ware auch als Tauschwert. Die Verdopplung ist somit eine doppelte: »Verdoppeln die Waren so, um als Tauschwerte füreinander zu erscheinen, ihre Existenz, so verdoppelt die als allgemeines Äquivalent ausgeschlossene Ware ihren Gebrauchswert. Außer ihrem besonderen Gebrauchswert als besondere Ware erhält sie einen allgemeinen Gebrauchswert. Dieser ihr Gebrauchswert ist selbst Formbestimmtheit, d. h. geht aus der spezifischen Rolle hervor, die sie durch die allseitige Aktion der andern Waren auf sie im Austauschprozeß spielt. Der Gebrauchswert jeder Ware als Gegenstand eines besonderen Bedürfnisses hat verschiedenen Wert in verschiedener Hand, z. B. andern Wert in der Hand dessen, der sie veräußert, als in der Hand dessen, der sie aneignet. Die als allgemeines Äquivalent ausgeschlossene Ware ist jetzt Gegenstand eines aus dem Austauschprozeß selbst hervorwachsenden allgemeinen Bedürfnisses und hat für jeden denselben Gebrauchswert, Träger des Tauschwerts zu sein, allgemeines Tauschmittel. So ist in der einen Ware der Widerspruch gelöst, den die Ware als solche einschließt, als

12 Zur Kritik der politischen Ökonomie, S. 44

besonderer Gebrauchswert zugleich allgemeines Äquivalent und daher Gebrauchswert für jeden, allgemeiner Gebrauchswert zu sein«[13].
Diese beiden Schritte, die Ableitung der allgemeinen Äquivalentform als Betrachtung des »inneren notwendigen Zusammenhangs zwischen Wertform, Wertsubstanz und Wertgröße«, und die Ableitung des Geldes aus der Struktur des Austauschprozesses sind die Voraussetzung für die Entfaltung der Geldtheorie, bzw. ist die Geldtheorie nur als weitere Konkretion dieser in abstraktester Form durchgeführten Ableitung des Geldes zu begreifen. Bevor wir jedoch die folgenden Bestimmungen aufgreifen, soll auf einige Implikationen hingewiesen werden. Es wurde oben schon angedeutet, daß Marx die Kategorien entwickelt, wie sie innerhalb der bürgerlichen Gesellschaft aufeinanderfolgen, gleichsam als eine Art Querschnitt durch die Struktur des entfalteten Kapitalismus. Er setzt voraus, daß die gesamte Produktion die Warenform annimmt, was erst bei entwickeltem Kapitalismus der Fall ist. Erst jetzt kommt ja auch nach der Marxschen Vorstellung das Wertgesetz voll zur Geltung und ermöglicht damit auch den Einblick in die Struktur des Kapitals und aller vorhergehenden gesellschaftlichen Formationen. Unter dieser Voraussetzung ist jedoch der Warenaustausch keineswegs einfacher Austauschprozeß, sondern Moment der Zirkulation des Kapitals. Die dialektische Darstellung der Kategorien ist unter diesem Gesichtspunkt die schrittweise vorangetriebene Destruktion der bürgerlichen Vorstellung vom Aufeinandertreffen freier und gleicher Individuen in der Sphäre der Zirkulation: am Ende der Darstellung wird sich zeigen, daß es das Kapital selbst ist, das uns in verschiedenen Formen begegnet, die sich alle als Momente seiner selbst erweisen. »Als das übergreifende Subjekt, über die verschiedenen Phasen dieser Bewegung übergreifende, sich in ihr erhaltende und vervielfältigende Wert, als das Subjekt dieser Wandlungen, die in einem Zirkellauf – als Spirale, sich erweiterndem Zirkel vor sich gehen – ist das Kapital *Capital circulant*. Capital circulant ist daher zunächst keine *besondre* Form des Kapitals, sondern es ist *das* Kapital, in einer weiter entwickelten Bestimmung, als Subjekt der beschriebenen Bewegung, die es selbst als sein eigener Verwertungsprozeß ist. Nach dieser Seite hin ist daher auch jedes Kapital *zirkulierendes Kapital*. In der einfachen Zirkulation erscheint die Zirkulation selbst als das Subjekt. Die eine Ware wird aus ihr herausgeworfen; eine andere tritt herein. Das Geld selbst, soweit es aufhört Zirkulationsmittel zu sein, und sich als selbständiger Wert setzt, entzieht sich der Zirkulation. Das Kapital

13 A. a. O., S. 44

aber ist als Subjekt der Zirkulation; die Zirkulation als sein eigener Lebenslauf gesetzt. Aber wenn das Kapital als Ganzes der Zirkulation *zirkulierendes* Kapital ist, das Übergehen aus einer Phase in die andere, ist es ebenso in jeder Phase in einer Bestimmtheit gesetzt, als eine besondere Gestalt gebannt, die die Negation seiner als des Subjekts der ganzen Bewegung ist. Das Kapital ist daher in jeder besonderen Phase die Negation seiner als des Subjekts der verschiedenen Wandlungen« [14]. Im Rohentwurf betont Marx, daß es sich um eine Abstraktion handelt, wenn er zu Beginn der kategorialen Darstellung die Waren gleichsam von außen wie »Brennmaterial ins Feuer« der Zirkulation wirft. Denn es ist je schon das Kapital, welches als zirkulierendes dargestellt werden muß. Sollen aber die Kategorien nicht wie aus der Pistole geschossen (wie Hegel sagen würde) eingebracht werden, so muß die Darstellung in dieser Form erfolgen. Die Waren- und Geldform geht der Kapitalform logisch voraus – aber auch historisch: und dieser Sachverhalt schlägt sich in der Entwicklung der Kategorien, soweit wir sie hier verfolgen wollen, in einer eigenartigen Verschlingung von historisch-beschreibender und immanent-genetischer Methode nieder.

Während die klassische bürgerliche Theorie nach Marx dem Schein der Oberfläche des kapitalistischen Gesamtprozesses erliegt und in einer ihr selbst unbewußten Weise diesen Schein zur Vorgeschichte der bürgerlichen Gesellschaft verkehrt, also letztlich die bürgerliche Struktur verabsolutiert, unterscheidet der reife Marx streng zwischen zwei Formen der Reproduktion: einerseits Gesellschaftsformationen, in denen das Produkt in seiner Naturalform Zweck der Produktion ist, andererseits die moderne Struktur der Verkehrung, in welcher die Produktion zum Selbstzweck geworden ist. Eingeleitet wird dieser Verkehrungsprozeß durch die Verwandlung von Überschußproduktion in Waren an den Grenzen naturwüchsiger Gemeinwesen. Produktenaustausch entsteht »an den Punkten, wo verschiedene Familien, Stämme, Gemeinwesen in Kontakt kommen, denn nicht Privatpersonen, sondern Familien, Stämme, usw. treten sich in den Anfängen der Kultur selbständig gegenüber. Verschiedene Gemeinwesen finden verschiedene Produktionsmittel und verschiedene Lebensmittel in ihrer Naturumgebung vor. Ihre Produktionsweise, Lebensweise und Produkte sind daher verschieden. Es ist diese naturwüchsige Verschiedenheit, die bei dem Kontakt der Gemeinwesen den Austausch der wechselseitigen Produkte und daher die allmähliche Verwandlung dieser

14 Grundrisse, S. 514

Produkte in Waren hervorruft. Der Austausch schafft nicht den Unterschied der Produktionssphären, sondern setzt die unterschiedenen in Beziehung und verwandelt sie so in mehr oder minder voneinander abhängige Zweige einer gesellschaftlichen Gesamtreproduktion«[15]. Das quantitative Austauschverhältnis ist zunächst zufällig, austauschbar sind die Produkte durch den Willensakt der Besitzer, sie wechselseitig zu veräußern. »Indes setzt sich das Bedürfnis für fremde Gebrauchsgegenstände allmählich fest. Die beständige Wiederholung des Austausches macht ihn zu einem regelmäßigen gesellschaftlichen Prozeß. Im Laufe der Zeit muß daher wenigstens ein Teil der Arbeitsprodukte absichtlich zum Behuf des Austausches produziert werden. Von diesem Augenblick befestigt sich einerseits die Scheidung zwischen der Nützlichkeit der Dinge für den unmittelbaren Bedarf und ihrer Nützlichkeit zum Austausch. Ihr Gebrauchswert scheidet sich von ihrem Tauschwerte. Andererseits wird das quantitative Verhältnis, worin sie sich austauschen, von ihrer Produktion selbst abhängig. Die Gewohnheit fixiert sie als Wertgrößen«[16]. Hat dieser gesellschaftliche Prozeß zuerst die Form des unmittelbaren Produktenaustausches, ist also jede Ware unmittelbar Tauschmittel für ihren Besitzer und Äquivalent für ihren Nichtbesitzer nur insoweit, als sie Gebrauchswert für diesen hat, erhält infolgedessen der Tauschwert der Ware noch keine von ihrer Naturalform getrennte selbständige Darstellungsform, so ändert sich das mit der Ausweitung dieses Prozesses. Der für die strenge Konstruktion zentrale Übergang von der entfalteten Wertform zur allgemeinen Wertform findet sich auch hier wieder: »Die Notwendigkeit dieser Form entwickelt sich mit der wachsenden Anzahl und Mannigfaltigkeit der in den Austauschprozeß eintretenden Waren. Die Aufgabe entspringt gleichzeitig mit dem Mittel ihrer Lösung. Ein Verkehr, worin Warenbesitzer ihre eigenen Artikel mit verschiedenen anderen Artikeln austauschen und vergleichen, findet niemals statt, ohne daß verschiedene Waren von verschiedenen Warenbesitzern innerhalb ihres Verkehrs mit einer und derselben dritten Warenart ausgetauscht und als Werte verglichen werden. Solche dritte Ware, indem sie Äquivalent für verschiedene andere Waren wird, erhält unmittelbar, wenn auch in engen Grenzen, allgemeine oder gesellschaftliche Äquivalentform«[17]. In der *Kritik* weist Marx ausdrücklich darauf hin, daß diese Entstehung der Geldform, obwohl sie erst mit einer

15 Das Kapital, Bd. 1, S. 372
16 A. a. O., S. 103
17 A. a. O., S. 103

gewissen Ausbreitung des Tauschhandels zu finden ist, wie sich historisch belegen läßt, gerade *nicht* aus den äußeren Schwierigkeiten abgeleitet werden darf, »worauf der erweiterte Tauschhandel stößt«. Das kritisiert er als ein Verfahren, welches den wirklichen Sachverhalt auf den Kopf stellt. Daß Waren als Gebrauchswerte nicht beliebig teilbar sind, wie sie es als Tauschwerte sein sollen; daß eine bestimmte Ware eines Produzenten X Gebrauchswert für den Produzenten Y haben mag, aber dessen Ware keinen Gebrauchswert für den Produzenten X besitzt; oder daß die Warenbesitzer der wechselseitig auszutauschenden unteilbaren Waren in ungleichen Wertproportionen bedürfen, all dies sind Schwierigkeiten, die in der Tat mit dem Austausch verbunden sind, aber es sind gleichsam wesentliche Schwierigkeiten, die aus der »Entwicklung des Tauschwerts und daher der gesellschaftlichen Arbeit als allgemeiner Arbeit entspringen ... In anderen Worten, unter dem Vorwand, den einfachen Tauschhandel zu betrachten, veranschaulichen sich die Ökonomen gewisse Seiten des Widerspruchs, den das Dasein der Ware als unmittelbare Einheit von Gebrauchswert und Tauschwert einhüllt. Andererseits halten sie dann konsequent am Tauschhandel als adäquater Form des Austauschprozesses der Waren fest, der nur mit gewissen technischen Unbequemlichkeiten verknüpft ist, wofür Geld ein pfiffig ausgedachtes Auskunftsmittel ist« [18]. Was für die Form des politischen Staates neben und außerhalb der bürgerlichen Gesellschaft gilt, der aus dem Widerspruch zwischen den besonderen und den gemeinschaftlichen Interessen jedes Bürgers abgeleitet werden muß, aber in der historischen Entwicklung erst allmählich mit der Ausbreitung der bürgerlichen Gesellschaft entsteht – allein »die Vollendung des Idealismus des Staates war zugleich die Vollendung des Materialismus der bürgerlichen Gesellschaft« heißt es in der *Judenfrage* –, das gilt auch für die Geldform. »Der Geldkristall ist ein notwendiges Produkt des Austauschprozesses, worin verschiedenartige Arbeitsprodukte einander tatsächlich gleichgesetzt und daher tatsächlich in Waren verwandelt werden. Die historische Ausweitung und Vertiefung des Austausches entwickelt den in der Warennatur schlummernden Gegensatz von Gebrauchswert und Wert. Das Bedürfnis, diesen Gegensatz für den Verkehr äußerlich darzustellen, treibt zu einer selbständigen Form des Warenwerts und ruht und rastet nicht, bis sie endgültig erzielt ist durch die Verdopplung der Ware in Ware und Geld. In demselben Maße daher, worin sich die Verwand-

18 Zur Kritik der politischen Ökonomie, S. 47 f.

lung der Arbeitsprodukte in Waren, vollzieht sich die Verwandlung von Ware in Geld«[19].

Welche Ware diese spezifische gesellschaftliche Form annimmt, hängt vom historischen Entwicklungsstand ab, der seinerseits wieder durch die Natur des Gebrauchswertes gekennzeichnet ist, der zur allgemeinen Ware taugt. Ursprünglich wird die Ware als Geld dienen, welche am meisten als Gegenstand des Bedürfnisses eingetauscht wird, die also am sichersten wieder gegen andre besondere Waren ausgetauscht werden kann. In der Frühzeit der Warenproduktion werden es Salz, Häute, Vieh und Sklaven sein, da sie in ihrer besonderen Gestalt als Ware sich selbst als Tauschwert weit mehr entsprechen, als die anderen Waren. »Die besondere Nützlichkeit der Ware, sei es als besonderer Konsumtionsgegenstand (Häute), sei es als unmittelbares Produktionswerkzeug (Sklave), stempelt sie hier zum Geld«[20]. Im Verlauf der Entwicklung wird sich das Verhältnis umkehren, und diejenige Ware zum Gelde werden, deren Gebrauchswert den Bedürfnissen am meisten entspricht, die der Austauschprozeß als solcher hervorbringt; dem entsprechend werden die edlen Metalle immer mehr zum Geld. »Dauerhaftigkeit, Teilbarkeit und Wiederzusammensetzbarkeit, relativ leichte Transportierbarkeit, weil sie großen Tauschwert in kleinem Raum einschließen, alles das macht die edlen Metalle besonders geeignet auf der letztren Stufe«[21].

3. Die erste Bestimmung des Geldes

Bevor Marx die Frage nach der Höhe des Preises bestimmter Waren stellt und den Ursachen des Preiswechsels nachgeht, muß er die *Preisform* selbst ableiten. Daß also Waren überhaupt einen Preis haben, der dann auch immer bestimmter Preis ist, steht im Mittelpunkt der Marxschen Überlegungen, und die gesamte vorhergehende Entwicklung muß als unabdingbare Voraussetzung für die Entfaltung dieser Formbestimmtheit begriffen werden. Marx nimmt an dieser Stelle den Gedankengang des ersten Teils des Eingangskapitels der *Kritik* bzw. des ersten Kapitels des *Kapitals* wieder auf. Die Frage war dort: Wie können sich die Waren füreinander als das darstellen, was sie sind? An sich sind sie Momente der gesellschaftlichen Gesamtarbeit, »Materiatur *derselben* Arbeit oder *dieselbe* Materiatur der Arbeit ... (und) als

---

19 Das Kapital, Bd. 1, S. 101 f.
20 Grundrisse, S. 83
21 A. a. O., S. 83

gleichförmige Materiatur derselben Arbeit zeigen sie nur einen Unterschied, quantitativen« [1]. Unmittelbar sind sie jedoch konkrete Gebrauchsdinge, die als gleichgültige Existenzen nebeneinanderstehen, und nur durch ihre Besonderheit auf besondere Bedürfnisse bezogen sind. Sie *müssen* aber als Momente der gesellschaftlichen Arbeit erscheinen, und das tun sie, indem sie eine besondere Ware zur allgemeinen ausschließen. »Als diese einzelnen Waren verhalten sie sich zugleich als Vergegenständlichung der allgemeinen Arbeitszeit zueinander, indem sie sich zur allgemeinen Arbeitszeit selbst als einer ausgeschlossenen Ware, Gold, verhalten. Dieselbe prozessierende Beziehung, wodurch sie sich füreinander als Tauschwerte darstellen, stellt die im Gold enthaltene Arbeitszeit als die allgemeine Arbeitszeit dar, wovon ein gegebenes Quantum sich in verschiedenen Quantis Eisen, Weizen, Kaffee etc., kurz in den Gebrauchswerten aller Waren ausdrückt oder sich unmittelbar in der unendlichen Reihe der Warenäquivalente entfaltet. Indem die Waren allseitig ihre Tauschwerte in Gold ausdrücken, drückt Gold unmittelbar seinen Tauschwert in allen Waren aus. Indem die Waren sich selbst füreinander die Form des Tauschwerts geben, geben sie dem Gold die Form des allgemeinen Äquivalents oder Geldes« [2]. Worin aber besteht nun die spezifische Differenz zwischen diesem Teil des Geldkapitals und dem entsprechenden der Werttheorie? Darauf weist Marx in der *Kritik* hin: »Der Tauschwert der Waren, so als allgemeine Äquivalenz und zugleich als Grad dieser Äquivalenz in einer spezifischen Ware, oder in einer einzigen Gleichung der Waren mit einer spezifischen Ware ausgedrückt, ist ihr *Preis*. Der Preis ist die verwandelte Form, worin der Tauschwert der Waren innerhalb des Zirkulationsprozesses *erscheint*« [3]. Bedeutsam ist hier die Wendung: innerhalb des Zirkulationsprozesses. Ist nämlich bei der Ableitung der allgemeinen Äquivalentform explizit die Rede vom Verhältnis der einzelnen Arbeit zur gesellschaftlichen Gesamtarbeit, so ist das hier nicht mehr der Fall. Im Rohentwurf heißt es anläßlich der Behandlung der ersten Bestimmung des Geldes: »Überhaupt ist die Ware, worin der Tauschwert einer anderen ausgedrückt ist, nie als Tauschwert, nie als Verhältnis, sondern als bestimmtes Quantum in ihrer natürlichen Beschaffenheit ausgedrückt« [4]. Der logische Abschluß dieses Gedankens ist die Entwicklung des *Geldnamens*,

1 Zur Kritik der politischen Ökonomie, S. 63
2 A. a. O., S. 63 f.
3 A. a. O., S. 64
4 Grundrisse, S. 120

und soweit wollen wir an dieser Stelle der Marxschen Argumentation folgen.
Marx setzt, der Vereinfachung halber, wie er sagt, Gold als Geldware voraus. Darin reflektiert sich zugleich, daß Marx den entwickelten Kapitalismus darstellt, denn »Dauerhaftigkeit, Teilbarkeit und Wiederzusammensetzbarkeit, relativ leichte Transportierbarkeit, weil sie großen Tauschwert in kleinem Raum einschließen, alles das«, so heißt es, wie wir sahen, im Rohentwurf, »macht die edlen Metalle besonders geeignet auf der letzteren Stufe« [5]. Die erste Funktion, durch welche Gold zu Geld wird, nennt Marx »Maß der Werte«. Das Gold dient dazu, der »Warenwelt das Material ihres Wertausdrucks zu liefern oder die Warenwerte als gleichnamige Größen, qualitativ gleiche und quantitativ verschiedene, darzustellen« [6]. Wie wir wissen, wird der Gebrauchswert der Geldware in diesem Prozeß selber Formdasein, die in ihr enthaltene Arbeitszeit stellt sich unmittelbar als allgemeine Arbeitszeit dar, aber eben in der Form eines Goldquantums, so daß die einzelnen Waren, als Dinge derselben Substanz ausgedrückt, nur noch als ein Mehr oder Minder eines bestimmten Goldquantums erscheinen: »Bestimmte Goldquanta funktionieren in der Tat nur noch als Namen für bestimmte Quanta Arbeitszeit« [7]. Als Ware, die einen Preis hat, ist sie jetzt ein bestimmtes Quantum desselben Dings, des Goldes. Sollen sich aber die Waren als Äquivalente austauschen, so müssen sie sich untereinander vergleichen und so »entwickelt sich die Notwendigkeit, sie auf ein bestimmtes Quantum Gold als *Maßeinheit* zu beziehen, eine Maßeinheit, die dadurch zum Maßstab fortentwikkelt wird, daß sie sich in aliquote Teile und diese sich ihrerseits wieder in aliquote Teile abteilen« [8].
Da sich aber Goldquanta als solche durch ihr Gewicht messen, kann der Maßstab fertig übernommen werden, der sich in den allgemeinen Gewichtsmaßen der Metalle vorfindet. Marx weist darauf hin, daß bei aller metallischen Zirkulation dieser ursprüngliche Gewichtsmaßstab auch ursprünglich als Maßstab der Preise diente. So »verwandelt sich das Gold aus dem *Maß der Werte* in den *Maßstab der Preise*. Die Vergleichung der Warenpreise unter sich als verschiedene Goldquanta kristallisiert sich so in den Figurationen, die in ein gedachtes Goldquantum eingeschrieben werden und es als Maßstab von aliquoten

5 A. a. O., S. 83
6 Das Kapital, Bd. I, S. 109
7 Zur Kritik der politischen Ökonomie, S. 67
8 A. a. O., S. 68

Teilen darstellen« [9]. Marx betont, daß Gold jetzt zwei Formbestimmtheiten aufweist, deren Verwechslung die »tollsten Theorien hervorgerufen« hat. Gold ist Maß der Werte als vergegenständlichte Arbeitszeit, also Gebrauchswert, der selbst Wert hat, und infolgedessen auch seinen Wert ändern kann. Maßstab der Preise hingegen ist das Gold als bestimmtes Metallgewicht und dient als »bestimmtes Quantum Gold anderen Quantis Gold als Einheit. Wertmaß ist das Gold, weil sein Wert veränderlich ist, Maßstab der Preise, weil es als veränderliche Gewichtseinheit fixiert wird« [10]. Wie immer sich der Wert des Goldes auch ändern mag, verschiedene Goldquanta stellen gegeneinander stets dasselbe Wertverhältnis dar.

Dieser Maßstab soll nun innerhalb der Zirkulation den Charakter der Allgemeinheit und Notwendigkeit besitzen, zugleich ist die Bestimmung der Maßeinheit, der aliquoten Teile und deren Namen rein konventionell. So muß er schließlich gesetzlich reguliert werden. »Ein bestimmter Gewichtsteil des edlen Metalls, z. B. eine Unze Gold, wird offiziell abgeteilt in aliquote Teile, die legale Taufnamen erhalten, wie Pfund, Taler usw. Solcher aliquote Teil, der dann als die eigentliche Maßeinheit des Geldes gilt, wird untergeteilt in andere aliquote Teile mit gesetzlichen Taufnamen, wie Shilling, Penny etc. Nach wie vor bleiben bestimmte Metallgewichte Maßstab des Metallgeldes. Was sich geändert, ist die Einteilung und Namengebung ... Die Preise, oder die Goldquanta, worin die Werte der Waren ideell verwandelt sind, werden jetzt also ausgedrückt in den Geldnamen oder gesetzlich gültigen Rechennamen des Goldmaßstabs. Statt also zu sagen, der Quarter Weizen ist gleich einer Unze Gold, würde man in England sagen, er ist gleich 3 Pfd. St. 17 sh. 10½ d. Die Waren sagen sich so in ihren Geldnamen, was sie wert sind, und das Geld dient als Rechengeld, sooft es gilt, eine Sache als Wert und daher in Geldform zu fixieren« [11].

Die Marxsche Darstellung der ersten Bestimmung des Geldes schließt mit der Entwicklung des *Geldnamens* ab, in welchem »jede Spur des Wertverhältnisses« verschwunden ist. »Der Name einer Sache ist ihrer Natur ganz äußerlich. Ich weiß nichts vom Menschen, wenn ich weiß, daß ein Mensch Jacobus heißt« [12]. Gleichwohl ist ihr der Name nicht *nur* äußerlich, sondern die Äußerlichkeit des Namens ist ihr gleichsam selbst noch wesentlich. Das zeigt sich schon daran, daß die Marxsche

---

9 A. a. O., S. 69
10 A. a. O., S. 69
11 Das Kapital, Bd. 1, S. 115
12 A. a. O., S. 115

Darstellung bis zu dieser Bestimmung fortschreitet, in der sich der logische Abschluß der wirklichen Entwicklung reflektiert: »Andrerseits ist es notwendig, daß der Wert im Unterschied von den bunten Körpern der Warenwelt sich zu dieser begriffslos sachlichen, aber auch einfach gesellschaftlichen Form fortentwickle« [13].

Weil aber der Name der Natur der Sache äußerlich ist, *kann* sich nicht nur der Geldname des Metallgewichts vom ursprünglichen Gewichtnamen trennen, sondern trennt sich auch wirklich. Die Äußerlichkeit erscheint dann auch als solche. Der wichtigste Grund (Marx nennt im *Kapital* noch andere) dieser wirklichen Trennung liegt in dem Widerspruch, den das leibliche Metall in seiner Funktion als Zirkulationsmittel darstellt. Auf diesen Widerspruch soll später eingegangen werden.

4. Exkurs zum Begriff der gesellschaftlich notwendigen Arbeitszeit

Es würde der Marxschen Konzeption in höchstem Maße zuwiderlaufen, wenn man der Gesamtdarstellung der Kategorien eine abschlußhafte Definition oder Kurzformel des Wertgesetzes und seiner Wirkungsweise voranstellt. Ein solches Verfahren geht notwendigerweise einher mit der Vernachlässigung der spezifischen Natur der ökonomischen Formbestimmtheiten. Darauf weist Marx explizit hin: »Die Wissenschaft«, schreibt Marx am 11. Juli 1868 in einem Brief an Kugelmann, »besteht eben darin, zu entwickeln, *wie* das Wertgesetz sich durchsetzt. Wollte man also von vorherein alle dem Gesetz widersprechenden Phänomene ›erklären‹, so müßte man die Wissenschaft *vor* der Wissenschaft liefern. Es ist gerade der Fehler Ricardos, daß er in seinem ersten Kapitel über den Wert alle möglichen Kategorien, die erst entwickelt werden sollen, *als gegeben* voraussetzt, um ihr Adäquatsein mit dem Wertgesetz nachzuweisen« [1]. Wie wir wissen, bezieht sich diese Feststellung von Marx auf den verkehrten Schein der Konkurrenz, der mit den Kategorien des kapitalistischen Alltagslebens automatisch gegeben ist. Diesen Schein einer anderen Quelle des Produktenwerts als die der Arbeit muß die ökonomische Theorie nach Marx zerstören, und seinem Selbstverständnis zufolge ist die dialektische Darstellung der Kategorien die einzig mögliche Form, in der diese Dechiffrierung durchgeführt werden kann. Ähnlich wie

13 A. a. O., S. 116
1 Briefe über »Das Kapital«, S. 185

Hegel weist Marx es strikt von sich, Probleme an Stellen zu diskutieren, wo das nur durch illegitimen Vorgriff auf Bestimmungen möglich ist, die erst im Gang der Entfaltung aller Kategorien zu entwickeln sind. Es würde nach Marx immer nur darauf hinauslaufen, daß der Schein verabsolutiert und der »esoterischen Theorie« entgegengehalten wird. »Und dann glaubt der Vulgäre eine große Entdeckung zu machen, wenn er der Enthüllung des inneren Zusammenhangs gegenüber darauf pocht, daß die Sachen in der Erscheinung anders aussehen. In der Tat, er pocht darauf, daß er an dem Schein festhält und ihn als letztes nimmt. Wozu dann überhaupt eine Wissenschaft?« [2]. Die Definition des Wertgesetzes und die Darstellung seiner Wirkungsweise kann daher für Marx nichts anderes sein als die Entwicklung der Kategorien selbst, die ihrerseits wieder den Zugang zur Analyse der »wirklichen Bewegung der Konkurrenz« eröffnen soll, deren Darstellung jedoch außerhalb des Marxschen »Plans« lag, wie wir früher schon erwähnt haben.

Auf diese Verfahrensweise mag es zurückzuführen sein, daß ein wesentlicher Aspekt der Werttheorie in mißverständlicher Form abgehandelt wurde. In unserer einleitenden kurzen Charakterisierung des Wertbegriffs haben wir an Beispielen, die Marx selbst im *Kapital* anführt, gezeigt, daß der Wert in der Marxschen Konzeption gleichsam die Funktion einer fehlenden selbstbewußten Einheit in einem Produktionssystem übernimmt, das seiner sachlichen Struktur nach auf diese selbstbewußte Einheit hinweist, sie aber nicht besitzt. Mit diesem Hinweis konnten wir uns im obigen Zusammenhang begnügen, zugleich wurde aber betont, daß mit dieser Feststellung nicht alle Aspekte dieser Beispiele erschöpft sind. Jetzt, nach der Entwicklung der *Preisform*, müssen wir auf dieses Problem zurückkommen und näher darauf eingehen. Rufen wir uns den Sachverhalt an Hand einer Passage aus dem Rohentwurf ins Gedächtnis, in der Marx – in der Auseinandersetzung mit den Proudhonisten – die Aufgaben erläutert, welche jene von den »Stundenzetteltheoretikern« propagierte Bank zu erfüllen hätte: »Die Bank wäre also der allgemeine Käufer und Verkäufer. Statt der Noten könnte sie auch cheques ausgeben und statt dieser einfache Bankaccounts führen. Je nach der Summe der Warenwerte, die X an sie abgelassen, hätte er dieselbe Wertsumme in andren Waren an sie zu gut. Ein zweites Attribut der Bank wäre notwendig, den Tauschwert aller Waren, d. h. die in ihnen materialisierte Arbeitszeit, authentisch zu fixieren. Aber hier könnten ihre

2 A. a. O., S. 185 f.

Funktionen nicht enden. Sie müßte die Arbeitszeit bestimmen, in der die Waren hervorgebracht werden können, mit den Durchschnittsmitteln der Industrie, die Zeit, in der sie hervorgebracht werden müssen. Aber auch das wäre nicht hinreichend. Sie hätte nicht nur die Zeit zu bestimmen, in der ein gewisses Quantum Produkte hervorgebracht werden muß, und die Produzenten in solche Bedingungen zu setzen, daß ihre Arbeit gleich produktiv ist (also auch die Distribution der Arbeitsmittel auszugleichen und zu ordnen), sondern sie hätte die Quanta Arbeitszeit zu bestimmen, die auf die verschiednen Produktionszweige verwandt werden soll. Das letztre wäre nötig, da, um den Tauschwert zu realisieren, ihr Geld wirklich konvertibel zu machen, die allgemeine Produktion gesichert werden müßte und in solchen Verhältnissen, daß die Bedürfnisse der Austauschenden befriedigt werden ...« [3]. Während uns an den früher erwähnten Beispielen vorwiegend bedeutsam schien, daß die abstrakt-menschliche Arbeit als Substanz des Werts ihr Pendant hat in dem Bewußtsein, daß es sich bei den verschiedenen konkreten Arbeiten nur um verschiedene Betätigungsformen desselben selbstbewußten Subjekts handelt, sei es Robinson oder der Verein freier Menschen, die ihre »vielen individuellen Arbeitskräfte *selbstbewußt* als *eine* gesellschaftliche Arbeitskraft verausgaben«, müssen wir jetzt auf die Arbeitszeit als Maß der Wertgröße eingehen. Aus der angeführten Stelle des Rohentwurfs geht deutlich hervor, daß die gesellschaftlich notwendige Arbeitszeit unter doppeltem Aspekt zu betrachten ist. Einerseits wird hervorgehoben, daß die Bank darüber zu befinden hat, in welcher Arbeitszeit die jeweiligen Arten von Gebrauchswerten hervorgebracht werden müssen. Das impliziert die Verteilung der Arbeitsmittel jedes besonderen Produktionszweiges in der Weise, daß jeder einzelne Arbeiter (oder vielmehr jede Gruppe von Arbeitern, da es sich ja um Arbeitsmittel in Form von Maschinerie handeln würde, und somit der unmittelbare Produktionsprozeß selbst ein gemeinschaftlicher wäre) annähernd gleich produktiv ist und jeder Gebrauchswert daher mit Recht nur als Exemplar seiner Art behandelt werden kann, weil jeder gleich viel Arbeit enthält. Andererseits wird betont, daß diese Bank die gesamtgesellschaftliche Arbeitszeit entsprechend den verschiedenen »Bedürfnismassen« (wie Marx im früher zitierten Brief an Kugelmann sagt) auf die verschiedenen Produktionszweige zu verteilen hat. Erst wenn diese beiden Voraussetzungen geschaffen sind, könnten die Arbeiter in diesem System ihre Bedürfnisse befriedigen und zugleich ihre Pro-

---

3 Grundrisse, S. 73

dukte als Tauschwerte verwirklichen; erst jetzt könnten sie nach Maßgabe ihres eigenen Beitrags zur Gesamtproduktion auch an dieser partizipieren. Das ist im Robinson-Beispiel selbstverständlich. Das andere hingegen muß ergänzt werden, um alle Aspekte des Wertbegriffs zu erläutern. »Nur zur Parallele mit der Warenproduktion« setzt Marx voraus, daß der Anteil jedes Produzenten an den Lebensmitteln bestimmt sei durch den Umfang seiner Arbeitszeit, in der er zur Gesamtproduktion beigetragen hat. Diese Arbeitszeit ist aber in ihrer konkreten Verausgabung je schon als gesellschaftlich notwendige im doppelten Sinne bestimmt, insofern die vielen individuellen Arbeitskräfte erst in den verschiedenen Produktionszweigen nach Maßgabe der zu befriedigenden Bedürfnisse aller Mitglieder der Assoziation verausgabt werden können, wenn die durchschnittlich notwendige Arbeitszeit zur Hervorbringung der verschiedenen Gebrauchswerte feststeht.

In der Unterscheidung dieser beiden Dimensionen des Begriffs der gesellschaftlich notwendigen Arbeitszeit reflektiert sich eine dem Kapitalismus eigentümliche Einheit zweier Prozesse, die wesentlich aufeinander bezogen sind, wie sie ebensosehr sich gegeneinander verselbständigen. Innerhalb der grundlegenden Verselbständigung der Produktion gegenüber der Konsumtion, der Verselbständigung des Tauschwerts gegenüber dem Gebrauchswert, wird einerseits durch Veränderung in den Produktionsmethoden die im Durchschnitt notwendige Arbeitszeit zur Herstellung eines Gebrauchswertes beständig herabgedrückt, andererseits wird die gesellschaftliche Gesamtarbeit nicht bewußt (entsprechend den Bedürfnissen der Konsumtion und Produktion) auf die verschiedenen Produktionszweige verteilt; diese Verteilung muß sich naturwüchsig durchsetzen. Unter diesen Voraussetzungen gehört es gleichsam zum System, daß Waren auf den Markt geworfen werden, zu deren Herstellung lediglich gesellschaftlich notwendige Arbeitszeit und gleichzeitig zuviel der gesellschaftlichen Gesamtarbeitszeit verausgabt wurde. Das wird von Marx ausdrücklich konstatiert: »Wie es Bedingung für die Waren, daß sie zu ihrem Wert verkauft werden, daß nur die gesellschaftlich notwendige Arbeitszeit in ihnen enthalten, so für eine ganze Produktionssphäre des Kapitals, daß von der Gesamtarbeitszeit der Gesellschaft nur der notwendige Teil auf diese besondere Sphäre verwandt sei, nur Arbeitszeit, die zur Befriedigung des gesellschaftlichen Bedürfnisses (demand) erheischt. Wenn mehr, so mag zwar jede einzelne Ware nur die notwendige Arbeitszeit enthalten; die Summe enthält mehr als die gesellschaftlich notwendige Arbeitszeit, ganz wie die einzelne Ware zwar Gebrauchswert hat, die

Summe aber, unter den gegebenen Voraussetzungen, einen Teil ihres Gebrauchswerts verliert« [4]. Diese beständig neu sich bildenden Disproportionalitäten werden in der kapitalistischen Alltagspraxis durch Prozesse ausgeglichen, die gemeinhin als Preismechanismus bezeichnet werden, als Angebot- und Nachfragemechanismus, als Kapitalwanderung usw. Die Proportionalität existiert nur im Prozeß der beständig sich ausgleichenden Disproportionalitäten, mit Marxschen Worten: das Wertgesetz verwirklicht sich nur in seinem eigenen Gegenteil.

Wie die Klassiker geht auch Marx von dem Phänomen aus, daß der Preis um eine Durchschnittsgröße oszilliert, eine Durchschnittsgröße, die als der eigentlich zu analysierende Gegenstand bestimmt wird. Nachfrage und Angebot decken sich hier und können infolgedessen nicht mehr zur Erklärung angeführt werden, da diese Durchschnittsgröße auf andere Weise erklärt werden muß als durch die sich beständig kompensierenden Abweichungen von ihr selbst. Dieser »natürliche Preis«, wie ihn die Klassiker nennen, wird vielmehr bestimmt durch die Arbeitszeit. Abgesehen von den zentralen Unterschieden zwischen der Marxschen und klassischen Theorie hinsichtlich der gesamten Formproblematik, wird dieser Gedanke von Marx rezipiert. »Der durch die Arbeitszeit bestimmte Wert der Waren ist nur ihr Durchschnittswert ... Von diesem Durchschnittswert ist ihr Marktwert stets verschieden und steht stets entweder unter oder über ihm. Der Marktwert gleicht sich aus zum Realwert durch seine beständige Oszillation, nie durch eine Gleichung mit dem Realwert als einem Dritten, sondern durch stete Ungleichsetzung seiner selbst (nicht, wie Hegel sagen würde, durch abstrakte Identität, sondern durch beständige Negation der Negation, d. h. seiner selbst als der Negation des Realwerts) ... Der Preis unterscheidet sich also vom Wert, nicht nur wie der Nominelle vom Realen; nicht nur durch die Denomination in Gold und Silber, sondern dadurch, daß der letztre als Gesetz der Bewegung erscheint, die der erstre durchläuft. Sie sind aber beständig verschieden und decken sich nie oder nur ganz zufällig und ausnahmsweise. Der Warenpreis steht beständig über oder unter dem Warenwert, und der Warenwert selbst existiert nur in dem up and down der Warenpreise« [5].

Versteht man die Marxsche Ableitung der Kategorien als »Definition« des Wertgesetzes und der Form seiner Durchsetzung, so muß man diese Darstellungsform des Wertgesetzes streng von der Darstellung

4 Theorien, Teil 2, S. 517
5 Grundrisse, S. 56 f.

der Verwirklichung des Wertgesetzes in der Konkurrenz selbst unterscheiden. Das letztere hat Marx, wie mehrmals hervorgehoben, nicht durchgeführt, »deswegen nicht, weil die wirkliche Bewegung der Konkurrenz außerhalb unsers Plans liegt, und wir nur die innere Organisation der kapitalistischen Produktionsweise, sozusagen in ihrem idealen Durchschnitt, darzustellen haben« [6]. Auf diese Problematik geht Marx auch am Ende des ersten Kapitels der *Kritik* ein, wo er mögliche Einwände gegen seine Werttheorie zurückweist: »Der Marktpreis der Waren fällt unter oder steigt über ihren Tauschwert mit dem wechselnden Verhältnis von Nachfrage und Zufuhr. Der Tauschwert der Waren ist daher (so argumentieren seine Gegner, H. R.) durch das Verhältnis von Nachfrage und Zufuhr bestimmt und nicht durch die in ihnen enthaltene Arbeitszeit. In der Tat wird in diesem sonderbaren Schlusse nur die Frage aufgeworfen, wie sich auf der Grundlage des Tauschwerts ein von ihm verschiedener Marktpreis entwickelt oder richtiger, wie das Gesetz des Tauschwerts nur in seinem eignen Gegenteil sich verwirklicht. Dies Problem wird gelöst in der Lehre von der Konkurrenz« [7]. Die Marxsche Darstellung der Kategorien enthält also nur die Ableitung jener Formen, durch die hindurch sich das Wertgesetz überhaupt erst verwirklichen kann, sie sind gleichsam das aller wirklichen Bewegung vorausgesetzte Apriori. Die Marxsche Theorie der *Preisform* kann darum nicht als Preistheorie bezeichnet werden, sondern versteht sich nur als Darstellung jener Kategorie, welche die beständige Oszillation allererst ermöglicht. »Der Preis ist der Geldname der in der Ware vergegenständlichten Arbeit. Die Äquivalenz der Ware und des Geldquantums, dessen Name ihr Preis ist, ist daher Tautologie, wie ja überhaupt der relative Wertausdruck einer Ware stets der Ausdruck der Äquivalenz zweier Waren ist. Wenn aber der Preis als Exponent der Wertgröße der Ware Exponent ihres Austauschverhältnisses mit Geld, so folgt nicht umgekehrt, daß der Exponent ihres Austauschverhältnisses mit Geld notwendig der Exponent ihrer Wertgröße ist. Gesellschaftlich notwendige Arbeit von gleicher Größe stelle sich in 1 Quarter Weizen und in 2 Pfd. St. ... dar. Die 2 Pfd. St. sind Geldausdruck der Wertgröße des Quarters Weizens, oder sein Preis. Erlauben nun die Umstände, ihn zu 3 Pfd. St., oder zwingen sie, ihn zu 1 Pfd. St. zu notieren, so sind 1 Pfd. St. und 3 Pfd. St. als Ausdrücke der Wertgröße des Weizens zu klein oder zu groß, aber sie sind dennoch Preise desselben,

6 Das Kapital, Bd. 3, S. 839
7 Zur Kritik der politischen Ökonomie, S. 61

denn erstens sind sie seine Wertform, Geld, und zweitens Exponent seines Austauschverhältnisses mit Geld. Bei gleichbleibenden Produktionsbedingungen oder gleichbleibender Produktivkraft der Arbeit muß nach wie vor zur Reproduktion des Quarter Weizen gleich viel gesellschaftliche Arbeitszeit verausgabt werden. Dieser Umstand hängt vom Willen weder des Weizenproduzenten noch der andren Warenbesitzer ab. Die Wertgröße der Ware drückt also ein notwendiges, ihrem Bildungsprozeß immanentes Verhältnis zur gesellschaftlichen Arbeitszeit aus. Mit der Verwandlung der Wertgröße in Preis erscheint dies notwendige Verhältnis als Austauschverhältnis einer Ware mit der außer ihr existierenden Geldware. In diesem Verhältnis kann sich ebensowohl die Wertgröße der Ware ausdrücken, als das Mehr oder Minder, worin sie unter gegebenen Umständen veräußerlich ist. Die Möglichkeit quantitativer Inkongruenz zwischen Preis und Wertgröße, oder die Abweichung des Preises von der Wertgröße, liegt also in der Preisform selbst. Es ist dies kein Mangel dieser Form, sondern macht sie umgekehrt zur adäquaten Form einer Produktionsweise, worin sich die Regel nur als blindwirkendes Durchschnittsgesetz der Regellosigkeit durchsetzen kann« [8]. Entsprechend der Gesamtkonstruktion kann sich Marx hier mit diesem Hinweis begnügen. Da er im *Kapital* nur mit der Ableitung der Formen selbst befaßt ist, also in diesem Fall zu entwickeln hat, wie sich die Waren innerhalb der Zirkulationssphäre als dingliche, lediglich quantitativ verschiedene Ausdrücke derselben Substanz füreinander darstellen, setzt er voraus, daß die verschiedenen Gebrauchswerte gesellschaftlich notwendige Arbeitszeit enthalten und sich als Äquivalente austauschen.
Was aber versteht Marx genau unter gesellschaftlich notwendiger Arbeitszeit innerhalb der Darstellung der Kategorien? Daß dieser Begriff unter doppeltem Aspekt zu betrachten ist, hat Marx explizit konstatiert und kommt wiederholt darauf zurück, wenngleich in einer Form, aus der nicht zweifelsfrei zu entnehmen ist, wie die Vermittlung beider Aspekte zu denken ist. Das mag auf die Darstellungsform der Kategorien selbst zurückzuführen sein, die – als Darstellung der kapitalistischen Produktionsweise in ihrem »idealen Durchschnitt« – die Vermittlung beider Aspekte je schon voraussetzt und sie zugleich nicht voraussetzen darf. Wenn die Darstellung von der einfachen Zirkulation ausgeht und diese dann als abstrakte Sphäre des bürgerlichen Gesamtproduktionsprozesses – ihr unmittelbares Sein als reinen Schein – dechiffrieren will, so darf sie den Gebrauchswert immer nur

8 Das Kapital, Bd. I, S. 116 f.

in jenen ökonomischen Formbestimmtheiten erfassen, in denen er auf der jeweiligen Betrachtungsstufe erscheint. Auf diese Problematik geht Marx im Rohentwurf ein: »Diesmal aber ist dieser Widerspruch gesetzt nicht mehr wie in der Zirkulation nur so, daß er ein formeller Unterschied ist, sondern das Gemessensein durch den Gebrauchswert ist hier fest bestimmt als das Gemessensein durch das Gesamtbedürfnis der Austauschenden für dies Produkt – d. h. durch das Quantum der Gesamtkonsumtion. Diese erscheint hier als Maß für es als Gebrauchswert und *daher auch als Tauschwert*. In der einfachen Zirkulation war er einfach zu übersetzen aus der Form des besonderen Gebrauchswerts in die des Tauschwerts. Seine Schranke erschien nur darin, daß es aus erstrer (kommend) durch seine *natürliche Beschaffenheit* in einer besondren Form, statt in der Wertform existierte, in der er gegen alle andren Waren direkt austauschbar war. Jetzt aber ist gesetzt, daß in seiner *natürlichen Beschaffenheit* selbst das *Maß* seines Vorhandenseins gegeben ist. Um in die allgemeine Form übersetzt zu werden, darf der Gebrauchswert nur in einer bestimmten Quantität vorhanden sein, einer *Quantität*, deren Maß nicht *in der in ihm vergegenständlichten Arbeit* liegt, sondern aus *seiner Natur als Gebrauchswert* und zwar *als Gebrauchswert für andre* hervorgeht« [9]. Und einige Zeilen später folgt eine bedeutsame Bemerkung: »Die Gleichgültigkeit des Werts als solchen gegen den Gebrauchswert ist damit ebenso in falsche Position gebracht, wie andrerseits die Substanz und das Maß des Werts als vergegenständlichte Arbeit überhaupt« [10]. Ob diese letzte Bemerkung als Einwand gegen die Arbeitswerttheorie als solche aufzufassen ist oder aber nur als Hinweis darauf, daß der Aspekt der Verteilung der gesellschaftlichen Gesamtarbeit nach Maßgabe der gesellschaftlichen Bedürfnisse ebenfalls schon zu Beginn der Darstellung der Kategorien berücksichtigt werden sollte, läßt sich schlecht entscheiden. Eine nachfolgende Fußnote läßt die letztere Deutung plausibler erscheinen: »Es kann noch nicht auf das Verhältnis von Nachfrage, Zufuhr, Preisen übergegangen werden, die in ihrer eigentlichen Entwicklung das Kapital voraussetzen. Soweit Nachfrage und Zufuhr abstrakte Kategorien sind, noch keine bestimmten ökonomischen Verhältnisse ausdrücken, sind sie vielleicht schon bei der einfachen Zirkulation oder Produktion zu betrachten?« [11] Im Rohentwurf läßt Marx dieses Problem ausdrücklich in der Schwebe, wie aus

9 Grundrisse, S. 310
10 A. a. O., S. 310
11 A. a. O., S. 310

einer späteren Anmerkung hervorgeht: »Wir haben vorhin bei dem Verwertungsprozeß des Kapitals gesehen, wie er den *einfachen Produktionsprozeß* als früher entwickelt unterstellt. So wird es sich mit *Nachfrage und Zufuhr* soweit verhalten, als im einfachen Austausch Bedürfnis für das Produkt vorausgesetzt wird. Das *eigne* Bedürfnis des Produzenten (des unmittelbaren) als Bedürfnis andrer Nachfrage. Es muß sich bei dieser Entwicklung selbst ergeben, was ihr *vorausgesetzt* werden muß, und das ist dann alles später in die ersten Kapitel zu werfen«[12]. Inwieweit sich diese Einwände in der späteren Darstellung niedergeschlagen haben, hat Marx nirgends explizit ausgeführt. Das Problem selbst wird im *Kapital* ebenfalls nicht abschlußhaft beantwortet, vielmehr verknüpft Marx mit fortschreitender Entwicklung seiner Theorie den Ausdruck »notwendige Arbeitszeit« ausschließlich mit einem Aspekt. »Es ist in der Tat das Gesetz des Werts, wie es sich geltend macht, nicht in bezug auf die einzelnen Waren oder Artikel, sondern auf die jedesmaligen Gesamtprodukte der besondren, durch die Teilung der Arbeit verselbständigten gesellschaftlichen Produktionssphären; so daß nicht nur auf jede einzelne Ware nur die notwendige Arbeitszeit verwandt ist, sondern daß von der gesellschaftlichen Gesamtarbeitszeit nur das nötige proportionelle Quantum in den verschiedenen Gruppen verwandt ist. Denn Bedingung bleibt der Gebrauchswert. Wenn aber der Gebrauchswert bei der einzelnen Ware davon abhängt, daß sie an und für sich ein Bedürfnis befriedigt, so bei der gesellschaftlichen Produktenmasse davon, daß sie dem quantitativ bestimmten gesellschaftlichen Bedürfnis für jede besondere Art von Produkt adäquat, und die Arbeit daher im Verhältnis dieser gesellschaftlichen Bedürfnisse, die quantitativ umschrieben sind, in die verschiedenen Produktionssphären proportionell verteilt ist ... Das gesellschaftliche Bedürfnis, d. h. der Gebrauchswert auf gesellschaftlicher Potenz, erscheint hier bestimmend für die Quota der gesellschaftlichen Gesamtarbeitszeit, die den verschiedenen Produktionssphären anheimfallen. Es ist aber nur dasselbe Gesetz, das sich schon bei der einzelnen Ware zeigt, nämlich: daß ihr Gebrauchswert Voraussetzung ihres Tauschwerts und damit ihres Werts ist ... Diese quantitative Schranke der auf die verschiednen besondren Produktionssphären verwendbaren Quoten der gesellschaftlichen Arbeitszeit ist nur weiterentwickelter Ausdruck des Wertgesetzes überhaupt; *obgleich die notwendige Arbeitszeit hier einen andren Sinn erhält* (hervorgehoben von mir, H. R.). Es ist nur soundsoviel

---

12 A. a. O., S. 311

davon notwendig zur Befriedigung des gesellschaftlichen Bedürfnisses. Die Beschränkung tritt hier ein durch den Gebrauchswert«[13]. Es unterliegt keinem Zweifel, daß ein großer Teil der Kritik an der Marxschen Theorie diesen Sachverhalt im Auge hat, ihn aber zugleich in einer Form artikuliert, die sich jener Kategorien bedient, um deren Ableitung Marx bemüht ist. Wir wollen daher die Diskussion dieses Problems an dieser Stelle abbrechen und erst versuchen, uns über den weiteren Gang der Darstellung Rechenschaft abzulegen.

5. *Die zweite Bestimmung des Geldes*

Die »zweite Bestimmung des Geldes« muß auf die erste folgen: »Diese ideelle Verdopplung geht (und muß dazu fortgehn), daß die Ware im wirklichen Austausch doppelt erscheint: als natürliches Produkt auf der einen Seite, als Tauschwert auf der andren. D. h. ihr Tauschwert erhält eine materiell von ihr getrennte Existenz«[1]. Die *Preisform*, deren Bildung »sozusagen theoretischer, vorbereitender Prozeß für die wirkliche Zirkulation ist«[2], schließt die Veräußerlichkeit der Waren gegen Geld und die Notwendigkeit dieser Veräußerung ein. Nachdem Marx bei der Ableitung der *Preisform* auf einer konkreteren Ebene die Struktur des Gedankengangs des ersten Teils des ersten Kapitels der *Kritik* bzw. des ersten Kapitels des *Kapitals* wiederholt hat, nämlich die Ware analytisch zu betrachten und nicht, wie sie sich im wirklichen Austauschprozeß darstellt, nimmt er an dieser Stelle den Gedankengang des zweiten Teils des ersten Kapitels der *Kritik* bzw. des zweiten Kapitels des *Kapitals* wieder auf – ebenfalls auf einer konkreteren Ebene. Die Betrachtung der Ware als Einheit von Gebrauchswert und Tauschwert hat ergeben, daß sie als beides *werden* muß, wobei die Verwirklichung des einen wechselseitig an die Verwirklichung des anderen gebunden ist, die Verwirklichung des einen aber zugleich die Verwirklichung des anderen ausschließt. Die Lösung dieses fehlerhaften Zirkels von Problemen ist nur möglich, wenn der gesellschaftliche Stoffwechsel durch einen Formwechsel der Ware vermittelt wird, sich also gleichsam in zwei Schritten vollzieht: die Ware verwirklicht sich als Gebrauchswert, indem sie eine von ihrer unmittelbaren Naturalform unterschiedene soziale Existenzform annimmt,

---

13 Das Kapital, Bd. 3, S. 648 f.
1 Grundrisse, S. 63
2 Zur Kritik der politischen Ökonomie, S. 62

eine Form erhält, in der sie den anderen Waren als unmittelbare Verkörperung abstrakt allgemeiner Arbeit gilt, und dann als Äquivalent beliebig bestimmtes Quantum jeder anderen Ware ersetzt. In der *Preisform* ist dieser Vorgang impliziert: indem die Waren einen Preis haben, erscheinen sie nicht nur füreinander als vertauschbare Ausdrücke derselben Substanz, die nur quantitativ unterschieden sind, sondern stellen sich dar als ideelle Vorwegnahme der unmittelbaren Existenzweise des Tauschwerts. Der Akt ihrer Veräußerung, d. h. der Übergang aus der Hand, worin sie Nicht-Gebrauchswert, in die Hand, worin sie Gebrauchswert sind, also ihr *Werden als Gebrauchswert,* ist identisch mit der Verwirklichung des Preises. Aus einem vorgestellten Quantum Gold wird die Ware wirkliches Gold. »Durch den Verkauf W – G wird nicht nur die Ware, die in ihrem Preis ideell in Gold verwandelt war, reell in Gold verwandelt, sondern durch denselben Prozeß wird das Gold, das als Maß der Werte nur ideelles Gold war und in der Tat nur als Geldnamen der Waren selbst figurierte, in wirkliches Geld verwandelt. Wie es ideell allgemeines Äquivalent wurde, weil alle Waren ihre Werte in ihm maßen, wird es jetzt als Produkt der allseitigen Veräußerung der Waren gegen es, und der Verkauf W – G ist der Prozeß dieser allgemeinen Veräußerung, die absolut veräußerliche Ware, reelles Geld. Gold wird aber nur im Verkauf reell Geld, weil die Tauschwerte der Waren in den Preisen schon ideell Gold waren« [3]. Indem die Ware gegen Gold veräußert wird und ihren Preis realisiert, wird Gold zu wirklichem Geld, es wird die »Goldpuppe« der Ware, ihr Wert in Naturalform, der nun unmittelbar in den Gebrauchswerten aller anderen Waren darstellbar ist, die ihrerseits durch ihren Preis das Gold als ihr »Jenseits anstreben«. Hat die erste Veräußerung der Ware ihren Gebrauchswert für andere verwirklicht, so verwirklicht sich im Akt der Entäußerung des Goldes gegen einen anderen Gebrauchswert die Ware als Gebrauchswert für ihren Eigentümer. Zugleich verwirklicht sich ihr Tauschwert, aber er verwirklicht sich nur als verschwindender: »Wenn die Ware durch Realisierung ihres Preises zugleich Gold in wirkliches Geld, verwandelt sie durch ihre Rückverwandlung das Gold in ihr eigenes bloß verschwindendes Gelddasein« [4].

3 A. a. O., S. 89
4 A. a. O., S. 92

Diese Darstellung des Formwechsels der Ware ist für Marx identisch mit der Einführung von Bestimmungen, ohne deren Verständnis ihm die angemessene theoretische Verarbeitung eines zentralen Phänomens der kapitalistischen Produktionsweise, nämlich der Krise, vorab schon unmöglich scheint: der des *Kaufens* und *Verkaufens*. Daß Marx auch bei diesen Bestimmungen eine strenge Form der Einführung verlangt, und im Grunde seine eigene Darstellung auch hier wieder als einzig mögliche Form betrachtet, geht aus einer Fußnote hervor, in der Marx jenen Theoretiker kritisiert, demzufolge das Geld nur mißbräuchlich in der politischen Ökonomie abgehandelt wird. »Geld«, so heißt es bei Hodgskin, »ist in Wirklichkeit nur das Instrument zur Tätigung von Kauf und Verkauf, und seine Betrachtung bildet ebensowenig einen Teil der Wissenschaft der politischen Ökonomie wie die Betrachtung von Schiffen und Dampfmaschinen ...« [1], worauf Marx sofort entgegnet: »Aber was verstehen Sie, bitte, unter Kauf und Verkauf?« [2]. Wo jedoch die Geldform nicht aus der Struktur der Ware abgeleitet werden kann; die Notwendigkeit der selbständigen Darstellungsform des Tauschwerts nicht nachvollzogen werden kann, sondern Geld lediglich als »pfiffig ausgedachtes Auskunftsmittel« zur Überwindung (scheinbar) äußerlicher Schwierigkeiten des Tauschhandels betrachtet wird, kann auch über das Wesen dieser beiden Bestimmungen keine klare Auskunft verlangt werden. Wie harmlos sich im ersten Augenblick auch dieses Mißverständnis ausnehmen mag, die von Marx entwickelten Konsequenzen sind jedenfalls bedeutsam.

Die Verdopplung der Ware in Ware und Geld impliziert, daß eine Transsubstantiation durchlaufen wird. Sie impliziert aber zugleich auch, daß es zufällig ist, ob diese Transsubstantiation gelingt. Mit der Entstehung der Geldform zerfällt der Akt des Austausches in zwei voneinander unabhängige Akte, eben Kauf und Verkauf, so daß die unmittelbare Identität zwischen Austausch des eigenen Produktes gegen Eintausch des fremden Produktes einem Prozeß weicht, der wesentlich aus der Einheit beider Phasen besteht, wie er zugleich ebenso wesentlich die Trennung und Verselbständigung derselben gegeneinander ist. »Sie können sich entsprechen und nicht entsprechen; sie können sich decken oder nicht; sie können in Mißverhältnisse zueinander treten. Sie werden sich beständig auszugleichen suchen, aber an die

1 Zur Kritik der politischen Ökonomie, S. 48
2 A. a. O., S. 48

Stelle der früheren unmittelbaren Gleichheit ist jetzt die beständige Bewegung der Ausgleichung getreten, die eben beständige Ungleichsetzung voraussetzt. Die Konsonanz kann jetzt voll möglicherweise nur durch Durchlaufen der äußersten Dissonanzen erreicht werden« [3]. Die Beschreibung der Implikationen dieser beiden Bestimmungen ist gleichzeitig die erste Form der Darstellung der Krise oder die Darstellung der Krise in ihrer abstraktesten Form. Bevor wir uns jedoch dieser Form zuwenden, muß auf einige Aspekte des gesamten Krisenproblems hinsichtlich der Darstellung aufmerksam gemacht werden. Wenn die dialektische Form der Darstellung den Anspruch einschließt, die einzig angemessene Form der begrifflichen Verarbeitung des kapitalistischen Gesamtprozesses zu sein, so muß diese Darstellungsform zugleich als der Versuch bezeichnet werden, eine Aufgabe zu lösen, die einer Quadratur des Zirkels auf der Ebene der politischen Ökonomie gleichkommt. Gefordert ist nichts Geringeres als die systematische Darstellung jener Momente, die innerhalb der kapitalistischen Produktion den periodischen Zusammenbruch dieser Produktionsweise bedingen. Das System der Darstellung in der Form des »immanenten Übersichhinausgehens«, von dessen Begriff die Vorstellung einer in sich stimmigen Struktur nicht wegzudenken ist, hat also einen systemimmanenten Bruch, die immanente Sprengkraft seiner selbst, ebenfalls noch in systematischer Weise zu erfassen. Dieser Verflechtung von Statik und Dynamik im kapitalistischen System, die in der Krise *erscheint*, wird die Gesamtkonzeption auf eigenartige Weise gerecht. Das sporadische, scheinbar unsystematische Eingehen auf die Krise ist selber noch das adäquate Verfahren, um auf je verschiedenen Konkretionsstufen einen Sachverhalt zu verarbeiten, der sich seiner ganzen Struktur nach einem systematischen Zugriff zu widersetzen scheint. »Und dies ist bei der Betrachtung der bürgerlichen Ökonomie das Wichtige. Die Weltmarktkrisen müssen als die reale Zusammenfassung und gewaltsame Ausgleichung aller Widersprüche der bürgerlichen Ökonomie gefaßt werden. Die einzelnen Momente, die sich also in diesen Krisen zusammenfassen, müssen also in jeder Sphäre der bürgerlichen Okonomie hervortreten und entwikkelt werden, und je weiter wir vordringen, müssen einerseits neue Bestimmungen dieses Widerstreits entwickelt, andrerseits die abstrakteren Formen desselben als wiederkehrend und in den konkreteren nachgewiesen werden« [4]. Der erste Schritt in der Behandlung dieser

---

3 Grundrisse, S. 66
4 Theorien, Teil 2, S. 506

Problematik hat an dieser Stelle, bei der Entwicklung der Bestimmungen Kauf und Verkauf, zu erfolgen und besteht lediglich in der genauen Betrachtung der *abstrakten Form der Krise.*
Zu einer solchen Betrachtungsweise war die bürgerliche Ökonomie aufgrund des oben erwähnten Mißverständnisses nicht in der Lage. Interessant ist in diesem Zusammenhang jedoch eine Differenzierung, die Marx bei der Auseinandersetzung mit der bürgerlichen Krisentheorie durchführt, und die sich nicht mit der wesentlichen Unterscheidung in klassische und vulgäre Theorie deckt. Wie schon mehrfach hervorgehoben, zeichnet sich die klassische Theorie gerade dadurch aus, daß sie den objektiven Schein, dem die vulgäre Theorie uneingeschränkt verfällt, zu durchschlagen sucht, wenn auch zum Teil mit untauglichen Mitteln. Das schließt nun aber nicht aus, wie wir das ja schon in der Marxschen Kritik an Adam Smith und David Ricardo gesehen haben, daß die klassische Theorie mit Elementen der Vulgärökonomie durchsetzt ist; im Gegenteil: ohne partielle Überschneidungen mit Theoremen der Vulgärökonomie wäre die klassische Theorie keine klassische im Marxschen Sinne, sie würde sich vielmehr unmittelbar mit seiner eigenen decken. In der Krisentheorie jedoch gibt es diese partielle Überschneidung nicht, die klassische Theorie wird hier selber voll und ganz zur Vulgärökonomie. »Es ist dies kindisches Geschwätz eines Say, aber nicht Ricardos würdig« [5], heißt es einmal in den *Theorien über den Mehrwert.* Unter einem anderen Gesichtspunkt läßt sich jedoch eine Differenzierung einführen: innerhalb der allgemeinen Unklarheit über dieses Problem läßt sich unterscheiden, ob die praktische Beobachtung der Krise von der Theorie »geleugnet« oder »akzeptiert« wird. Cum grano salis lassen sich diese beiden Aspekte der bürgerlichen Theorie zwei Perioden der kapitalistischen Produktionsweise zuordnen, die sich selber durch zwei spezifische Formen der Krise charakterisieren lassen. »Ricardo selbst kannte eigentlich von Krisen nichts, von allgemeinen, aus dem Produktionsprozeß selbst hervorgehenden Weltmarktkrisen. Die Krisen von 1800 bis 1815 konnte er erklären aus Getreideteuerung infolge des Mißwuchses von Ernten, aus Depretiation des Papiergeldes, aus Depretiation der Kolonialwaren etc., weil infolge der Kontinentalsperre der Markt gewaltsam, aus politischen, nicht ökonomischen Gründen, kontrahiert war. Die Krisen nach 1815 konnte er sich ebenfalls erklären, teils aus einem Mißjahr, aus Getreidenot, teils aus dem Fall der Kornpreise, weil die Ursachen aufgehört hatten zu wirken,

5 A. a. O., S. 498

die nach seiner eignen Theorie während des Krieges und der Absperrung Englands vom Kontinent die Getreidepreise in die Höhe treiben mußten, teils aus dem Übergang vom Krieg zum Frieden und den daher entspringenden plötzlichen Veränderungen in den Kanälen des Handels ... Die späteren historischen Phänomene, speziell die fast regelmäßige Periodizität der Weltmarktkrisen erlaubte den Nachfolgern Ricardos nicht mehr, die Tatsachen zu leugnen oder sie als zufällige facts zu interpretieren«[6]. Der Wendepunkt zwischen diesen beiden Perioden bezeichnet zugleich einen historischen Kulminationspunkt; denn eine Entwicklung der bürgerlichen Theorie als klassische konnte es nun nicht mehr geben. Ob in Ricardos System alles über »die innere Physiologie« des kapitalistischen Systems gesagt wurde, was sich innerhalb des bürgerlichen Horizonts sagen läßt, ist von diesem Zeitpunkt an eine abstrakte Frage. Mit der regelmäßigen Wiederkehr der Krisen mußte sich die geschichtliche Natur des bürgerlichen Reproduktionsprozesses unabweislich dem Bewußtsein aufdrängen, die geschichtliche Form des Reproduktionsprozesses wurde aus der Form dieses Prozesses selbst ersichtlich. Damit mußte aber auch der bürgerliche Horizont *als* bürgerlicher erkannt werden; für Marx war eine weitere Entwicklung der Wissenschaft nur noch unter sozialistischem Vorzeichen denkbar, als Kritik dieser Wissenschaft, und bürgerliche Wissenschaft nur noch als *bewußte* Apologetik.
Wie stellt sich für Marx die erste Variante der bürgerlichen Krisentheorie dar? Marx konstatiert ein groteskes Auseinanderklaffen von empirischer Beobachtung und abstrakter Theorie. *Daß* Krisen stattfinden, ist nicht zu leugnen, ebensowenig aber ist die Unfähigkeit der Theoretiker zu übersehen, dieses Phänomen auf den Begriff zu bringen. »Was die Krisen angeht, so haben mit Recht alle Schriftsteller, die die wirkliche Bewegung der Preise darstellen, oder alle Praktiker, die in gegebenen Momenten der Krise schreiben, die angeblich theoretische Salbaderei ignoriert und sich damit begnügt, daß das in der abstrakten Theorie – nämlich daß keine gluts of market etc. möglich – wahr, in der Praxis falsch sei. Die regelmäßige Wiederholung der Krisen hat in der Tat das Saysche etc. Gekohl zu einer Phraseologie herabgesetzt ...«[7]. Statt nun, wie man erwarten sollte, zu untersuchen, worin die Elemente bestehen, die in der Katastrophe eklatieren, begnügt sich die Theorie mit der Leugnung dieser Katastrophe und beharrt gegenüber der empirischen Wiederkehr dieses Phänomens auf

6 A. a. O., S. 493 f.
7 A. a. O., S. 496

der Ansicht, daß die »Produktion, wenn sie sich nach den Schulbüchern richtete, es nie zu Krisen bringen würde« [8]. Krisen hätten also keineswegs den Charakter der Notwendigkeit, im Gegenteil, ihr Eintreten sei reiner Zufall.

Marx seinerseits begnügt sich nun nicht mit der Konstatierung dieser Diskrepanz, sondern zeigt, daß sich die bürgerliche Theorie aus elementaren Mißverständnissen über die Implikationen der ökonomischen Formbestimmtheiten speist. Wird, wie oben schon hervorgehoben, die Geldform nicht aus der Struktur des Austauschprozesses abgeleitet, sondern als technisches Mittel zur Erleichterung des Produktentausches betrachtet, verwischt sich auch der wesentliche Unterschied zwischen unmittelbarem Produktenaustausch und Warenzirkulation. Kauf und Verkauf werden dann nicht als Verlauf eines Prozesses begriffen, der aus zwei entgegengesetzten Phasen besteht, die zwar eine Einheit bilden, aber jetzt eine Einheit in der Form des An-sich-Seins: da keiner verkaufen kann, ohne daß ein anderer kauft, aber keiner unmittelbar zu kaufen braucht, weil er selbst verkauft hat, sprengt die Zirkulation die zeitlichen, örtlichen und individuellen Schranken des Produktenaustausches, und die Phasen können sich gegeneinander verselbständigen. Als Verselbständigte *erscheinen* sie dann auch, sobald sich die innere Einheit geltend macht; die Trennung beider *erscheint*: in der Krise. »Die Selbständigkeit, die die zueinander gehörigen und sich ergänzenden Momente gegeneinander annehmen, wird gewaltsam vernichtet. Die Krise manifestiert also die Einheit der gegeneinander verselbständigten Momente. Es fände keine Krise statt ohne diese innere Einheit der scheinbar gegeneinander Gleichgültigen« [9].

Dieser Sachverhalt entgeht der bürgerlichen Ökonomie. Da ihr das Geld lediglich »Medium ist, wodurch der Austausch bewirkt wird«, kann sie Kauf und Verkauf nicht in ihrer spezifischen Formbestimmtheit festhalten, sondern muß sie unter dem Gesichtspunkt des Tausches betrachten. Dadurch aber verfehlt sie vorweg schon die Krise als Erscheinungsform der Einheit, da ihr die Einheit nur unter der Form der unmittelbaren Identität zugänglich ist. So kommt es, daß es für die bürgerliche Ökonomie keine Krisen geben kann. »Aber nein, sagt der apologetische Ökonomist. Weil die Einheit stattfindet, kann *keine* Krise stattfinden« [10].

Damit ist nach Marx die gesamte bürgerliche Krisentheorie im Kern kritisiert. Wenn hinsichtlich seiner eigenen Verfahrensweise gilt, daß

---

8 A. a. O., S. 496
9 A. a. O., S. 497
10 A. a. O., S. 497

die Krisenproblematik immer wieder neu aufgenommen werden muß, die abstrakteren Formen als in den konkreteren wiederkehrend nachgewiesen werden müssen, so gilt umgekehrt, daß die Verfehlung der abstraktesten Form der Krise die Unmöglichkeit einer Lösung des Gesamtkomplexes bedingt. Das betont Marx in der Auseinandersetzung mit Ricardo. »Die von Ricardo adoptierte (eigentlich James Mill gehörige) Ansicht des faden Say (worauf wir bei der Besprechung dieses Jammermenschen zurückkommen), daß keine *Überproduktion* möglich oder wenigstens no general glut of the market, beruht auf dem Satz, daß *Produkte gegen Produkte* ausgetauscht werden, oder, wie Mill es gesagt hat, auf dem ›metaphysischen Gleichgewicht der Verkäufer und Käufer‹« [11]. Kauf und Verkauf werden unter der Bestimmung des Tausches gefaßt, und diese erste Fehlleistung pflanzt sich fort. Auch Nachfrage und Zufuhr, die Marx erst bei der Betrachtung der Konkurrenz der Kapitalien entwickelt, werden unter diesem Gesichtspunkt analysiert. »Weiter liegt nun allerdings im Hintergrund des Ricardoschen und ähnlichen Räsonnements nicht nur das Verhältnis von *Kauf und Verkauf*, sondern von *Nachfrage und Zufuhr* ... Wie Mill sagt, ist Kauf Verkauf etc., so ist Nachfrage Zufuhr und Zufuhr Nachfrage ...« [12]. Das impliziert eine vollkommene Fehlinterpretation des kapitalistischen Gesamtprozesses. Da, wie Marx betont, eine konkretere Behandlung des Verhältnisses von Nachfrage und Angebot nicht abzulösen ist von der genauen Darstellung des Verhältnisses von Produktion und Konsumtion, dieses aber unter kapitalistischen Bedingungen als Widerspruch zwischen unaufhaltsamer Entwicklung der Produktivkräfte und der Beschränktheit des Konsums – die wirkliche Basis der Überproduktion – die Grundlage aller Krisen ist, bedeutet dieser zweite Schritt der bürgerlichen Ökonomie die völlige Verkennung der differencia specifica der kapitalistischen Produktionsweise. Die unzureichende Verfahrensweise bei der Betrachtung der Krisen kann Marx daher in wenigen Sätzen zusammenfassen: »Um nachzuweisen, daß die kapitalistische Produktion nicht zu allgemeinen Krisen führen kann, werden alle Bedingungen und Formbestimmungen, alle Prinzipien und differentiae specificae, kurz die kapitalistische Produktion selbst geleugnet, und wird in der Tat nachgewiesen, daß, wenn die kapitalistische Produktionsweise, statt eine spezifisch entwickelte, eigentümliche Form der gesellschaftlichen Produktion zu sein, eine hinter ihren rohesten Anfängen liegende Produktionsweise wäre, die ihr eigentümlichen Ge-

11 A. a. O., S. 489
12 A. a. O., S. 501

gensätze, Widersprüche und daher auch deren Eklat in den Krisen nicht existieren würden ... Es wird nicht nur hinter die kapitalistische Produktion, sondern sogar hinter die bloße Warenproduktion zurückgegangen und das verwickeltste Phänomen der kapitalistischen Produktion – die Weltmarktkrise – dadurch weggeleugnet, daß die erste Bedingung der kapitalistischen Produktion, nämlich daß das Produkt Ware sei, sich daher als Geld darstellen und den Prozeß der Metamorphose durchmachen muß, weggeleugnet wird ...«[13].

Die andere Variante der bürgerlichen Theorie, von der oben gesprochen wurde, ist gleichsam die Kehrseite der eben diskutierten. Wenngleich nämlich die Verselbständigung beider Phasen in der Krise erscheint, kann die Krise doch nicht aus der bloßen Form der Trennung von Kauf und Verkauf erklärt werden. Grund der Wirklichkeit der Krise ist vielmehr der Widerspruch zwischen Produktion und Konsumation unter kapitalistischen Bedingungen, also zwischen der Entwicklung der Produktivkräfte und der Beschränktheit des Konsums. Diese das kapitalistische System charakterisierende wesentliche Trennung zweier Momente, der Produktion und Konsumtion, die ebenso wesentlich aufeinander bezogen sind, *muß* erscheinen, und sie erscheint als das was sie ist, nämlich Verselbständigung der Produktion gegenüber der Konsumtion, als Überproduktion. Überproduktion als Inhalt der Krise, als Inhalt dieser Form, ist dann begründeter Inhalt. Solange jedoch nur die Trennung von Kauf und Verkauf thematisch ist und auf dieser Stufe der kategorialen Darstellung die Krise betrachtet wird, gibt es noch keinen begründeten Inhalt; auf dieser Stufe der Darstellung der Kategorien als Darstellung der Krise ist der Inhalt mit der Form identisch, die Form ist der ganze Inhalt, oder die abstrakteste Form der Wirklichkeit der Krise. Die Unmöglichkeit des Verkaufs ist gegeben mit der Trennung von Kauf und Verkauf, die Möglichkeit der Krise liegt also in der Trennung selber; ohne diese Trennung könnte es keine wirklichen Krisen geben, wie eben die wirkliche Krise auch als Festsetzung des Verkaufs gegen den Kauf erscheint. Warum aber die mögliche Krise zur wirklichen Krise wird, können wir auf dieser Stufe der Entfaltung des Gesamtsystems noch nicht zeigen. »Allgemeine, abstrakte Möglichkeit der Krise — heißt nichts als die *abstrakteste Form* der Krise, ohne Inhalt, ohne inhaltsvolles Motiv derselben. Verkauf und Kauf können auseinanderfallen. Sie sind als *Krise* potentia, und ihr Zusammenfallen bleibt immer kritisches Moment für die Ware. Sie können aber flüssig ineinander über-

13 A. a. O., S. 497

gehen. Bleibt also, daß die *abstrakteste Form der Krise* (und daher formelle Möglichkeit der Krise) die *Metamorphose der Ware* selbst ist, worin nur als entwickelte Bewegung der in der Einheit der Ware eingeschlossene Widerspruch von Tauschwert und Gebrauchswert, weiter von Geld und Ware, enthalten ist. Wodurch aber diese Möglichkeit der Krise zur Krise wird, ist nicht in dieser Form selbst enthalten; es ist nur darin enthalten, daß *die Form* für eine Krise da ist«[14]. Wird – im Gegensatz zum oben diskutierten Aspekt der bürgerlichen Theorie – auch in der Theorie akzeptiert, was die empirische Beobachtung zeigt; wird also akzeptiert, daß mit der Trennung von Kauf und Verkauf auch die Möglichkeit von Krisen existiert, geht der Theoretiker aber dann nicht zum Aufsuchen der Gründe über, die aus der möglichen Krise eine wirkliche werden lassen, so bleibt die Erklärung tautologisch: »Nicht besser sind übrigens die Ökonomen wie John Stuart Mill zum Beispiel, die die Krisen aus diesen einfachen, in der Metamorphose der Ware enthaltenen Möglichkeit der Krise – wie der Trennung von Kauf und Verkauf – erklären wollen. Diese Bestimmungen, die die Möglichkeit der Krise erklären, erklären noch lange nicht ihre Wirklichkeit, noch nicht, *warum* die Phasen des Prozesses in solchen Konflikt treten, daß nur durch eine Krise, durch einen gewaltsamen Prozeß, ihre innere Einheit sich geltend machen kann. Diese *Trennung* erscheint in der Krise; es ist die Elementarform derselben. Die Krise aus dieser ihrer Elementarform *erklären*, heißt die Existenz der Krise dadurch erklären, daß man ihr Dasein in seiner abstraktesten Form ausspricht, also die Krise durch die Krise erklären«[15]. Im Resultat unterscheiden sich diese Theorien nicht von den oben erwähnten. Bleibt man bei der formellen Möglichkeit der Krise stehen und hält man ihr Eintreten für möglich, so bestimmt man sie als mögliche Wirklichkeit. Eine mögliche Wirklichkeit zu sein, ist in der philosophischen Tradition die Bestimmung des – Zufalls: »Daher sieht man die enorme Fadaise der Ökonomen, die, nachdem sie das Phänomen der Überproduktion und der Krisen nicht mehr wegräsonieren konnten, sich damit beruhigen, daß in jenen Formen die Möglichkeit gegeben, daß *Krisen* eintreten, es also *zufällig* ist, daß sie nicht eintreten und damit ihr Eintreten selbst als bloßer Zufall erscheint«[16].

---

14 A. a. O., S. 506
15 A. a. O., S. 498
16 A. a. O., S. 508

7. Die zweite Bestimmung des Geldes (Fortsetzung)

Retournons à nos moutons, wie Marx nach einer Abschweifung im Rohentwurf sagt, und verfolgen wir die weitere Darstellung der Kategorien. Wie wir gesehen haben, wird der gesellschaftliche Stoffwechsel durch den Formwechsel der Ware vermittelt. Der Gebrauchswert der Ware kann sich nur verwirklichen, wenn die »ideelle Verdopplung zur wirklichen Verdopplung« wird, also ihr Preis realisiert wird, indem die Ware aus einem vorgestellten Quantum Gold wirkliches Gold wird. In diesem Akt des Formwechsels wird das Gold zu Geld, es funktioniert als Geld. Der Wert der Ware existiert unmittelbar in Naturalform, und als solcher ist er unmittelbar in den Gebrauchswerten aller anderen Waren darstellbar, die nun ihrerseits schon durch ihre Preisform auf die unmittelbare Existenzweise des Tauschwerts bezogen sind. Im zweiten Teil des Formwechsels verwirklicht sich der Tauschwert, wobei jetzt erst eigentlich die Ware Gebrauchswert für ihren Eigentümer wird. Die Geldform der Ware ist daher nur eine verschwindende; die Funktion des Goldes besteht in der beständig verschwindenden Vermittlung des gesellschaftlichen Stoffwechsels; es ist in dieser Funktion *Zirkulationsmittel*. Das ist die abstrakteste Formulierung der »zweiten Bestimmung des Geldes«, wie es im Rohentwurf heißt. *An sich* enthält sie die ganze Theorie vom Geld als Zirkulationsmittel und der aus dieser Funktion entspringenden Münzgestalt des Geldes. Betrachten wir zuerst die Entwicklung dieser Bestimmung im Rohentwurf.

Der Formwechsel der Waren als Vermittlung des gesellschaftlichen Stoffwechsels besteht aus zwei Phasen, aus Verkaufen und Kaufen. Die nähere Analyse dieses Formwechsels zeigt aber, daß er sich verschlingt mit dem Formwechsel von zwei anderen Waren: indem die Ware ihren Preis realisiert, verwirklicht sich der Tauschwert einer anderen Ware; indem sie ihren eigenen Tauschwert verwirklicht, ihre »Goldpuppe« abstreift, wird wiederum der Preis einer anderen Ware realisiert. Ihr erster Formwechsel fällt zusammen mit dem zweiten Formwechsel einer anderen Ware, ihr zweiter Formwechsel fällt zusammen mit dem ersten Formwechsel einer dritten Ware. Steht sie bei ihrem ersten Formwechsel der Goldgestalt einer anderen Ware gegenüber (die ihren ersten Formwechsel vollzogen hat), so verkehren sich bei ihrem zweiten die Rollen: jetzt steht sie der dritten Ware, die ihren ersten Formwechsel beginnt, in ihrer – aufzuhebenden – Goldgestalt gegenüber.

Im Gegensatz zu der oben erörterten Funktion wird jetzt wirkliches

Gold gebraucht. Bei der ersten Bestimmung des Geldes, Gold in seiner Funktion als Maß, dient Gold als »vorgestelltes oder ideelles Geld«. Um diesen »vorbereitenden Prozeß für die wirkliche Zirkulation« durchzuführen, also den Waren jene Form zu geben, worin sie sich im Zirkulationsprozeß als qualitativ gleiche und nur quantitativ verschiedene Ausdrücke derselben Substanz füreinander darstellen (indem sie als bestimmtes Quantum einer natürlichen Materie ausgedrückt sind), wird unmittelbar kein Gramm wirkliches Gold benötigt. Die Preisgebung der Waren erfolgt ohne die unmittelbare Anwesenheit von Gold, es lassen sich »Millionen Warenwerte in Gold schätzen«, ohne daß Gold benötigt wird, obwohl es zu dieser Funktion nur taugt, weil es selbst »wertvolles« Arbeitsprodukt ist; denn allgemeine Äquivalentform ist es nur in dieser prozessierenden Beziehung, in welcher alle Waren ihren Wert in Gold ausdrücken und es daher seinerseits seinen eigenen Wert in allen anderen Waren ausdrückt, die jetzt erst als das erscheinen können, was sie als Waren sind. Die Geldware, in diesem Falle Gold, muß also selber Wert haben, obwohl sie in der ersten Funktion nicht körperlich anwesend zu sein braucht. Bei der zweiten Bestimmung des Geldes ist es anders: Gold muß jetzt – als Verwirklicher der Preise – in einer bestimmten Quantität vorhanden sein, die ihrerseits bedingt ist durch die Größe des zu realisierenden Preises. »Der Preis der Ware selbst drückt an ihr ideell aus, daß sie die Anzahl einer gewissen natürlichen Einheit (Gewichtsteil) von Gold oder Silber, der Materie ist, worin das Geld verkörpert ist. Im Geld, oder ihrem realisierten Preis, tritt ihr nun eine wirkliche Anzahl dieser Einheit entgegen«[1]. Charakteristisch für die Struktur des Rohentwurfs des *Kapitals* ist es, daß Marx sich auf diese Andeutung beschränkt, aus der sich jedoch ohne Mühe die Gesetze über den Geldumlauf wie die Kritik an der bürgerlichen Quantitätstheorie ableiten lassen. Die Entwicklung der Implikationen finden sich erst in der *Kritik* und im *Kapital.* Wir wollen hier auf eine detaillierte Wiedergabe der Schlußfolgerungen verzichten. Es versteht sich von selbst, daß die Marxsche Werttheorie nur zu dem Resultat kommen kann, daß die Masse des als Zirkulationsmittel funktionierenden Geldes bedingt ist durch die Preissumme der Waren einerseits und die Durchschnittszahl der Umläufe desselben Geldstücks andererseits. Nur auf zwei Aspekte soll hingewiesen werden.

Der eine ist wesentlich für den Fortgang der weiteren Entwicklung. Ist nämlich das zirkulierende Goldquantum abhängig von der Preissumme der Waren und der Zirkulationsgeschwindigkeit, so stellt sich

1 Grundrisse, S. 124 f.

das Problem, daß die »Masse des metallischen Zirkulationsmittels der Kontraktion und Expansion fähig sein muß, kurz, dem Bedürfnis des Zirkulationsprozesses entsprechend das Gold bald als Zirkulationsmittel in den Prozeß eintreten, bald wieder aus ihm ausscheiden muß« [2]. Wie der Zirkulationsprozeß diese Bedingung verwirklicht, soll bei der Darstellung der dritten Bestimmung des Geldes gezeigt werden.

Der zweite Aspekt betrifft die Kritik der bürgerlichen Theorie. Der Hinweis, daß das Gold als Verwirklicher der Preise in einer durch die Größe der zu realisierenden Preise bestimmten Quantität vorhanden sein muß, impliziert eine energische Kritik der Quantitätstheorie, die, wie Marx in der *Kritik* ausführt, zuerst von italienischen Ökonomen des 17. Jahrhunderts mehr oder minder angedeutet, aber bestimmter von Montesquieu und Hume entwickelt wurde. Die Marxsche Kritik versteht sich jedoch nicht als abstrakter Gegensatz zu diesen Theoremen (einen solchen konstatiert Marx vielmehr selber zwischen Vertretern dieser Theorie und Verteidigern des Monetarsystems), sondern seine Methode besteht darin, daß er den Geldumlauf als *Erscheinungsform* des Zirkulationsprozesses der Waren beschreibt, also zeigt, wie sich der empirische Schein konstituiert, innerhalb dessen sich die bürgerliche Theorie bewegt. Es ist dies nur eine weiter entwickelte Form der Kritik, die der bürgerlichen Theorie zum Vorwurf macht, daß sie die Kategorien äußerlich aus der Empirie aufnimmt. Diesen Gedankengang wollen wir in wenigen Sätzen skizzieren. Wie wir wissen, vermittelt der doppelte Formwechsel der Ware den gesellschaftlichen Stoffwechsel, wobei sich der Formwechsel einer Ware mit dem Formwechsel von zwei anderen Waren verschlingt. Aber so stellt es sich dem Beobachter keineswegs dar. Da der erste Formwechsel einer Ware A zusammenfällt mit dem zweiten Formwechsel einer Ware B, ist der »erste Schritt ..., den die Ware in die Zirkulation tut, ... zugleich ihr letzter Schritt«. Sobald sie ihren ersten Formwechsel vollzogen hat, fällt sie aus der Zirkulation in die Konsumtion. Den zweiten Teil ihrer Metamorphose beginnt die Ware in ihrer Goldverpuppung, als Gold, so daß sich ihre Gesamtmetamorphose als äußerliche Bewegung eines Goldstücks darstellt, das zweimal die Stellen mit zwei verschiedenen Waren wechselt. »Daß diese einseitige Form der Geldbewegung aus der doppelseitigen Formbewegung der Ware entspringt, ist verhüllt. Die Natur der Warenzirkulation selbst erzeugt den entgegengesetzten Schein. Die erste Metamorphose der Ware ist nicht nur

2 Zur Kritik der politischen Ökonomie, S. 108

als Bewegung des Geldes, sondern als ihre eigene Bewegung sichtbar, aber ihre zweite Metamorphose ist nur als Bewegung des Geldes sichtbar« [3]. Dasselbe Geldstück rückt fort und fort, stets in entgegengesetzter Richtung zu den bewegten Waren. Es rouliert, aus einer Hand wechselt es in die andere, beschreibt einen größeren oder kleineren Kreislauf; die Kontinuität der Zirkulationsbewegung liegt völlig auf seiten des Geldes, und die ganze Bewegung *scheint* vom Gelde auszugehen. »Das Resultat der Warenzirkulation, Ersatz von Ware durch andere Ware, erscheint daher nicht durch ihren eigenen Formwechsel vermittelt, sondern durch die Funktion des Geldes als Zirkulationsmittel, welches die an und für sich bewegungslosen Waren zirkuliert, sie aus der Hand, worin sie Nicht-Gebrauchswerte, in die Hand überträgt, worin sie Gebrauchswerte ... Obgleich daher die Geldbewegung nur Ausdruck der Warenzirkulation, erscheint umgekehrt die Warenzirkulation nur als Resultat der Geldbewegung« [4].

Aus dieser Funktion des Geldes muß die Münzgestalt abgeleitet werden. Im Rohentwurf des *Kapitals* geschieht das mit wenigen Sätzen. Marx betont hier, daß Zweck der Veranstaltung der gesellschaftliche Stoffwechsel ist, und der Preis der Ware nur im Geld realisiert wird, um mit dem Geld den Preis der zweiten Ware zu realisieren und sie so für die erste zu erhalten. »Nachdem der Preis der ersten Ware realisiert ist, ist es nicht der Zweck dessen, der nun seinen Preis im Geld erhalten hat, den Preis der zweiten Ware zu erhalten. Im Grunde hat ihm das Geld daher dazu gedient, die erste Ware gegen die zweite auszutauschen« [5]. Denn die wirkliche Realisierung des Preises einer Ware ist eine andere Ware, da ja erst nach dem zweiten Formwechsel die Ware wirklich Gebrauchswert für ihren Eigentümer wird, weil der Gebrauchswert für ihn nur im Gebrauchswert der anderen Ware existiert. Das Gold ist Realisation des Preises nur, wenn man den ersten Teil des gesamten Formwechsels betrachtet, in der Totalität seiner Momente aber ist die Realisation nur eine verschwindende. Da also die Realisation des Preises selbst verschwindet, *ist* es verschwindend als Realisation, oder »seine Substanz besteht nur darin, daß es fortwährend als dies Verschwinden erscheint, als dieser Träger der Vermittlung« [6]. Innerhalb der Gesamtmetamorphose dient es also lediglich als Mittel, daß Waren zu gleichen Preisen ausgetauscht wer-

3 Das Kapital, Bd. 1, S. 129
4 A. a. O., S. 130
5 Grundrisse, S. 122
6 A. a. O., S. 123

den, es ist Repräsentant des Preises gegen alle Waren, es stellt den Preis vor, ist »gegenständlich vorhandener Repräsentant des Preises, also seiner selbst« [7]. Als Repräsentant seiner selbst ist es daher in seiner unmittelbaren Materialität Zeichen seiner selbst, und »es folgt daraus, daß das Geld als Gold und Silber, soweit es *nur* als Zirkulations-, Tauschmittel ist, durch jedes andre *Zeichen*, das ein bestimmtes Quantum seiner Einheit ausdrückt, ersetzt werden kann und so symbolisches Geld das reelle ersetzen kann, weil das materielle Geld als bloßes Tauschmittel selbst symbolisch ist« [8].

In der *Kritik* wird dieser Vorgang, in welchem das materielle Dasein des Geldes von seinem funktionellen absorbiert wird, ausführlicher entwickelt. Bei der Betrachtung der Preisgebung haben wir gesehen, daß das Gold nicht nur als Maß der Werte dient sondern auch als Maßstab der Preise. Der Preis ist die Form, worin sich die Waren innerhalb des Zirkulationsprozesses als Tauschwerte füreinander darstellen, und das tun sie, indem sie als in Gold gemessene gleichnamige Größen aufeinander bezogen werden. Sie sind als Preise Goldquanta von einem bestimmten Gewicht, dessen Maßstab sich in den allgemeinen Gewichtsmaßen der Metalle fertig vorfindet. Indem das Gold als Gewichtseinheit fixiert wird, dient es als Maßstab der Preise. Da aber diese Bestimmung der Maßeinheit selber rein »konventionell ist, andererseits allgemeiner Gültigkeit bedarf, wird es zuletzt gesetzlich reguliert. Ein bestimmter Gewichtsteil des edlen Metalls, z. B. eine Unze Gold, wird offiziell abgeteilt in aliquote Teile, die legale Taufnamen erhalten, wie Pfund, Taler usw. Solcher aliquoter Teil, der dann als die eigentliche Maßeinheit des Geldes gilt, wird unterteilt in andere aliquote Teile mit gesetzlichen Taufnamen wie Shilling, Penny etc.« [9]. Die Preise werden jetzt also ausgedrückt in Geldnamen. »Die Waren sagen sich so in ihren Geldnamen, was sie wert sind, und das Geld dient als Rechengeld, sooft es gilt, eine Sache als Wert und daher in Geldform zu fixieren« [10]. Wie diese ideelle Verdopplung aber nur die Vorwegnahme der wirklichen Verdopplung ist, der Prozeß der Preisgebung nur vorbereitender Prozeß für die wirkliche Zirkulation, so ist auch diese erste Operation der Regierung, die gesetzliche Bestimmung der Maßeinheit und der Namensgebung, wodurch sie zugleich als besondere, nationale bestimmt sind, nur ein Vorgang, dem unmittelbar ein zweiter folgt: Das Gold wird in Münze umgewandelt. »Das Gold

7 A. a. O., S. 126
8 A. a. O., S. 126
9 Das Kapital, Bd. 1, S. 115
10 A. a. O., S. 115

in seiner Funktion als Zirkulationsmittel erhält eigene Fasson, es wird *Münze.* Damit sein Umlauf nicht durch technische Schwierigkeiten aufgehalten werde, wird es dem Maßstab des Rechengeldes entsprechend gemünzt. Goldstücke, deren Gepräge und Figur anzeigt, daß sie die in den Rechennamen des Geldes, Pfd. St., sh. usw. vorgestellten Gewichtsteile Gold enthalten, sind Münzen. Wie die Bestimmung des Münzpreises, so fällt das technische Geschäft der Münzung dem Staat anheim. Wie als Rechengeld, so erhält das Geld als Münze *lokalen und politischen Charakter,* spricht verschiedene Landessprachen und trägt verschiedene Nationaluniform. Die Sphäre, worin das Geld als Münze umläuft, scheidet sich daher als *innere,* durch die Grenze eines Gemeinwesens umschriebene Warenzirkulation von der *allgemeinen* Zirkulation der Warenwelt ab« [11]. Gold im Barrenzustande und Gold in Münzgestalt unterscheiden sich, eben weil sie gleichviel wiegen, zuerst nur durch ihre äußere Gestalt. Wird das Gold jedoch in die Zirkulation geworfen und funktioniert es als Zirkulationsmittel, so wird es von einem Prozeß erfaßt, den Marx als *Idealisierung* beschreibt. Zuerst erwähnt Marx die Ersetzung von Masse durch Geschwindigkeit, also nur eine andere Formulierung des Zusammenhangs zwischen der zu realisierenden Preissumme und der dazu benötigten Masse an Zirkulationsmitteln. Je schneller ein Goldstück umläuft, um so geringer wird das benötigte Quantum an zirkulierendem Geld. »Geschwindigkeit im Umlauf des Goldes kann also seine Quantität ersetzen, oder das Dasein des Geldes im Zirkulationsprozeß ist nicht nur durch sein Dasein als Äquivalent neben der Ware, sondern auch durch sein Dasein innerhalb der Bewegung der Warenmetamorphose bestimmt« [12]. So ist das Dasein des Goldes als Zirkulationsmittel nicht unmittelbar identisch mit seinem wirklichen Dasein als Goldstück von bestimmtem Gewicht, sondern aus seiner Funktion als Zirkulationsmittel entspringt noch ein ideelles Dasein. »Es ist wie mit einem General, der am Schlachttag durch rechtzeitiges Erscheinen an zehn verschiedenen Punkten zehn Generale ersetzt, aber doch auf jedem Punkt derselbe identische General ist« [13]. Während jedoch der eben erwähnte Vorgang der Idealisierung nur das funktionelle Dasein der Goldmünze innerhalb des Zirkulationsprozesses betrifft, wollen wir jetzt zu einer Form der Idealisierung übergehen, die das einzelne Geldstück selbst ergreift, wobei es sich hier gleichsam um die genetische Darstel-

---

11 Zur Kritik der politischen Ökonomie, S. 109
12 A. a. O., S. 106
13 A. a. O., S. 110

lung dessen handelt, was Marx im Rohentwurf kurz als Ersetzung des reellen Geldes durch symbolisches beschreibt. »In der Friktion mit allen Sorten von Händen, Beuteln, Taschen, Börsen, Katzen, Säckeln, Kisten und Kasten reibt sich die Münze auf, läßt hier ein Goldatom hängen, dort ein anderes und verliert so durch Abschleifung im Weltlauf mehr und mehr von ihrem inneren Gehalt. Indem sie benutzt wird, wird sie abgenutzt« [14]. Mit der Zeit stellt die Münze mehr Metallgehalt vor als sie hat, gilt aber gleichwohl in jedem einzelnen Kauf oder Verkauf als das ursprüngliche Goldquantum. Ihr Dasein als Münze löst sich ab vom goldenen Dasein, das Goldstück fährt fort, als Schein-Gold die Funktion des legitimen Goldstücks zu vollziehen. »Während andere Wesen durch Reibung mit der Außenwelt ihren Idealismus einbüßen, wird die Münze durch die Praxis idealisiert, in bloßes Scheindasein ihres goldenen oder silbernen Leibes verwandelt« [15]. So stellt sich das gemünzte Gold als ein in sich selbst Widersprüchliches dar, das gleichsam zu seiner eigenen Aufhebung hintreibt. Denn dieser Prozeß der Idealisierung, die Scheidung zwischen Nominal- und Realgehalt, könnte nicht endlos fortgehen, ohne daß das Scheindasein des Goldes innerhalb seiner Funktion als Zirkulationsmittel in Konflikt mit seinem wirklichen Dasein gerät. Hätte nämlich der Abmagerungsprozeß der Münzen einen Grad erreicht, daß er ein Ansteigen des Marktpreises des Goldes über seinen Münzpreis bewirkt, so »würden die Rechennamen der Münze dieselben bleiben, aber künftig ein geringeres Quantum Gold anzeigen. In anderen Worten, der Maßstab des Geldes würde sich ändern und das Gold künftig diesem neuen Maßstab entsprechend gemünzt werden. Durch seine Idealisierung als Zirkulationsmittel hätte das Gold rückschlagend die gesetzlich festgesetzten Verhältnisse, worin es Maßstab der Preise war, verändert. Dieselbe Revolution würde sich nach einem gewissen Zeitraum wiederholen, und so wäre das Gold sowohl in seiner Funktion als Maßstab der Preise wie als Zirkulationsmittel einem beständigen Wechsel unterworfen, so daß der Wechsel in der einen Form den in der anderen Form hervorbrächte und umgekehrt« [16].
Daß dieser Prozeß, durch die Übung des Kippens und Wippens von Regierungen und Privatabenteurern beschleunigt, sich tatsächlich so abgespielt hat, läßt sich, wie Marx ausführt, leicht zeigen. Doch gehört dies nicht der streng kategorialen Entwicklung an, sondern be-

---

14 A. a. O., S. 110
15 A. a. O., S. 111
16 A. a. O., S. 112 f.

trifft die empirischen Verhältnisse. In unserem Zusammenhang ist wesentlich, daß das gemünzte Gold aufgrund seiner natürlichen Beschaffenheit in der Zirkulation diesem Trennungsprozeß zwischen Scheindasein und wirklichem Dasein unterliegt und daß dieser Prozeß bis zur absoluten Scheidung fortschreitet. Sofern nämlich die abgenutzte Goldmünze in der Zirkulation als ursprüngliches Goldquantum gilt, sie als Scheingold die Funktion des legitimen Goldstücks ausübt, ist sie selbst schon »mehr oder minder in ein bloßes Zeichen oder Symbol ihrer Substanz verwandelt. Aber kein Ding kann sein eigenes Symbol sein. Gemalte Trauben sind nicht das Symbol wirklicher Trauben, sondern Scheintrauben. Noch minder aber kann ein leichter Sovereign das Symbol eines vollwichtigen sein, so wenig wie ein abgemagertes Pferd Symbol eines fetten Pferdes sein kann. Da also Gold zum Symbol seiner selbst wird, aber nicht als Symbol seiner selbst dienen kann, erhält es in den Kreisen der Zirkulation, worin es sich am schnellsten abnutzt, d. h. in den Kreisen, wo Käufe und Verkäufe in den kleinsten Proportionen beständig erneuert werden, ein von seinem Goldsein getrenntes symbolisches, silbernes oder kupfernes Dasein« [17]. Jener Teil der gesamten umlaufenden Goldgeldmenge, der im Bereich des schnellen Verschleißes als Zirkulationsmittel funktioniert, wird durch silberne oder kupferne Marken ersetzt, subsidiäre Zirkulationsmittel, die innerhalb der Zirkulation bestimmte Fraktionen der Goldmünze repräsentieren. Als Repräsentanten des Goldes in seiner Funktion als Zirkulationsmittel ist ihr eigener Metallgehalt nicht durch ihr Wertverhältnis zu Gold bestimmt, sondern wird durch Gesetz willkürlich festgelegt. Damit aber ist der Prozeß der Scheidung noch nicht vollendet. Als Repräsentanten von bestimmtem Metallgewicht unterliegen sie vielmehr selber noch jenem Idealisierungsvorgang, dem sie ihre Entstehung als subsidiäre Zirkulationsmittel verdanken. Die Folge wäre, daß auch sie wieder durch anderes symbolisches Geld, Eisen etwa, ersetzt werden müßten, und diese Darstellung von symbolischem Geld durch anderes symbolisches Geld würde endlos fortgehen. »In allen Ländern entwickelter Zirkulation zwingt daher die Notwendigkeit des Geldumlaufs selbst den Münzcharakter der Silber- und Kupfermarken von jedem Grad ihres Metallverlustes unabhängig zu machen. Es erscheint damit, was in der Natur der Sache lag, daß sie Symbole der Goldmünze sind, nicht weil sie aus Silber oder Kupfer gemachte Symbole sind, nicht weil sie einen Wert haben, sondern

17 A. a. O., S. 113 f.

soweit sie keinen haben«[18]. Dieser Prozeß der Abtrennung des Münzdaseins des Goldes von der Goldsubstanz ist erst dann wirklich vollendet, wenn relativ wertlose Dinge, wie Papier, als Symbole des Goldgeldes funktionieren. Ebenso wie jener Teil der Goldgeldmenge, der als Scheidemünze zirkulieren müßte, durch Silber- und Kupfermarken ersetzt werden kann, kann die Portion Gold, die als Münze von der Sphäre der inneren Zirkulation absorbiert wird, bis zu dem Niveau, unter welches die Masse der umlaufenden Münzen erfahrungsgemäß nicht mehr absinkt, durch wertlose Marken ersetzt werden. »Die ursprünglich unscheinbare Differenz zwischen dem Nominalgehalt und dem Metallgehalt der Metallmünze kann also bis zur absoluten Scheidung fortgehen. Der Münzname des Geldes löst sich ab von seiner Substanz und existiert außer ihr in wertlosen Papierzetteln. Wie der Tauschwert der Waren durch ihren Austauschprozeß sich in Goldgeld kristallisiert, sublimiert sich das Goldgeld im Umlauf zu seinem eigenen Symbol, erst in Form der verschlissenen Goldmünze, dann in der Form der subsidiären Metallmünzen und schließlich in der Form der wertlosen Marke, des Papiers, des bloßen *Wertzeichens*« [19]. Am Ende dieser Entwicklung zeigt sich also, was je schon in der Sache angelegt war: Papier ersetzt Gold, aber es ersetzt Gold nur insoweit, als das materielle Gold im Zirkulationsprozeß selber nur Zeichen seines eigenen Wertes ist. Das Gold ist die Realität des Preises; da aber der gesellschaftliche Stoffwechsel Endzweck ist und nur durch den in der Form des Geldumlaufs erscheinenden doppelten Formwechsel der Waren vermittelt wird, ist die Realität des Preises, die Geldform der Ware, nur ein verschwindendes Dasein. Obwohl selbst die Realität des Preises, stellt das Gold ihn nur vor, soweit es dazu dient, daß die Waren zu gleichen Preisen ausgetauscht werden. Als Zirkulationsmittel ist es je schon Zeichen seiner selbst. Das ist bei der näheren Betrachtung des Wertzeichens und der mit seiner Existenz verbundenen ökonomischen Gesetzmäßigkeiten zu beachten. Wie das Gold als Zirkulationsmittel nur das gegenständlich vorhandene Zeichen seiner selbst als der Realität des Preises ist, so ist das vom materiellen Gold abgelöste Münzdasein desselben, das als Münze funktionierende Papier – *Goldzeichen*. Das mit dem Münznamen bedruckte Papier ist also keineswegs Wertzeichen in dem Sinne, daß es den Wert der Ware unmittelbar repräsentiert, wenngleich es so *scheint*. Dieser – falsche – Schein verdankt sich dem Umstand, daß der Tausch-

18 A. a. O., S. 116
19 A. a. O., S. 116 f.

wert der Ware nur als gedachter oder dinglich vorgestellter erscheint, aber keine selbständige Wirklichkeit außerhalb der Waren selbst besitzt. Zeichen des Werts ist das Papier darum nur, soweit die Waren als preisbestimmte vorausgesetzt sind, also ihr Wert vorweg schon in der Form des Preises zur Erscheinung gebracht wurde. Das Gold hat je schon seine Funktion als Maß erfüllt. So repräsentiert das Wertzeichen vielmehr den Waren gegenüber die Realität ihres Preises. »Das Wertzeichen ist unmittelbar nur *Preiszeichen,* also *Goldzeichen,* und nur auf einem Umweg Zeichen des Werts der Ware. Das Gold hat nicht wie Peter Schlemihl seinen Schatten verkauft, sondern kauft mit seinem Schatten. Das Wertzeichen wirkt daher nur, soweit es innerhalb des Prozesses den Preis der einen Ware gegenüber der anderen oder jedem Warenbesitzer gegenüber *Gold vorstellt.* Ein bestimmtes relativ wertloses Ding, Stück Leder, Papierzettel usw., wird zunächst gewohnheitsmäßig Zeichen des Geldmaterials, behauptet sich jedoch nur als solches, indem sein Dasein als Symbol durch den allgemeinen Willen der Warenbesitzer garantiert wird, d. h. indem es gesetzlich konventionelles Dasein und daher Zwangskurs erhält. Staatspapier mit Zwangskurs ist die vollendete Form des *Wertzeichens,* und die einzige Form des Papiergeldes, die unmittelbar aus der metallischen Zirkulation oder einfachen Warenzirkulation selbst herauswächst« [20]. Wird das Wertzeichen in dieser Weise aus der Struktur des gemünzten Goldes abgeleitet, so ergeben sich die ökonomischen Gesetze gleichsam von selbst. Ebenso wie aus der Werttheorie und der Natur des notwendig doppelten Formwechsels der Ware als Vermittlung des gesellschaftlichen Stoffwechsels folgt, daß die Quantität des zirkulierenden Goldes von der Preissumme der Waren und der Umlaufgeschwindigkeit des Geldes abhängt, oder anders formuliert: bei gegebenen Tauschwerten der Waren und der Durchschnittsgeschwindigkeit ihrer Metamorphosen die Quantität des zirkulierenden Goldes von seinem eigenen Wert abhängt, so folgt aus der Entwicklung des Wertzeichens als Preiszeichen oder Goldzeichen, also daraus, daß das bedruckte Papier das Gold innerhalb des Zirkulationsprozesses insoweit vertritt, als dieses ebenfalls nur als Zeichen seiner selbst funktioniert, daß der Wert des zirkulierenden Papiergeldes ausschließlich von seiner eigenen Quantität abhängt.

---

20 A. a. O., S. 118

8. *Die dritte Bestimmung des Geldes*

Die Entwicklung der *dritten Bestimmung* des Geldes führt uns zu einem entscheidenden Übergang in der Darstellung der Kategorien. Insbesondere im Rohentwurf weist Marx explizit darauf hin und läßt es auch in der kategorialen Darstellung wesentlich deutlicher hervortreten als im *Kapital*, daß diese *dritte Bestimmung* des Geldes – die Einheit der beiden zuvor entwickelten – als eine Form zu begreifen ist, in der »seine Bestimmung als *Kapital* schon latent erhalten« [1] ist. In der strengen Darstellung der Kategorien bezeichnet diese Bestimmung darum die Nahtstelle zwischen der Sphäre der einfachen Zirkulation und des »hinter ihr liegenden Prozesses ... des industriellen Kapitals«. Es ist der Übergang zur systematischen Dechiffrierung ihres unmittelbaren Seins als Schein. Zugleich stellt sich dieser Übergang auch als entscheidender Wendepunkt in der historischen Entwicklung dar. Wenn die beiden ersten Bestimmungen des Geldes verschiedene Entwicklungsstufen des Warenaustausches zwischen naturwüchsigen Gemeinwesen bezeichnen – »das Geld früher als Maß erscheinend (wofür z. B. bei Homer Ochsen), denn als Tauschmittel ...« [2], heißt es im Rohentwurf – so trifft dies auch bei der dritten Bestimmung zu; entsprechend dem Stellenwert dieser Bestimmung innerhalb des Systems der Kategorien signalisiert sie auf historischer Bühne den beginnenden Verfall dieser naturwüchsigen Gemeinwesen. »Bei den Römern, Griechen etc. erscheint das Geld erst unbefangen in seinen ersten beiden Bestimmungen als Maß und Zirkulationsmittel. In beiden nicht sehr entwickelt ... plötzlich auf einer gewissen Stufe ihrer ökonomischen Entwicklung erscheint das Geld notwendig in seiner dritten Bestimmung, und je mehr es sich in derselben ausbildet, als Untergang ihres Gemeinwesens« [3].

Was heißt dritte Bestimmung des Geldes als Einheit der beiden ersten Bestimmungen? Zustimmend zitiert Marx Sismondi, der wiederholt durch spekulativ anmutende Formulierungen den Marxschen Vorstellungen nahekommt: »Der Handel hat den Schatten vom Körper getrennt und die Möglichkeit eingeführt, sie getrennt zu besitzen« [4]. Der Tauschwert erhält selbständige Existenz neben der Zirkulation der Ware, aber diese Selbständigkeit ist nur, wie Marx sagt, ihr eigener Prozeß. Gäbe es keine Beziehung zur Zirkulation, so wäre der verselbständigte

1 Grundrisse, S. 130
2 A. a. O., S. 90
3 A. a. O., S. 134
4 A. a. O., S. 131

Tauschwert kein Geld in der dritten Bestimmung, sondern einfacher Naturgegenstand, Gold und Silber. »Seine Selbständigkeit selbst ist nicht Aufhören der Beziehung zur Zirkulation, sondern *negative* Beziehung zu ihr« [5]. Aus diesem Grunde muß auch bei der historischen Betrachtung darauf geachtet werden, daß die beiden ersten Bestimmungen voll entwickelt sind. Marx weist darauf hin, daß das Geld sehr wohl auch in seiner dritten Bestimmung historisch erscheinen kann bevor es in den beiden früheren existiert, ebenso wie das Geld in seiner zweiten Bestimmung historisch vor der ersten auftreten kann. Wie es aber im letzteren Fall nur als »bevorzugte Ware da sein« würde, so wäre es ohne die Entwicklung der beiden ersten Bestimmungen eben nicht die selbständige Existenz des Tauschwerts, sondern »Aufhäufung von Gold und Silber, nicht von Geld« [6]. *Daß* aber Gold und Silber in ihrer unmittelbaren Naturalgestalt mit dem Geld als Geld verwechselt werden können, zeigt nicht nur die eigentümliche Problematik, die mit dieser dritten Bestimmung verbunden ist, sondern ist zugleich der Motor der weiteren Entwicklung, die sich – als naturähnlich verlaufender Konstitutionsprozeß des modernen bürgerlichen Subjekts – durch die Köpfe und hinter dem Rücken der Menschen vollzieht: »Es liegt aber in der Bestimmung, in der es hier entwickelt ist, daß die Illusion über seine Natur, d. h. das Festhalten einer seiner Bestimmungen in ihrer Abstraktion, und mit Hinwegsehen der in derselben enthaltenen Widersprüche, ihm diese wirklich magische Bedeutung gibt, hinter dem Rücken der Individuen. Es wird in der Tat durch diese sich selbst widersprechende und daher illusorische Bestimmung, durch diese seine Abstraktion, ein so enormes Instrument in der wirklichen Entwicklung der gesellschaftlichen Produktivkräfte« [7]. Betrachten wir nun beides, die dritte Bestimmung des Geldes und die sich aus der eigentümlichen Natur des verselbständigten Tauschwerts ergebende weitere Entwicklung.

Die erste Funktion erfüllt Gold, wie wir wissen, nur als vorgestelltes oder ideelles. Es dient lediglich dazu, den Waren das Material ihres Wertausdrucks zu liefern, sie als qualitativ gleiche und nur quantitativ verschiedene füreinander darzustellen. Dieser Vorgang impliziert eine Verkehrung, deren Keimzelle Marx im *Kapital* als zweite Eigentümlichkeit der Äquivalentform beschreibt: die Verkehrung des Sinnlich-Konkreten zur Erscheinungsform des Abstrakt-Allgemeinen:

5 A. a. O., S. 130
6 A. a. O., S. 130
7 A. a. O., S. 136 f.

»Innerhalb des Wertverhältnisses und des darin einbegriffenen Wertausdrucks gilt das abstrakt Allgemeine nicht als Eigenschaft des Konkreten, Sinnlich-Wirklichen, sondern umgekehrt das Sinnlich-Konkrete als bloße Erscheinungs- und Verwirklichungsform des Abstrakt-Allgemeinen« [8]. Diese Verkehrung, die er schon in den *Ökonomisch-philosophischen Manuskripten* als Ursprung aller Verkehrung dechiffriert, ist in der Preisform in konkreterer Weise enthalten: »In der Tat ist aber schon in der Bestimmung der Preise an sich vorhanden, was in dem Austausch gegen Geld gesetzt wird; daß das Geld nicht mehr die Ware, sondern die Ware das Geld repräsentiert« [9]. Jede besondere Ware ist darum als besondere, soweit sie einen Preis hat, nur die unvollkommene Repräsentation des Geldes, »drückt selbst nur ein bestimmtes Quantum Geld in einer unvollkommnen Form aus« [10], unvollkommen deshalb, weil sie erst in die Zirkulation geworfen werden muß, um realisiert zu werden, und es gerade wegen ihrer Besonderheit zufällig bleibt, ob sie realisiert werden kann oder nicht. Sie ist eben in ihrer besonderen Naturalform nicht unmittelbar die allgemeine Form des Reichtums. Durch ihre Preisform weist sie aber zugleich auf die vollkommene Form des bestimmten Quantums hin, das sie als Ware, die einen Preis hat, nur in unvollkommener Form repräsentiert: der realisierte Preis. Wird der gesamte Formwechsel der Ware betrachtet, so existiert diese Realisation des Preises nur als verschwindende, die Ware nimmt die Geldform nur an, um sie sogleich wieder abzustreifen. Bleibt man aber bei der Form des realisierten Preises stehen, betrachtet man das Ergebnis der ersten Metamorphose näher, so zeigt sich folgendes: da alle Waren, insofern sie einen Preis haben, nur vorgestelltes Gold sind, nur Repräsentanten des Goldes sind (des Goldes, das innerhalb der Zirkulationssphäre die unmittelbare Inkarnation des Abstrakt-Allgemeinen ist), und darum das »selbständige Dasein des Tauschwertes, der allgemeinen gesellschaftlichen Arbeit, des abstrakten Reichtums, nur vorstellen, ist Gold *das materielle Dasein des abstrakten Reichtums«* [11]. Als realisierter Preis ist die Ware das unmittelbar existierende Dasein der allgemeinen Form des Reichtums.
Betrachtet man hingegen die einzelne Ware unter dem Gesichtspunkt des stofflichen Reichtums (nicht als Ware, die einen Preis hat, denn das ist die erste Bestimmung, sondern als Gebrauchswert, der durch den Formwechsel der Ware erst eigentlich zum Gebrauchswert wird,

8 Kleine ökonomische Schriften, S. 271
9 Grundrisse, S. 113
10 A. a. O., S. 132
11 Zur Kritik der politischen Ökonomie, S. 127

also im Hinblick auf die zweite Bestimmung), so ist sie durch ihre Beziehung auf ein besonderes Bedürfnis nur Moment des gesellschaftlichen Reichtums, nur eine vereinzelte Seite des Reichtums. Als Geld hingegen befriedigt die Ware jedes Bedürfnis, insofern sie »gegen das Objekt jedes Bedürfnisses ausgetauscht werden kann, ganz gleichgültig gegen die Besonderheit. Die Ware besitzt diese Eigenschaft nur vermittelst des Geldes. Das Geld besitzt sie direkt gegenüber allen Waren, daher gegenüber der ganzen Welt des Reichtums, dem Reichtum als solchem« [12]. Das Gold repräsentiert in seinem Gebrauchswert die Gebrauchswerte aller Waren, es ist »*der materielle Repräsentant des stofflichen Reichtums* ... das Kompendium des gesellschaftlichen Reichtums« [13].

Faßt man beide Aspekte zusammen, so stellt sich das Gold in seiner unmittelbaren Leiblichkeit als Identität von Form und Inhalt des gesellschaftlichen Reichtums dar, der Form nach die unmittelbare Inkarnation der allgemeinen Arbeit und dem Inhalt nach der Inbegriff aller realen Arbeiten: »Im Geld ist der allgemeine Reichtum nicht nur eine Form, sondern zugleich der Inhalt selbst. Der Begriff des Reichtums ist sozusagen in einem besondren Gegenstand realisiert, *individualisiert*« [14].

In diesem Zusammenhang muß daran erinnert werden, in welch erstaunlicher Weise der junge Marx nicht nur das Wesentliche dieser dritten Bestimmung vorweggenommen hat, sondern ebenso sehr gezeigt hat, wie sich diese dritte Bestimmung notwendig aus der primären Verkehrung entwickelt und wie dann die weitere Entwicklung aus der Struktur dieser dritten Bestimmung resultiert. Wenn er vom Geld als dem existierenden und sich betätigenden Begriff des Wertes aller Dinge spricht, so meint er den als einzelnen, handgreiflichen Gegenstand existierenden allgemeinen Reichtum, der in dieser Gestalt aus der Struktur der Ware selber abzuleiten ist. Das wird lediglich in anderen Worten gesagt. »Warum muß das Privateigentum zum *Geldwesen* fortgehn? Weil der Mensch als ein geselliges Wesen zum *Austausch* und weil der Austausch – unter der Voraussetzung des Privateigentums – zum Wert fortgehn muß. Die vermittelnde Bewegung des austauschenden Menschen ist nämlich keine gesellschaftliche, keine menschliche Bewegung, kein *menschliches Verhält-*

---

12 Grundrisse, S. 132
13 Zur Kritik der politischen Ökonomie, S. 128
14 Grundrisse, S. 132

nis, es ist das *abstrakte Verhältnis* des Privateigentums zum Privateigentum, und dies *abstrakte* Verhältnis ist der *Wert*, dessen wirkliche *Existenz* als Wert erst das *Geld* ist. Weil die austauschenden Menschen sich nicht als Menschen zueinander verhalten, so verliert die *Sache* die Bedeutung des menschlichen, des persönlichen Eigentums. Das gesellschaftliche Verhältnis von Privateigentum zu Privateigentum ist schon ein Verhältnis, worin das Privateigentum sich selbst entfremdet ist. Die für sich seiende Existenz dieses Verhältnisses, das Geld, ist daher die Entäußerung des Privateigentums, die Abstraktion von seiner *spezifischen*, persönlichen Natur« [15]. Der Gedankengang resumiert die Grundstruktur der Marxschen Argumentation: die Verdopplung beruht auf der sich-selbst-widersprechenden weltlichen Grundlage; nur *weil* die Auseinandersetzung des Menschen mit der Natur in verkehrter Form stattfindet; nur *weil* das menschliche Gattungsleben zum Mittel des individuellen wird, kann und muß das menschliche Gemeinwesen in der Form der Entfremdung erscheinen. Wesentlich jedoch in diesem Zusammenhang ist die Analyse des Geldes in der dritten Bestimmung und die daraus abgeleitete weitere Entwicklung. Marx stellt ja nicht nur dar, daß das »metallene Dasein des Geldes ... nur der offizielle sinnfällige Ausdruck der Geldseele (ist), die in allen Gliedern der Produktionen und Bewegungen der bürgerlichen Gesellschaft steckt« [16], sondern versucht zugleich, beim – allerdings nur angedeuteten – Nachvollzug des Übergangs von der ersten und zweiten Bestimmung zur dritten den entscheidenden Umschlag in der Repräsentationsstruktur zu entwickeln, der mit diesem Übergang verbunden ist: »Sehr gut und das Wesen der Sache in einen Begriff gebracht ist es, wenn Mill das *Geld* als den *Vermittler* des Austausches bezeichnet. Das Wesen des Geldes ist zunächst nicht, daß in ihm das Eigentum entäußert wird, sondern daß die *vermittelnde Tätigkeit* oder Bewegung, der *menschliche*, gesellschaftliche Akt, wodurch sich die Produkte des Menschen wechselseitig ergänzen, *entfremdet* und die Eigenschaft eines *materiellen Dings* außer dem Menschen, des Geldes wird. Indem der Mensch diese vermittelnde Tätigkeit selbst entäußert, ist er hier nur als sich abhanden gekommener, entmenschter Mensch tätig; die *Beziehung* selbst der Sachen, die menschliche Operation mit denselben, wird zur Operation eines Wesens außer dem Menschen und über dem Menschen. Durch diesen *fremden Mittler* – statt daß der Mensch selbst der Mittler für den

15 Karl Marx, Aus den Exzerptheften: Die entfremdete und die unentfremdete Gesellschaft. Geld, Kredit und Menschlichkeit, Studienausgabe, Bd. 2, S. 248 f.

16 A. a. O., S. 249

Menschen sein sollte – schaut der Mensch seinen Willen, seine Tätigkeit, sein Verhältnis zu anderen als eine von ihm und ihnen unabhängige Macht an. Seine Sklaverei erreicht also die Spitze. Daß dieser *Mittler* nun zum *wirklichen Gott* wird, ist klar, denn der Mittler ist die *wirkliche Macht* über das, womit er mich vermittelt. Sein Kultus wird zum Selbstzweck. Die Gegenstände, getrennt von diesem Mittler, haben ihren Wert verloren. Also nur, insofern sie ihn *repräsentieren*, haben sie Wert, während es ursprünglich schien, daß er nur Wert hätte, so weit *er sie* repräsentierte. Diese Umkehrung des ursprünglichen Verhältnisses ist notwendig. Dieser Mittler ist daher das sich selbst abhanden gekommene, entfremdete Wesen des Privateigentums, das sich selbst äußerlich gewordene, *entäußerte* Privateigentum, wie es die *entäußerte Vermittlung* der menschlichen Produktion mit der menschlichen Produktion, die *entäußerte* Gattungstätigkeit des Menschen ist. Alle Eigenschaften, welche dieser in der Produktion dieser Tätigkeit zukommen, werden daher auf diesen Mittler übertragen. Der Mensch wird also umso ärmer als Mensch, d. h. getrennt von diesem Mittler, als dieser Mittler *reicher* wird« [17]. Das blanke Metall als »existierender Begriff des Wertes« aller Dinge ist als daseiende Abstraktion, als ein Quasi-Begriffliches, das sich nicht auf die Begrifflichkeit des denkenden Subjekts reduzieren läßt, gleichsam zu einem wirklichen Idealismus geworden. Das Geld in dieser dritten Bestimmung ist die »allgemeine Verwechslung und Vertauschung aller Dinge, also die verkehrte Welt, die Verwechslung und Vertauschung aller natürlichen und menschlichen Qualitäten« [18]. In den *Ökonomisch-philosophischen Manuskripten* beschreibt Marx eingehend, wie sich dieser »existierende und betätigende Wert aller Dinge« verhält: als »sichtbare Gottheit«, als »göttliche Kraft«. »Was durch das Geld für mich ist, was ich zahlen, d. h. was das Geld kaufen kann, das *bin ich*, der Besitzer des Geldes selbst. So groß die Kraft des Geldes, so groß ist meine Kraft. Die Eigenschaften des Geldes sind meine – seines Besitzers – Eigenschaften und Wesenskräfte. Das, was ich *bin* und *vermag*, ist also keineswegs durch meine Individualität bestimmt. Ich *bin* häßlich, aber ich kann mir die schönste Frau kaufen. Also bin ich nicht häßlich, denn die Wirkung der *Häßlichkeit*, ihre abschreckende Kraft, ist durch das Geld vernichtet... Ich, der durch das Geld *alles*, wonach ein menschliches Herz sich sehnt, vermag, besitze ich nicht alle menschlichen Vermögen! Verwandelt also mein Geld

17 A. a. O., S. 247 f.
18 Ökonomisch-philosophische Manuskripte, a. a. O., S. 128

nicht alle meine Unvermögen in ihr Gegenteil?«[19]. Sobald das Geld in der dritten Bestimmung erscheint, erscheint es als machthabende Abstraktion, als dingliche Vergegenständlichung aller menschlichen Gattungskräfte, die – weil im Stoffwechsel des Menschen mit der Natur das menschliche Gattungsleben lediglich Mittel des individuellen Lebens ist – ebenfalls unter einer verkehrten den Menschen entfremdeten Form erscheinen müssen. In der Hand des einzelnen wird das zum individualitätslosen Gegenstand geronnene Gattungsvermögen zur Macht des Besitzers, die konzentrierte Macht der Gesellschaft erscheint in einer den Menschen selber undurchsichtigen Gestalt als scheinbar transzendentale Macht des Geldes.

Bei der Betrachtung des Zusammenhangs zwischen entfremdeter Arbeit und dem Privateigentum in den frühen Schriften von Marx haben wir gesehen, daß er bei dem Versuch, die Klassenspaltung aus der dritten Bestimmung des Geldes abzuleiten, noch weitgehend im Dunkeln tappt. Gleichwohl ist aus den frühen Texten zu entnehmen, daß dieser Übergang nicht in der Weise zu vollziehen ist, wie die innerhalb des bürgerlichen Horizonts argumentierende Theorie ihn konstruieren muß, sondern als notwendige Bewegung, die der immanenten Logizität der Sache entspringt: sobald der allgemeine Reichtum als Gegenstand existiert, wird der Reichtum in dieser Form unmittelbarer Zweck der Produktion, die Produktion verselbständigt sich gegenüber der Konsumtion: »Die Produktion ist zur *Erwerbsquelle*, zur Erwerbsarbeit geworden. Während also in dem ersten Verhältnis das Bedürfnis das Maß der Produktion ist, ist in dem zweiten Verhältnis die Produktion oder vielmehr der *Besitz des Produktes* das Maß, wie weit sich die Bedürfnisse befriedigen können«[20].

Im Rohentwurf finden wir – gleichsam eingeblendet in die kategoriale Entwicklung – eine entsprechende Argumentation. Auch hier geht Marx, nachdem er das Geld in der Form des in sich selbst realisierten Preises, den allgemeinen Reichtum als existierenden entwickelt hat, auf die Verkehrung ein, die mit diesem Übergang zur dritten Bestimmung als Einheit der beiden ersten verbunden ist: »Aus seiner Knechtsgestalt, in der es als bloßes Zirkulationsmittel erscheint, wird es plötzlich der Herrscher und Gott in der Welt der Waren. Es stellt die himmlische Existenz der Waren dar, während sie seine irdische darstellen«[21]. Obwohl auch hier noch der Zusammenhang zwischen

19 A. a. O., S. 127
20 Exzerpthefte, a. a. O., S. 258
21 Grundrisse, S. 132

Religionskritik und Geldtheorie, die Struktur der Verdopplung und die damit verbundene Verkehrung eines Entsprungenen zu einem Ersten, explizit deutlich gemacht wird, gibt es bei der Schilderung der Typologie des bürgerlichen Subjekts kaum noch Anklänge an die frühe dem Feuerbachschen Werk abgeborgte Terminologie. Der Sachverhalt, den es zu erfassen gilt, ist jedoch der gleiche: der Konstitutionsprozeß des zufälligen Individuums, durch den hindurch nicht nur das persönliche Individuum *als* persönliches sichtbar wird, sondern sich als solches überhaupt erst zu entwickeln vermag. Sobald das Geld in der dritten Bestimmung erscheint, beginnt dieses Auseinandertreten von persönlichem Individuum und zufälligem Individuum, wie es in der *Deutschen Ideologie* heißt, also jener Prozeß, der erst im industriellen Kapitalismus – in der vollständigen Trennung der Produzenten von ihren Produktionsmitteln und deren Personifizierung in der Gestalt des Kapitalisten – zu seinem Abschluß kommt und dann auch erst den Einblick in die immanente Logizität seiner Struktur freigibt. Wenn nämlich der allgemeine Reichtum als sinnlicher Gegenstand, als Gold und Silber, existiert, gibt es nicht nur die wesentliche Beziehung des subjektiven Dasein zu seiner objektiven Fortsetzung, in welcher die Menschen die Natur bearbeiten und verändern und im Akt der Veränderung sich selbst verändern; durch die besondere Form der Bearbeitung der Natur und die bearbeiteten Gegenstände selber als besondere Individuen erscheinen, sondern eine von dieser Form der Beziehung radikal unterschiedene, nämlich die des Individuums zu einem schlechthin Individualitätslosen, Abstrakt-Allgemeinen, das dieser Beziehung vorweg schon den Charakter des Zufälligen aufprägt. Der Besitz des Individualitätslosen läßt den Besitzer selber als zufälliges Individuum, individualitätslose Personifikation der entfremdeten Macht der Gesellschaft erscheinen. »Als vereinzelter, handgreiflicher Gegenstand kann das Geld daher zufällig gesucht, gefunden, gestohlen, entdeckt werden, und der allgemeine Reichtum handgreiflich in den Besitz des einzelnen Individuums gebracht werden ... Seine Beziehung zum Individuum erscheint also als eine rein zufällige; während diese Beziehung zu einer gar nicht mit seiner Individualität zusammenhängenden Sache ihm zugleich, durch den Charakter dieser Sache, die allgemeine Herrschaft über die Gesellschaft, über die ganze Welt der Genüsse, Arbeiten etc. gibt. Es wäre dasselbe als wenn z. B. das Finden eines Steins mir, ganz unabhängig von meiner Individualität, den Besitz aller Wissenschaften verschaffte. Der Besitz des Geldes stellt mich im Verhältnis zu dem Reichtum (dem gesellschaftlichen) ganz in dasselbe Verhältnis, worein mich der Stein der Weisen in bezug auf die Wissenschaften stellen würde« [22]. Erscheint das Geld in der dritten Bestimmung, so gewinnt diese Beziehung zum individualitätslosen Gegenstand die Oberhand über das naturale, wie immer auch wechselnde Verhältnis von Subjekt und Objekt innerhalb des Naturganzen, das nur noch zum Mittel der Befriedigung wahrhaft abstrakter Bedürfnisse herabsinkt. Mit der Individualisierung des allgemeinen Reichtums entsteht Bereicherungssucht, Geldgier und Geiz, die sich hinter dem Rücken der Individuen als Motor der weiteren Entwicklung erweisen. »Der Geldbesitzer im antiken Sinn wird aufgelöst von dem industriellen Prozeß, dem er wider Wissen und Wollen dient. Die Auflösung betrifft nur seine Person. Als *materieller Repräsentant des allgemeinen Reichtums*, als der *individualisierte Tauschwert*, muß das Geld *unmittelbar* Gegenstand, Zweck und Produkt der allgemeinen Arbeit, der Arbeit aller Einzelnen sein. Die Arbeit muß unmittelbar den Tauschwert, d. h. Geld produzieren. Sie muß daher *Lohnarbeit* sein. Die Bereicherungssucht, so als den Trieb aller, indem jeder Geld produzieren will, schafft nur der allgemeine Reichtum. Die allgemeine Bereicherungssucht kann nur so die Quelle des allgemeinen, sich stets von neuem erzeugenden Reichtums werden. Indem die Arbeit Lohnarbeit, ihr Zweck unmittelbar Geld ist, ist der allgemeine Reichtum *gesetzt* als ihr Zweck und Gegenstand ... Das Geld als Zweck wird hier Mittel der allgemeinen Arbeitsamkeit. Der allgemeine Reichtum wird produziert, um sich seines Repräsentanten zu bemächtigen. So werden die wirklichen Quellen des Reichtums eröffnet. Indem der Zweck der Arbeit nicht ein besonderes Produkt ist, das in einem besonderen Verhältnis zu den besonderen Bedürfnissen des Individuums steht, sondern Geld, der Reichtum in seiner allgemeinen Form, hat erstens die Arbeitsamkeit des Individuums keine Grenze; sie ist gleichgültig gegen ihre Besonderheit, und nimmt jede Form an, die zum Zweck dient; sie ist erfinderisch im Schaffen neuer Gegenstände für das gesellschaftliche Bedürfnis« [23]. *Wie* dieser Übergang erfolgt, *wie* sich aus der dritten Bestimmung des Geldes die Lohnarbeit herleitet, soll die Betrachtung der Darstellungsform der Kategorien zeigen.

Oben haben wir die dritte Bestimmung des Geldes gleichsam abstrakt geschildert, abgelöst von der Betrachtung des wirklichen Zirkulationsprozesses. Doch in dieser Weise darf sie nicht eingeführt werden. Wir müssen sie vielmehr als funktionelles Moment der Warenzirkulation entwickeln. Aus der Betrachtung des Formwechsels wissen wir, daß es

22 A. a. O., S. 133
23 A. a. O., S. 135

sich bei Verkauf und Kauf um einen Prozeß handelt, dessen Einheit existiert und zugleich nicht existiert. Diese Form der prozessierenden Einheit reflektiert sich in der prozessierenden Einheit von zweiter und dritter Bestimmung des Geldes. »Die Verselbständigung des Goldes als Geld ist also vor allem sinnfälliger Ausdruck des Zerfallens des Zirkulationsprozesses oder der Metamorphose in zwei getrennte, gleichgültig nebeneinander bestehende Akte«[24]. Aus seiner Gestalt als beständig verschwindende Realisation des Preises, als Münze also, gerinnt es zum Geld als Geld. Sobald der Lauf der Münze unterbrochen ist, wird sie zum Geld, wobei es sich bei *dieser* Verwandlung des Zirkulationsmittels in Geld lediglich um ein technisches Moment des Geldumlaufs handelt. Gerade eine jener Schwierigkeiten, zu deren Bewältigung nach Meinung der bürgerlichen Ökonomen das Geld als »pfiffig ausgedachtes Auskunftsmittel« eingeführt wurde, bedingen diese prozessierende Einheit von zweiter und dritter Bestimmung des Geldes: jeder ist Verkäufer der einseitigen Ware, die er produziert, aber Käufer aller anderen Waren, die er zur Aufrechterhaltung seiner Existenz benötigt. Sein Auftreten als Verkäufer ist abhängig von der Produktionszeit, sein Auftreten als Käufer jedoch von der beständigen Erneuerung seiner Lebensbedürfnisse. Die Goldpuppe seiner eigenen Ware wird also gleichsam in Raten verausgabt und in Gebrauchswerte zurückverwandelt. Das Geld ist in dieser Funktion *suspendierte Münze.* »Damit das Geld als Münze beständig fließt, muß die Münze beständig zu Geld gerinnen. Der beständige Umlauf der Münze ist bedingt durch ihre beständige Stockung in größeren oder kleineren Portionen, in allseitig innerhalb der Zirkulation ebensowohl entspringenden als sie bedingenden Reservefonds von Münze, deren Bildung, Verteilung, Auflösung und Wiederbildung stets wechselt, deren Dasein beständig verschwindet, deren Verschwinden beständig da ist«[25].

An dieser Stelle müssen wir innehalten und auf ein darstellungstechnisches Problem hinweisen. Die Schatzbildung, auf die Marx nach der Entwicklung der suspendierten Münze eingeht, nimmt eine eigenartige Position innerhalb der Gesamtdarstellung ein. Einerseits ist ihre Stellung eindeutig festgelegt durch ihre Form selbst, und hat nach der Entwicklung der Form der suspendierten Münze und vor der Darstellung des verselbständigten Tauschwerts als Zahlungsmittel und Weltgeld zu erfolgen, wie wir später sehen werden. Insofern ist sie Moment in der Darstellung der dritten Bestimmung des Geldes, das *als* verselbständigter Tauschwert schon latent Kapital ist. Die ange-

---

24 Zur Kritik der politischen Ökonomie, S. 129
25 A. a. O., S. 129

messenste Form dieses verselbständigten Tauschwerts, die selbst noch bedingt ist durch die zuvor dargestellten, ist das Weltgeld, und bildet den Abschluß dieser Entwicklungsreihe. Eine weitere Entwicklung der ökonomischen Formbestimmtheit innerhalb der Darstellung des verselbständigten Tauschwerts (vor dem Übergang zum Kapital) gibt es nicht. Zugleich jedoch ist die Schatzbildung Ausgangspunkt eines anderen Gedankengangs, insofern das Kapital *nicht nur* verselbständigter Tauschwert ist, der sich *als* verselbständigter erhält. Dieser Gedankengang ist fast ausschließlich im Rohentwurf enthalten, und ihm wollen wir uns zuwenden, bevor wir mit der weiteren Darstellung der dritten Bestimmung fortfahren.

Jene Briefstelle über die Methode, die früher schon einmal zitiert wurde, kann in diesem Zusammenhang aufgehellt werden, wie sie ihrerseits den Zugang zur Konstruktion erleichtert. Am 14. Januar 1858, zur Zeit der Niederschrift des Rohentwurfs also, schreibt Marx an Engels: »Übrigens finde ich hübsche Entwicklungen. Zum Beispiel, die ganze Lehre vom Profit, wie sie bisher war, habe ich über den Haufen geworfen. In der Methode des Bearbeitens hat es mir großen Dienst geleistet, daß ich bei mere accident ... Hegels Logik wieder durchgeblättert hatte ...« [26]. Obwohl wir nicht wissen, wie »die ganze Lehre von Profit, wie sie bisher war«, und die Marx »über den Haufen geworfen« hat, ausgesehen hat, scheint es uns keineswegs zufällig zu sein, daß sich Marx gerade bei diesem Anlaß an seine Hegellektüre erinnert. Zweifelsohne war sich Marx überhaupt erst bei der Beschäftigung mit dieser Problematik der Bedeutung der Hegelschen Logik für seine Gesamtkonstruktion bewußt geworden. Der ungemein schnell verfaßte Rohentwurf läßt das noch erkennen. Zwar wird jede Kategorie in einer Form eingeführt, die ihr Vorbild nicht mehr verleugnen kann, aber insbesondere an diesem Übergang wird deutlich, wie sehr sich die Darstellungsform des »immanenten Übersichhinausgehens« und die Transzendierung des bürgerlichen Horizonts wechselseitig bedingen. Oben haben wir erwähnt, daß die dritte Bestimmung des Geldes als eine Form zu begreifen sei, in der »seine Bestimmung als Kapital schon latent erhalten« ist. Auf Seite 182 des Rohentwurfs findet sich ein anderer Hinweis: »Alles das, was hier vom Geld gesagt ist, gilt noch mehr vom Kapital, worin das Geld in seiner vollendeten Bestimmung sich eigentlich erst entwickelt« [27]. Während sich die erste Bemerkung vorwiegend auf die Form der Verselbständigung bezieht,

---

26 Briefe über »Das Kapital«, S. 79
27 Grundrisse, S. 182

aus der die Form des prozessierenden Werts, sein Eingehen in die Zirkulation als Moment seines Beisichseins, als nächsthöhere Stufe folgt, bezieht sich die andere auf einen Sachverhalt, den die bürgerliche Ökonomie nie exakt entwickeln konnte, der aber, soll er richtig dargestellt werden, aus der dritten Bestimmung des Geldes abzuleiten ist. So weist Marx darauf hin, daß scharfsinnige Ökonomen wie etwa Sismondi, der vom Kapital als »metaphysischer, unsubstantieller Qualität im Besitze desselben cultivateur« spricht, »für den sie verschiedene Formen bekleidet«[28], die spezifische Zirkulationsbewegung des Kapitals durchaus wahrnehmen, daß es aber den »Herrn Ökonomen ... verdammt schwer (wird), theoretisch fortzukommen von der Selbsterhaltung des Werts im Kapital zu seiner Vervielfältigung; nämlich diese in seiner Grundbestimmung, nicht nur als Akzidens oder nur als Resultat«[29]. Die Vergrößerung des Kapitals muß als wesentliches Moment des Kapitalbegriffs entwickelt werden, sie darf nicht als zufälliges Moment erscheinen, und – was für die Form der Einführung zentral ist – durch versteckte Tautologien erschlichen werden. Kapital nämlich als das zu definieren, »was Profit bringt«, wird von Marx als geradezu »brutale Form« der Einführung charakterisiert, da ja »die Vermehrung des Kapitals selbst schon als besondre *ökonomische Form* im Profit gesetzt«[30] ist. Nicht viel besser scheint ihm eine andere Erklärung zu sein: »Das Geschwätz, daß niemand sein Kapital anwenden werde, ohne Gewinn daraus zu ziehen, läuft entweder auf die Albernheit hinaus, daß die braven Kapitalisten Kapitalisten bleiben werden, auch *ohne* ihr Kapital anzuwenden; oder darauf, daß in einer sehr hausmannskostartigen Form gesagt ist, daß gewinnbringende Anwendung im Begriff des Kapitals liegt«[31]. Ironisch fügt Marx noch hinzu: »Well. Dann wäre das eben nachzuweisen«.

Gerade an dieser Problematik zeigt sich eindringlich, wie es zum Wesen des bürgerlichen Subjekts gehört, daß es seine eigene Welt, sich selbst also, nur unter der Form des Objekts betrachten kann. Seine eigene Welt nur unter der Form des Objekts zu begreifen, heißt, die Kategorien aus der Empirie aufgreifen zu müssen, ohne sie in ihrem inneren Zusammenhang darstellen zu können. Sobald aber das Wort Kapital gebraucht wird, ist schon die Bewegung der Vermehrung mitgedacht, das bürgerliche Subjekt hat sich je schon als konstituiertes vor Augen. Die Kategorien erweisen sich auch hier wieder als untaug-

---

28 A. a. O., S. 172
29 A. a. O., S. 182
30 A. a. O., S. 182
31 A. a. O., S. 182

lich, jene, das bürgerliche Subjekt konstituierende Bewegung zu erfassen, sind sie doch selber nur der Ausdruck dieser Bewegung. Mit Hilfe dieser Kategorien das Einsetzen der Genesis des bürgerlichen Subjekts erfassen zu wollen, kann nur noch mit dem Versuche Münchhausens verglichen werden, sich am eigenen Zopf aus dem Sumpf zu ziehen. Diese Bewegung der Vermehrung, ohne welche die andere, von Ökonomen wie Sismondi wahrgenommene, sinnlos und gar nicht denkbar wäre, muß zuerst entwickelt werden. Wie aber hat man zu verfahren, soll in der Erklärung das zu Erklärende nicht je schon vorausgesetzt werden? Betrachten wird deshalb den allgemeinen Reichtum näher, der – als Identität von Form und Inhalt – selbständige Existenz gewonnen hat, eine Form angenommen hat, in der gleichsam alle Vermittlung aufgehoben ist, die ökonomische Formbestimmtheit verschwunden scheint, aber in der Tat vielmehr unmittelbar mit dem Metallsein des allgemeinen Reichtums zusammenfällt. Das ist bei der ersten Verwandlung des Zirkulationsmittels in Geld noch nicht ganz der Fall. In dieser Form, die von Marx als ein technisches Moment des Geldumlaufs begriffen wird, weil die Immobilisierung Bedingung der Mobilität ist, ist es gleichsam ein Zwitter: es selbst als seine eigene Negation als Zirkulationsmittel, das aber als Nichtzirkulationsmittel noch nicht seine adäquate Form angenommen hat. Noch existiert es in seiner Nationaluniform, denn das Geschäft der Münzung ist Geschäft des Staates, ebenso wie die Feststellung des Maßstabs der Preise. Umgeschmolzen hingegen, zurückverwandelt in Barrengold, ist es Metall und in seinem unmittelbaren Metallsein ökonomische Formbestimmtheit. »Die Waren können nicht nur in der Form des Goldes oder Silbers, d. h. in dem Material des Geldes, aufbewahrt werden, sondern Gold und Silber sind Reichtum in präservierter Form. Jeder Gebrauchswert als solcher dient, indem er konsumiert, d. h. vernichtet wird. Der Gebrauchswert des Goldes als Geld aber ist, Träger des Tauschwerts zu sein, als formloser Rohstoff Materiatur der allgemeinen Arbeitszeit. Als formloses Metall besitzt der Tauschwert eine unvergängliche Form. Gold und Silber so als Geld immobilisiert, ist *Schatz*«[32]. Auf einer höheren Stufe (und wie diese zu begreifen ist, soll bei der Entwicklung des Schatzes als notwendiges Glied zwischen den Bestimmungen Münzreserve und Zahlungsmittel gezeigt werden) wiederholt sich die prozessierende Einheit von Mobilität und Immobili-

---

32 Zur Kritik der politischen Ökonomie, S. 130 f. Daß auch Metall in der gemünzten Form zum Schatz versteinert, ist selbstverständlich, nur gilt es dann in seiner gemünzten Form als formloses Metall, das eben nur eine Form besitzt, die seiner Funktion als Nichtzirkulationsmittel äußerlich ist.

tät, da ja Gold und Silber sich nur als Geld fixieren, insofern sie nicht Zirkulationsmittel sind. »*Als Nicht-Zirkulationsmittel werden sie Geld*. Das Entziehen der Ware aus der Zirkulation in der Form des Goldes ist also das einzige Mittel, sie beständig innerhalb der Zirkulation zu halten« [33].

Sobald das unmittelbare Metallsein zusammenfällt mit der ökonomischen Formbestimmtheit, ist es Einheit von erster und zweiter Bestimmung, die als solche in ihr aufgehoben aber auch zugleich negiert sind. Als in sich selbst realisierter Preis ist das Geld die Negation seiner selbst in der Bestimmung als Maß der Werte. Da es selbst in seinem metallischen Dasein die adäquate Wirklichkeit des Tauschwerts ist, ist es nicht mehr das Maß von anderem, von Tauschwerten. Als in sich selbst realisierter Preis ist es auch die Negation seiner selbst in der Bestimmung als Realisierung der Preise, wo seine Funktion nur im beständigen Verschwinden des realisierten Preises besteht, nur zu sein als gegenständlich vorhandener Repräsentant des Preises gegen alle Waren, da die Waren nur zu ihren Preisen ausgetauscht werden sollen. Mit anderen Worten: solange das Gold dazu dient, die Warenwerte als gleichnamige Größen, qualitativ gleiche und quantitativ vergleichbare, darzustellen, funktioniert es als vorgestellte Einheit, »sein wirkliches Vorhandensein (ist) überflüssig ... und darum noch mehr die Quantität ..., als Anzeiger (indicator des Werts) ist sein amount, in dem es in einem Lande existiert, gleichgültig; bloß als Recheneinheit nötig« [34]. Sobald es jedoch als »Gott unter den Waren« existiert, die Waren nur mehr unvollkommene Repräsentanten des Goldes, es selbst hingegen das materielle Dasein des abstrakten Reichtums ist, wird die Quantität, die es von sich selbst darstellt, das Maß seiner als Reichtum. »Die Maßbestimmung muß hier an ihm selbst gesetzt werden« [35]. Als beständig verschwindende Realisierung des Preises hingegen funktioniert das Gold als Zeichen seiner selbst, in der Zirkulation der Waren ist seine Materie, Gold, gleichgültig: »In seiner Gestalt als Mittler der Zirkulation erlitt es allerlei Unbill, wurde beschnitten und sogar zum bloß symbolischen Papierlappen verflacht« [36]. Jetzt jedoch, wenn es in seiner »gediegenen Metallität ... allen stofflichen Reichtum unaufgeschlossen« in sich enthält, als materieller Repräsentant des stofflichen Reichtums funktioniert, wird es in seiner unmittelbar metallischen Daseinsform wesentlich. »Als Maß war seine Anzahl

33 Zur Kritik der politischen Ökonomie, S. 131 f.
34 Grundrisse, S. 122
35 A. a. O., S. 140
36 Zur Kritik der politischen Ökonomie, S. 128

gleichgültig; als Zirkulationsmittel war seine Materialität, die Materie der Einheit gleichgültig; als Geld in dieser dritten Bestimmung ist die Anzahl seiner selbst als eines bestimmten materiellen Quantums wesentlich.« [37]

Hier erfolgt nun der entscheidende Umschlag, der von manchen Theoretikern wahrgenommen wird. Bei der Darstellung der ersten Verwandlung des Zirkulationsmittels in Geld kommentiert Marx eine eigenartige Schizophrenie des Ökonomen Boisguillebert: »Boisguillebert wittert in der ersten Immobilisierung des perpetuum mobile, d. h. der Verneinung seines funktionellen Daseins als Zirkulationsmittel, sofort seine Verselbständigung gegen die Waren. Das Geld, sagt er, soll sein »in einer ständigen Bewegung, was es nur sein kann, solange es beweglich ist, aber sobald es unbeweglich wird, ist alles verloren« ... Was er übersieht, ist, daß dies Stillstehen Bedingung seiner Bewegung ist. Was er in der Tat will, ist, daß der Tauschwert der Waren als bloße verschwindende Form ihres Stoffwechsels erscheine, aber nie sich als Selbstzweck befestigte« [38]. Bei ihm wiederholt sich jedoch nur als gleichsam kulturkritisch-unzeitgemäßer Impuls, was einmal als substantieller Protest den Schnittpunkt zweier Gesellschaftsstrukturen markierte: »Plato in seiner Republik will gewaltsam das Geld als bloßes Zirkulationsmittel und Maß festhalten, aber nicht zum Gelde als solchen werden lassen. Aristoteles betrachtet daher die Form der Zirkulation W-G-W, worin das Geld nur als Maß und Münze funktioniert, eine Bewegung, die er die ökonomische nennt, als die natürliche und vernünftige, während er die Form G-W-G, die chrematistische, als unnatürlich, zweckwidrig brandmarkt. Was hier bekämpft wird, ist nur der Tauschwert, der Inhalt und Selbstzweck der Zirkulation wird, die Verselbständigung des Tauschwerts als solchen; daß der Wert als solcher Zweck des Austauschs wird und selbständige Form erhält, zunächst noch in der einfachen, handgreiflichen Form des Geldes« [39]. Doch diese neue Bewegung ist nicht aufzuhalten. Erscheint das Geld in der dritten Bestimmung, existiert der allgemeine Reichtum in einer Form, die in ihrer handgreiflichen Unmittelbarkeit die Formbestimmtheit selber ist, so ist »kein Unterschied mehr an ihm, als der quantitative«. Dadurch aber wird das gediegene Metall, das nur noch Mehr oder Weniger des allgemeinen Reichtums darstellt, ein existierender Widerspruch: als allgemeiner Reichtum ist es der Inbegriff aller Gebrauchswerte; als »inner-

---

37 Grundrisse, S. 140 f.
38 Zur Kritik der politischen Ökonomie, S. 130
39 Grundrisse (Urtext), S. 928 f.

lich Allgemeines« hat das Geld in dieser Form die Fähigkeit, »alle Genüsse, alle Waren, die Totalität der materiellen Reichtumssubstanzen zu kaufen« [40]; zugleich ist es in dieser Form nur ein bestimmtes Quantum Geld, also zugleich auch nur beschränkter Repräsentant des allgemeinen Reichtums »oder Repräsentant eines beschränkten Reichtums, der gerade so weit geht wie die Größe seines Tauschwerts, exakt an ihm gemessen ist« [41]. So ist es der allgemeine Reichtum und ist es zugleich nicht, in ein und derselben Form widerspricht es sich selbst, es »hat also keineswegs die Fähigkeit, die es seinem allgemeinen Begriff nach haben soll, alle Genüsse, alle Waren, die Totalität der materiellen Reichtumssubstanzen zu kaufen [42]«. Als eine bestimmte Summe, in der das Geld existiert, ist es beschränkt, zugleich ist es seiner Qualität nach die Schrankenlosigkeit selbst, und dieser Widerspruch treibt zu einer schlecht-unendlichen Bewegung, in der das bestimmte Quantum Geld sich gleichsam von sich selbst als bestimmtem Quantum Geld zu befreien sucht, um das zu werden, was es seiner Form nach ist. Ausdruck dieses Widerspruchs zwischen qualitativer Schrankenlosigkeit und quantitativer Beschränktheit, den diese Form an ihr selber darstellt, ist der quantitativ unendliche Progreß, in welchem sich das Geld durch permanente Größenausdehnung dem Reichtum schlechthin anzunähern versucht. Erscheint das Geld in der dritten Bestimmung und wird es in dieser Form festgehalten, so geht es unmittelbar in diese Bewegung über, festhalten und vermehren sind eins. »Für den Wert, der an sich als Wert festhält, fällt daher Vermehren mit Selbsterhalten zusammen und er erhält sich nur dadurch, daß er beständig über seine quantitative Schranke hinaustreibt, die seiner innerlichen Allgemeinheit widerspricht« [43].

Dieser unendliche Progreß erscheint zuerst als Schatzbildung; für den Schatzbildner wird der Formwechsel der Ware zum Selbstzweck, er hält die Goldpuppe der Ware fest und läßt sie so als Nicht-Zirkulationsmittel zum Geld werden. »Die Bewegung des Tauschwerts als Tauschwert, als Automat, kann überhaupt nur die sein, über seine quantitative Grenze hinauszugehen. Indem aber eine quantitative Grenze des Schatzes überschritten wird, wird eine neue Schranke geschaffen, die wieder aufgehoben werden muß. Es ist nicht eine bestimmte Grenze des Schatzes, die als Schranke erscheint, sondern jede Grenze desselben. Die Schatzbildung hat also keine imma-

40 Grundrisse, S. 181
41 A. a. O., S. 181
42 A. a. O., S. 181
43 Grundrisse (Urtext), S. 936

nente Grenze, kein Maß in sich, sondern ist ein endloser Prozeß, der in seinem jedesmaligen Resultat ein Motiv seines Anfangs findet. Wenn der Schatz nur vermehrt wird, indem er konserviert wird, so wird er aber auch nur konserviert, indem er vermehrt wird« [44]. Betrachtet man die Schatzbildung vom Standpunkt der Warenzirkulation (und eine andere Betrachtungsweise kennen wir bisher nicht, da sich die andere erst ergeben wird durch den Nachvollzug der immanenten Dialektik der Schatzbildung selber), so ist ihre Bedingung beständiges Verkaufen ohne anschließendes Kaufen, ein Vorgang, der in dieser Form nicht durchführbar ist, wohl aber in abgeschwächter Gestalt: möglichst viel verkaufen und möglichst wenig kaufen. Mit anderen Worten: möglichst viel arbeiten und möglichst viel sparen. Denn die Schatzbildung ist ihrem eigenen Begriffe nach die Aneignung des Reichtums in seiner allgemeinen Form, und diese ist bedingt durch die Entsagung auf den Reichtum in seiner stofflichen Wirklichkeit.

Im Schatzbildner keimen also zuerst jene Tugenden heran, die man gemeinhin die bürgerlichen nennt. Verkehrt sich der Formwechsel der Ware zum Selbstzweck, so verkehren sich auch alle Beziehungen des Individuums zu den objektiven Bedingungen seines subjektiven Daseins. Oben wurde erwähnt, daß erst durch diese zentrale Verkehrung die wirklichen Quellen des Reichtums eröffnet werden; wird der Reichtum in seiner allgemeinen Form unmittelbar Zweck der Produktion, so wird die Produktion des besonderen Reichtums nur noch Mittel für die Verfolgung dieses Zwecks. Die Aufhäufung des Geldes um des Geldes willen ist darum auch die erste Form der »Produktion um der Produktion willen, d. h. Entwicklung der Produktivkräfte der menschlichen Arbeit hinaus über die Schranken herkömmlicher Bedürfnisse« [45]. Diese Verkehrung geht einher mit einer ideellen Verlängerung, indem sich die verkehrte Welt in der Sphäre der Produktion ihr Pendant in Gestalt verdinglichter Werte schafft. »Um sich des Überflusses in seiner allgemeinen Form zu bemächtigen, müssen die besonderen Bedürfnisse als Luxus und Überfluß behandelt werden« [46]. Arbeitsamkeit, Sparsamkeit, Verachtung der weltlichen, zeitlichen und vergänglichen Genüsse sind die Kardinaltugenden, die sich das Embryo des bürgerlichen Subjekts in der Form des Selbstzwecks, als eines Wertes an ihm selbst gegenüberstellt.

---

44 Zur Kritik der politischen Ökonomie, S. 136
45 A. a. O., S. 138
46 A. a. O., S. 132

Die Schatzbildung treibt jedoch über sich hinaus. Die nähere Betrachtung zeigt, daß sie in sich selbst widersprüchlich ist, ein Widerspruch, der die weitere Entwicklung einleitet, deren Verlauf wir jetzt verfolgen wollen. Im Gegensatz zur *Kritik* und dem *Kapital* ist dieser Übergang aus der Schatzbildung zur nächsten Gestalt der Wertbewegung in den *Grundrissen* explizit durchgeführt, so daß wir uns hinsichtlich dieses Übergangs ausschließlich an diesem Text orientieren müssen.

Dieser Übergang ist unter zwei Aspekten zu vollziehen. Der erste betrifft das Geld in der dritten Bestimmung, Gold in seiner unmittelbaren Metallität als ökonomische Formbestimmtheit. Im Gold hat sich der allgemeine Reichtum inkarniert, er existiert abgelöst von den besonderen Formen des gesellschaftlichen Reichtums, ist aber zugleich die allgemeine Form nur durch die Beziehung auf die besonderen Formen, die ihm als die Welt der wirklichen Reichtümer gegenüberstehen. Das Gold in seiner metallischen Leiblichkeit ist die »reine Abstraktion« derselben und verkehrt sich darum, wenn der Reichtum in dieser Form festgehalten wird, zur »bloßen Einbildung. Wo der Reichtum in ganz materieller, handgreiflicher Form als solcher zu existieren scheint, hat es seine Existenz bloß in meinem Kopf, ist ein reines Hirngespinst« [47]. Seine Wirklichkeit liegt außerhalb seiner, in der Totalität der Besonderheiten, die seine Substanz bilden. Soll sich darum das Geld als materieller Repräsentant des allgemeinen Reichtums bewähren und verwirklichen, so ist das nur möglich, wenn es als allgemeine Form verschwindet. Es muß in die Zirkulation geworfen werden, es muß gegen die »einzelnen besonderen Weisen des Reichtums« verschwinden, und »... dies Verschwinden ist die einzig mögliche Weise, es als Reichtum zu versichern. Die Auflösung des Aufgespeicherten in einzelnen Genüssen ist seine Verwirklichung ... Ich kann sein Sein für mich nur wirklich setzen, indem ich es als bloßes Sein für andre hingebe« [48].

Der andere Aspekt betrifft das »maßlose Wesen« des Geldes in dieser Bestimmung. Daß sich der als Gold festgehaltene individuierte Reichtum unter der Hand zum bloßen Gespenst des wirklichen Reichtums verkehrt, tangiert auch die Bewegung der Vermehrung des inkarnierten allgemeinen Reichtums. Da seine Wirklichkeit außerhalb seiner selbst in der Totalität der besonderen Reichtümer liegt, ist seine eigene Vermehrung abhängig von der Vermehrung dieser wirklichen Reichtümer. Geht beides nicht Hand in Hand, so verliert das Geld

---

47 Grundrisse, S. 144
48 A. a. O., S. 145

»selbst seinen Wert in dem Maß, in dem es aufgehäuft wird. Was als seine Vermehrung erscheint, ist in der Tat seine Abnahme. Seine Selbständigkeit ist nur Schein; seine Unabhängigkeit von der Zirkulation besteht nur in Rücksicht auf sie, als Abhängigkeit von ihr« [49]. Die allgemeine Ware, die als allgemeine neben den besonderen nur existieren kann in einer besonderen Naturalgestalt, erweist sich *als besondere* Ware, die wie alle besonderen Waren den allgemeinen Gesetzen unterworfen ist. Einerseits hängt ihr Wert ab von den spezifischen Produktionskosten, die sich stetig verändern, andererseits von Nachfrage und Zufuhr, wie Marx ausführt, also dem Quantum gesellschaftlich notwendiger Arbeit in dem erweiterten Sinne, der oben kurz erörtert wurde. So zeigt sich als falsch, »daß seine eigene Quantität das Maß seines Werts ist« [50]. Das Geld in der dritten Bestimmung widerspricht sich nicht nur, weil es als festgehaltener individuierter Reichtum zum bloßen Hirngespinst sich verkehrt, sondern auch den »Wert als solchen repräsentieren soll; in der Tat aber nur ein identisches Quantum von veränderlichem Wert repräsentiert« [51]. Abschließend formuliert Marx: »Das Geld in seiner letzten, vollendeten Bestimmung erscheint nun nach allen Seiten als ein Widerspruch, der sich selbst auflöst; zu seiner eigenen Auflösung treibt« [52]. In welcher Weise die weitere Entwicklung erfolgt, wollen wir später betrachten.

Kehren wir jetzt zurück zur Darstellung der Schatzbildung als notwendigem Glied zwischen dem Geld als suspendierter Münze und seiner Funktion als Zahlungsmittel. Wie wir gesehen haben (vergl. S. 210 f. dieser Arbeit), wird die erste Verwandlung des Zirkulationsmittels in Geld, also das Entstehen des Geldes in seiner dritten Bestimmung, von Marx als ein technisches Moment des Geldumlaufs dargestellt, der ohne *diese* Form der Gerinnung nicht funktionieren würde. Der sich zur Münzreserve verfestigende Teil des umlaufenden Geldes ist selber noch notwendiges Moment der sich stets in Zirkulation befindlichen Gesamtquantität. Daß sich diese prozessierende Einheit von Mobilität und Immobilität auf einer höheren Stufe wiederholt, wenn Gold und Silber ihre Münzgestalt abstreifen und in ihrer metallischen Leiblichkeit als Nicht-Zirkulationsmittel zum Gelde werden, wurde ebenfalls angedeutet (siehe S. 214). Hier ist nun zu zeigen, welche Funktion die Schatzbildung für die Zirkulation hat, und aus diesem Grunde müssen

49 A. a. O., S. 145
50 A. a. O., S. 145
51 A. a. O., S. 145
52 A. a. O., S. 144

wir uns der Gesamtquantität des zirkulierenden Geldes zuwenden. Hinsichtlich der suspendierten Münze haben wir nur die Gesamtquantität des sich stets in Zirkulation befindlichen Geldes im Auge behalten, sie wurde als gegeben vorausgesetzt. Auf Seite 193 f. dieser Arbeit wurde jedoch darauf hingewiesen, daß diese Größe selbst variabel sein müsse, wenn die zu realisierende Preissumme und die Geschwindigkeit des Formwechsels bestimmend sind für die Quantität des zirkulierenden Metalls. Aber das in der Form des Nichtzirkulationsmittels zum Gelde werdende Zirkulationsmittel kann dann nicht suspendierte Münze sein. Je nach Veränderung der Preissumme und der Zirkulationsgeschwindigkeit muß die Gesamtquantität des zirkulierenden Goldes beständig »expandieren und kontrahieren, was nur möglich unter der Bedingung, daß die Gesamtquantität des in einem Lande befindlichen Geldes fortwährend in wechselndem Verhältnis steht zur Quantität des in Zirkulation befindlichen Geldes. Diese Bedingung wird durch die Schatzbildung erfüllt« [53]. Fallen etwa die Preise oder steigt die Zirkulationsgeschwindigkeit, so fließt Geld aus der Zirkulation ab und wird von Schatzreservoirs absorbiert; bei steigenden Preisen und fallender Zirkulationsgeschwindigkeit öffnen sich die Schätze. »Die Erstarrung des zirkulierenden Geldes in Schatz und das Ergießen der Schätze in die Zirkulation ist beständig wechselnde oszillatorische Bewegung, worin das Vorwiegen der einen oder anderen Richtung ausschließlich durch die Schwankungen der Warenzirkulation bestimmt ist. Die Schätze erscheinen so als Zufuhr- und Abfuhrkanäle des zirkulierenden Geldes, so daß immer nur das durch die unmittelbaren Bedürfnisse der Zirkulation selbst bedingte Quantum Geld als Münze zirkuliert« [54].

Somit haben wir bis jetzt zwei Formen des verselbständigten Tauschwerts, des zum Individuum gewordenen allgemeinen Reichtums kennengelernt. Suspendierte Münze und Schatz sind Geld als Nicht-Zirkulationsmittel. Zu betrachten ist jetzt die Form, worin der Tauschwert als verselbständigter erscheint, aber nicht außerhalb der Zirkulation wie die beiden oben genannten, sondern innerhalb der Zirkulation selber. Er kann dann natürlich nicht mehr Zirkulationsmittel sein, da dessen Substanz im beständigen Verschwinden besteht und der verselbständigte, zum Ding gewordene Tauschwert je schon Zeichen seiner selbst ist. Er muß eine andere Funktion haben.

---

53 Zur Kritik der politischen Ökonomie, S. 141
54 A. a. O., S. 141

Diese Funktion setzt die vorhergehende voraus. Darauf wurde ja auch schon oben bei der Erörterung der Schatzbildung hingewiesen. In der *Kritik der politischen Ökonomie* heißt es: »Sobald das Geld durch die Schatzbildung als Dasein des abstrakt gesellschaftlichen Reichtums und materieller Repräsentant des stofflichen Reichtums entwickelt ist, erhält es in dieser seiner Bestimmtheit als Geld eigentümliche Funktion innerhalb des Zirkulationsprozesses« [55]. Ist nämlich der verselbständigte Tauschwert als solcher entwickelt, so besteht die Möglichkeit einer neuen ökonomischen Formbestimmtheit, unter der die Menschen ihren gesellschaftlichen Stoffwechsel vollziehen können. Solange das Geld in der zweiten Bestimmung, der Funktion als Zirkulationsmittel, in der Zirkulation selber als beständig verschwindende Realisation des Preises existiert, oder aus seiner Funktion als Nicht-Zirkulationsmittel in die Zirkulation zurückkehrt, wirkt es immer als Kaufmittel innerhalb einer polarischen Konstellation, die gleichzeitigen Stellenwechsel der Äquivalente und ihre wechselseitige Entäußerung unterstellt. Es ist der erste Formwechsel einer Ware A, der unmittelbar mit dem zweiten Formwechsel einer Ware B zusammenfällt. Der Preis der Ware A, durch den sie ideell auf ihre Goldpuppe bezogen ist, wird unmittelbar realisiert. Dieser Prozeß kann sich jetzt aufspalten: »Der Verkäufer veräußert die Ware wirklich und realisiert ihren Preis zunächst selbst nur wieder ideell. Er hat sie zu ihrem Preis verkauft, der aber erst in einer später festgesetzten Zeit realisiert wird. Der Käufer kauft als Repräsentant von künftigem Geld, während der Verkäufer als Besitzer von gegenwärtiger Ware verkauft. Auf der Seite des Verkäufers wird die Ware als Gebrauchswert wirklich veräußert, ohne daß sie als Preis wirklich realisiert wäre; auf der Seite des Käufers wird das Geld wirklich im Gebrauchswerte der Ware realisiert, ohne daß es als Tauschwert wirklich veräußert wäre« [56]. Die Ware A zirkuliert, da sie den Stellenwechsel durchführt, aber ihre erste Metamorphose ist hinausgeschoben. So vollzieht sich die zweite Metamorphose einer Ware B nicht gleichzeitig mit dem ersten Formwechsel der Ware A, sondern erscheint der Zeit nach vor demselben: »Und damit erhält das Geld, die Gestalt der Ware in ihrer ersten Metamorphose, neue Formbestimmtheit. Geld oder die selbständige Entwicklung des Tauschwerts ist nicht mehr vermittelnde Form der Warenzirkulation, sondern ihr abschließendes Resultat« [57].

---

55 A. a. O., S. 143
56 A. a. O., S. 144
57 A. a. O., S. 147

Insofern nämlich der Preis nur ideell realisiert wird, funktioniert Geld nicht nur als Maß der Werte, sondern auch als Kaufmittel, ohne materiell zu existieren. Es wirft nur »den Schatten seines künftigen Daseins vor sich (her) ... Es zieht nämlich die Ware aus ihrer Stelle aus der Hand des Verkäufers in die des Käufers«[58]. Tritt es dann aber in die Zirkulation, so kann es nicht mehr als Kaufmittel funktionieren, denn als solches funktionierte es, »ehe es da war, und es erscheint, nachdem es aufgehört hat als solches zu funktionieren. Es tritt vielmehr in Zirkulation als das einzige adäquate Äquivalent für Ware, als absolutes Dasein des Tauschwerts, als letztes Wort des Austauschprozesses, kurz als Geld und zwar als Geld in der bestimmten Funktion als *allgemeines Zahlungsmittel*. In dieser Funktion als Zahlungsmittel erscheint Geld als absolute Ware, aber innerhalb der Zirkulation selbst, nicht wie der Schatz außerhalb derselben«[59]. Wir wollen es hier bei der Darstellung dieser neuen Form belassen und nur erwähnen, daß an dieser Stelle – entsprechend der oben erörterten Verfahrensweise – die Krisentheorie auf einer neuen Konkretionsebene wieder aufgenommen werden müßte. Geld in der Form des Zahlungsmittels fügt der oben angezeigten allgemeinen Möglichkeit, der abstraktesten Form der Krise eine neue formelle Möglichkeit hinzu. Daß die Verselbständigung der beiden Phasen des Formwechsels als solche erscheint, nämlich als Unverkäuflichkeit der Ware, ist jetzt Voraussetzung und Moment; die Eigentümlichkeit der neuen Gestalt besteht vielmehr darin, daß die mit der Entwicklung des Zahlungsmittels ermöglichte Verselbständigung der ideellen gegen die wirkliche Realisierung des Preises als solche in Erscheinung tritt – als Zahlungsunfähigkeit und Geldkrise. Mit der Entwicklung des Zahlungsmittels entwickelt sich die Möglichkeit einer Verkettung von Obligationen, und damit zugleich auch die Möglichkeit, daß eine solche prozessierende Kette von Zahlungen nicht erfüllt werden kann. »Kann die Ware auch nur in *einem bestimmten Zeitraum* nicht verkauft werden, selbst wenn ihr Wert nicht changierte, so kann das *Geld* nicht als *Zahlungsmittel* funktionieren, da es in *bestimmter, vorausgesetzter Frist* als solches funktionieren muß. Da dieselbe Geldsumme aber hier für eine Reihe von wechselseitigen Transaktionen und Obligationen funktioniert, tritt hier *Zahlungsunfähigkeit* nicht nur in einem, sondern vielen Punkten ein, daher *Krise*«[60]. Aber auch hier

58 A. a. O., S. 146
59 A. a. O., S. 146
60 Theorien, Teil 2, S. 510

muß daran erinnert werden, daß wir nur mit der formellen Möglichkeit befaßt sind und die Frage, warum die Krise wirklich eintreten muß, erst später beantwortet werden kann. »In der Untersuchung warum die allgemeine *Möglichkeit der Krise* zur *Wirklichkeit* wird, der Untersuchung der *Bedingungen* der Krise ist es also gänzlich überflüssig, sich um die *Form* der Krisen, die aus der Entwicklung des Geldes als *Zahlungsmittel* entspringen, zu bekümmern. Gerade deswegen lieben es die Ökonomen, diese *selbstverständliche* Form als *Ursache* der Krisen vorzuschützen« [61].
Daß an dieser Stelle auch die ersten Erörterungen der Kredittheorie einsetzen, sei hier nur erwähnt, ebenso wie das bei der Betrachtung des einfachen Geldumlaufs diskutierte Gesetz über die Quantität des zirkulierenden Geldes nochmals in der Gesamtdarstellung erscheint, da es durch den Umlauf von Zahlungsmitteln erheblich modifiziert wird. Wir wollen uns hier jedoch jener Form zuwenden, die Marx zum Schluß behandelt.

Die erste Form des verselbständigten Tauschwerts, die wir kennen gelernt haben, war das in der Form des Nicht-Zirkulationsmittels zum Gelde werdenden Zirkulationsmittel. Das zirkulierende Medium immobilisiert sich als Bedingung seiner eigenen Mobilität, sei es als suspendierte Münze oder als Schatz. Im ersten Fall zählt Marx das sich verfestigende Zirkulationsmittel selber noch zur Gesamtmasse des stets in der Zirkulationssphäre umlaufenden Geldes, so daß die äußere Gestalt des als Nicht-Zirkulationsmittel funktionierenden Geldes gleichsam als Zwitter aufzufassen ist: der verselbständigte Tauschwert existiert notwendig in einer Form, die der Funktion des Geldes als Zirkulationsmittel entspringt, und kann gerade nicht eine Existenzweise annehmen, die dem Geld in seiner Funktion als Nicht-Zirkulationsmittel entspricht. Das ist erst bei der Schatzbildung der Fall, als pures Metall ist das Gold Geld, in seiner unmittelbaren Metallität ökonomische Formbestimmtheit. Wird das Gold in gemünzter Form als Schatz gespeichert, so ist dem Geld in dieser Funktion die aus dem Zirkulationsprozeß resultierende Gestalt wesentlich äußerlich, in dieser Funktion gilt es nur als Träger von Wert, in seiner äußeren Form nur als formloses Metall. *Wie* äußerlich die Münzgestalt dem Geld in dieser Funktion ist, läßt sich daran zeigen, daß im mittelalterlichen England auch Gold- und Silberwaren, »da ihr Wert nur wenig durch die zugefügte Arbeit vermehrt wurde, gesetzlich als bloße Form

---

61 A. a. O., S. 510 f.

des Schatzes betrachtet (wurden). Ihr Zweck war, wieder in Zirkulation geworfen zu werden und ihre Feinheit daher ganz ebenso vorgeschrieben, wie die der Münze selbst«[62]. Nur Gold in Barrenform ist eine Existenzweise des verselbständigten Tauschwerts, die dieser Funktion des Geldes, abstrakter Reichtum in unvergänglicher Form zu sein, wirklich gerecht wird. Zugleich haben wir gesehen, daß Gold in der puren Metallität die bestimmte ökonomische Form ist und nicht ist. Es ist die existierende Abstraktion – aber nur außerhalb der Zirkulation. In die Zirkulation geworfen, ist es die allgemeine Form des Reichtums nur im Moment seines Verschwindens, es fällt zurück in die Funktion des Zirkulationsmittels. Wird es jedoch in dieser Form festgehalten, so erweist sich das Gold als besondere Ware, also gerade nicht als das, was es sein soll, nämlich die allgemeine Form des Reichtums. Die nächsthöhere Form ist das Geld in der Funktion als Zahlungsmittel. Jetzt ist es verselbständigter Tauschwert innerhalb der Zirkulation. Es tritt in die Zirkulation ein als das »ruhende Dasein des allgemeinen Äquivalents«[63], aber seine Existenzweise ist bedingt durch die äußere Gestalt des Geldes, die sich in der inneren Zirkulation entwickelt hat. Somit haben wir eine Konstellation, die gleichsam eine Möglichkeit offen läßt: einerseits ist Gold in Barrenform die angemessenste Existenzweise des verselbständigten Tauschwerts, aber Gold ist in dieser Form nur Geld, weil es nicht zirkuliert. Andererseits haben wir eine Form, in welcher der verselbständigte Tauschwert innerhalb der Zirkulation existiert, aber in einer Weise, die wieder hinter jene zurückfällt, die wir – in der Schatzbildung – als angemessenste Existenzweise des als Ding existierenden allgemeinen Reichtums kennengelernt haben. Die nächst höhere Gestalt kann nur noch der als Ding innerhalb der Zirkulation existierende verselbständigte Tauschwert sein, dessen dingliche Daseinsweise seinem Begriff adäquat ist – das *Weltgeld*. Es ist Geld »in einer Universalität der Erscheinung, die der Allgemeinheit seines Begriffs entspricht; die adäquateste Existenzweise desselben ... «[64].

Die Marxsche Geldtheorie endet mit der Entwicklung einer Form, die in der Darstellung der ideellen und wirklichen Verdopplung in der Werttheorie gleichsam im Medium des reinen Begriffs entwickelt wurde. Sobald wir zur Konkretisierung übergingen, und die Lehre von der Preisform als Pendant der zuvor entwickelten ideellen Ver-

---

62 Zur Kritik der politischen Ökonomie, S. 139
63 A. a. O., S. 151
64 Grundrisse (Urtext), S. 885

dopplung erkannten, wurden wir durch diese Form, die mit der Entwicklung des Geldnamens abschließt, mit der existierenden bürgerlichen Gesellschaft konfrontiert. Zugleich haben wir gesehen, daß Marx die existierende bürgerliche Gesellschaft aber nur in dieser einen Bestimmtheit darstellt, nämlich lediglich *als* existierende, d. h. als innere Zirkulation. Die Geschichte der wirklichen Produktionsverhältnisse wird nicht geschrieben. Das gilt auch für die Darstellung des Geldes in der Funktion als Zirkulationsmittel und der daraus entspringenden Münzgestalt, die sich bis zum Wertzeichen sublimiert. Die Vorwegnahme dieser Funktion war die abstrakte Entfaltung der wirklichen Verdopplung im Austauschprozeß, der wir jetzt, ebenso wie der Funktion als Maß, als besonderer Form im Weltgeld begegnen. Das erklärt aber zugleich, warum Marx das Weltgeld nicht *als* besondere Form entwickelt. In der Tat übernimmt das pure Metall Geldfunktionen, die wir schon kennen. Auf dem Weltmarkt funktioniert es als Tauschmittel (und darum bezeichnet Marx das Weltgeld auch als Weltmünze) und als Zahlungsmittel, deren »Verhältnis sich jedoch auf dem Weltmarkt umkehrt«[65]. Während in der inneren Zirkulation das Geld, soweit es Münze ist, nur als Kaufmittel wirkt in der Vermittlung des allseitigen Stellenwechsels der Waren, erscheint das Metall am Weltmarkt als Kaufmittel, wenn der Stoffwechsel einseitig ist und daher Kauf und Verkauf auseinanderfallen. Marx nennt das Beispiel einer Mißernte, die eine Nation zwingen kann, in außerordentlichem Maße bei einer anderen einzukaufen. Als Zahlungsmittel funktioniert Gold auf dem Weltmarkt in der Ausgleichung internationaler Bilanzen. »Es ist also in der Tat die Form des Geldes als internationales Tausch- und Zahlungsmittel keine *besondere* Form desselben, sondern nur eine Anwendung desselben als Geld; die Funktionen desselben, worin es am auffallendsten in seiner einfachen und zugleich konkreten Form als Geld, als Einheit von Maß und Zirkulationsmittel und weder das eine noch das andere funktioniert. Es ist die ursprünglichste Form desselben. Sie erscheint als *besonders* nur neben der *Partikularisierung*, die es in der sogenannten inneren Zirkulation, als Maß und Münze annehmen kann«[66]. »Wie die allgemeinen Gewichtsmaße der edlen Metalle als ursprüngliche Wertmaße dienten, werden innerhalb des Weltmarkts die Rechennamen des Geldes wieder in die entsprechenden Gewichtnamen verwandelt. Wie das formlose Rohmetall (aes rude) die ursprüngliche Form des Zirkulationsmittels und die

65 Zur Kritik der politischen Ökonomie, S. 156
66 Grundrisse (Urtext), S. 883

Münzform ursprünglich selbst nur offizielles Zeichen des in den Metallstücken enthaltenen Gewichts war, so streift das edle Metall als Weltmünze Figur und Gepräge wieder ab und fällt in die gleichgültige Barrenform zurück, oder wenn nationale Münzen, wie russische Imperialen, mexikanische Taler und englische Sovereigns im Ausland zirkulieren, wird ihr Titel gleichgültig und gilt nur ihr Gehalt«[67].

B. DER ÜBERGANG ZUM KAPITAL

1. *Zum Verhältnis von einfacher Zirkulation und Kapital*

Bevor wir mit der Nachzeichnung der kategorialen Darstellung fortfahren, soll noch einmal auf einige zentrale Aspekte der Gesamtkonstruktion eingegangen werden. Wie schon mehrmals hervorgehoben, identifiziert Marx keineswegs die historische Reihenfolge der Kategorien mit jener, die sie »in der modernen bürgerlichen Gesellschaft aufeinander haben«. Um diese letztere handelt es sich jedoch bei der begrifflichen Durchdringung des Kapitalismus, der erst dann einer theoretischen Verarbeitung in Form der dialektischen Darstellung der Kategorien zugänglich ist, wenn er voll entwickelt ist und das Wertgesetz erst wirklich zur Geltung kommen kann, das ja, wie wir gesehen haben, nichts anderes meint als jene gesamtgesellschaftliche Synthesis, jenen Ersatz für die fehlende selbstbewußte Einheit, welche die Verteilung der gesellschaftlichen Gesamtarbeit auf die verschiedenen Produktionszweige regelt. Von gesellschaftlicher Gesamtarbeit in diesem spezifischen Sinne ist aber erst dann die Rede, wenn die gesamte Reproduktion der Gesellschaft in dieses besondere »System allseitiger Abhängigkeit« integriert ist, also erst dann, wenn durch die Aktion des Kapitals selbst das feudale Grundeigentum in bürgerliches überführt worden ist (oder unmittelbar als bürgerliches geschaffen wurde) und damit die Trennung des subjektiven Daseins von seiner objektiven Fortsetzung vollendet ist: »Ein solcher Zustand ist am entwickeltsten in der modernsten Daseinsform der bürgerlichen Gesellschaften – den Vereinigten Staaten. Hier also wird die Abstraktion der Kategorie ›Arbeit‹, ›Arbeit überhaupt‹, Arbeit sans phrase, der Aus-

67 Zur Kritik der politischen Ökonomie, S. 154 f.

gangspunkt der modernen Ökonomie, erst praktisch wahr« [1]. Es ist eine »Gesellschaftsform, worin die Individuen mit Leichtigkeit aus einer Arbeit in die andere übergehen und die bestimmte Art der Arbeit ihnen zufällig, daher gleichgültig ist«. Mit »Leichtigkeit aus einer Arbeit in die andere übergehen« meint jedoch nichts anderes als die sich naturwüchsig vollziehende Neuverteilung der gesellschaftlichen Gesamtarbeit auf die verschiedenen Produktionszweige, ein Sachverhalt, der zugleich, eben weil die bestimmte Art der Arbeit den Individuen zufällig geworden ist, die historische Bedingung der Möglichkeit der Formulierung des Wertgesetzes in Gestalt der dialektischen Entwicklung der Kategorien darstellt. Wir sehen hier, daß sich an der Marxschen Grundposition, die zuerst in den *Ökonomisch-philosophischen Manuskripten* erarbeitet wurde, nichts geändert hat: Der Kapitalismus als die extremste Gestalt der verkehrten Form der Naturaneignung wurde dort schon als jener historische Kulminationspunkt betrachtet, der vermöge dieser abschlußhaften Form der Pervertierung des Zusammenhangs von Mensch und Natur den Einblick in die wirkliche Struktur nicht nur des Kapitalismus, sondern aller Gesellschaft freigibt.

Diese Konstellation, der Kapitalismus als nicht mehr zu überbietende Gestalt der Trennung des Menschen von seiner unorganischen Natur, als Auseinandersetzung des Menschen mit der Natur unter der gesellschaftlichen Form der absoluten Verkehrung, in der die dem Menschen entfremdeten Produktionsbedingungen sich personifizieren und als *Kapitalist* und *Grundeigentümer* subjektive Existenz gewinnen, ist *als solche* nicht unmittelbar wahrzunehmen. Vielmehr scheinen die Menschen – von Natur aus frei und gleich – in der Sphäre der Zirkulation lediglich als Austauschende zu verkehren. Aber *als Schein* ist dieses letztere wieder nur zu dechiffrieren, wenn diese Sphäre der Zirkulation als Moment des Kapitalismus gewußt wird, als eine Sphäre, in der erst dann alle Mitglieder der Gesellschaft als Austauschende auftreten, wenn sie alle in dieses spezifische System der privaten Arbeit integriert sind, also wenn die Klassenspaltung vollzogen ist. So begegnen sich die Menschen in der Sphäre der Zirkulation je schon als Mitglieder bestimmter Klassen, zugleich aber auch als Besitzer von Äquivalenten. Daß diese eigenartige Dualität gleichsam das Nervenzentrum nicht nur der ökonomischen Theorie, sondern der gesamten von Marx kritisierten bürgerlichen Gesellschaftstheorie im weitesten Sinne darstellt, wurde schon mehrfach betont. Die entschei-

1 Einleitung zur Kritik der politischen Ökonomie, in: Grundrisse, S. 25

denden Schwächen der Konstruktionen von Adam Smith und David Ricardo verdanken sich letztlich der Tatsache, daß beide über diesen Angelpunkt des Gesamtsystems nie volle Klarheit gewinnen konnten. Die unvollständige Darstellung des Wertgesetzes wie auch der Aufbau ihrer Werke ist nach Marx in entscheidender Weise davon bestimmt, daß sie die Kategorien Wert der Arbeit, Profit, Rente, Zins aus der Empirie äußerlich aufgegriffen haben, ein Verfahren, in welchem sich zugleich die mangelnde theoretische Verarbeitung dieses Angelpunktes reflektiert. Daß sie trotzdem durch diese Erscheinungsformen hindurch zu wesentlichen Momenten des Kapitalismus vorstießen, ist für Marx Grund genug, sie zu Klassikern dieser Wissenschaft zu erheben; im Gegensatz zu ökonomischen Schriftstellern, die ebenfalls, wie alle bürgerlichen Theoretiker, in dieser die Kategorien äußerlich aufgreifenden Weise verfuhren, aber anschließend andere Konsequenzen zogen. Sie verfallen nicht nur dem Schein der einfachen Zirkulation, sondern verkehren den Schein zur ganzen Wahrheit: »Zum Beispiel das Verhältnis von Kapital und Zins wird reduziert auf den Austausch von Tauschwerten. Nachdem also erst aus der Empirie hereingenommen ist, daß der Tauschwert nicht nur in dieser einfachen Bestimmtheit, sondern auch in der wesentlich verschiedenen des Kapitals existiert, wird das Kapital wieder reduziert auf den einfachen Begriff des Tauschwerts, und der Zins, der nun gar ein bestimmtes Verhältnis des Kapitals als solchen ausdrückt, ebenfalls aus der Bestimmtheit des Tauschwerts, und der Zins, der nun gar ein bestimmtes Verhältnis in seiner spezifischen Bestimmtheit abstrahiert und zurückgegangen auf das unentwickelte Verhältnis des Austauschs von Ware gegen Ware. Soweit ich von dem abstrahiere, was ein Konkretum von seinem Abstraktum unterscheidet, ist es natürlich das Abstraktum, und gar nicht von ihm unterschieden. *Danach sind alle ökonomischen Kategorien nur andere und andere Namen für immer dasselbe Verhältnis, und diese grobe Unfähigkeit die realen Unterschiede aufzufassen, soll dann den reinen common sense als solchen darstellen. Die ›ökonomischen Harmonien‹ des Herrn Bastiat belaufen sich au fond dann darauf, daß ein einziges ökonomisches Verhältnis existiert, das verschiedene Namen annimmt, oder daß nur dem Namen nach eine Verschiedenheit stattfindet*« [2]. »Durch den Prozeß einer sehr wohlfeilen Abstraktion, die nach Belieben bald diese bald jene Seite des spezifischen Verhältnisses fallen läßt, wird es reduziert auf die abstrakten Bestimmungen der *einfachen* Zirkulation und so *bewiesen*, daß die

2 Grundrisse, S. 161

ökonomischen Beziehungen, worin sich die Individuen in jenen entwickelteren Sphären des Produktionsprozesses vorfinden, nur die Beziehungen der einfachen Zirkulation sind« [3].

Welches sind die Beziehungen der einfachen Zirkulation, Beziehungen, die erst dann als universelle erscheinen, wenn der Kapitalismus voll entwickelt ist? Bei unserer Beschäftigung mit dem Marxschen Frühwerk haben wir gesehen, daß sich die materialistische Geschichtsauffassung als – aufzuhebende – Theorie versteht, deren Thema »der Unterschied zwischen persönlichem Individuum und zufälligem Individuum« ist, ein Unterschied, der »keine Begriffsunterscheidung, sondern ein historisches Faktum« und darum prinzipiell aufhebbar ist. Solange sich die Menschen – als wesentliches Moment der gesamten Vorgeschichte – in beschränkter Weise mit der Natur auseinandersetzen, sind auch ihre Beziehungen zueinander in bestimmter Weise präformiert und in ihrer jeweiligen Eigentümlichkeit bedingt durch den Stand der Naturaneignung. Die bestimmte Form der Zufälligkeit; die bestimmte Form der Charaktermaske ist also lediglich Ausdruck beschränkter Existenzbedingungen, und nur so lang wesentlich zu ihrer Persönlichkeit gehörend, wie sie ihre Persönlichkeit, ihre Individualität nur unter dieser Form der Beziehungen entfalten kann. Merkmal der neuen Geschichte wird es sein, daß sich die Individuen, auf der Grundlage bewußt gestalteter Lebens- und Existenzbedingungen, von der Charaktermaske als solcher emanzipieren und *als* Individuen miteinander verkehren. Damit verschwindet aber auch der Gegenstand der Theorie, die, wie wir gesehen haben, nur mit dem »Allerallgemeinsten«, dem Privateigentum, der Charaktermaske befaßt ist, mit den sozialen Charakteren, die mit der wirklichen Individualität nichts zu tun haben.

Wenn wir die bisherige Darstellung der ökonomischen Kategorien unter dem Aspekt der Charaktermaske betrachten, so zeigt sie sich als Konkretion dieser in den Frühschriften formulierter Gedanken: »Die Warenbesitzer traten in den Zirkulationsprozeß einfach als Hüter von Waren. Innerhalb desselben treten sie sich in der gegensätzlichen Form von Käufer und Verkäufer gegenüber, der eine personifizierter Zuckerhut, der andere personifiziertes Gold. Wie nun der Zuckerhut Gold wird, wird der Verkäufer Käufer. Diese bestimmten sozialen Charaktere entspringen also keineswegs aus der menschlichen Individualität überhaupt, sondern aus den Austauschverhältnissen von Menschen, die ihre Produkte in der bestimmten Form der Ware produzie-

3 Urtext zur *Kritik der politischen Ökonomie*, in: Grundrisse, S. 917

ren. Es sind so wenig rein individuelle Verhältnisse, die sich im Verhältnis des Käufers und Verkäufers ausdrücken, daß beide nur in diese Beziehung treten, soweit ihre individuelle Arbeit verneint, nämlich als Arbeit *keines* Individuums Geld ist. So albern es daher ist, diese ökonomisch-bürgerlichen Charaktere von Käufer und Verkäufer als ewig gesellschaftliche Formen der menschlichen Individualität aufzufassen, ebenso verkehrt ist es, sie als Aufhebung der Individualität zu betränen. Sie sind notwendige Darstellung der Individualität auf einer bestimmten Stufe des gesellschaftlichen Produktionsprozesses« [4]. Damit ist aber nur die Charaktermaske bezeichnet, die dem Geld in seiner Funktion als Zirkulationsmittel entspricht. Wir kennen aber auch das Geld als Geld, Gold, das zu Geld wird, indem es nicht zirkuliert oder aber sich innerhalb des Zirkulationsprozesses als verselbständigter Tauschwert erhält, nämlich in seiner Funktion als Zahlungsmittel: »Indes der Prozeß der Metamorphose der Waren, der die verschiedenen Formbestimmtheiten des Geldes erzeugt, metamorphosiert auch die Warenbesitzer oder verändert die gesellschaftlichen Charaktere, worin sie einander erscheinen. In dem Prozeß der Metamorphose der Ware wechselt der Warenhüter ebensooft die Haut als die Ware wandelt oder das Geld in neuen Formen anschießt. So standen sich die Warenbesitzer ursprünglich nur als Warenbesitzer gegenüber, wurden dann der eine Verkäufer, der andere Käufer, dann jeder abwechselnd Käufer und Verkäufer, dann Schatzbildner, endlich reiche Leute. So kommen die Warenbesitzer nicht aus dem Zirkulationsprozeß heraus, wie sie in ihn eingetreten sind. In der Tat sind die verschiedenen Formbestimmtheiten, die das Geld im Zirkulationsprozeß erhält, nur kristallisierter Formwechsel der Waren selbst, der seinerseits nur gegenständlicher Ausdruck der wandelnden gesellschaftlichen Beziehung ist, worin die Warenbesitzer ihren Stoffwechsel vollziehen. Im Zirkulationsprozeß entspringen neue Verkehrsverhältnisse, und als Träger dieser veränderten Verhältnisse erhalten die Warenbesitzer neue ökonomische Charaktere. Wie innerhalb der inneren Zirkulation das Geld sich idealisiert und bloßes Papier als Repräsentant des Goldes die Funktion des Geldes verrichtet, so gibt derselbe Prozeß dem Käufer oder Verkäufer, der als bloßer Repräsentant von Geld oder Ware in ihn eintritt, d. h. zukünftiges Geld oder zukünftige Ware repräsentiert, die Wirksamkeit des wirklichen Verkäufers oder Käufers« [5]. Verkäufer und Käufer werden jetzt Gläubiger und

4 Zur Kritik der politischen Ökonomie, S. 95 f.

5 A. a. O., S. 143 f.

Schuldner. Die weitere Entfaltung der Kategorien wird uns immer neue, komplexere Charaktermasken zur Darstellung bringen, die mit der einfachsten Gestalt, Tauschende zu sein, Verkäufer und Käufer, eines gemeinsam haben: nämlich abstrakt-allgemein zu sein, sich einer abstrakten Negation des Besonderen an den wirklichen Individuen zu verdanken.

Innerhalb des Gesamtsystems dieser Charaktermasken haben die bisher entwickelten einen besonderen Stellenwert. Sie gehören der einfachen Warenzirkulation an, deren Spezifikum in der Vermittlung vorausgesetzter, nicht von ihr selbst hervorgebrachter Extreme besteht. *»Was, die Form der Zirkulation selbst betrachtet, in ihr wird, entsteht, produziert wird, ist das Geld selbst, weiter nichts.* Die Waren werden ausgetauscht in der Zirkulation, aber sie entstehen nicht in ihr«[6]. Sehen wir einmal von der eigenartigen Zwischenposition des Schatzbildners ab, so bleibt in allen Fällen der gesellschaftliche Stoffwechsel Zweck der Veranstaltung. Arbeitsprodukte, für den Produzenten Gebrauchswert nur als Mittel, um sich anderen Gebrauchswert anzueignen, und darum eben Waren als unmittelbare Einheit von Gebrauchswert und Tauschwert, stehen sich gegenüber. Um als Gebrauchswerte zu *werden*, um sich als Produkte der gesellschaftlichen Gesamtarbeit zu bewähren, müssen sich die Waren als Tauschwerte füreinander darstellen, also Preisform annehmen und den Prozeß des Formwechsels durchführen, den wir bei der Entwicklung der Kategorien betrachtet haben. »Ware wird ... gegen Ware ausgetauscht oder vielmehr, da die Bestimmung der Ware erloschen ist, Gebrauchswerte von verschiedener Qualität sind gegeneinander ausgetauscht und die Zirkulation selbst diente nur dazu, einerseits die Gebrauchswerte dem Bedürfnis entsprechend Hände wechseln zu lassen, andererseits sie in dem Maß Hände wechseln zu lassen, worin Arbeitszeit in ihnen enthalten ist; sie in dem Maße sich ersetzen zu lassen, worin sie gleich schwere Momente der allgemeinen gesellschaftlichen Arbeitszeit sind. Aber nun haben die in Zirkulation geworfenen Waren ihren Zweck erreicht. Jede in der Hand ihres neuen Besitzers hört auf Ware zu sein; jede wird Objekt des Bedürfnisses und als solches, ihrer Natur gemäß, aufgezehrt. Damit ist die Zirkulation am Ende. Es bleibt nichts übrig als das Zirkulationsmittel als einfaches Residuum. Als solches Residuum aber verliert es seine Formbestimmung. Es sinkt zusammen in seine Materie, die als unorganische Asche des ganzen Prozesses übrigbleibt«[7]. Daß die Argumentation hinsichtlich der einfachen Waren-

6 Grundrisse (Urtext), S. 926
7 A. a. O., S. 925

zirkulation immer doppelgleisig verläuft, haben wir wiederholt betont, und es muß auch hier wieder hervorgehoben werden. Als Vermittlung vorausgesetzter Extreme ist sie nicht nur eine »abstrakte Sphäre des bürgerlichen Gesamtproduktionsprozesses«, sondern findet sich ebenso an den Grenzen naturwüchsiger Gemeinwesen, die ihre Überschußproduktion von außen wie »Brennmaterial ins Feuer« dieser verschwindenden Vermittlung werfen, wobei, entsprechend der oben skizzierten Verfahrensweise, der kategoriale Übergang aus der Sphäre der einfachen Zirkulation in den kapitalischen Gesamtprozeß zugleich als abstrakteste Darstellung der historischen Bewegung zu begreifen ist, die zum industriellen Kapitalismus führt. Das wird von Marx in den *Grundrissen* deutlich gemacht: »Die einfache Zirkulation, die bloß der Austausch von Ware und Geld, wie der Warenaustausch in vermittelter Form, auch fortgehend bis zur Schatzbildung, kann historisch bestehen, eben weil sie nur vermittelnde Bewegung zwischen vorausgesetzten Ausgangspunkten, ohne daß der Tauschwert die Produktion eines Volkes, sei es auf der ganzen Oberfläche, sei es in der Tiefe, ergriffen hat. Zugleich aber zeigt sich historisch, wie die Zirkulation selbst zur bürgerlichen, d. h. Tauschwertsetzenden Produktion führt und sich eine andere Basis schafft, als die war, von der sie unmittelbar ausging«[8]. Ob jedoch der immanent-kategoriale oder der historische Aspekt in den Vordergrund gerückt wird, in beiden Fällen ist impliziert, daß die der einfachen Zirkulation entspringenden Charaktermasken immer auch von anderen ökonomischen Verhältnissen getragen werden, in denen die Individuen »festgesetzt« sind, und in denen sie ebenfalls noch unter bestimmten Sozialcharakteren miteinander verkehren. Marx nennt sie einerseits pauschal »patriarchalische, wie antike Zustände (ebenso feudale)«, in welchen die Charaktermaske allerdings als eine von der »Individualität unzertrennliche Qualität« erscheint (und darum, wie man hinzufügen muß, als solche nicht erkannt werden kann), und andererseits kapitalistische Verhältnisse, also jene oben erwähnte gesellschaftliche Form der Entfremdung des subjektiven Dasein von den objektiven Bedingungen seiner Verwirklichung. In beiden Fällen wird die tragende Produktionsstruktur von anderen, der einfachen Warenzirkulation entspringenden Sozialcharakteren gleichsam überlagert und durchsetzt, deren Eigenart darin besteht, daß an ihnen selbst die bestimmte Form der gesellschaftlichen Reproduktion nicht erscheint. Die Menschen treten sich gegenüber als Besitzer von Äquivalenten, Tauschende, Verkäufer und Käufer, Gläubiger und Schuldner, und

8 A. a. O., S. 921

nur als solche werden sie an diesem entscheidenden Übergang von Marx gefaßt.

Dieser Austauschprozeß ist, wie Marx im Rohentwurf bzw. im Urtext zur *Kritik* ausführlicher erläutert, die »reale Basis« der bürgerlichen »Dreieinigkeit von Eigentum, Freiheit und Gleichheit«. Die Dechiffrierung der bürgerlichen Ideologie hat an dieser Struktur der einfachen Zirkulation einzusetzen: »Als reine Ideen sind sie idealisierte Ausdrücke seiner verschiedenen Momente; als entwickelt in juristischen, politischen und sozialen Beziehungen, sind sie nur reproduziert in anderen Potenzen« [9]. Marx geht jedoch auf diese Fortpflanzung nicht näher ein, sondern behandelt lediglich die wesentlichen Bestimmungen, wie sie sich aus einer genauen Betrachtung dieser vom wirklichen Produktionsprozeß und den tragenden Strukturen abgehobenen Austauschsituation ergeben.

Bei unserer Beschäftigung mit den *Ökonomisch-philosophischen Manuskripten* haben wir darauf hingewiesen, daß der junge Marx, unbeeindruckt von der bürgerlichen Eigentumskonstruktion, unmittelbar die wesentlichen Beziehungen des kapitalistischen Gesamtprozesses ins Auge faßt. Im Rohentwurf holt er nach, was er in den frühen Schriften unterließ: die Nachzeichnung der Genesis der bürgerlichen Konstruktion, die ebensosehr der bürgerlich-sozialistischen Agitation zugrunde liegt, daß der Arbeiter ein ausschließliches Recht auf den aus seiner Arbeit resultierenden Wert habe. »In der Zirkulation selbst, dem Austauschprozeß, wie er an der Oberfläche der bürgerlichen Gesellschaft heraustritt, gibt jeder nur, indem er nimmt, und nimmt nur, indem er gibt. Um das eine oder andere zu tun, muß er *Haben*. Die Prozedur, wodurch er sich in den Zustand des Habens gesetzt hat, bildet keines der Momente der Zirkulation selbst« [10]. Die Ware ist Voraussetzung der Zirkulation, sie muß »vorhanden sein, ehe der Austausch beginnt, gleichzeitig, wie beim Kauf und Verkauf, oder wenigstens sobald die Transaktion vollendet wird, wie in der Form der Zirkulation, worin das Geld als Zahlungsmittel gilt. Ob gleichzeitig oder nicht, in die Zirkulation treten sie immer als vorhandene ein. *Der Entstehungsprozeß der Waren, also auch ihr ursprünglicher Aneignungsprozeß, liegt daher jenseits der Zirkulation*« [11]. Aus der Form der Warenzirkulation läßt sich daher auch nicht auf ihren Entstehungsprozeß zurückschließen, und doch wird es in der bürgerlichen Theorie getan. Indem sie dieses eigenartige Verhältnis von Zirkula-

---

9 A. a. O., S. 915
10 A. a. O., S. 903
11 A. a. O., S. 903

tionsprozeß und Produktionsprozeß nicht in dieser Bestimmtheit erfaßt, konstruiert sie den jenseits der Zirkulation liegenden Prozeß nach Maßgabe der Vorstellungen, die sich aus dem Zirkulationsakt ergeben. Die Ware »ist Voraussetzung der Zirkulation. Und da von ihrem Standpunkt aus fremde Waren, also *fremde Arbeit* nur angeeignet werden kann durch Entäußerung der eigenen, erscheint von ihrem Standpunkt aus der der Zirkulation vorhergehende *Aneignungsprozeß der Ware notwendig als Aneignung durch Arbeit*. Indem die *Ware als Tauschwert nur vergegenständlichte Arbeit ist*, vom Standpunkt der Zirkulation aber, die selbst nur die Bewegung des Tauschwerts ist, fremde vergegenständlichte Arbeit nicht angeeignet werden kann außer durch den Austausch eines Äquivalents, kann die *Ware in der Tat nichts sein als Vergegenständlichung der eigenen Arbeit*, und wie die letztere in der Tat der faktische Aneignungsprozeß von Naturprodukten ist, erscheint sie ebenso als juristischer Eigentumstitel ... Von allen modernen Ökonomen ist daher die eigene Arbeit als der ursprüngliche Eigentumstitel ausgesprochen, sei es in mehr ökonomischer oder in mehr juristischer Weise und das *Eigentum an dem Resultat der eigenen Arbeit als die Grundvoraussetzung der bürgerlichen Gesellschaft*« [12]. Dem bürgerlichen Theoretiker entgeht, daß erst dann alle Mitglieder der Gesellschaft als Käufer und Verkäufer aufeinandertreffen, wenn die Klassentrennung vollzogen ist und die Produktionsmittel die Form des Kapitals angenommen haben, daß also auch seine eigene Konstruktion auf historisch gewordenen Voraussetzungen beruht. Die Aporien der Darstellung des Wertgesetzes sind letztlich auf diesen Sachverhalt zurückzuführen. »Andererseits, da bei Betrachtung konkreterer ökonomischer Verhältnisse als die einfache Zirkulation sie darstellt, widersprechende Gesetze sich zu ergeben scheinen, lieben alle klassischen Ökonomen bis herab zu Ricardo jene aus der *bürgerlichen Gesellschaft selbst entspringende Anschauung* zwar als allgemeines Gesetz gelten zu lassen, seine strikte Realität aber in die goldenen Zeiten zu bannen, wo noch *kein Eigentum* existierte. Gleichsam in die Zeiten vor dem ökonomischen Sündenfall, wie Boisguillebert z. B. *So daß sich das sonderbare Resultat ergäbe, daß die Wahrheit des Aneignungsgesetzes der bürgerlichen Gesellschaft in eine Zeit verlegt werden müßte*, worin diese *Gesellschaft selbst noch nicht existierte*, und das Grundgesetz des Eigentums in die Zeit der Eigentumslosigkeit. Diese Illusion ist durchsichtig« [13].

---

12 A. a. O., S. 903
13 A. a. O., S. 904

Auch die Ideen der Gleichheit und Freiheit sind aus diesem zentralen Angelpunkt des Gesamtsystems zu entwickeln, an dem auch einzusetzen ist bei der Dechiffrierung des verkehrenden Scheins der Konkurrenz, den die bürgerliche Theorie nicht als solchen erkennt und sich dadurch innerhalb des bürgerlichen Horizonts als klassische oder vulgäre Wissenschaft etablieren kann. »*Das Gesetz der Aneignung durch die eigene Arbeit vorausgesetzt*, und es ist dies eine aus der Betrachtung der Zirkulation selbst entspringende, keine willkürliche Voraussetzung, erschließt sich von selbst in der Zirkulation ein auf dies Gesetz gegründetes Reich der bürgerlichen Freiheit und Gleichheit« [14]. Unsere Betrachtung der *Preisform* hat gezeigt, daß sich die Waren innerhalb des Zirkulationsprozesses als qualitativ identische darstellen müssen, und daß, um im idealen Dasein der Ware als Preis sich als quantitativ verschiedene derselben sozialen Substanz auszudrücken, von ihrem stofflichen Dasein, von ihrer individuellen Besonderheit abstrahiert werden muß. Die Preisform ist diese – ohne das adäquate Bewußtsein der Beteiligten vollzogene – Negation der natürlichen Verschiedenheit der Waren. Im Preis sind die Waren als Identisches ausgedrückt, und das Geld in seiner Funktion als Zirkulationsmittel dient lediglich dazu, Repräsentant des Preises gegen alle anderen Waren zu sein, dient als Mittel, daß Waren zu gleichen Preisen ausgetauscht werden. Somit treten sich auch die Subjekte der einfachen Zirkulation »in der Tat nur als subjektivierte Tauschwerte, d. h. lebendige Äquivalente entgegen, Gleichgeltende« [15]. »Die besondere natürliche Verschiedenheit, die in der Ware lag, ist ausgelöscht und wird beständig durch die Zirkulation ausgelöscht. Ein Arbeiter, der für 3 sh. Ware kauft, erscheint dem Verkäufer in derselben Funktion, in derselben Gleichheit – in der Form von 3 sh. – wie der König, der es tut. Aller Unterschied zwischen ihnen ist ausgelöscht« [16]. Die Subjekte der Zirkulation treten sich gegenüber als Agenten derselben allgemeinen gleichgültigen sozialen Arbeit, jedes hat »dieselbe gesellschaftliche Beziehung zu dem anderen, die das andere zu ihm hat. Als Subjekte des Austauschs ist ihre Beziehung daher die der *Gleichheit*. Es ist unmöglich irgend einen Unterschied oder gar Gegensatz unter ihnen auszuspüren, nicht einmal eine Verschiedenheit« [17]. Diese soziale Gleichheit wird auch nicht tangiert, soweit das Geld als Einheit der beiden ersten Bestimmungen auftritt, obwohl es zunächst

---

14 A. a. O., S. 904
15 A. a. O., S. 912
16 Grundrisse, S. 158
17 A. a. O., S. 153

so scheint. Treten sich die Individuen als einfache Warenhüter gegenüber, so sind sie schlicht Austauschende; soweit das Geld als Zirkulationsmittel funktioniert, treten sie sich als Käufer und Verkäufer gegenüber, wechseln aber dann die Maske bei der nächsten Metamorphose der Ware, der Verkäufer wird Käufer und tritt einem neuen Äquivalentenbesitzer gegenüber, der als Verkäufer erscheint. »In der Zirkulation treten sich nun zwar auch die Austauschenden qualitativ gegenüber als Käufer und Verkäufer, als Ware und Geld, aber einmal wechseln sie die Stelle, und der Prozeß besteht ebenso im Ungleichsetzen wie im Aufheben des Gleichsetzens, so daß das letztere nur formell erscheint«[18]. Erscheint das Geld als verselbständigter Tauschwert innerhalb der Zirkulation, als allgemeines Zahlungsmittel, und begegnen sich die Individuen unter der Form von Gläubiger und Schuldner, so sind sie auch hier Gleiche, insofern das Geld in der Form des allgemeinen Zahlungsmittels »allen spezifischen Unterschied in den Leistungen aufhebt, sie gleichsetzt. Es setzt alle gleich vor dem Geld, aber das Geld ist nur ihr eigener vergegenständlichter gesellschaftlicher Zusammenhang«[19]. Darauf beschränkt sich die Marxsche Behandlung dieser besonderen Gestalt des verselbständigten Tauschwerts. Ausführlicher geht er jedoch auf das Geld als Materie der Akkumulation und Schatzbildung ein, weil gerade hier die Gleichheit aufgehoben scheint, indem die Möglichkeit eintritt, daß »ein Individuum sich mehr bereichert, mehr Titel auf die allgemeine Produktion erwirbt als das andere«. Unsere Betrachtung der Schatzbildung hat jedoch ergeben, daß die Aufhäufung des Reichtums in seiner allgemeinen Form nur möglich ist, wenn der Schatzbildner mehr verkauft als kauft, also arbeitet und dem Genuß entsagt. Kein Individuum kann »Geld entziehen auf Unkosten des anderen. Es kann nur in der Form des Geldes nehmen, was es in der Form der Ware gibt. Das eine genießt den Inhalt des Reichtums, das andere setzt sich in den Besitz seiner allgemeinen Form«[20]. Obwohl sich in der Tätigkeit des Schatzbildners der Kapitalismus zu regen beginnt, die Produktion in »barbarischer Form« zum Selbstzweck und der Schatzbildner zum reichen Mann werden, ist er als Subjekt der Zirkulation allen anderen gleich. »Selbst Erbschaft und dergleichen juristische Verhältnisse, die so entstehende Ungleichheiten verlängern mögen, tun der sozialen Gleichheit keinen Eintrag. Wenn das ursprüngliche Verhältnis des Individuums A nicht im Widerspruch mit denselben steht, so kann dieser

---

18 Grundrisse (Urtext), S. 914
19 A. a. O., S. 914 f.
20 A. a. O., S. 915

Widerspruch sicher nicht dadurch hervorgebracht werden, daß das Individuum B an die Stelle des Individuums A tritt, es verewigt«[21]. Indem jedoch das Individuum B an die Stelle des Individuums A tritt und es verewigt, bestätigt es nur, daß weder es selbst noch das andere Individuen im emphatischen Sinne sind, sondern in Gestalt des Schatzhüters eine vorgegebene Funktion ausübt, eine jenseits aller Individualität liegende Charaktermaske übernimmt: insofern das »Individuum in diesem Verhältnis nur die Individuation des Geldes ist, ist es als solches ebenso unsterblich als das Geld selbst«[22]. Will der Erbe den Reichtum genießen, so kann er es nur um den Preis fortschreitender Verarmung, »da nur Äquivalente ausgetauscht werden, muß der Erbe das Geld wieder in Zirkulation werfen, um es als Genuß zu realisieren«. Sobald er in die Sphäre der Zirkulation eintritt, ist er Besitzer eines Äquivalents, wenn auch in unmittelbar allgemeiner Form. Er ist Käufer, ebenbürtiger Funktionär des gesellschaftlichen Prozesses.

Bei allen Funktionen des Geldes und den korrespondierenden Sozialcharakteren, die sich aus der Betrachtung der einfachen Zirkulation ergeben, wird, wie erwähnt, von aller natürlichen Besonderheit abstrahiert. Der Inhalt des Austauschprozesses, der Gebrauchswert, im weitesten Sinne als Stoffwechsel des Menschen mit der Natur begriffen, bleibt jenseits der Betrachtung der einfachen Zirkulation. Vorausgesetzt wird hier lediglich, daß Gebrauchswerte in diese Sphäre der Vermittlung eingebracht werden, die für den Besitzer Gebrauchswert nur als Tauschmittel haben und somit in ihrer natürlichen Verschiedenheit den Grund der sozialen Gleichheit der Individuen darstellen. »Wenn das Individuum A dasselbe Bedürfnis hätte wie das Individuum B und in demselben Gegenstand seine Arbeit realisiert hätte, wie das Individuum B, so wäre gar keine Beziehung zwischen ihnen vorhanden; sie wären gar nicht verschiedene Individuen nach der Seite ihrer Produktion hin betrachtet. Beide haben das Bedürfnis zu atmen; für beide existiert Luft als Atmosphäre; dies bringt sie in keinen sozialen Kontakt; als atmende Individuen stehen sie nur als Naturkörper zueinander in Beziehung, nicht als Personen. Die Verschiedenheit ihres Bedürfnisses und ihrer Produktion gibt nur den Anlaß zum Austausch und zu ihrer sozialen Gleichsetzung in ihm; diese natürliche Verschiedenheit ist daher die Voraussetzung ihrer sozialen Gleichheit im Akt des Austauschs und dieser Beziehung

21 A. a. O., S. 915
22 A. a. O., S. 915

überhaupt, worin sie zueinander als produktiv treten«[23]. Erst die weitere Entwicklung der Kategorien wird ergeben, daß diese Form der sozialen Gleichheit bedingt ist durch eine selbst noch gesellschaftlich (und nicht natürlich) bestimmte Ungleichheit, dann nämlich, wenn gezeigt wird, daß der Inhalt des Austausches ebenfalls vom ökonomischen Prozeß erfaßt wird, so daß der Austausch nur noch als Moment des Gesamtprozesses erscheint. Noch sind wir aber nicht soweit. Der »Inhalt außerhalb dieser Form fällt hier eigentlich noch ganz außerhalb der Ökonomie, oder ist als von dem ökonomischen unterschiedener natürlicher Inhalt gesetzt«[24]. Der Gebrauchswert hat auf dieser Stufe der Darstellung nur insofern Bedeutung, als er Nicht-Gebrauchswert für den Besitzer ist und somit das zum Austausch treibende Moment darstellt.

Unter diesem Aspekt wird von Marx die einfache Zirkulation als »reale Basis« der bürgerlichen Freiheit beschrieben. »Soweit nun diese natürliche Verschiedenheit der Individuen und der Waren derselben ... das Motiv bildet zur Integrierung dieser Individuen, zu ihrer gesellschaftlichen Beziehung als Austauschende, worin sie sich als Gleiche *vorausgesetzt* sind und *bewähren*, kommt zur Bestimmung der Gleichheit noch die der *Freiheit* hinzu«[25]. Zwei Aspekte werden von Marx deutlich unterschieden. Der eine betrifft das »juristische Moment der Person ... und der Freiheit, soweit sie darin enthalten ist«[26]. Da sich keines der Individuen der Ware des anderen mit Gewalt bemächtigt, sondern nur erwerben kann, insofern sich das andere der Sache freiwillig entäußert, erkennen sie sich »wechselseitig an als Eigentümer, als Personen, deren Willen ihre Waren durchdringt«[27]. Auf diese knappe Andeutung beschränkt sich Marx hinsichtlich des ersten Aspekts. Der zweite betrifft die Basis des emphatischen bürgerlichen Subjektbegriffs: »Aber dies ist noch nicht alles: Das Individuum A dient dem Bedürfnis des Individuums B vermittelst der Ware a, nur insofern und weil das Individuum B dem Bedürfnis des Individuums A vermittelst der Ware b dient und vice versa. Jedes dient dem anderen, um sich selbst zu dienen; jedes bedient sich des anderen wechselseitig als seines Mittels«[28]. Diese Konstellation stellt sich im Bewußtsein der am Austausch beteiligten Subjekte in folgender Weise dar: »1. daß jedes nur

23 Grundrisse, S. 154
24 A. a. O., S. 153
25 A. a. O., S. 155
26 A. a. O., S. 155
27 A. a. O., S. 155
28 A. a. O., S. 155

seinen Zweck erreicht, soweit es dem anderen als Mittel dient; 2. daß jedes nur Mittel für das andere (Sein für anderes) wird als Selbstzweck (Sein für sich); 3. daß die Wechselseitigkeit, wonach jedes zugleich Mittel und Zweck, und zwar nur seinen Zweck erreicht, insofern es Mittel wird, und nur Mittel wird, insofern es sich als Selbstzweck setzt, daß jeder sich also als Sein für anderes setzt, insofern er Sein für sich, und der andere als Sein für ihn, insofern er Sein für sich – daß diese Wechselseitigkeit ein notwendiges fact ist, vorausgesetzt als natürliche Bedingung des Austauschs, daß sie aber als solche jedem der beiden Subjekte des Austauschs gleichgültig ist, und ihm diese Wechselseitigkeit nur Interesse hat, soweit sie sein Interesse als das des anderen ausschließend, ohne Beziehung darauf, befriedigt«[29]. Obwohl also das gemeinschaftliche Interesse der Austauschenden als solches gewußt und anerkannt wird, ist es doch nicht das unmittelbare Motiv, »sondern geht sozusagen nur hinter dem Rücken der in sich selbst reflektierten Sonderinteressen, dem Einzelinteresse im Gegensatz zu dem des anderen vor«[30]. Damit ist, wie Marx zusammenfassend formuliert, »die vollständige Freiheit des Individuums gesetzt: Freiwillige Transaktion; Gewalt von keiner Seite; Setzen seiner selbst als Mittel, oder als dienend, nur als Mittel, um sich als Selbstzweck, als das Herrschende und Übergreifende zu setzen; endlich das selbstsüchtige Interesse, kein darüberstehendes verwirklichend; der andere ist auch als ebenso sein selbstsüchtiges Interesse verwirklichend anerkannt und gewußt, so daß beide wissen, daß das gemeinschaftliche Interesse eben nur in der Doppelseitigkeit, Vielseitigkeit, und Verselbständigung nach den verschiedenen Seiten, der Austausch des selbstsüchtigen Interesses ist. Das allgemeine Interesse ist eben die Allgemeinheit der selbstsüchtigen Interessen. Wenn also die ökonomische Form, der Austausch, nach allen Seiten hin die Gleichheit der Subjekte setzt, so der Inhalt, der Stoff, individueller sowohl wie sachlicher, der zum Austausch treibt, die *Freiheit*. Gleichheit und Freiheit sind also nicht nur respektiert im Austausch, der auf Tauschwerten beruht, sondern der Austausch von Tauschwerten ist die produktive, reale Basis aller *Gleichheit* und *Freiheit*«[31].
Wir wollen uns an dieser Stelle mit dem Referat der Marxschen Gedanken begnügen und lediglich daran erinnern, daß Marx sich diesen Fragen erneut zuwenden wollte, sobald die Darstellung der Anatomie der bürgerlichen Gesellschaft abgeschlossen war. In unserem Zusam-

29 A. a. O., S. 155
30 A. a. O., S. 156
31 A. a. O., S. 156

menhang ist wesentlich, daß er den systematischen Ort aufzeigt, an welchem die Dechiffrierung des bürgerlichen Selbstverständnisses einzusetzen hat. Wir haben diesen Ort bislang als Angelpunkt zwischen der Sphäre der einfachen Zirkulation und des »hinter ihr liegenden, ebenso aus ihr resultierenden, wie sie produzierenden tieferen Prozesses – des industriellen Kapitals« bezeichnet, der als solcher aber nur erfaßt werden kann, wenn diese Differenz zwischen Schein und Wesen erkannt und ihre Einheit in der Differenz als Spezifikum des Gesamtprozesses begriffen wird. »Die Zirkulation in sich selbst betrachtet ist die *Vermittlung vorausgesetzter Extreme.* Aber sie setzt diese Extreme nicht. Als Ganzes der Vermittlung, als totaler Prozeß selbst muß sie daher vermittelt sein. *Ihr unmittelbares Sein ist daher reiner Schein.* Sie ist das *Phänomen eines hinter ihrem Rücken vorgehenden Prozesses«* [32]. Mit anderen Worten: übersieht der Theoretiker, daß erst dann alle Mitglieder der Gesellschaft in dieser Sphäre der Vermittlung aufeinandertreffen, wenn sich der industrielle Kapitalismus etabliert hat und die Produktionsmittel die Form des Kapitals angenommen haben, so bleiben ihm nicht nur wesentliche Zusammenhänge unzugänglich, sondern Marx kann selber noch extrapolieren, wie sich der Gesamtprozeß dem Theoretiker präsentiert. Das Mißlingen der theoretischen Nachzeichnung der Wirkungsweise des Wertgesetzes geht Hand in Hand mit der Verkehrung der gesellschaftlichen Formbestimmtheit zur Naturform; Kapital zu sein wird ihm eine Eigenschaft der Naturdinge, und der Mensch ist ihm von Natur aus Arbeiter. Andererseits muß er die der einfachen Zirkulation entspringenden Anschauungen zur ganzen Wahrheit verkehren und gerät damit unmittelbar in Widerspruch zur handfesten Welt der Klassengegensätze und Ausbeutung, welche diese Anschauungen von der bürgerlichen Gesellschaft als einem Reich der Freiheit und Gleichheit brutal widerlegt. Wie die bürgerliche Theorie diese Widersprüche löst, entwickelt Marx bei der Betrachtung des Aneignungsgesetzes, dessen »strikte Geltung« in eine Zeit verlegt wird, wo noch kein Eigentum existierte. Die Oberfläche der bürgerlichen Gesellschaft wird zu ihrer eigenen Vorgeschichte verkehrt. Nur eine Variante dieser Lösungsform sieht Marx im Proudhonismus: »Andererseits zeigt sich ebensosehr die Albernheit der Sozialisten (namentlich der französischen, die den Sozialismus als Realisation der von der französischen Revolution ausgesprochenen Ideen der bürgerlichen Gesellschaft nachweisen wollen), die demonstrieren, daß der Austausch, der Tauschwert etc. *ur-*

32 Grundrisse (Urtext), S. 920

sprünglich (in der Zeit) oder ihrem Begriffe nach (in ihrer adäquaten Form) ein System der Freiheit und Gleichheit aller sind, aber verfälscht worden sind durch das Geld, Kapital etc. Oder auch, daß die Geschichte bisher noch verfehlte Versuche gemacht, sie in der ihrer Wahrheit entsprechenden Weise durchzuführen, und sie nun, wie Proudhon, z. B. den wahren Jakob entdeckt haben, wodurch die echte Geschichte dieser Verhältnisse an der Stelle ihrer falschen geliefert werden soll. Ihnen ist zu antworten; daß der Tauschwert oder näher das Geldsystem in der Tat das System der Gleichheit und Freiheit ist und das, was ihnen in der näheren Entwicklung des Systems störend entgegentritt, ihm immanente Störungen sind, eben die Verwirklichung der *Gleichheit* und *Freiheit*, die sich ausweisen als Ungleichheit und Unfreiheit« [33]. Alle Versuche, ein auf Arbeitsgeld beruhendes System des gerechten Austausches zu etablieren (Versuche, die alle nach kurzer Zeit gescheitert sind), führt Marx ausnahmslos auf mangelnde Einsicht in das Verhältnis von einfacher Zirkulation und kapitalistischem Gesamtprozeß zurück. Proudhon wiederholte lediglich, was andere vor ihm versucht hatten: »Herr Bray ahnt nicht, daß dieses egalitäre Verhältnis, dieses Verbesserungsideal, welches er in die Welt einführen will, selbst nichts anderes ist als der Reflex der gegenwärtigen Welt und daß es infolgedessen total unmöglich ist, die Gesellschaft auf einer Basis rekonstruieren zu wollen, die selbst nur der verschönerte Schatten dieser Gesellschaft ist. In dem Maße, wie der Schatten Gestalt annimmt, bemerkt man, daß diese Gestalt, weit entfernt, ihre erträumte Verklärung zu sein, just die gegenwärtige Gestalt der Gesellschaft ist« [34]. Der wirkliche Utopismus ist also keineswegs bei Marx zu suchen, sondern diesen Vorwurf reicht er weiter an den bürgerlichen Sozialismus, indem er gleichsam die Hegelsche Kritik am Kantischen Begriff des Sollens wiederholt und zeigt, was das Wesen der Utopie ausmacht: die schlechte Unendlichkeit einer Praxis, die im Versuch der Verwirklichung ihrer Vorstellungen die Unrealisierbarkeit derselben je schon mitsetzt. Die Utopie ist Teil jener Welt, die sie zu verändern sucht: »Was die Herrn von den bürgerlichen Apologeten unterscheidet, ist auf der einen Seite das Gefühl der Widersprüche, die das System einschließt; auf der anderen der Utopismus, den notwendigen Unterschied zwischen der realen und idealen Gestalt der bürgerlichen Gesellschaft nicht zu begreifen, und daher das überflüssige Geschäft vornehmen wollen, den ideellen Ausdruck selbst wieder

33 Grundrisse, S. 160
34 Das Elend der Philosophie, S. 98

realisieren zu wollen, da er in der Tat nur das Lichtbild dieser Realität ist«[35]. Auch hier läßt sich wieder demonstrieren, wie die Marxsche Vorstellung von zukünftiger Praxis einhergeht mit der positiven Auflösung wesentlicher Probleme der bürgerlichen Ökonomie, bzw. wie umgekehrt bürgerlich-sozialistische Anschauungen mit subalternen geldtheoretischen Vorstellungen gekoppelt sind: »Was bei Gray versteckt und namentlich ihm selbst verheimlicht bleibt, nämlich daß das Arbeitsgeld eine ökonomisch klingende Phrase ist für den frommen Wunsch, das Geld, mit dem Geld den Tauschwert, und mit der Ware die bürgerliche Form der Produktion loszuwerden, wird gerade herausgesagt von einigen englischen Sozialisten, die teils vor, teils nach Gray schrieben. Herr Proudhon aber und seiner Schule blieb es vorbehalten, die Degradation des Geldes und die Himmelfahrt der Ware ernsthaft als Kern des Sozialismus zu predigen und damit den Sozialismus in ein elementares Mißverständnis über den notwendigen Zusammenhang zwischen Ware und Geld aufzulösen«[36].

2. *Die abstrakteste Form des Kapitals*

Wenden wir uns nun wieder der Darstellung der Kategorien zu, die von jetzt ab als systematische Zerstörung jener Form begriffen werden muß, in der sich der Kapitalismus an seiner Oberfläche präsentiert. Die »reale Basis« der bürgerlichen »Dreieinigkeit von Eigentum, Freiheit und Gleichheit«, die einfache Zirkulation als Vermittlung des gesellschaftlichen Stoffwechsels, als formeller Prozeß, in welchen die Waren wie Brennmaterial von außen ins Feuer geworfen werden, wird sich als Moment erweisen, als bloße Erscheinungsform, als Form totaler Verkehrung, unter der sich der Gesamtprozeß präsentiert. »Wie wir gesehen haben, ist in der einfachen Zirkulation als solcher (dem Tauschwert in seiner Bewegung) die Aktion der Individuen aufeinander dem Inhalt nach nur wechselseitige interessierte Befriedigung ihrer Bedürfnisse, der Form nach Austauschen, Setzen als Gleiche (Äquivalente), so hier auch das Eigentum nur noch gesetzt als Appropriation des Produkts der Arbeit durch die Arbeit und des Produkts fremder Arbeit durch eigene Arbeit, insofern das Produkt der eigenen Arbeit durch fremde Arbeit gekauft wird. Das Eigentum an fremder Arbeit vermittelt durch das Äquivalent der eigenen Arbeit. Diese

35 Grundrisse, S. 160
36 Zur Kritik der politischen Ökonomie, S. 85 f.

Form des Eigentums – ganz wie Freiheit und Gleichheit – in diesem einfachen Verhältnis gesetzt. In der weiteren Entwicklung wird sich dies verwandeln und schließlich zeigen, daß das Privateigentum an dem Produkt der eigenen Arbeit identisch ist mit der Trennung von Arbeit und Eigentum; so daß Arbeit = wird fremdes Eigentum schaffen und Eigentum – fremde Arbeit kommandieren« [1].

Da, wie schon erwähnt, der Übergang zum Kapital im Rohentwurf geschmeidiger durchgeführt wird als im *Kapital*, wollen wir uns vorwiegend an diesem Text orientieren. Wie wir gesehen haben, muß dieser Übergang bei der Entwicklung der dritten Bestimmung des Geldes einsetzen, dem verselbständigten Tauschwert: »In dieser Bestimmtheit ist seine Bestimmung als *Kapital* schon latent erhalten.« Hingewiesen wurde ebenfalls auf die entscheidende Bewegung der Vermehrung, die von der bürgerlichen Theorie, wie Marx ausführt, nie als substantielles Moment des Kapitals selbst dargestellt werden konnte. Den eigentlichen Grund für dieses Versagen haben wir darin gesehen, daß das bürgerliche Subjekt seiner eigenen Welt hilflos gegenübersteht, einer Welt, die ihm nur unter der Form des Objekts erscheint. Ausdruck dieses Sachverhalts ist das äußerliche Aufgreifen der Kategorien; sobald aber die Kategorie »Kapital« auch nur erwähnt wird, ist die Bewegung der Vermehrung je schon mitgedacht. »Kapital« zu sein ist also selbst diese Bewegung der Vermehrung und diese muß infolgedessen entwickelt werden, bevor von Kapital die Rede ist. Die genaue Betrachtung der Schatzbildung hat uns zugleich gezeigt, daß sich die Darstellung der Kategorien gleichsam aufspaltet in zwei Gedankengänge; der eine handelt von der Schatzbildung als notwendigem Glied innerhalb der Entwicklung der besonderen Gestalten der dritten Bestimmung des Geldes, der andere hat die Entstehung des Kapitals zum Gegenstand. Diesen Gedankengang, den wir abbrechen mußten, wollen wir jetzt wieder aufnehmen und weiterführen.

Im Urtext zur *Kritik der politischen Ökonomie* resumiert Marx die Betrachtung der einfachen Zirkulation im Hinblick auf die weitere Entwicklung der Kategorien: »Aber nun haben die in die Zirkulation geworfenen Waren ihren Zweck erreicht. Jede in der Hand ihres neuen Besitzers hört auf Ware zu sein; jede wird Objekt des Bedürfnisses und als solches, ihrer Natur gemäß, aufgezehrt. Damit ist also die Zirkulation am Ende. Es bleibt nichts übrig als das Zirkulationsmittel als einfaches Residuum. Als solches Residuum aber verliert es seine Formbestimmung. Es sinkt zusammen in seine Materie, die als

---

1 Grundrisse, S. 148

unorganische Asche des ganzen Prozesses übrigbleibt. Sobald die Ware Gebrauchswert als solcher geworden, ist sie aus der Zirkulation herausgeworfen, hat sie aufgehört Ware zu sein. *Es ist daher nicht nach dieser Seite des Inhalts (Stoffs) hin, daß wir die weiterführenden Formbestimmungen suchen müssen.* (Hervorgehoben von mir, H. R.) Der Gebrauchswert wird in der Zirkulation als das, als was er unabhängig von ihr vorausgesetzt war, Gegenstand eines bestimmten Bedürfnisses. Als solcher war und bleibt er stoffliches Motiv der Zirkulation; bleibt von ihr als der gesellschaftlichen Form aber ganz unberührt. In der Bewegung W–G–W erscheint das Stoffliche als der eigentliche Inhalt der Bewegung; die gesellschaftliche Bewegung nur als verschwindende Vermittlung, um die individuellen Bedürfnisse zu befriedigen. Der Stoffwechsel der gesellschaftlichen Arbeit. In dieser Bewegung erscheint die Aufhebung der Formbestimmung, d. h. der aus dem gesellschaftlichen Prozeß hervorgehenden Bestimmungen, nicht nur als Resultat, sondern als Zweck; ganz wie das Prozeßführen für den Bauern, wenn auch nicht für den Advokat. *Um also der weiteren aus der Bewegung der Zirkulation hervorwachsenden Formbestimmung nachzugehen, müssen wir uns an die Seite halten, wo die Formseite, der Tauschwert als solcher sich weiter entwickelt; vertieftere Bestimmungen durch den Prozeß der Zirkulation selbst erhält. Also nach der Seite der Entwicklung des Geldes, der Form G–W–G.* (Hervorgehoben von mir, H. R.)« [2]. Diesen neu einsetzenden Prozeß – »die Verdopplung des Austauschs – des Austauschs der Konsumtion wegen und des Austauschs des Austauschs wegen« [3] – haben wir bei der Betrachtung der Schatzbildung dargestellt, die sich jedoch, wie wir gesehen haben, als existierender Widerspruch erweist und zwar in doppelter Hinsicht. Da die Verselbständigung des Tauschwerts, das Festhalten des Reichtums in seiner allgemeinen Form unmittelbar übergeht in die Vermehrung desselben, stellt sich dieser Widerspruch in doppelter Weise dar. Einerseits, da das Gold in seiner Metallität unmittelbar existierende Abstraktion des gesamten wirklichen Reichtums ist, ist es generell, wenn der Reichtum in dieser Form festgehalten wird, »bloße Einbildung. Wo der Reichtum in ganz materieller handgreiflicher Form als solcher zu existieren scheint, hat er seine Existenz bloß in meinem Kopf, ist ein reines Hirngespinst« [4]. Die Wirklichkeit des als Ding existierenden allgemeinen Reichtums liegt

2 Grundrisse (Urtext), S. 925
3 Grundrisse, S. 67
4 A. a. O., S. 144

außerhalb seiner, in der Totalität der Besonderheiten, die seine Substanz bilden. Soll sich aber das Geld als materieller Repräsentant des allgemeinen Reichtums bewähren und verwirklichen, so ist das nur möglich, wenn er als allgemeine Form verschwindet. Es muß in die Zirkulation geworfen werden, es muß gegen die »einzelnen besonderen Weisen des Reichtums« verschwinden, und » . . . dies Verschwinden ist die einzig mögliche Weise, es als Reichtum zu versichern. Die Auflösung des Aufgespeicherten in einzelne Genüsse ist seine Verwirklichung . . . « [5]. Andererseits, da dieses Festhalten einhergeht mit seiner Vermehrung, erweist er sich auch in dieser Hinsicht als Widerspruch. Geht diese Bewegung der Vermehrung nicht Hand in Hand mit der Vermehrung des wirklichen Reichtums, so verliert das Geld »selbst seinen Wert in dem Maße, in dem es aufgehäuft wird. Was als seine Vermehrung erscheint, ist in der Tat seine Abnahme. Seine Selbständigkeit ist nur Schein; seine Unabhängigkeit von der Zirkulation besteht nur in Rücksicht auf sie, als Abhängigkeit von ihr« [6]. Infolgedessen erweist es sich als falsch, »daß seine eigne Quantität das Maß seines Wertes ist«. Das Geld in seiner dritten Bestimmung widerspricht sich also nicht nur, weil es sich als festgehaltener individuierter Reichtum zum bloßen Hirngespinst des wirklichen Reichtums verkehrt, sondern auch den »Wert als solchen repräsentieren soll; in der Tat aber nur ein identisches Quantum von veränderlichem Wert repräsentiert« [7]. Das Geld in seiner dritten Bestimmung »erscheint nun nach allen Seiten als ein Widerspruch, der sich selbst auflöst; zu seiner eigenen Auflösung treibt« [8]. Das war, kurz rekapituliert, der Gedankengang, wie wir ihn auf Seite 220 dieser Arbeit verlassen haben.

In welcher Weise vollzieht sich nun die weitere Entwicklung? Bisher haben wir gesehen, daß sich der Tauschwert verselbständigt, Geld wird, und zwar als »Produkt der Zirkulation, das, gleichsam gegen die Verabredung, aus ihr herausgewachsen ist« [9]. Im Gold existiert der Reichtum als solcher, individualisiert, zum Gegenstand geworden. Wird das Geld aber in dieser Form fixiert, so verliert es seine Formbestimmung, ist dann gerade nicht, was es sein soll, nämlich selbständig existierender Tauschwert. Die Form der Selbständigkeit ist nur eine »negative, verschwindende, oder illusorische«. Gold ist Geld nur in

5 A. a. O., S. 145
6 A. a. O., S. 145
7 A. a. O., S. 145
8 A. a. O., S. 144
9 Grundrisse (Urtext), S. 928

bezug auf die Zirkulation, als die Möglichkeit, in sie einzugehen. »Aber es verliert diese Bestimmung, sobald es sich realisiert. Es fällt zurück in seine beiden Funktionen als Maß und Zirkulationsmittel. Als bloßes Geld kommt es nicht über diese Bestimmungen hinaus«[10]. Der Tauschwert kann sich also außerhalb der Zirkulation nicht verselbständigen, gewinnt nur eine scheinbare Selbständigkeit; kehrt er aber in die Zirkulation zurück, verschwindet er gegen eine besondere Form des Reichtums. Soll er sich aber als verselbständigter Tauschwert erhalten, so ist das nur möglich innerhalb der Zirkulation, zugleich darf er aber nicht gegen eine besondere Form des Reichtums verschwinden. »Damit das Geld sich als Geld erhalte, muß es ebenso, wie es als Niederschlag und Resultat des Zirkulationsprozesses erscheint, fähig sein, wieder in denselben einzugehen, d. h. in der Zirkulation nicht zum bloßen Zirkulationsmittel zu werden, das in der Form der Ware gegen bloßen Gebrauchswert verschwindet. Das Geld, indem es in der einen Bestimmung eingeht, muß sich nicht in der andren verlieren, also noch in seinem Dasein als Ware Geld bleiben und in seinem Dasein als Geld nur als vorübergehende Form der Ware existieren, in seinem Dasein als Ware nicht den Tauschwert, in seinem Dasein als Geld nicht die Rücksicht auf den Gebrauchswert verlieren. Sein Eingehn in die Zirkulation muß selbst ein Moment seines Beisichbleibens, und sein Beisichbleiben sein Eingehn in die Zirkulation sein«[11]. Betrachtet man die einfache Zirkulation genauer, so zeigt sich, daß diese neue Bewegung in ihr schon angelegt ist. Da jede Ware, um als Gebrauchswert zu werden, einen doppelten Formwechsel durchführen muß, existiert der Tauschwert doppelt: einmal als besondere Ware, das andere Mal als Geld. Einmal ist er in dieser Bestimmung, das andere Mal in jener, und kann in dieser nur sein, wenn er nicht in jener ist, und in jener nur, wenn er nicht in dieser ist. Andererseits ist es derselbe Tauschwert, der einmal in der Form der Ware existiert und das andere Mal in der Form des Geldes, »und (ist) eben die Bewegung, sich in dieser doppelten Bestimmung zu setzen und sich in jeder derselben als ihr Gegenteil, in der Ware als Geld, und im Geld als Ware zu erhalten. Dies, was an sich in der einfachen Zirkulation vorhanden, ist aber nicht in ihr gesetzt«[14]. Sobald aber diese Bewegung als solche erscheint, sobald der Tauschwert diese beiden Formen, Ware und Geld, nur verschwindend annimmt, sich gegen die besondere Ware austauscht, die aber selbst in ihrer Besonder-

10 A. a. O., S. 933
11 A. a. O., S. 931
12 A. a. O., S. 934

heit nur die Allgemeinheit des Tauschwertes ausdrückt, diese Form abstreift und die des Geldes annimmt, das aber jetzt ebenfalls nur einseitiger abstrakter Ausdruck des Tauschwertes als Allgemeinheit ist, wohnen wir dem Entstehungsprozeß des Kapitals bei. Diese Bewegung ist die erste Erscheinungsform des Kapitals, das Kapital als »Einheit von Ware und Geld, aber die prozessierende Einheit beider, und weder die eine noch das andre, wie sowohl das eine als das andre« [13]. Zugleich ist es die abstrakteste Gestalt des Kapitals: »Wenn wir hier von Kapital sprechen, so ist das hier nur noch ein Name. Die einzige Bestimmtheit, in der das Kapital im Unterschied vom unmittelbaren Tauschwert und vom Geld gesetzt ist, ist *die des in der Zirkulation und durch die Zirkulation sich erhaltenden und verewigenden Tauschwerts*« [14]. Indem sich jedoch der verselbständigte Tauschwert als solcher erhält, also in der Form der Gegenständlichkeit existiert, »aber gleichgültig dagegen ob diese Gegenständlichkeit die des Geldes oder der Ware ist« [15], weil jede der beiden nur noch die Allgemeinheit des Tauschwerts ausdrückt, ist er in jeder Form der allgemeine Reichtum, und dieser ist, wie wir bei der Betrachtung des Geldes als Einheit der ersten und zweiten Bestimmung gesehen haben, keiner anderen Bewegung fähig als einer quantitativen. »Für den Wert, der an sich festhält, fällt daher Vermehren mit Selbsterhalten zusammen und er erhält sich nur dadurch, daß er beständig über seine quantitative Schranke hinaustreibt, die seiner innerlichen Allgemeinheit widerspricht ... Als Reichtum, allgemeine Form des Reichtums, als Wert, der als Wert gilt, ist er also der beständige Trieb über seine quantitative Schranke fortzugehn; endloser Prozeß. Seine eigne Lebendigkeit besteht ausschließlich darin; er erhält sich nur als vom Gebrauchswert unterschiedener für sich geltender Wert, indem *er sich beständig vervielfältigt* durch den Prozeß des Austauschs selbst. Der aktive Wert ist nur Mehrwertsetzender Wert« [16]. Als bewußter Träger dieser Bewegung wird der Geldbesitzer Kapitalist, sein subjektiver Zweck, die permanente Jagd nach dem abstrakten Reichtum, ist identisch mit dem objektiven Inhalt dieser neuen Zirkulationsbewegung, der Verwertung des Werts. Jetzt erst, wenn das Geld als Kapital seine dingliche Starrheit verloren hat, Prozeß geworden ist, ist der Vergleich mit dem Hegelschen Geistbegriff möglich und sinnvoll gewor-

13 A. a. O., S. 934
14 Grundrisse, S. 173
15 Grundrisse (Urtext), S. 939
16 A. a. O., S. 936

den. Im *Kapital* weist Marx explizit, wenngleich in parodistischer Weise, auf die strukturelle Identität hin, indem er sich auf das »erhabenste Beispiel« bezieht, das Hegel zur Verdeutlichung der Natur des Geistes anführen kann, von dem er aber gleichzeitig sagt, daß es eigentlich kein Beispiel sei, sondern »das Allgemeine, das Wahre selbst, von dem alles Andere ein Beispiel ist«: es ist der Gott des Christentums, der sich als anderes seiner selbst, als Sohn, Gegenstand ist, aber dieses andere seiner selbst ebenso unmittelbar selbst ist; »er weiß sich darin und schaut sich darin an, – und eben dieses Sichwissen und Sichanschauen ist drittens der Geist selber. Das heißt, das Ganze ist der Geist, weder das Eine noch das Andre für sich allein« [17]. Im *Kapital* heißt es: »Wenn in der einfachen Zirkulation der Wert der Waren ihrem Gebrauchswert gegenüber höchstens die selbständige Form des Geldes erhält, so stellt er sich hier plötzlich dar als prozessierende, sich selbst bewegende Substanz, für welche Ware und Geld beide bloße Formen. Aber noch mehr. Statt Warenverhältnisse darzustellen, tritt er jetzt sozusagen in ein Privatverhältnis zu sich selbst. Er unterscheidet sich als ursprünglicher Wert von sich selbst als Mehrwert, als Gott Vater von sich selbst als Gott Sohn, und beide sind vom selben Alter und bilden in der Tat nur eine Person, denn nur durch den Mehrwert von 10 Pfd. St. werden die vorgeschossenen 100 Pfd. St. Kapital, und sobald sie dies geworden, sobald der Sohn und durch den Sohn der Vater erzeugt, verschwindet ihr Unterschied wieder und sind beide Eins, 110 Pfd. St.« [18]

Die weitere Darstellung der Kategorien ergibt sich aus der Entfaltung der Widersprüche der »allgemeinen Formel«, wie Marx diese Bewegung des Werts als übergreifendes, sich in der Zirkulation erhaltendes und ausreckendes Subjekt im *Kapital* nennt, und von der er im Rohentwurf sagt, daß es »hier nur noch ein Name« sei, weil es nur eine einzige Bestimmtheit ist, wodurch sich diese Bewegung vom unmittelbaren Tauschwert unterscheidet. Bleiben wir zuerst beim Rohentwurf. Soll dieser Prozeß, so wird hier ausgeführt, nicht nur formell sein, also in der Weise erfolgen, daß bloß die Form des Tauschwerts gewechselt wird, so muß sich der Tauschwert gegen den Gebrauchswert austauschen, und dieser Gebrauchswert muß konsumiert werden. Aber – und in diesem Zusatz ist gleichsam die ganze weitere Entwicklung enthalten – der Tauschwert muß sich in der Konsumtion der Ware als Tausch-

---

17 G. W. F. Hegel, Die Vernunft in der Geschichte (ed. Hoffmeister), Felix-Meiner-Verlag, Hamburg, S. 58 f.

18 Das Kapital, Bd. 1, S. 169 f.

wert erhalten, der »Prozeß ihres Vergehns muß daher zugleich als Prozeß des Vergehns ihres Vergehns, d. h. als reproduzierender Prozeß erscheinen. Die Konsumtion der Ware also nicht auf den unmittelbaren Genuß gerichtet, sondern selbst als ein Moment der Reproduktion ihres Tauschwerts. Der Tauschwert ergibt so nicht nur die Form der Ware, sondern erscheint als das Feuer, worin ihre Substanz selbst aufgeht. Diese Bestimmung geht aus dem Begriff des Gebrauchswerts selbst hervor« [19]. Einige Seiten zuvor wird dieser Gedanke anders formuliert: die Ware muß als Gebrauchswert konsumiert werden, oder »ihr Vergehn muß vergehn und selbst nur Mittel des Entstehns größren Tauschwerts, der Reproduktion und Produktion des Tauschwerts sein – *produktive Konsumtion*, d. h. Konsumtion durch die Arbeit, um die Arbeit zu vergegenständlichen, Tauschwert zu setzen. Produktion von Tauschwert ist überhaupt nur Produktion von größrem Tauschwert, Vervielfältigung desselben. Seine einfache Reproduktion ändert den Gebrauchswert, worin er existiert, wie es die einfache Zirkulation tut, schafft ihn aber nicht« [20]. Verfolgen wir nun die konkretere Ausführung der ersten Schritte, die in diese Richtung führen. Die Bewegung, die wir als die abstrakteste Erscheinungsform des Kapitals kennengelernt haben, ist die des verselbständigten Tauschwerts, des Tauschwerts als prozessierende Einheit von Ware und Geld: »Er existiert in der Form der *Gegenständlichkeit*, aber gleichgültig dagegen, ob diese Gegenständlichkeit die des Geldes oder der Ware ist« [21]. In jeder dieser Formen bleibt er »an sich haltender Tauschwert« [22]. Er ist also Geld nicht nur, wenn er die Form des Geldes annimmt, sondern ebensosehr, wenn er Warenform annimmt. Die allgemeine Form steht ihm jetzt selbst noch als besondere gegenüber neben den besonderen Formen des Reichtums, beide sind sie nur besondere Formen seiner selbst, in jeder der beiden ist er bei sich. Als diese Bewegung *ist* er Kapital. Aber Kapital kann er andererseits nur sein als Tauschwert, der sich gegen ein anderes verselbständigt. Dieses andere können aber jetzt nicht mehr die besonderen Waren bzw. deren allgemeine Form sein, da er ja gerade als verselbständigter *ist* (denn sein Sein ist die Bewegung der prozessierenden Einheit), indem er in ihnen bei sich ist. »Statt es auszuschließen, erscheint der Gesamtumkreis der Waren, alle Waren, als ebensoviele Inkarnationen des Geldes. Was

---

19 Grundrisse (Urtext), S. 938
20 A. a. O., S. 932 f.
21 A. a. O., S. 939
22 A. a. O., S. 941

die natürliche stoffliche Verschiedenheit der Waren angeht, schließt keine das Geld aus in ihr Platz zu greifen, sie zu seinem eigenen Körper zu machen, indem keine die Bestimmung des Geldes in der Ware ausschließt« [23]. Was aber ist dieses andere? Als verselbständigter Tauschwert ist er nach wie vor Tauschwert und kann sich darum nur gegenüber dem Gebrauchswert verselbständigen: »Als Tauschwert kann sich der Tauschwert überhaupt nur verselbständigen gegenüber dem Gebrauchswert, der ihm als solchem gegenübertritt. Nur in diesem Verhältnis kann der Tauschwert als solcher sich verselbständigen; als solcher gesetzt sein und funktionieren« [24]. Was ist der Gebrauchswert, wenn die ganze Welt der *vergegenständlichten* Arbeit, gleichgültig ob in besonderer oder allgemeiner Form, Geld ist, Tauschwert in seiner Bewegung als Kapital? Es kann nur die *ungegenständliche*, als »*Vermögen*, Möglichkeit, Fähigkeit, als *Arbeitsvermögen* des lebendigen Subjekts« [25] existierende subjektive Arbeit im Gegensatz zur objektivierten sein: *»Für das Geld als Kapital existiert kein andrer Gebrauchswert.* Es ist eben dies das Verhalten seiner als Tauschwerts zum Gebrauchswert. Der einzige *Gebrauchswert, der einen Gegensatz und Ergänzung zum Geld als Kapital bilden kann, ist die Arbeit* und diese existiert im Arbeitsvermögen, das als Subjekt existiert. Als Kapital ist das Geld nur in Bezug auf das Nichtkapital, die Negation des Kapitals, in Beziehung auf welche es allein Kapital ist. *Das wirkliche Nicht-Kapital ist die Arbeit selbst.* Der erste Schritt, daß das Geld zum Kapital werde, ist sein Austausch mit dem Arbeitsvermögen, um vermittelst des letztren die Konsumtion der Waren, d. h. ihr reales Setzen und Negieren als Gebrauchswerte, zugleich in ihre Betätigung des Tauschwerts zu verwandeln« [26].
Bedingung dieser Verwandlung von Geld in Kapital ist, daß der Eigentümer des Geldes in der Sphäre der Zirkulation den freien Arbeiter vorfindet, der als freier Eigentümer über sein Arbeitsvermögen disponiert, und seine Arbeit nicht mehr in Form einer Ware, als vergegenständlichte Arbeit, austauschen kann. Wie wir wissen, ist diese Konstellation das Produkt einer langen geschichtlichen Entwicklung. Der Mensch wird erst zum freien Arbeiter, dem sich sein eigenes Arbeitsvermögen vergegenständlicht und in Form einer Ware austauschbar wird, wenn er von den objektiven Bedingungen seiner Verwirklichung

---

23 A. a. O., S. 941 f.
24 A. a. O., S. 942
25 A. a. O., S. 942
26 A. a. O., S. 943 f.

getrennt ist, von den Produktionsmitteln, die sich jetzt ebenfalls als Ware auf dem Markt vorfinden. Im entwickelten Kapitalismus geht der Geldbesitzer, der sein Geld als Kapital verwerten will, von diesem Sachverhalt als einem vorgegebenen aus, wie auch die theoretische Verarbeitung des Kapitalismus in Gestalt der dialektischen Darstellung der Kategorien, die diesen Geldbesitzer gleichsam begleitet, erst unter dieser Voraussetzung möglich ist: »Historisch tritt das Kapital dem Grundeigentum überall zunächst in der Form von Geld gegenüber, als Geldvermögen, Kaufmannskapital und Wucherkapital. Jedoch bedarf es nicht des Rückblicks auf die Entstehungsgeschichte des Kapitals, um das Geld als seine erste Erscheinungsform zu erkennen. Dieselbe Geschichte spielt täglich vor unseren Augen. Jedes neue Kapital betritt in erster Instanz die Bühne, d. h. den Markt, Warenmarkt, Arbeitsmarkt oder Geldmarkt, immer noch als Geld, Geld, das sich durch bestimmte Prozesse in Kapital verwandeln soll« [27]. Und in den *Grundrissen* heißt es: »Es zeigt sich an diesem Punkt bestimmt, wie die dialektische Form der Darstellung nur richtig ist, wenn sie ihre Grenzen kennt. Aus der Betrachtung der einfachen Zirkulation ergibt sich *uns* der allgemeine Begriff des Kapitals, weil innerhalb der bürgerlichen Produktionsweise die einfache Zirkulation selbst nur als Voraussetzung des Kapitals und es voraussetzend existiert. Das Ergeben derselben macht das Kapital nicht zur Inkarnation einer ewigen Idee; sondern zeigt es, wie es in der Wirklichkeit erst, nur als *notwendige Form*, in die Tauschwertsetzende Arbeit, auf dem Tauschwert beruhende Produktion münden muß« [28].

Verfolgen wir denselben Gedankengang im *Kapital*. Wie erwähnt, nimmt die Darstellung der Kategorien ihren Fortgang durch die Entfaltung dessen, was er hier die »Widersprüche der allgemeinen Formel« nennt. Die Kurzfassung dieser allgemeinen Formel lautet: kaufen, um teurer zu verkaufen, also jene Bewegung des prozessierenden Tauschwerts, der sich im Wechsel der Formen erhält und ausreckt, die abstrakteste Erscheinungsform des Kapitals. Als abstrakteste Form des Kapitals ist es aber zugleich die Form, unter der jedes Kapital erscheinen muß; es ist nicht nur das Handelskapital, welches wir in dieser allgemeinen Formel vor uns haben, wie es auf den ersten Blick scheint, »... auch das industrielle Kapital ist Geld, das sich in Ware verwandelt und durch den Verkauf der Ware in mehr Geld rückverwandelt. Akte, die etwa zwischen dem Kauf und dem Verkaufe, außerhalb der Zirku-

27 Das Kapital, Bd. 1, S. 161
28 Grundrisse (Urtext), S. 945 f.

lationssphäre, vorgehen, ändern nichts an dieser Form der Bewegung. In dem zinstragenden Kapital endlich stellt sich die Zirkulation G-W-G' abgekürzt dar, in ihrem Resultat ohne die Vermittlung, sozusagen im Lapidarstil, als G–G', Geld das gleich mehr Geld, Wert, der größer als er selbst ist . . . In der Tat also ist G–W–G' die allgemeine Formel des Kapitals, wie es unmittelbar in der Zirkulationssphäre erscheint«[29]. Wie aber ist diese allgemeine Formel möglich unter den Bedingungen der einfachen Zirkulation? lautet die entscheidende Frage, die sich jetzt stellt, und die nur eine andere Formulierung der im Rohentwurf an dieser Stelle aufgeworfenen Frage ist, welches der Gebrauchswert ist, dem gegenüber sich der als prozessierende Einheit von Ware und Geld existierende Tauschwert verselbständigt. Entweder werden Äquivalente getauscht, und dann kann es keinen Mehrwert geben, oder aber es gibt den Kapitalismus und keinen Äquivalententausch. Wie wir wissen, ist dies die Frage, die Adam Smith irritiert hat im Gegensatz zu Ricardo, der, wie Marx ausführt, gerade deswegen zu einer geschlossenen Konzeption gelangen konnte, weil er an dieser Stelle *kein* Problem sah. Marx zeigt nun detailliert, daß die Frage, so gestellt, die Unmöglichkeit einer Beantwortung einschließt; daß sie – als einzig mögliche Formulierung dieses Problems innerhalb des bürgerlichen Horizonts – im System der Kategorien nur einen bestimmten Ort einnimmt und dadurch die Darstellung weitertreibt. Wir wollen hier davon absehen, die gesamten Argumente zu wiederholen, die Marx in diesem Zusammenhang vorträgt. Es versteht sich von selbst, daß es sich nur um Illustrationen handeln kann oder um Zurückweisung von Gedankengängen, die von der bürgerlichen Vulgärökonomie als Lösungen dieses unlösbaren Problems vorgeschlagen werden. Marx kommt schließlich zu dem Ergebnis, zu dem er kommen mußte: »Kapital kann also nicht aus der Zirkulation entspringen und es kann ebensowenig aus der Zirkulation nicht entspringen. Es muß zugleich in ihr und nicht in ihr entspringen. Ein doppeltes Resultat hat sich also ergeben. Die Verwandlung des Geldes in Kapital ist auf Grundlage dem Warenaustausch immanenter Gesetze zu entwickeln, so daß der Austausch von Äquivalenten als Ausgangspunkt gilt. Unser nur noch als Kapitalistenraupe vorhandner Geldbesitzer muß die Waren zu ihrem Wert kaufen, zu ihrem Wert verkaufen, und dennoch am Ende des Prozesses mehr Wert herausziehen als er hineinwarf. Seine Schmetterlingsentfaltung muß in der Zirkulationssphäre und muß nicht in der Zirkulationssphäre vorgehn. Dies sind die Bedingungen des Problems. Hic Rhodus, hic

29 Das Kapital, Bd. 1, S. 170

salta![30] Der nächste Schritt ist uns bekannt. Der Geldbesitzer muß den freien Arbeiter vorfinden. »Die Frage, warum dieser freie Arbeiter ihm in der Zirkulationssphäre gegenübertritt, interessiert den Geldbesitzer nicht, der den Arbeitsmarkt als eine besondere Abteilung des Warenmarktes vorfindet. Und einstweilen interessiert sie uns ebensowenig. Wir halten theoretisch an der Tatsache fest, wie der Geldbesitzer praktisch.«[31]

Bei unserem Versuch, den Entwicklungsgang der Kategorien nachzuzeichnen, sind wir bei jener Konstellation angelangt, die der junge Marx vor Augen hatte, über deren Entstehen er aber damals noch keine genaue Auskunft geben konnte. Obwohl schon in den *Exzerptheften* der Ansatz deutlich zu erkennen ist, aus der einfachen Warenzirkulation die härteste Gestalt der Entfremdung, den Kapitalismus als nicht mehr zu überbietende Form der verkehrten Aneignung der Natur systematisch abzuleiten, bleiben entscheidende Übergänge im Dunkeln. Auch die *Deutsche Ideologie* führt nicht weit darüber hinaus. Wie wir gesehen haben, geht er dort von der abschlußhaften Form der Trennung des Menschen von den objektiven Bedingungen seiner Tätigkeit aus und versucht die vorhergehenden Stadien als minder entwickelte Gestalten dieser Grundstruktur zu begreifen, die vorzugsweise bedingt sind durch die jeweilige Form des Produktionsinstruments. Eine exaktere Konstruktion des geschichtlichen Verlaufs findet sich erst im Spätwerk, und zwar, wie wir schon hervorgehoben haben, in gleichsam verschlüsselter Form in der dialektischen Darstellung der Kategorien. Dieser Konstruktion wollen wir uns jetzt zuwenden.
In der Einleitung zur *Kritik der politischen Ökonomie* weist Marx darauf hin, daß es »untubar und falsch (wäre), die ökonomischen Kategorien in der Folge aufeinanderfolgen zu lassen, in der sie historisch die bestimmenden waren. Vielmehr ist ihre Reihenfolge bestimmt durch die Beziehung, die sie in der modernen bürgerlichen Gesellschaft aufeinander haben, und die genau die umgekehrte von dem ist, was als ihre naturgemäße erscheint, oder der Reihe der historischen Entwicklung entspricht«[32]. Handelskapital, Wucher- und Zinskapital, selbst Aktienkapital hat es gegeben, bevor der industrielle Kapitalismus entstanden ist. Die Behandlung dieser Formen erfolgt aber erst im zweiten und dritten Band des *Kapitals*, wo sie als besondere Funk-

30 A. a. O., S. 180 f.
31 A. a. O., S. 183
32 Grundrisse, S. 28

tionsweisen des kapitalistischen Gesamtprozesses dargestellt werden, der erst kapitalistischer Gesamtprozeß ist und als solcher dargestellt werden kann, wenn die gesamte Produktion unter das Kapital subsumiert ist. »*In der Geschichte gehn andre Systeme vor,* die die materielle Grundlage der unvollkommnern Wertentwicklung bilden. Wie der Tauschwert hier nur nebenherspielt neben dem Gebrauchswert, erscheint nicht das Kapital, sondern das Grundeigentumsverhältnis als seine reale Basis« [33]. Sobald jedoch alle Produkte die Warenform annehmen, erscheint das Kapital als »reale Basis« des Tauschwerts, es setzt die Trennung der unmittelbaren Produzenten von den Produktionsmitteln voraus, also auch die bürgerliche Form des Grundeigentums. Das impliziert zugleich, daß sich die gesamte Produktion zum Selbstzweck verkehrt hat, mit anderen Worten: daß die allgemeine Form des Reichtums zum unmittelbaren Zweck der ganzen Produktion geworden ist. Der kapitalistische Gesamtprozeß muß daher auch je schon als prozessierender Wert begriffen werden, als die beständige Bewegung des übergreifenden Subjekts, das verschiedene Formen annimmt, aber in allen diesen Formen bei sich ist und eben dies ist, im Anderssein bei sich selbst zu sein und sich in dieser Bewegung zugleich zu vermehren: »Das Kapital als das alle Phasen durchlaufende Subjekt, als die bewegte Einheit, prozessierende Einheit von Zirkulation und Produktion, ist zirkulierendes Kapital; das Kapital als selbst in jeder dieser Phasen eingebannt, als in seinen Unterschieden gesetzt, ist fixiertes Kapital, engagiertes Kapital. Als zirkulierendes Kapital selbst fixiert es sich, und als fixiertes Kapital zirkuliert es« [34]. Aus diesem Grunde ist es eine Abstraktion, die Darstellung der Kategorien mit der Entwicklung der einfachen Warenzirkulation zu eröffnen, weil es je schon das Kapital selbst ist, das sich unter dieser Form präsentiert; dennoch ist eine andere Darstellungsform nicht möglich, weil das Kapital den Wert logisch und auch historisch voraussetzt. »Wenn in der Theorie der Begriff des Werts dem des Kapitals vorhergeht, andrerseits aber zu seiner reinen Entwicklung wieder eine auf das Kapital gegründete Produktionsweise unterstellt, so findet dasselbe in der Praxis statt. Die Ökonomen betrachten daher das Kapital auch notwendig bald als Schöpfer der Werte, Quelle derselben, wie andrerseits sie Werte für die Bildung des Kapitals voraussetzen ...« [35].

---

33 A. a. O., S. 163 f.
34 A. a. O., S. 515
35 A. a. O., S. 163

Der letzte oben nachgezeichnete Schritt der Darstellung ist darum zugleich der erste Schritt zur Dechiffrierung der Form der einfachen Zirkulation *als* einfache Zirkulation, als eine »abstrakte Sphäre des bürgerlichen Gesamtproduktionsprozesses, die durch ihre eigenen Bestimmungen sich als Moment, bloße Erscheinungsform eines hinter ihr liegenden, ebenso aus ihr resultierenden, wie sie produzierenden tieferen Prozesses – des industriellen Kapitals – ausweist« [36]. Innerhalb des weiteren Verlaufs der Darstellung, die sich jetzt, mit der Nachzeichnung der immanenten Automatik des prozessierenden Werts in seiner Bewegung als Kapital, wesentlich von der vorhergehenden Darstellung unterscheidet, finden wir gegen Ende des ersten Bandes des *Kapitals* eine Passage, in der Marx den Entwicklungsgang der Kategorien unter dem Gesichtspunkt dieser Dechiffrierung resumiert: »Insofern der Mehrwert, woraus Zusatzkapital Nr. 1 besteht, das Resultat des Ankaufs der Arbeitskraft durch einen Teil des Originalkapitals war, ein Kauf, der den Gesetzen des Warenaustausches entsprach, und, juristisch betrachtet, nichts voraussetzt als freie Verfügung auf seiten des Arbeiters über seine eigenen Fähigkeiten, auf seiten des Geld- oder Warenbesitzers über ihm gehörige Werte; sofern Zusatzkapital Nr. 2 usw. bloß Resultat von Zusatzkapital Nr. 1, also Konsequenz jenes ersten Verhältnisses; sofern jede einzelne Transaktion fortwährend dem Gesetz des Warenaustausches entspricht, der Kapitalist stets die Arbeitskraft kauft, der Arbeiter sie stets verkauft, und wir wollen annehmen selbst zu ihrem wirklichen Wert, schlägt offenbar das auf Warenproduktion und Warenzirkulation beruhende Gesetz der Aneignung oder Gesetz des Privateigentums durch seine eigne, innere, unvermeidliche Dialektik in sein direktes Gegenteil um. Der Austausch von Äquivalenten, der als die ursprüngliche Operation erschien, hat sich so gedreht, daß nur zum Schein ausgetauscht wird, indem erstens der gegen Arbeitskraft ausgetauschte Kapitalteil selbst nur ein Teil des ohne Äquivalent angeeigneten fremden Arbeitsprodukts ist, und zweitens von seinem Produzenten, dem Arbeiter, nicht nur ersetzt, sondern mit neuem Surplus ersetzt werden muß. Das Verhältnis des Austausches zwischen Kapitalist und Arbeiter wird also nur ein dem Zirkulationsprozeß angehöriger Schein, bloße Form, die dem Inhalt selbst fremd ist und ihn nur mystifiziert. Der beständige Kauf und Verkauf der Arbeitskraft ist die Form. Der Inhalt ist, daß der Kapitalist einen Teil der bereits vergegenständlichten fremden Arbeit, die er sich unaufhörlich ohne Äquivalent aneignet, stets wie-

36 Grundrisse (Urtext), S. 922 f.

der gegen größeres Quantum lebendiger fremder Arbeit umsetzt. Ursprünglich erschien uns das Eigentumsrecht gegründet auf eigne Arbeit. Wenigstens mußte diese Annahme gelten, da sich nur gleichberechtigte Warenbesitzer gegenüberstehen, das Mittel zur Aneignung fremder Ware aber nur die Veräußerung der eignen Ware, und letztere nur durch Arbeit herstellbar ist. Eigentum erscheint jetzt, auf Seite des Kapitalisten, als das Recht, fremde unbezahlte Arbeit oder ihr Produkt, auf Seite des Arbeiters, als Unmöglichkeit, sich sein eigenes Produkt anzueignen. Die Scheidung zwischen Eigentum und Arbeit wird zur notwendigen Konsequenz eines Gesetzes, das scheinbar von ihrer Identität ausging« [37]. Diese Textstelle ist nicht nur von Interesse, weil sie innerhalb des Kategoriensystems den Ort bezeichnet, wo die »historische Betrachtung hereintreten muß«, wie Marx im Rohentwurf sagt, sondern auch, weil sie in der Engelsschen Kritik an Eugen Dühring einen höchst fragwürdigen Stellenwert hat, und damit demonstriert werden kann, wie die Konstruktion der historischen Genesis des industriellen Kapitalismus *nicht* erfolgen darf, wenn man der Marxschen Theorie gerecht werden will.

Wir wollen hier davon absehen, auf die Thematik der Auseinandersetzung näher einzugehen. Der wesentliche Einwand gegen Eugen Dührings »Gewalttheorie« besteht darin, daß die Analyse der »Rolle der Gewalt« nur im Zusammenhang mit einer genauen Betrachtung der jeweiligen Entwicklungsstufe der Naturbeherrschung erfolgen kann. Wird davon abstrahiert, so bleibt die Diskussion nicht nur im schlechten Sinne abstrakt, weil die Form, welche die Gewalt annimmt, je schon zum Sekundären herabgesetzt wird, sondern die Gefahr liegt nahe, daß der wirkliche Zusammenhang zwischen Ökonomie und Politik übersehen wird und »ökonomische Verhältnisse als Ergebnis politischer Handlungen« erklärt werden. Das war bei Eugen Dühring der Fall, und demgegenüber mußte Engels auf dem »Vorrang der Ökonomie« insistieren. In den Vorarbeiten zum *Anti-Dühring* notiert Engels, daß Marx im *Kapital* bewiesen habe, »wie die Gesetze der Warenproduktion auf einer gewissen Stufe der Entwicklung die kapitalistische Produktion mit all ihren Schikanen notwendig hervorbringt, und daß dazu *gar keine Gewalt nötig ist*« [38]. Im Anti-Dühring selbst heißt es dann: »Aber auch um die ›Unterjochung des Menschen zum Knechtsdienst‹ in der modernsten Form, in der Lohnarbeit, zu erklären, können wir weder die Gewalt noch das Gewalteigentum brauchen. Wir haben schon erwähnt, welche Rolle bei der Auflösung

37 Das Kapital, Bd. 1, S. 609 f.
38 Marx-Engels-Werke, Bd. 20, Berlin 1962, S. 591

der alten Gemeinwesen, also bei der direkten oder indirekten Verallgemeinerung des Privateigentums, die Verwandlung der Arbeitsprodukte in Waren, ihre Erzeugung nicht für den eigenen Verzehr, sondern für den Austausch spielt. Nun aber hat Marx im *Kapital* sonnenklar nachgewiesen – und Herr Dühring hütet sich, auch nur mit einer Silbe darauf einzugehen –, daß auf einem gewissen Entwicklungsgrad die Warenproduktion sich in kapitalistische Produktion verwandelt und daß auf dieser Stufe (Engels zitiert jetzt Marx, H. R.) »das auf Warenproduktion und Warenzirkulation beruhende Gesetz der Aneignung oder Gesetz des Privateigentums durch seine eigene, innere, unvermeidliche Dialektik in sein Gegenteil umschlägt: der Austausch von Äquivalenten, der als die ursprüngliche Operation erschien, hat sich so gedreht, daß nur zum Schein ausgetauscht wird, indem erstens der gegen Arbeitskraft ausgetauschte Kapitalteil selbst nur ein Teil des ohne Äquivalent angeeigneten fremden Arbeitsprodukts ist, und zweitens von seinem Produzenten, dem Arbeiter, nicht nur ersetzt, sondern mit neuem Surplus ersetzt werden muß ...« (Die folgenden Sätze von Marx, die sich auf das Verhältnis des Austausches zwischen Kapital und Arbeit als ein dem Zirkulationsprozeß angehöriger Schein beziehen, zitiert Engels nicht, sondern fährt fort:) ... Ursprünglich erschien uns das Eigentum (statt Eigentumsrecht, H. R.) gegründet auf eigene Arbeit ... (Auch bei den nächsten Sätzen, die sich wieder auf das Verhältnis der einfachen Warenzirkulation beziehen, verfährt Engels in derselben Weise:) Eigentum erscheint jetzt ... auf Seiten des Kapitalisten, als das Recht, fremde unbezahlte Arbeit, auf Seite des Arbeiters, als Unmöglichkeit, sein eigenes Produkt anzueignen. Die Scheidung zwischen Eigentum und Arbeit wird zur notwendigen Konsequenz eines Gesetzes, das scheinbar von ihrer Identität ausging«. (Engels fährt nun fort.) Mit anderen Worten: selbst wenn wir die Möglichkeit alles Raubs, aller Gewalttat und aller Prellerei ausschließen, wenn wir annehmen, daß alles Privateigentum ursprünglich auf eigener Arbeit des Besitzers beruhe und daß im ganzen ferneren Verlauf nur gleiche Werte gegen gleiche Werte ausgetauscht werden, so kommen wir dennoch bei der Fortentwicklung der Produktion und des Austausches mit Notwendigkeit auf die gegenwärtige kapitalistische Produktionsweise ... Der ganze Hergang ist aus rein ökonomischen Ursachen erklärt, ohne daß auch nur ein einziges Mal Raub, die Gewalt, der Staat oder irgendwelche politische Einmischung nötig gewesen wäre«[39]. Sicherlich wäre es Eugen Dühring

39 A. a. O., S. 151 f.

schwergefallen, auf diesen »sonnenklaren Nachweis« einzugehen, da diese Passage aus dem Marxschen Werk nur durch groteske Entstellung das hergibt, was Engels gern beweisen möchte, ein »Nachweis«, der eigentlich nur vor dem Hintergrund der damaligen tagespolitischen Auseinandersetzung verständlich ist. Doch darum geht es hier nicht. Wesentlich ist vielmehr, daß Engels einen notwendigen Zusammenhang zwischen einfacher Warenzirkulation und entwickeltem Kapitalismus konstatiert, aber die Marxsche Darstellung der Kategorien zugleich nur um den Preis einer gewaltsamen Verfälschung in diesem Sinne zu deuten vermag.

Diese abstrakte Entgegensetzung von Gewalt und ökonomischer Autodynamik gibt es bei Marx nicht. Wenn die kategoriale Darstellung selber noch als verschlüsselte Darstellungsform jener Bewegung zu begreifen ist, die historisch zum Kapitalismus führt, wenn also gezeigt wird, daß im Gelde selbst der industrielle Kapitalismus angelegt ist und erst die dialektische Entfaltung der Kategorien in angemessener Form, nämlich der Form der Notwendigkeit, explizit reflektiert, was dem historischen Prozeß je schon immanent war, so impliziert dies zugleich, daß in jeder Kategorie die Gewalttaten der Weltgeschichte gleichsam »aufgehoben« sind. Das freie bürgerliche Subjekt, die bewußt vollzogene Bewegung des prozessierenden Werts, der sich im Anderssein als identisch durchhaltendes Allgemeines erweist und sich in dieser Bewegung vergrößert, kann ohne sein Komplement, das lebendige mehrwertproduzierende Arbeitsvermögen, nicht existieren. Und dieses Vermögen produziert es selbst, wenn nötig, mit brutaler Gewalt, indem es die Möglichkeit von Mehrarbeit zur Wirklichkeit eines Mehrprodukts verwandelt. »Es ist ... klar, daß, wenn eine gewisse Entwicklung der Produktivität der Arbeit vorausgesetzt werden muß, damit Surplusarbeit existieren könne, die bloße Möglichkeit dieser Surplusarbeit (also das Vorhandensein jenes Minimums der Produktivität der Arbeit), noch nicht ihre Wirklichkeit schafft. Dazu muß der Arbeiter erst gezwungen werden, über jene Größe hinaus zu arbeiten, und diesen Zwang übt das Kapital aus« [40].

Wie stellt sich dieser Vorgang unter der Form der kategorialen Entwicklung dar? Im Rohentwurf geht Marx unmittelbar nach der Konstruktion des eben erwähnten »dialektischen Umschlags« zur Darstellung der »ursprünglichen Akkumulation« über. Dort heißt es: »Andrerseits, was viel wichtiger für uns ist, zeigt unsere Methode Punkte, wo die historische Betrachtung hereintreten muß, oder wo die bürgerliche Ökono-

40 Theorien über den Mehrwert, Teil 2, S. 403 f.

mie als bloß historische Gestalt des Produktionsprozesses über sich hinausweist auf frühere Weisen der Produktion. Es ist daher nicht nötig, um die Gesetze der bürgerlichen Ökonomie zu entwickeln, die wirkliche Geschichte der Produktionsverhältnisse zu schreiben. Aber die richtige Anschauung und Deduktion derselben als selbst historisch gewordener Verhältnisse führt immer auf erste Gleichungen ... die auf eine hinter diesem System liegende Vergangenheit hinweisen« [41]. Im *Kapital* geht er darauf erst nach der Darstellung der »Verwandlung von Mehrwert in Kapital« und der Entwicklung der »allgemeinen Gesetze der kapitalistischen Akkumulation« ein. Das 24. Kapitel eröffnet er mit der Formulierung dieser »ersten Gleichung«: »Man hat gesehen, wie Geld in Kapital verwandelt, durch Kapital Mehrwert und aus Mehrwert mehr Kapital gemacht wird. Indes setzt die Akkumulation des Kapitals den Mehrwert, der Mehrwert die kapitalistische Produktion, diese aber das Vorhandensein größerer Massen von Kapital und Arbeitskraft in den Händen von Warenproduzenten voraus. Diese ganze Bewegung scheint sich also in einem fehlerhaften Kreislauf herumzudrehen, aus dem wir nur herauskommen, indem wir eine der kapitalistischen Akkumulation vorausgehende »ursprüngliche« Akkumulation unterstellen, eine Akkumulation, welche nicht das Resultat der kapitalistischen Produktionsweise ist, sondern ihr Ausgangspunkt« [42]. Dieser Ausgangspunkt der kapitalistischen Produktionsweise, die Trennung der Produzenten von den Produktionsmitteln, wird von Marx ebenfalls noch als Ergebnis der Kapitalbewegung beschrieben, wie wir bei der Behandlung der Marxschen Kritik an Ricardos Grundrententheorie gesehen haben. Um daher die »wirkliche Geschichte der Produktionsverhältnisse« schreiben zu können, ist selbst noch die kategoriale Darstellung vorausgesetzt, und unter diesem Gesichtspunkt erhält die als widersprüchlich dargestellte »allgemeine Formel des Kapitals« noch eine andere Bedeutung. Zeigt sie uns innerhalb der Entfaltung der Kategorien, wie das Kapital »in der Wirklichkeit erst, nur als *notwendige Form*, in die Tauschwertsetzende Arbeit, auf dem Tauschwert beruhende Produktion münden muß« [43], so gilt dies auch für den historischen Prozeß: »Diese Bewegung erscheint in verschiedenen Gestalten, sowohl historisch als zur Wertproduzierenden Arbeit führend, wie auch andrerseits, innerhalb des Systems der bürgerlichen, d. h. der Tauschwertsetzenden Produk-

---

41 Grundrisse, S. 364 f.
42 Das Kapital, Bd. 1, S. 741
43 Grundrisse (Urtext), S. 946

tion selbst« [44]. So stellt sich die »allgemeine Formel« des Kapitals einerseits als notwendiges Glied innerhalb der »Reihenfolge« der Kategorien dar, wie sie »bestimmt ist durch die Beziehung, die sie in der modernen bürgerlichen Gesellschaft aufeinander haben«. Sie treibt die kategoriale Darstellung weiter und erweist sich zugleich als abgeleitete Form, die erst entwickelt werden kann, wenn das Kapital im Verlauf der Entfaltung des »allgemeinen Begriffs« als zirkulierendes bzw. als Kredit zur Darstellung kommt. In diesem Sinne sagt Marx bei der Entwicklung dieses Übergangs: »Man versteht daher, warum in unserer Analyse der Grundform des Kapitals, der Form, worin es die ökonomische Organisation der modernen Gesellschaft bestimmt, seine populären und sozusagen antediluvianischen Gestalten, Handelskapital und Wucherkapital, zunächst gänzlich unberücksichtigt bleiben. Im eigentlichen Handelskapital erscheint die Form G–W–G′, kaufen um teurer zu verkaufen, am reinsten. Andrerseits geht seine ganze Bewegung innerhalb der Zirkulationssphäre vor. Da es aber unmöglich ist, aus der Zirkulation selbst die Verwandlung von Geld in Kapital, die Bildung von Mehrwert zu erklären, erscheint das Handelskapital unmöglich, sobald Äquivalente getauscht werden, daher nur ableitbar aus der doppelseitigen Übervorteilung der kaufenden und verkaufenden Warenproduzenten durch den sich parasitisch zwischen sie schiebenden Kaufmann. In diesem Sinne sagt Franklin: »Krieg ist Raub, Handel ist Prellerei.« Soll die Verwertung des Handelskapitals nicht aus bloßer Prellerei der Warenproduzenten erklärt werden, so gehört dazu eine lange Reihe von Mittelgliedern, die hier, wo die Warenzirkulation und ihre einfachen Momente unsere einzige Voraussetzung bilden, noch gänzlich fehlt« [45].
Andererseits ist in dieser immanenten Widersprüchlichkeit der »allgemeinen Formel« zugleich impliziert, daß das Kapital in dieser abstrakten Gestalt, in der es historisch zuerst erscheint, über sich hinausweist auf die Sphäre der Produktion, auf diese übergreift und sich ihrer schließlich bemächtigt. Dieser Prozeß ist jedoch nicht als gradlinig verlaufender zu denken, »... das *bloße Dasein des Geldvermögens* und selbst eine Art supremacy seinerseits reicht keineswegs dazu hin, daß jene *Auflösung in Kapital* geschehe. Sonst hätte das alte Rom, Byzanz etc. mit freier Arbeit und Kapital seine Geschichte geendet oder vielmehr eine neue Geschichte begonnen« [46]. Obwohl uns der allgemeine Begriff des Kapitals, soweit wir ihn hier entwickelt

44 Grundrisse, S. 167
45 Das Kapital, Bd. 1, S. 178 f.
46 Grundrisse, S. 405

haben (und es ist nur ein Bruchteil der Gesamtdarstellung), zeigt, daß die immanente Logizität der Wertbewegung den Kapitalismus hervorbringt, daß in der Ware selbst der ganze Kapitalismus angelegt ist, läßt sich aus dem allgemeinen Begriff des Kapitals keineswegs ableiten, warum sich der Kapitalismus erst in Europa etablieren konnte, erst hier zu einer Existenz gelangen konnte, die seinem Begriff – mehr oder minder – entspricht (wie wir wissen, enthält das Marxsche *Kapital* nur die Darstellung der wirklichen Verhältnisse, soweit sie ihrem Begriff adäquat sind). Hier hat die historische Forschung einzusetzen, der Marx innerhalb seiner durch die eigentümliche Natur des Gegenstandes bedingten spekulativ anmutenden Darstellungsweise ihren bestimmten Platz aufweist: »Wieweit aber dieser Prozeß die alte Produktionsweise aufhebt, wie dies im modernen Europa der Fall war, und ob er an ihrer Stelle die kapitalistische Produktionsweise setzt, hängt ganz von der historischen Entwicklungsstufe und den damit gegebenen Umständen ab« [47]. Und in den *Grundrissen* heißt es: »Dies ist, was man die *zivilisierende Wirkung* des auswärtigen Handels nennt. Es hängt dann ab, teils von dem Grad worin die Elemente der inländischen Produktion – Teilung der Arbeit etc. – schon entwickelt sind, inwieweit die Tauschwert setzende Bewegung das Ganze der Produktion angreift. In England z. B. im 16. Jahrhundert und Anfang des 17. macht die Einfuhr der niederländischen Waren das Surplus von Wolle, das England im Austausch zu geben, wesentlich entscheidend. Um nun mehr Wolle zu produzieren, wurde Ackerland in Schafweide verwandelt, das kleine Pachtsystem aufgebrochen etc., clearing von estates fand statt etc. Die Agrikultur verlor also den Charakter der Arbeit für den Gebrauchswert und den Austausch ihres Überschusses, den gegen sie in ihrer innern Konstruktion betrachtet gleichgültigen Charakter. Die Agrikultur ward an gewissen Punkten selbst rein durch die Zirkulation bestimmt, in Tauschwert setzende Produktion verwandelt. Damit wurde die Produktionsweise nicht nur verändert, sondern alle alten Populations- und Produktionsverhältnisse, ökonomische Verhältnisse, die ihr entsprachen, aufgelöst. So war der Zirkulation hier vorausgesetzt eine Produktion, die nur als Überschuß Tauschwerte schuf; aber sie ging zurück in eine Produktion, die nur noch mit Beziehung auf die Zirkulation stattfand, in Tauschwerte als ihren ausschließlichen Inhalt setzende Produktion« [48].

---

47 Das Kapital, Bd. 3, S. 608
48 Grundrisse, S. 168

Vergleicht man diese Konstruktion mit den berühmten Formulierungen im *Vorwort zur Kritik der politischen Ökonomie*, so läßt sich nicht übersehen, daß die dort vorgetragene Einteilung der menschlichen Vorgeschichte in »verschiedene progressive Epochen der ökonomischen Gesellschaftsformation« der Sache selbst äußerlich bleibt und weit mehr im Sinne einer Typologie aufgefaßt werden muß. Die nähere Betrachtung des Rohentwurfs zeigt, daß sich hinter der dialektischen Darstellung der Kategorien ein emphatischer Begriff von Geschichte verbirgt, der nur zwei Strukturen kennt: Verhältnisse, in denen der Reichtum eine von ihm selbst unterschiedene Form annimmt, und solche, wo das nicht der Fall ist. Wie sehr sich darum die verschiedenen Gesellschaftsformationen auch immer voneinander unterscheiden mögen, sofern sie auf der Aneignung des Reichtums in seiner besonderen Form beruhen, haben sie keine Geschichte. Geschichtlich ist nur die verkehrte Welt, in welcher der Stoffwechsel selbst zum Vehikel der permanenten Jagd nach dem abstrakten Reichtum herabsinkt, von der immanenten Logizität dieses Prozesses erfaßt und selber noch von ihm strukturiert wird. So erscheint es legitim, den Geschichtsprozeß als wiederholt einsetzenden zu denken, der auf der Grundlage ahistorischer Strukturen seinen Ausgang nimmt, auf diese zurückschlägt und zersetzend in sie eindringt und umgestaltet: »Patriarchalische, wie antike Zustände (ebenso feudale), verfallen daher ebensosehr mit der Entwicklung des Handels, des Luxus, des *Geldes*, des *Tauschwerts*, wie die moderne Gesellschaft mit ihnen emporwächst« [49]. Daß es sich hier keineswegs um eine an Hegel orientierte Deutung handelt, sondern umgekehrt die Hegelsche Geschichtsphilosophie von Marx als sich selbst undurchsichtige Formulierung des wirklichen Sachverhalts betrachtet wird, läßt sich an seiner Einschätzung indischer Verhältnisse zeigen. Ebenso wie Hegel sagt, daß Indien bei aller Kultur »doch keine Geschichte« [50] hat, ist für Marx die Wiederholung des Immergleichen kein hinreichender Grund, von Geschichte zu sprechen: »Die indische Gesellschaft hat überhaupt keine Geschichte, zum mindesten keine bekannte Geschichte. Was wir als ihre Geschichte bezeichnen, ist nichts anderes als die Geschichte der aufeinanderfolgenden Eindringlinge, die ihre Reiche auf der passiven Grundlage dieser widerstandslosen, sich nicht verändernden Gesellschaft erricheten« [51]. Unter diesen Voraussetzungen kann England jene Rolle

49 A. a. O., S. 76
50 Die Vernunft in der Geschichte, S. 152
51 Karl Marx, Die künftigen Ergebnisse der britischen Herrschaft in Indien, in: Marx-Engels-Studienausgabe des Fischer-Verlags, Bd. 4, S. 146

übernehmen, die in Hegels Philosophie dem Geschäftsträger des Weltgeistes zugedacht war: »Gewiß war schnödester Eigennutz die einzige Triebfeder Englands, als es eine soziale Revolution in Indien auslöste, und die Art, wie es seine Interessen durchsetzte, war stupid. Aber nicht das ist hier die Frage. Die Frage ist, ob die Menschheit ihre Bestimmung erfüllen kann ohne radikale Revolutionierung der sozialen Verhältnisse in Asien. Wenn nicht, so war England, welche Verbrechen es auch begangen haben mag, doch das unbewußte Werkzeug der Geschichte, indem es diese Revolution zuwege brachte« [52].

Wir wollen an dieser Stelle den Versuch, die dialektische Darstellung der Kategorien nachzuzeichnen, abbrechen und nur noch einige Aspekte hervorheben. Obwohl unsere Interpretation, auf deren Vorläufigkeit noch einmal nachdrücklich hingewiesen werden soll, erst mit einem Bruchteil der Kategorien befaßt war, zeigt sich einerseits deutlich, daß sich qualitative Unterschiede innerhalb der Gesamtdarstellung finden, je nachdem, ob es sich um die Darstellung der Formbestimmtheiten der einfachen Zirkulation handelt oder aber um den Nachvollzug der Autodynamik des prozessierenden Wertes, die mit der Schatzbildung einsetzt, andererseits läßt sich ebensosehr erkennen, daß sich über die Marxsche Methode, abgelöst von der Nachzeichnung des Dargestellten, so gut wie nichts aussagen läßt. Materialistische Dialektik – so haben wir festgehalten, obwohl es in dieser Weise von Marx nie ausgesprochen wird – ist Methode auf Widerruf, die so gut oder so schlecht ist, wie die Welt selbst, der sie angehört. In ihr reflektiert sich, daß es die Menschen selbst sind, die sich abstrakt negieren, indem sie sich unter der Form gesellschaftlicher Objektivität aus der Natur herausarbeiten, einer Form, die dadurch charakterisiert ist, daß sie voll und ganz durch Subjektivität konstituiert ist, daß aber zugleich die sie konstituierende Subjektivität dahinter verschwindet. Unter diesem Gesichtspunkt hat sich der Übergang aus der Sphäre der einfachen Zirkulation zum Kapital als Angelpunkt der Konstruktion erwiesen, insofern an dieser Stelle gezeigt wird, wie das Geld in der dritten Bestimmung – als von allen einzelnen hervorgebracht und zugleich als von allen einzelnen unabhängig existierend – die Voraussetzung darstellt, daß die Menschen subjektive Zwecke verfolgen können, deren Inhalt, wie Form und Mittel der Verwirklichung, völlig durch das Handeln der Menschen selbst bedingt sind. Die mit der

52 Karl Marx, Die britische Herrschaft in Indien, a. a. O., S. 136

Existenz des verselbständigten Tauschwerts einsetzende Bewegung ist darum subjektiv und objektiv zugleich, und doch ist das eine nicht unmittelbar das andere. Erst diese Konstruktion des Schnittpunkts von Subjektivität und Objektivität, die im Spätwerk denselben Stellenwert hat wie im Frühwerk der Begriff des Privateigentums, kann den methodischen Anspruch rechtfertigen, die kapitalistische Gesellschaft in einer Weise begrifflich verarbeiten zu können, vor der sich die Fragestellungen der gegenwärtigen sozialwissenschaftlichen Methodendiskussion nicht nur nicht als unzulänglich erweisen, sondern selbst noch als Ausdruck einer – mit Hegels Worten – Stellung des Gedankens zur Objektivität, die Marx in der kategorialen Darstellung je schon übersprungen hat.

Wenn Marx es unterläßt, abgelöst vom darzustellenden Gegenstand über die Methode zu reflektieren, so impliziert dies, daß Methodendiskussionen je schon in einem Verhältnis wesentlicher Äußerlichkeit zum eigentlichen Gegenstand stehen, also dieser Gegenstand vorweg schon in eine bestimmte Form gebracht wurde, die der Methode unüberwindliche Schwierigkeiten entgegensetzt. Darin ist Marx nicht weniger rigoros als Hegel und das erklärt auch, warum er erste Ansätze einer solchen Verfahrensweise als Zeichen des Niedergangs der ökonomischen Theorie wertet. »Mill war der erste, der Ricardos Theorie in systematischer Form darstellte, wenn auch nur in ziemlich abstrakten Umrissen. Was er anstrebt, ist formell logische Konsequenz. Mit ihm beginnt ›daher‹ auch die *Auflösung* der Ricardoschen Schule. Bei dem Meister entwickelt sich das Neue und Bedeutende mitten im ›Dünger‹ der Widersprüche, gewaltsam aus den widersprechenden Erscheinungen. Die Widersprüche selbst, die zugrunde liegen, zeugen von dem Reichtum der lebendigen Unterlage, aus der sich die Theorie herauswindet. Anders mit dem Schüler. Sein Rohstoff ist nicht mehr die Wirklichkeit, sondern die neue theoretische Form, wozu der Meister sie sublimiert hat. Teils *der theoretische Widerspruch der Gegner der neuen Theorie*, teils das *oft paradoxe Verhältnis dieser Theorie zu der Realität* spornen ihn zum Versuch, die ersten zu *widerlegen*, das letztere *wegzuerklären*. Bei diesem Versuch verwickelt er sich selbst in Widersprüche und stellt mit seinem Versuch, sie zu lösen, zugleich die beginnende *Auflösung der Theorie* dar, die er dogmatisch vertritt«[53]. Daß sich hierin ein neues Phänomen ankündigen könnte, hat Marx nicht mehr wahrgenommen. Seinem Selbstverständnis zufolge kann die politische Ökonomie nur eine Wis-

53 Theorien über den Mehrwert, Teil 3, S. 80 f.

senschaft sein, welche die von den Menschen selbst produzierte Objektivität theoretisch zu durchdringen sucht und schließlich in seiner eigenen Kritik der politischen Ökonomie kulminiert, die sich als aufzuhebende Wissenschaft versteht und nur als solche in der Lage ist, den Kapitalismus wirklich angemessen zu begreifen. Methodisch betrachtet ist der Kapitalismus für die Marxsche Theorie eine abgeschlossene Weltepoche, selbst wenn diese in der Wirklichkeit fortdauert. Die Theorie ist dann Theorie eines naturähnlich fortwuchernden Prozesses, in welchem die Menschen wie eh und je unter die Objektivität ihrer eigenen Verhältnisse subsumiert sind. Solange jedoch diese Form der Subsumtion existiert, gibt es auch den Standpunkt des bürgerlichen Subjekts, dem sich seine eigene Welt nur unter einer Form darstellt, unter der des Objekts. Aus dieser theoretischen Not kann es aber gleichwohl eine praktische Tugend machen, den Gegenstand nach wie vor nur unter dieser Form wahrnehmen und dabei eine Wissenschaft entwickeln, in der dieser Gegenstand dann auch als das erscheint, als was sich das Subjekt immer nur erfaßt hat – als Objekt.

Kapitalismus und Krise
Eine Kontroverse um das Gesetz des tendenziellen
Falls der Profitrate

Kapitalismus in den siebziger Jahren
Referate vom Kongreß in Tilburg im September 1970

Oskar Lange
Politische Ökonomie I/II

Adolph Lowe
Politische Ökonomik

Karl Marx
Grundrisse der Kritik der politischen Ökonomie

Paul Mattick
Marx und Keynes

Monopolkapital. Thesen zu dem Buch von Paul A. Baran
und Paul M. Sweezy

Otto Morf
Geschichte und Dialektik in der politischen Ökonomie

Helmut Reichelt
Zur logischen Struktur des Kapitalbegriffs bei Karl Marx

Joan Robinson
Die fatale politische Ökonomie

Roman Rosdolsky
Zur Entstehungsgeschichte des Marxschen ›Kapital‹

Eugen Varga
Die Krise des Kapitalismus und ihre politischen Folgen

Europäische Verlagsanstalt